필립 코틀러의

아시아 마켓 4.0

Asian Competitors
Marketing for Competitiveness in the Age of Digital Consumers

필립 코틀러의

아시아 마켓 4.0

필립 코틀러, 허마원 카타자야, 후이 덴 후안 지음 | **도지영** 옮김

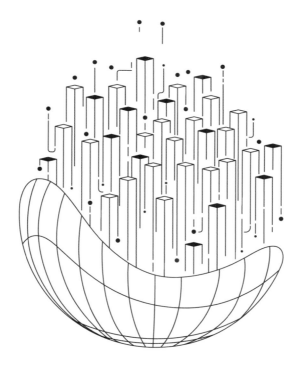

21세기북스

차례

헌사

사랑하는 아내, 낸시 코틀러Nancy Kotler에게

필립 코틀러

위대한 마케티어가 될
대런 도미니크 허마완Darren Dominique Hermawan에게

허마완 카타자야

사랑하는 아내 완페이Wan Fei,
멋진 딸 런이Ren Yi와 런신Ren Syn에게

후이 덴 후안

아시아 시장은 그 규모와 가치가 빠르게 성장하고 있다. 아시아에서는 전반적으로 인구가 크게 늘고 있으며 구매력도 크게 증가하고 있다. 게다가 수익성이 좋아서 전 세계 기업이 진입을 목표로 삼는다. 하지만 아시아 기업들의 어려움이나 성공에 관한 이해 없이 아시아 시장의 경영 역학 관계를 완전히 알 수 없다. 아시아의 기업들은 디지털 기술을 창의적이고 효과적으로 활용하여 고객을 모으고 경쟁사를 물리친다. 이것을 이해하는 과정은 마케터에게 가치를 헤아릴 수 없는 공부가 된다.

《아시아 마켓 4.0》에서는 국내, 아시아 지역, 그리고 세계를 무대로 활약하는 아시아 18개국 기업의 성공 스토리를 엮었다. 전작 《마켓 4.0 시대 이기는 마케팅Marketing for Competitiveness: Asia to the World! In the Age of Digital Consumers!》에서 이야기했던 디지털 시대의 다양한 마케팅 전략과 전술이 현실에 어떻게 적용되는지 알 수 있다. 우리는 이러한 내용을 통해 디지털 시대의 경쟁에서 이기는 방법을 독자에게 분명하게 알리고, 마케팅의 새로운 물결을 종합하여 전달하기로 했다.

기업을 선정하고 배치한 방법에도 강조할 점이 있다. 성공한 아시아 기업이 너무 많아서 한 권의 책에 모두 담을 수 없었다. 책에 실리지 않았다고 성공하지 못한 기업은 아니다.

각 장에 배치된 기업도 특정 순위를 나타내지 않는다. 예를 들어 제품 중심 관점에서 소개한 기업이 그 자체로 서열을 나타낸다든가 고객 중심 관점에서 소개한 기업과 비교해 특정 서열을 가지는 건 아니다.

또한 특정 범주에 속하는 기업, 예를 들어 제품 중심 관점을 취하는 기업으로 분류된다고 해서 고객 중심이나 인간 중심의 관점을 지닌 기업에 해당하지 않는 건 아니다. 제품 중심의 관점을 지닌 기업을 소개하는 장에서 이야기한 A가 고객 중심이나 인간 중심 관점의 마케팅 전략을 사용하고 있을 수 있다. 사실 많은 기업이 다양한 관점의 마케팅 전략을 사용했기 때문에 강한 기업이 될 수 있었다.

어떤 관점이 되었든 해당하는 기업이 새로운 디지털 기술을 얼마나 잘 이용하는지 보여주는 게 우리의 목적이었음을 강조하고 싶다. 한 기업이 거둔 성공의 특정 측면을 논하지만 기업이 그것만으로 성공한 건 아니다. 덧붙여 어느 기업을, 특정 국가에서 뛰어난 실적을 보이는 로컬 챔피언으로 소개했다고 해서 그 기업이 아시아 지역이나 세계 무대에서 활약하지 않는 것 또한 아니다. 각 장에 등장하는 기업은 그 장에서 이야기하려는 특정 마케팅 관점을 독자가 쉽게 이

해할 수 있도록 소개한 것이다.

이 책에서는 실제 비즈니스 세계와 마케팅의 핵심 개념을 쉽게 연결 지을 수 있도록, 해당 개념을 소개하는 내용도 간단히 실었다. 소개한 핵심 개념의 내용을 더 자세히 알고 싶다면《마켓 4.0 시대 이기는 마케팅》을 참조하면 된다.

마케팅하는 사람이라면 누구든 이 책의 아시아 기업에서 교훈을 얻어 점점 더 연결성이 높아지는 시대에 효과적으로 경쟁에 대비할 수 있기를 바란다.

비즈니스 환경은 시대에 따라 급격히 변화한다. 제품 중심의 '마켓 1.0' 시대에는 사람들을 이성적으로 설득해야 했다면, 소비자 중심의 '마켓 2.0' 시대에는 사람들의 감성을 움직여 구매와 연결시켰다. 이후 인간 중심의 '마켓 3.0' 시대에는 영혼의 교감을 중요하게 다뤘다.

지금은 기술 중심의 '마켓 4.0' 시대다. 사물인터넷IoT으로 연결된 디지털 소비자는 자신의 취향에 따라 빠르고 쉽게 제품을 구입한다. 과거에는 반복적인 구매가 고객 충성도의 중요한 척도였다면, 이제는 고객의 지지를 이끌어내는 것이 마케팅의 핵심이 되었다. 기술이 빛의 속도로 발달하는 오늘날에는 마케팅이 소비자의 영혼에까지 도달해야 하는reach consumer's soul 동시에 디지털 혁신 기술을 창의적이고 효과적으로 활용해야 한다.

마케팅의 대부 필립 코틀러는 디지털 시대에 펼쳐지고 있는 다양

10

한 마케팅 사례를 설명하기 위해 아시아 시장에서 시작해 성공한 기업들을 택했다. 세계 인구의 절반 이상이 살고 있는 아시아는 전 세계 기업이 탐내는 거대한 비즈니스 시장이다. 최근 세계 경제의 중심축은 아시아로 이동하고 있으며 향후 10~20년 사이에 아시아 마켓에 큰 변화가 일어날 것으로 예상된다. 아시아 시장을 공략하기 위해서는 우선, 자국을 넘어 글로벌 기업으로 성공한 아시아 기업을 제대로 이해하고 파악해야 한다. 이 책에는 30여 개의 아시아 기업 사례가 심도 있게 설명되어 있다.

바야흐로 마케팅 과잉 시대다. 이제 좋은 품질과 기업의 이미지만으로는 소비자의 마음을 사로잡기 어렵다. 디지털 기술과 그것을 사용하는 소비자를 연결하는 새로운 방식의 마케팅이 필요하다. 기존의 마케팅 기법 가운데 살릴 것과 버릴 것을 파악해야 한다. 이를 현명하게 활용한 기업의 사례가 바로 《아시아 마켓 4.0》에 담겨 있다. 마켓 4.0 시대에 성공한 기업을 분석해보면 다가올 '마켓 5.0' 시대도 대비할 수 있을 것이다. 이 책을 통해 현장에 몸담은 마케터부터 기업 CEO, 디지털 마케팅에 관심 있는 독자까지 필립 코틀러가 선택한 글로벌 아시아 기업의 지혜를 얻을 수 있길 기대한다.

_____ 홍성태
한양대학교 경영대학 명예교수·모비브 아카데미 대표

지난 수십 년 동안 마케팅은 여러 단계를 거쳐 변화했다. 핵심 기술이 기계였던 산업화 시대의 마케팅은 공장에서 생산한 물건을 고객 전체를 대상으로 파는 일이었다. 그래서 상당히 기본적인 제품을 대량 판매를 목표로 디자인했다. 이 시기가 마켓 1.0, 제품 중심 시대다.

마켓 2.0은 오늘날 정보화 시대의 결과로 등장했다. 이 시대에 일어난 디지털 혁명의 핵심은 정보기술이다. 이제 고객은 비슷한 제품을 잘 알고 있으며 쉽게 비교할 수 있다. 제품의 기능적 특성과 대체재를 알고 폭넓은 선택권을 가진다. 마케터는 이러한 고객의 마음을 얻으려 애쓴다. 이것이 마켓 2.0, 고객 중심 시대의 기초다. 고객 중심 접근법에서는 암묵적으로 고객을 마케팅 활동의 수동적인 목표 대상으로 본다.

이후 우리는 마켓 3.0, 인간 중심 시대가 도래하는 것을 보았다. 마케터는 사람을 단순한 고객으로 대하지 않고 마음과 정신, 영혼을 지닌 인간으로 바라보고 접근하기 시작했다. 고객은 사회와 환경에 대해 점점 더 관심을 갖고 걱정하기 시작했으며 세계화된 세상을 더 나은 곳으로 만들 방법을 찾는다. 선택한 제품과 서비스를 통해 기능과 감성뿐 아니라 정신까지 충족하고 싶어 한다.

오늘날에도 기술이 여전히 중요한 역할을 맡고 있기는 하지만 고객은 인간적인 모습을 점점 드러내고 있다. 기업이 고객과 인간적인 교류를 늘리는 데 사물통신M2M, Machine-To-Machine을 이용한 마케팅 도구가 더욱 큰 힘을 발휘할 것이다. 이러한 방식으로 이행 및 적용하는 시기에는 마케터들이 마켓 3.0에서 나타난 인간 중심 접근법을 버리지 않으면서도 혁신 기술을 예상하고 활용할 수 있는 새로운 접근법이 필요하다. 이러한 접근법을 마켓 4.0이라고 부른다.

일부 마케팅 접근법은 여전히 제품 중심, 고객 중심, 인간 중심적이다. 시장은 마켓 3.0을 따르는 추세지만 일부 기업은 여전히 제품 중심, 고객 중심 관점을 고수하고 있다. 그것도 정상이다. 하지만 새로운 디지털 시대의 소비자를 사로잡으려면 과거의 관점을 유지하더라도 새로운 기술의 도입을 고려해야 한다. 1장부터 4장까지는 아시아의 여러 기업이 디지털 시대에서 살아남기 위해 새로운 기술과 패러다임을 택하고, 서로 다른 마케팅 관점을 사용하는 모습을 볼 수 있다.

PART 1

마켓 4.0 시대,
마케팅은 변화해야 한다

CHAPTER
1

오픈 이노베이션으로
경쟁 우위에 서라

오늘날과 같은 초연결hyperconnectivity 시대에 아시아의 제품 중심 기업은 새로운 아이디어와 혁신을 위해 내부 구조와 자원에만 의존할 수 없다. 신제품 개발 과정이 정확하고 빠르게 이루어지려면 고객이나 공급 업체, 규제 기관 같은 외부 참여가 절대적으로 필요하다. 신제품 개발 과정의 각 단계와 관문을 넘는 데 외부의 도움이 한층 중요해지는 것이다. 예를 들어 발견 단계에서 기업은 마케팅 조사팀만으로 시장에 퍼지는 새로운 아이디어를 찾을 수 없다. 이 단계에서는 고객이 활발하게 참여해주어야 한다. 기술 발전 덕분에 기업과 고객은 훨씬 가까이 연결될 방법이 많아졌고, 신제품 개발을 위해 고객과 협업하는 과정이 수월해졌다.

체스브로Chesbrough 교수는 2003년 오픈 이노베이션open innovation, 즉 개방형 혁신이라는 표현을 내놓았다. 기업이 외부의 혁신을 활용하여 내부의 혁신 속도를 높이고 시장을 확대할 수 있도록, 조직의 투입물과 산출물에 존재하는 지식을 목적에 맞도록 활용하는 일이다. 오픈 이노베이션 패러다임에서는 조직이 내부와 외부의 발상을 모두 활용한다. 이와 반대로 폐쇄형 혁신closed innovation은 전통적인 패러다임으로, 혁신하려는 조직은 스스로 아이디어를 내고 발전시킨다.

조직 내외부를 연결하면서 오픈 이노베이션을 할 수 있는 능력이 있다면 제품 중심 조직은 다른 경쟁 기업에 대한 비교 우위를 갖게 된다. 이 조직은 경쟁 기업보다 외부의 아이디어를 포착할 준비가 더 잘 되어 있는 셈이며, 포착한 아이디어를 더욱 빠르게 제품이나 서비스로 만들어 출시할 수 있다.

기업은 뉴웨이브 기술 덕분에 오픈 이노베이션을 통한 신제품 개발을 더 영리하게 할 수 있게 되었을 뿐 아니라 더 똑똑하게 기능하고 연결성 있는 제품을 만들게 되었다. 제품 자체에 탑재된 연결성은 점점 중요해지고 있다. 포터Porter와 헤플만Heppelmann 교수의 연구(2014)에 따르면 스마트 연동 제품에는 3가지 핵심 요소가 있다. 물리적인 부품, 스마트용 부품, 연동용 부품이다. 스마트용 부품은 물리적인 부품의 성능과 가치를 높이고, 연동용 부품은 스마트용 부품의 성능과 가치를 높이면서 일부 스마트용 부품이 물리적인 제품 자체를 벗어난 곳에 존재하도록 해준다.

물리적인 제품은 보통 기계 부품과 전자 부품으로 구성된다. 이러한 부품은 제품의 실재하는 부분이다. 고객이 제품을 사용하여 얻을 수 있는 혜택을 제공하기도 한다. 하지만 다른 두 부품인 스마트용 부품과 연동용 부품 없이 오직 물리적인 부품으로만 이루어진 제품은 사용하는 데 한계가 있다. 예를 들어 엔진과 파워트레인, 타이어, 배터리로 구성된 자동차가 있다고 치자. 이상의 모든 물리적인 부품은 주로 이동 수단으로 기능하는 아주 기본적인 제품일 뿐이다. 하지만 여기에 싱크센서나 마이크로프로세서, 데이터저장장치, 제어장치, 소프트웨어, 내장형 작동시스템, 강화된 사용자 인터페이스 등의 스마트용 부품을 탑재하면 제품의 기능과 사용자 경험을 향상할 수 있다. 엔진컨트롤유닛, 도난방지장치, 빗물감지와이퍼, 터치스크린디스플레이 같은 스마트용 부품을 더하기도 한다.

이번 장에서는 현대자동차, 밀레니엄정보솔루션, FPT코퍼레이션, 킴코 등의 기업이 제품 중심 접근법을 적용해 오픈 이노베이션 기법을 채택하고 스마트 연동 제품을 개발하는 과정을 들여다보자.

——— 현대자동차 Hyundai Motor Company

한국에 본사를 둔 자동차 제조 업체 현대자동차는 성공적으로 글
로벌 기업의 대열에 합류하여, 토요타와 메르세데스-벤츠 등이 속
한 글로벌 5대 자동차 기업과 경쟁한다. 고객의 요구를 만족시키
기 위해 오픈 이노베이션 센터와 연구 개발 프로그램을 통합하고
혁신적인 제품을 출시함으로써, 기술이 크게 변화하는 가운데에
서도 자동차 업계에서 살아남았다.

글로벌한 자동차 제조 업체로 자리잡다

현대자동차는 자동차 제조 업체로 대한민국 서울에 있는 현대그룹
의 계열사다. 현대그룹은 창업자인 정주영 회장이 세운 건설 회사에
서 출발했다(Hyundai Motor Company, 2018a). 1967년 설립된 현대자동
차는 제품 경쟁에 뛰어들어 쌍방향 브랜드 경험을 제공하면서 지속
적으로 성장했다. 이 과정에서 혁신과 미래 기술에 대해 고객과 직접
적인 커뮤니케이션을 할 수 있었다. 현대자동차는 설립된 지 50년이
채 지나기도 전에 세계에서 다섯 번째로 큰 자동차 기업이 되었다.
현대자동차의 비전은 '자동차에서 삶의 동반자로'와 '더 나은 미래를
향한 동행'이다.
　현대그룹은 전자, 조선, 제철, 에너지 등의 사업에도 진출하여 다
양한 제품을 생산하지만 가장 잘 알려진 제조 부문이 자동차다. 현대

17

자동차는 수년 동안 다양한 종류의 자동차를 디자인하고 제조하며 판매해왔다. 제품군에는 승용차, 트럭, 버스, 밴, 특수자동차와 엔진 (산업용과 발전용) 등이 포함되어 있으며, 2015년에는 전 세계에서 486만 대의 차를 판매했다(Hyundai Motor Company, 2018b).

현재 현대자동차는 미국, 중국, 인도, 체코, 터키, 브라질, 러시아 등에 법인을 진출시켰으며, 전 세계에 11만 명 이상의 직원을 고용하고 있다. 기업은 지역 특화 모델로 끊임없이 제품을 개선하고 있으며, 청정기술 관련 우수성을 강화하기 위해 애쓰고 있다(2015년 기준). 2013년에는 ix35 수소연료전지차 시장을 개척했는데, 이는 세계 최초로 개발한 양산형 수소차였다. 2016년에 출시한 아이오닉IONIQ은 세계 최초로 1대의 차량에 3개의 전기 전동장치가 사용되는 모델이었다(Hyundai Motor Company, 2018b).

현대자동차는 뛰어난 품질, 개성 있는 스타일, 짜릿한 성능, 인상적인 효율성, 스마트한 기능, 편안한 차량 내부에 더해 매력적인 가격으로 엄청난 보증 기간을 제공해주는 다양한 자동차 모델을 내놓으면서 성공적인 글로벌 브랜드가 되었다(표 1-1). 현대자동차는 2017년에 토요타, 메르세데스-벤츠, BMW, 혼다, 포드의 뒤를 이어 세계에서 여섯 번째로 평판 좋은 자동차 회사로 선정되었다(Interbrand, 2018).

[표 1-1] 현대자동차 연표

연도	성과
1967	현대자동차 설립
1968	코티나 양산 시작
1976	한국의 첫 승용차 현대포니 출시
1983	캐나다 법인 설립
1985	• 포니엑셀과 1세대 쏘나타 출시 • 미국 법인 설립
1986	고급 대형 승용차 그랜저(아제라) 출시
1988	고급 중형 세단 쏘나타 출시
1990	엘란트라와 스쿠프 출시
1991	• 한국에서 만든 첫 엔진인 알파 엔진과 쏘나타EV 개발 • 갤로퍼 출시
1993	쏘나타II 출시
1994	• 엑센트와 아반떼(엘란트라) 출시 • 태양열과 연료전지차 개발
1995	현대자동차 유럽기술연구소 설립
1996	• 남양기술연구소 개소 • 다이너스티, 티뷰론 출시
1997	• 입실론엔진 독자 개발 • 터키 공장과 아산 공장 설립
1998	• 세계 최고 수준 고성능 V6델타 엔진 독자 개발 • 그랜저(아제라) 및 쏘나타 출시 • 기아자동차 인수
1999	• 초대형 세단 에쿠스(센티니얼), 베르나, 트라제 XG 출시 • 한국 최초 자동차용 연료전지 배터리 개발
2000	• 한국 최초 승용차용 디젤 엔진, 대형 상용 엔진 개발 • 한국 최초 연료전지 전기자동차 싼타페 개발
2001	• 현대유럽디자인센터 설립 • 스포츠 쿠페 투스카니, 테라칸, 라비타 출시
2002	중국제 엘란트라 출시

2003	미국디자인센터(California Design and Technical Center), 유럽기술연구소, 남양 디자인센터(Namyang Design Center) 설립
2004	최초의 소형 SUV 투싼(ix35) 출시, 세타 엔진과 람다 엔진 개발
2005	• 미국성능시험장, 앨라배마공장(Alabama Plant), 환경기술연구(Environmental Technology Research Center), 현대미국기술연구소(Hyundai America Technical Center), 친환경자동차재활용센터(Eco-Friendly Vehicle Recycling Center) 설립 • 클린 뮤V6 엔진 개발
2006	• 감마 엔진과 V6 디젤 S 엔진 개발 • 뉴아반떼(엘란트라) 출시 • 현대자동차 유럽 법인 새 사옥 건설
2007	• 유럽용 전략 모델 i30 출시, 현대자동차 인도 법인(HMI)에서 차세대 소형차 i10 출시 • 상용차량을 위한 F, G, H 디젤 엔진 개발
2008	• 제네시스, 유럽용 전략 모델 i20, 친환경 모델에 사용하는 블루드라이브(Blue Drive) 브랜드 출시 • 차세대 클린 디젤 엔진인 R 엔진과 고성능 테타GDi 개발
2009	• 체코 및 러시아 공장, 인도기술연구소 설립 • 친환경 전기차 블루온, 5세대 그랜저(아제라), 벨로스터, 쏘나타 하이브리드, i40왜건 생산 계획 수립
2010	• 친환경 전기차 블루온, 소형 미니밴 ix20 파리모터쇼 출품 • 투싼 수소연료전지차 개발
2011	벨로스터, HCD-12 콘셉트카 북미 출시, 5세대 그랜저(아제라), 이온 인도 출시
2012	• 뉴싼타페, i40살룬, 벨로스터터보, 맥스크루즈 출시, 현대모터스포츠 설립, 올뉴제네시스 출시 • 브라질 공장 설립
2013	• 그랜저하이브리드, 뉴i20 프랑크푸르트모터쇼 출품 • 코펜하겐에 연료전지차 ix35(투싼) 공급
2014	• 올뉴쏘나타, 뉴쏘나타하이브리드 출시 • 현대모터스튜디오 서울 설립
2015	• 현대모터스튜디오 모스크바 설립 • 쏘나타터보, 올뉴투싼, 중형 트럭 올뉴마이티, 올뉴엘란트라, 글로벌 럭셔리 브랜드 제네시스와 제네시스G90 출시

2016	• 친환경 하이브리드차 모델 아이오닉, 리무진 제네시스EQ900, 스포츠카 제네시스G80 출시 • 미래 이동 혁신 프로그램 프로젝트 아이오닉 및 커넥티드카(connected car, 최신 정보통신기술과 결합해 양방향 인터넷·모바일 서비스가 가능한 차량-옮긴이) 개발 전략 소개 • 현대모터스튜디오 하남 오픈
2017	• 자율주행자동차 생산을 위한 지능형안전기술센터 설립 • 아이오닉플러그인, 쏘나타페이스리프트모델 출시 • 수소연료전지차 콘셉트 공개

현대자동차는 글로벌 브랜드로서 시장 경쟁력을 키우려 애쓰고 있다. 경쟁 우위는 혁신과 밀접한 관련이 있다. 기업이 혁신하지 못하면 브랜드는 시장을 잃고, 경쟁에서 뒤처진다. 연구 개발은 혁신 과정에서 중요한 역할을 한다. 기술과 미래 역량에 투자하는 건 필수이며, 이러한 투자가 새로운 제품, 프로세스, 서비스로 이어진다. 연구 개발은 혁신의 중요한 구성 요소로, 새로운 경쟁 우위를 개발하는 데 핵심이 된다(Heneric et al., 2015).

고객 니즈를 위한 오픈 이노베이션 센터

현대자동차는 고객의 기동성과 연결성을 높일 수 있는 고효율 엔진을 생산하기 위해서 연구 개발에 몰두해왔다. 한국을 비롯해 미국, 독일, 일본, 중국, 인도에 연구 개발 센터가 있다. 현대자동차는 미래 성장을 목표로 3가지 핵심 미래 기술인 친환경 이동, 이동의 자유, 연결된 이동성에 집중한 채 지속적으로 연구 개발에 투자하고 있다.

현대자동차는 고객의 니즈를 이해하기 위한 전략으로 오픈 이노베이션을 사용한다. 이 전략을 통해 신제품 개발에 도움이 되는 아이디어를 쉽게 얻을 수 있다. 현대자동차는 오픈 이노베이션 센터를 열었고, 중국 베이징과 독일 베를린에 추가로 센터를 세울 계획이다. 그렇게 되면 기존의 한국, 미국 실리콘밸리, 이스라엘 텔아비브Tel Aviv 의 센터와 함께 스타트업 기업의 훌륭한 아이디어를 활용할 수 있는 전진기지가 총 5개가 된다.

현대자동차는 2000년 한국에 벤처플라자Venture Plaza를 세웠고, 그로부터 12년 뒤 비즈니스 사용자, 스타트업, 사업가, 학자, 연구자들이 협력하여 기술 개발을 할 수 있도록 실리콘밸리에 현대벤처스Hyundai Ventures를 열었다. 그 결과 라디오 오디오 알림 시스템이 상품화되어 신형 벨로스터Veloster에 적용되었다. 이 시스템은 미국의 사운드하운드SoundHound와 함께 개발되었다. 이스라엘 센터는 인공지능과 센싱을 포함한 미래 이동성을 개발할 예정이며, 중국 센터는 정보통신기술 업계와의 협력을 강화할 생각이다. 독일 센터에서는 스마트 시티와 관련된 스타트업을 궁리하고 있다. 한국 센터는 각 센터의 전략을 감독하면서 인수합병 과정을 적극적으로 통제하고 관리하는 역할을 맡는다(Min-Hee, 2018). 현대자동차는 오픈 이노베이션 센터를 통해 오늘날 역동적인 고객의 니즈를 만족시킬 돌파구 제품을 만들 수 있기를 바란다.

끊임없이 진화하는 스마트 연동 제품

기술이 진보했어도 다른 기업과 경쟁할 때 마주하는 어려움은 여전하다. 그 어려움이란 고객의 숨겨진 니즈를 찾아내 혁신적인 제품으로 연결하는 방법을 말한다. 고객의 니즈를 만족시키는 제품을 개발하는 것도 중요하지만, 그보다 더 중요한 건 그저 그런 미투me-too 상품이 되지 않도록 경쟁사보다 한발 앞서 개발해야 한다는 점이다. 그리고 그런 제품에는 반드시 가장 알맞는 수준의 신기술이 들어 있어야 한다. 이러한 제품을 '스마트 연동 제품'이라고 부른다.

디지털 시대에서 스마트 연동 제품은 제품 중심 기업이 지니는 경쟁 우위의 근원이다(Kotler, Kartajaya and Hooi, 2017). 포터와 헤플만 교수에 따르면 스마트 연동 제품에는 물리적인 부품, 스마트용 부품, 연동용 부품이라는 3가지 핵심 요소가 있다. 스마트용 부품은 물리적 부품의 성능과 가치를 높이고, 연동용 부품은 스마트용 부품의 성능과 가치를 높이면서 그 일부를 물리적 제품 밖에 존재하도록 해준다.

밀레니엄 시대에 이동성과 연동성에 대한 수요가 커지면서 기업에서는 서로 연동할 수 있는 제품을 내놓고 있다. 덕분에 고객은 다른 기기나 다른 기업의 고객과 언제 어디서나 이어질 수 있게 되었다. 다른 기업과 협력하여 상호 연결된 제품을 개발하면 제품 속 시스템 사이에, 그리고 다른 연결된 시스템 사이에 소통이 가능해져 연동 범위가 크게 넓어진다.

현대자동차는 가장 안전하면서도 발전된 형태의 자율주행 시스템을 갖춘 초연동 지능형 자동차를 시장에 내놓기 위해 세계적으로 유명한 IT 및 보안 기술 회사인 시스코cisco와 손을 잡았다. 양사의 만남으로 연동형 자동차를 위한 최적의 플랫폼이 가능해졌다. 이를 통해 내부적으로는 차량 시스템 사이에, 외부적으로는 도로 시설이나 외부 차량, 이동 통신 기기, 그리고 클라우드 시스템 사이에서 양방향으로 커뮤니케이션할 수 있다(Hyundai Motor Company, 2017).

　스마트 연동 제품은 계속 진화한다. 차 안에서 제한적인 CAN_{Controller}

Area Network(차량 안에서 호스트 컴퓨터 없이 마이크로컨트롤러나 장치가 서로 통신

하기 위해 설계된 표준 통신 규격-옮긴이) 통신에서 이더넷Ethernet(가장 대표적

인 버스 구조 방식의 근거리통신망LAN-옮긴이) 통신으로 변경한 것이 발전된

사항 중 하나다. 이더넷 기반 소프트웨어를 사용하면 통합 데이터를

통제할 수 있다. 여러 부품에서 나오는 대량의 데이터 세트를 처리

하기 위한 기기 연동이 차 안에서 탄력적으로 동시에 일어날 수 있

는 것이다. 현대자동차는 이런 방식으로 오늘날 사람들이 원하는 연

결성을 높여 소비자가 선호하는 세계적인 브랜드로 자리매김하기를

바라고 있다.

참고 자료

- Min-Hee, J (January 2018). Hyundai Motor builds global new venture capital investment system. *Business Korea*. http://www.businesskorea.co.kr/news/articleView. html?idxno=20237 [1 August 2018].

- Heneric, O, G Licht and W Sofka (eds.) (2015). *Europe's Automotive Industry on the Move: Competitiveness in a Changing World*. Heidelberg: Physica-Verlag.

- Hyundai Motor Company (2017). *Hyundai Motor Reveals Future Vision for Connected Cars*. https://www.hyundai.com/worldwide/en/about-hyundai/news-room/news/hyundai-motor-reveals-future-vision-for-connected-cars-0000006598 [4 August 2018].

- Hyundai Motor Company (2018a). *History*. https://www.hyundai.co.uk/about-us/think-you-know-hyundai/history [1 August 2018].

- Hyundai Motor Company (2018b). Hyundai Motor Enters Partnership with Baidu for Connected Car Leadership in China. https://www.hyundai.com/worldwide/en/about-hyundai/news-room/news/hyundai-motor-enters-partnership-with-baidu-for-connected-car-leadership-in-china-0000015025 [1 August 2018].

- Interbrand (1 August 2018). Best Global Brand 2017. Retrieved from Interbrand: https://www.interbrand.com/best-brands/best-global-brands/2017/ranking/#?listFormat=ls

- Kotler, P, H Kartajaya and DH Hooi (2017). *Marketing for Competitiveness: Asia to the World*. Singapore: World Scientific.

- Porter, ME and JE Heppelmann (November 2014). How smart, connected products are transforming competition. *Harvard Business Review*.

밀레니엄정보솔루션 Millennium Information Solution Ltd.

이슬람 은행 및 금융 서비스 업계의 성장세를 보면 이슬람 금융 기관을 대상으로 하는 소프트웨어 제품의 시장 잠재력이 높음을 알 수 있다. 밀레니엄정보솔루션은 방글라데시 기반 IT 회사로 처음에는 외주 기업으로 시작했다. 회사는 소프트웨어 제품 시장의 잠재력을 인식하고 문을 두드렸다. 그리고 고객과 강력한 연결 네트워크를 구축하여 이슬람 금융기관을 위한 특수 제품을 개발하는 데 성공했다. 다음 도전 과제는 글로벌 시장에서의 마케팅이다.

소프트웨어 솔루션 개발에 특화된 기업

방글라데시의 인구는 1억 6,200만 명으로 세계에서 인구밀도가 가장 높은 국가 중 하나다. 국토 면적은 14만 3,998km², 평균 인구밀도는 1km²당 1,125명(*BBC News*, 2018)에 달해 노동 공급 측면에서 큰 기회가 있는 국가다. 방글라데시소프트웨어및정보서비스협회BASIS에 따르면 방글라데시가 IT 분야에서 가지는 강점으로 저비용 노동력, 프로그래머의 높은 생산성, 그리고 영어에 대한 지식을 꼽을 수 있다. 덕분에 지난 수십 년간 방글라데시의 IT 기업은 괄목할만한 성장을 이루었고, IT 기업의 수는 770개 이상이다. 밀레니엄정보솔루션(이하 밀레니엄)도 이러한 방글라데시 기업 가운데 하나다(Anwar *et al.*, 2014).

밀레니엄은 오너스ONUS와 호라이즌Horizon이라는 두 회사가 합쳐져 만들어졌다. 오너스는 1996년, 호라이즌은 1998년에 설립되었고 2001년 오너스가 호라이즌과의 합병에 앞장서 밀레니엄을 세웠다.

밀레니엄은 창립 초기부터 제품과 서비스를 혁신하고 품질을 유지해 고객을 만족시키려 노력하는 믿을만한 소프트웨어 회사로 운영해왔다. 밀레니엄은 기업이나 단체를 위한 소프트웨어 솔루션을 개발하는 데 특화된 회사다. 이 소프트웨어 제품을 사용하는 고객사는 의사결정을 내리는 데 도움을 받을 수 있으며, 제품 성능을 강화할 수 있어 제품의 경쟁 우위를 얻을 수 있다(Anwar *et al.*, 2014).

글로벌 브랜드로 거듭나기

밀레니엄의 궁극적인 목표는 신뢰할 수 있는 소프트웨어 개발 회사로 글로벌 시장에 자리매김하는 것이다. 밀레니엄은 이슬람권 은행과 금융기관에 소프트웨어 솔루션을 제공하는 데 집중하고 있다. 주력 상품 '아바빌Ababil'을 중심으로 이슬람 핵심 은행을 전문으로 하며 이슬람교의 법체계 샤리아shariah와 글로벌 규제 및 규정을 준수한다. 이외에도 밀레니엄은 이슬람 무역 금융, 인터넷 뱅킹, 수쿠크sukuk(이슬람 국가 발행 채권) 관리, 역외 뱅킹, 자금 관리, 금융 개시 시스템, 모바일 뱅킹 등 많은 서브 모듈을 출시했다. 실비아Sylvia라고 부르는 종합인적자원관리솔루션HRMS, Human Resource Management Solution도 밀레니엄의 대표 상품이다(Millennium Information Solution, Ltd., 2016).

밀레니엄은 자사의 남다른 상품과 방글라데시의 능력 있는 프로

27

그래머를 활용하여 세계적인 소프트웨어 회사로 성공하는 것을 주 목표로 한다. 그래서 직원을 위한 훈련에 막대한 투자를 해왔고, 외주 작업을 할 때 소중한 자원이 되는 젊고 재능 있는 프로그래머를 위한 코칭과 멘토링 프로그램에도 많은 투자를 하고 있다.

밀레니엄은 처음에 외주 기업으로 성공을 거두었다. 2000년부터 2003년까지의 창업 초기에는 방글라데시에서 외주를 의뢰하는 고객사를 가장 많이 보유하고 있었다. 주요 고객사는 밀레니엄의 일솜씨에 만족하고 감사 증서를 수여했다. 하지만 밀레니엄은 외주 작업만으로는 원하는 자리까지 오를 수 없음을 깨달았다. 이들은 최소한의 노력으로 많은 기업에서 복제할 수 있는 소프트웨어 솔루션 라인을 만들기를 원했다. 프로젝트별로 진행되는 외주 작업으로는 채울 수 없는 부분이었다.

한발 더 나아가 밀레니엄은 외주 작업을 중심으로 하는 프로젝트 기반 소프트웨어 솔루션 공급 업체에는 다음과 같은 위험이 따른다는 사실을 파악했다.

- 훈련된 인재가 해외로 떠난다. 그래서 소프트웨어 개발을 지속해 나갈 인적자원을 유지하기가 힘들다.
- 훈련된 인재를 계속 보유하기 위해서는 프로젝트가 꾸준히 안정적으로 들어오거나 해외 시장에서 투자를 받아야 한다.
- 시장을 적절히 보호하지 못하면 경쟁사들이 계약을 얻기 위해 종종 단가를 후려친다.

외주 기업에서 제품 중심 기업으로

밀레니엄은 1996년 방글라데시이슬람은행IBBL, Islamic Bank Bangladesh Limited
을 위해 오너스가 개발한 소프트웨어 솔루션 아바빌을 글로벌 시장
에 판매하기로 했다. 인도경영대학원IIM, Indian Institute of Management의 한 교
수는 외주만을 전문으로 하다가 그다지 성공을 거두지 못한 인도 기
업 몇 곳을 짚어 평가했고 밀레니엄은 외주 기업에서 제품 중심의 IT
기업으로 거듭나야 한다고 제안했다. 밀레니엄도 이 생각에 동의하
여 회사를 탈바꿈하기 시작했다.

　외주 전문 기업에서 제품 중심 기업으로 거듭나는 동안 밀레니엄
은 많은 어려움에 부딪혔다. 새롭게 설정한 방향으로 경영 방침을 돌
리기 위해서 처음에는 상당한 투자금과 노력이 필요했다. 몇 년 이
내에 밀레니엄은 아바빌 소프트웨어를 이용해 틈새시장으로 진출할
수 있었다. 이제는 이슬람의 많은 금융기관에서 이 제품을 사용한다.
알아라파이슬라미은행Al Arafah Islami Bank, 시티은행The City Bank, 에이비은
행AB Bank, 하즈파이낸스컴퍼니Hajj Finance Company, 소셜이슬라미은행Social
Islami Bank, 아그라니은행Agrani Bank, 유니온은행Union Bank과 같은 곳이다.

　밀레니엄이 제품 개발에 성공한 비결은 외주 프로젝트를 진행했던
고객과 유지해온 관계였다. 이 연결고리는 혁신 제품에 대한 아이디
어를 빨리 얻는 데 특히 중요하다. 내부 연구 개발팀에만 의지하는 것
으로는 부족하기 때문이다. 그래서 외부 관계자, 특히 고객과 끈끈한
연결 관계가 필요하다(Kotler, Kartajaya and Hooi, 2017). 고객과의 연결
은 밀레니엄이 제품 중심 기업으로 발전하는 데 중요한 자산이었다.

아바빌은 밀레니엄과 고객이 오랫동안 쌓아온 관계의 결과로 탄생했다. 이 제품은 금융기관의 모든 활동을 이슬람 원칙을 바탕으로 끝에서 끝까지 이어주는 종합 솔루션이다. 아바빌 덕분에 밀레니엄의 매출은 꾸준히 성장했다. 이슬람 금융 업계는 2018년에 성장세가 주춤했지만 이후 꾸준히 성장할 것으로 예상된다(S&P Global Ratings, 2017). 하지만 밀레니엄은 글로벌 시장으로 나아갈 의미 있는 돌파구를 마련하지는 못하고 있다. 가능성은 있지만 글로벌 시장 진출은 여전히 어려운 도전 과제다.

밀레니엄은 회사의 신뢰성을 높이기 위해 IBM방갈로르랩IBM Bangalore Lab의 제품 평가 테스트를 거쳤고, 밀레니엄의 제품은 다른 글로벌 뱅킹 소프트웨어 솔루션과 비교해 품질이 훌륭하다는 증명서를 받았다. 밀레니엄 제품은 미국 IT 리서치 기업 가트너Gartner 선정 기능성 부문에서 10대 소프트웨어에 이름을 올렸다. 또한 이슬람식 금융 자동화 훈련을 위해 말레이시아국제이슬람대학교IIUM, International Islamic University Malaysia와 협정을 맺기도 했다.

다음 도전 과제는 글로벌 시장 뚫기

밀레니엄은 전 세계적으로 세미나와 심포지엄을 개최하고, IT 제품을 위한 많은 행사에 참여해왔다. 하지만 이슬람 금융을 위한 소프트웨어 프로그램의 글로벌 시장을 뚫지는 못했다. 그 이유는 방글라데시의 이미지에서 기인한다. 금융 소프트웨어는 지속적인 품질관리와 모니터링이 필요한데, 많은 글로벌 금융기관에서 방글라데시 제품을 신뢰하지 않기 때문이다. 운용 자산 50억 달러(약 5조 8,350억 원)에서 100억 달러(약 11조 6,700억 원) 규모의 많은 해외 은행에서 방글라데시의 소프트웨어를 구매하는 건 너무 위험하다고 생각한다.

글로벌 시장에서 신뢰를 주는 이미지를 쌓으려면 밀레니엄은 글로벌 미디어에서 입지를 확립해야 하는데, 그런 노력에는 막대한 투자금이 필요하다. 글로벌 소프트웨어 마케팅 시장의 경험 법칙을 생각하면 제품을 마케팅할 때 개발자는 시장 개발 비용의 거의 70%를 투자해야 한다. 밀레니엄에게 이 정도 투자는 어려운 일이다. 게다가 글로벌 미디어에 투자하려면 외환이 필요한데, 방글라데시 정부의 외환 규제로 국내 수입을 외환으로 바꿀 수도 없다.

밀레니엄은 100% 주식으로 자금을 조달하는 회사다. 국내 매출은 글로벌 마케팅 활동 자금으로 쓰기에 충분하지 않다. 따라서 성공을 거두고 있는 회사의 지분을 판매해 글로벌 시장에서 성장 가능성을 증명해 자금을 조달하려고 한다. 이는 회사의 창업자에게는 상대적으로 생소한 자금 조달 방법이었다. 그래서 회사의 원소유주를 찾아 설득시키는 데 3~4년이 걸렸다.

이상적인 시나리오대로라면 밀레니엄은 외국인 투자자에게 지분을 팔아 필요한 자금을 조달할 수 있어야 한다. 하지만 방글라데시에서는 그런 선례가 없었기 때문에 겨우 1명의 투자자에게 서면동의서를 받을 수 있었고, 그것도 200만 달러(약 23억 3,400만 원)를 받고 상당한 양의 주식을 지급해야 했다. 밀레니엄의 주식 규모는 세계 자본 시장에 상장하기에는 충분하지 못했다.

제품 중심 기업인 밀레니엄이 해외 시장에 진출하는 데에는 또 다른 어려움이 있다. 밀레니엄의 제품은 각 나라의 요구에 맞출 수 없기 때문이다. 기업은 한 번에 한 국가에서 '제품 시장 적합성'을 얻는다. 하지만 기업들은 특정 시장의 고객이 다른 시장의 고객과 완전히 다르다는 사실을 간과한 채 같은 제품을 서로 다른 시장에 내놓는다. 소프트웨어 기업이 국내에서 판매하는 제품과 같은 제품을 해외에서 판매한다면, 그리고 새 시장의 사용자가 소프트웨어의 특정 고급 기능에 익숙하지 않다면 해외 시장에서 성공을 거두기 어렵다. 대신 새로운 고객이 제품에 익숙해질 수 있도록 기본 사양의 제품을 제공하는 노력을 기울일 수 있다. 같은 방식으로 선진 시장에서는 기능을 추가한 정교한 솔루션을 제공하는 게 이상적인 접근 방법이다(Kelly, 2015).

이 사례를 작성하는 데 방글라데시 인사이트학습연구소(Insight Institute of Learning)의 사이드 페르하트 안와르(Syed Ferhat Anwar), 에나물 하크(A.K. Enamul Haque), 마무드 호사인(Mahmud Hossain), 아프리다 알림 니샤(Afrida Alim Nisha)가 도움을 주었다. 책의 주제와 맞추기 위해 정보를 추가하고 업데이트하였다.

참고 자료

- Anwar, SF, AKE Haque, M Hossain and AA Nisha (2014). *Millennium Information Solution Ltd: How to Access the Global Market*. Dhaka: Insight Institute of Learning.

- BBC News (August 2018). Bangladesh Country Profile. https://www.bbc.co.uk/ news/world-south-asia-12650940 [29 July 2018].

- Kelly, N (September 2015). The most common mistakes companies make with global marketing. *Harvard Business Review*. https://hbr.org/2015/09/the-most-common-mistakes-companies-make-with-global-marketing [29 luly 2018].

- Kotler, P, H Kartajaya and DH Hooi (2017). *Marketing for Competitiveness: Asia to the World*. Singapore: World Scientific.

- Millennium Information Solution, Ltd. (2016). *Corporate Profile*. http://www.mislbd.com/page/corporate-profile [29 July 2018].

- S&P Global Ratings (2017). Islamic Finance Outlook: 2018 Edition. https://www.spratings.com/documents/20184/452/646/Islamict+Finance+2018+Digital-1.pdf/cf025a76-0a23-46d6-9528-cecde80e84c81 [29 July 2018].

———— FPT코퍼레이션FPT Corporation

제품 혁신은 모든 조직, 특히 정보통신기술 업계에서 조직의 성장
과 성공의 핵심이다. 베트남 정보통신기술 업계의 개척자이자 선
도자인 FPT코퍼레이션은 끊임없이 일상적으로 조직의 비전을 위
해 노력해왔다. 상호 연결성이 중시되는 새로운 시대에 접어들면
서 한층 개방적인 혁신 시스템을 도입하고, 회사 밖의 외부인을
개입시키기 시작했다. 이들은 다양한 스마트 연동 제품을 내놓았
고 새로운 경쟁 우위를 얻었다.

베트남 IT 및 통신 분야의 선도 기업

FPT코퍼레이션(이하 FPT)은 1988년 9월 13일 푸드프로세싱테크놀
로지컴퍼니The Food Processing Technology Company라는 이름으로 설립되어, 식
품 기술 회사로서 여정을 시작했다. 나중에 소련과학아카데미Soviet
Union Academy of Sciences와 컴퓨터 공급 계약을 맺으면서 정보통신기술 사
업으로 방향을 전환했다. 중요한 한 걸음을 때면서 FPT는 내부에 정
보기술 부서를 신설했다. FPT의 첫 상업 소프트웨어 판매 계약은 베
트남항공에 예약 과정 관리 프로그램을 공급하는 일이었다. 이 계약
은 FPT가 은행이나 통신 등의 분야에 쓰이는 소프트웨어 개발 사업
에 진출하는 발판이 되었다. 마침내 FPT는 컴팩, HP, IBM 같은 기업
의 기술 유통 파트너가 되었다. 그리고 정보과학 사업에 집중하기 시

34

작하며 1990년 10월 27일 FPT The Corporation for Financing and Promoting Technology
로 사명을 변경했다.

불과 8년 만에 FPT는 시장 선도 기업으로 올라섰고, 베트남 IT 시
장에서 이름만 대면 누구나 다 아는 기업이 되었다. 2008년에는 다
시 FPT코퍼레이션으로 사명을 변경하여 핵심 사업이 통신, 디지털
콘텐츠, 정보기술 서비스라는 점을 재확인했다(FPT Corporation, 2012).
표 1-2에는 FPT가 창립 시절부터 베트남의 IT 및 통신 분야의 선도
기업이 되기까지 이룬 다양한 성과가 자세히 나와 있다.

FPT는 현재 전 세계 21개국에서 사업을 펼치고 있다. 이처럼 세계
로 뻗어나가는 기업이 되면서 국내외 양쪽에서 자원을 활용하기 쉬
워졌고, 고객에게 더 좋은 서비스를 제공할 수 있게 되었다. FPT는
전 세계 450개 이상의 대형 기술 회사를 고객으로 보유하고 있으며,
그중 50개는 경제 전문 잡지 〈포천 Fortune〉 선정 500대 기업에 속한다.
또한 GE, 마이크로소프트, 아마존 웹서비스, IBM, SAP 같은 기술 회
사에서 인정받는 평판 좋은 파트너사이기도 하다.

[표 1-2] FPT 연표

연도	성과
1988	베트남 하노이에 푸드프로세싱테크놀로지컴퍼니 설립. 구성원 13명
1990	FPT로 사명 변경. IT를 핵심 사업 부문으로 확립
1994	유통 부문에 진출하여 베트남에 신기술 제품을 들여오는 데 집중
1997	인터넷 부문에 도전하여 사업 돌파구 마련
1998	베트남 4대 인터넷 서비스 공급 업체로 부상

1999	사업 전략 방향을 소프트웨어 수출로 잡아 해외 시장 진출
2001	베트남 최초의 온라인 신문 <VnExpress> 출범
2002	• 주식회사화하여 합자회사로 전환 • FPT 브랜드 제품 생산
2006	• 베트남 국내 주식시장 상장 • FTP대학 설립
2012	• 기술 제품 소매 체인 FPT숍 확대 • 전자상거래 투자
2014	• 베트남 IT 기업을 인수하여 첫 크로스보더 M&A 실시 • 유료 TV 서비스 제공 • 외국계 IT 기업, RWE IT 슬로바키아(유럽의 선두 에너지 기업 RWE 계열사)를 인수한 베트남의 첫 IT 기업
2015	• 미얀마에서 유선 전화 통신 사업권을 얻은 첫 해외 기업 • 방글라데시에서 남아시아 시장의 신규 개발 방향을 공개하는 계약 체결
2016	• GE, 마이크로소프트, 아마존웹서비스 같은 글로벌 기업과 제휴 • 한국과 중국 사무소 개설

출처: FPT Corporation(2017a), Wikipedia(2017).

FPT는 소프트웨어 개발, 시스템 통합, IT 서비스, 전자통신, 기술 제품 유통과 소매, 고품질의 IT 인력 훈련까지 IT 및 통신 부문의 핵심 사업 분야에 진출해 있다. FPT는 사업 부문을 기술, 전자통신, 유통과 소매, 교육으로 나누고 있다. 표 1-3에서는 FPT의 4가지 사업 부문을 자세히 설명하고 있다. FPT의 비전은 기술 개발의 끊임없는 혁신을 통해 시장 선도 기업이 되는 것이다. 이 비전을 실현하기 위해서는 연구 개발이 매우 중요하며, 특히 신제품 개발에 큰 관심을 쏟아야 한다.

[표 1-3] FPT의 사업 부문

부문	제품과 서비스	설명
기술	소프트웨어 개발	• 다양한 산업계를 위한 맞춤형 소프트웨어 솔루션 • 전문적인 ERP, 인적자원관리(HCM), 비즈니스인텔리전스(BI), 데이터웨어하우징(DWH) 프로그램 • 컨설팅, 연구 개발, 사물인터넷 기반 서비스 공급 및 배치 • 기타
	IT 인프라 서비스	• 기업을 위한 데이터베이스 디자인 및 구축 • 네트워크 시스템과 보안 • 결제, 감시 시스템, 은행 분야를 위한 전문 설비 • 전자통신, 운송, 통관을 위한 전문 제품 • 은행, 주식, 전자통신 솔루션 실행 • 서버 호스팅과 데이터베이스 관리
	IT 서비스	• FPT e서비스: 승인 서비스 인증서, 통관 서비스, 온라인 세금 신고 서비스 • 하드웨어 판매회사를 위한 IT 제품 공인 보증 및 관리 • IT 장비와 부품의 공급 및 수리
전자통신	전자통신 서비스	• 광대역 인터넷(xDSL, FTTH) • 텔레비전 서비스: FPT TV, FPT플레이 • 통신회선 대여 • 데이터 센터 • 유선전화 • 시외 및 국제 전화 서비스 • 온라인과 OTT 서비스 • 화상 회의
	디지털 콘텐츠	• 온라인 신문 • 온라인 광고 • 스마트 광고 시스템
유통과 소매	기술 제품 유통	• IT 제품과 솔루션, 애플, IBM, 레노버, 마이크로소프트, HP, 노키아, 도시바의 모바일 기기 판매 • 데스크톱, 스마트폰, 태블릿 등 FPT 브랜드 제품 생산
	기술 제품 소매	• 컴퓨터, 태블릿, 스마트폰, 액세서리 • 소매 체인점을 통한 애플 제품 판매
교육 및 기타	교육 및 훈련	• 고등학교 교육, 직업 교육, 대학원 및 졸업 후 교육 • 국제 연합 프로그램, 국제 학생 개발 프로그램 • 기업 교육 프로그램

출처: FPT Corporation(2017a).

오픈 이노베이션으로 고객과 함께 신제품을 개발하다

경쟁이 치열한 오늘날 환경에서 끊임없이 혁신적인 제품을 생산하는 기업이 고객의 진화하는 니즈를 즉각 만족시키고, 경쟁 우위를 확보할 수 있다는 점을 FPT는 알고 있었다. FPT가 베트남 기술 기업의 선구자로서 성공을 거둘 수 있었던 비결은 꾸준한 제품 혁신에 있다. FPT는 애플, IBM, 레노버, 마이크로소프트, HP, 노키아와 도시바 제품의 판매 대리점으로 시작했지만, 이제는 데스크톱, 스마트폰, 태블릿 브랜드가 있으며 제품은 전부 자체 생산하고 있다.

기업 고객에게 최대한 적절한 솔루션을 제공한다는 FPT의 강한 의지에는 혁신이 자리잡고 있다. FPT는 고객이 부가가치가 높은 제품을 개발하고 업무 효율성을 높여 이익을 얻을 수 있도록 전자정부, 헬스케어, 교통 체계, 에너지와 자동차 산업 등의 분야에서도 새로운 솔루션을 제시하고 있다. 2016년 FPT는 고객을 위한 몇 가지 일반적인 기술을 배포했다(FPT Coporation, 2017a).

전자정부 부문을 위한 솔루션

100% 디지털화된 믿을 수 있는 데이터를 바탕으로 디지털 플랫폼을 이용하여 공공기관의 일반적인 행정 처리 과정과 절차를 개선할 수 있는 수단을 제공한다. 전자정부를 위한 이 포괄적인 솔루션을 통해 사용자가 더욱 편리하게 행정 서비스를 이용할 수 있다.

헬스케어 부문을 위한 솔루션

100% 클라우드 버전을 지원하는 병원 관리 솔루션을 고안했다. 헬스케어 부문을 위한 이 솔루션은 온전히 클라우드 기반 버전으로 바뀌어 작동하며 40개의 병원 관리 영역에서 요구 사항을 충족시킨다.

교통 부문을 위한 솔루션

지능형 교통 체계인 '자유 흐름형 전자 통행료 징수 및 차량 하중 제어 시스템' 솔루션을 개발해 전국에 배포한다.

에너지 부문을 위한 솔루션

전기 공급자를 위해 추가 장점이 있는 스마트 계량 솔루션을 연구한다.

자동차 산업 부문을 위한 솔루션

운전자가 필요 없는 자율주행 자동차를 연구 및 개발한다.

연결성이 중시되기 전의 시대와 달리 오늘날의 기업은 혁신을 위해 내부의 자원과 역량에만 의존하지 않아도 된다. 기술 발전 덕분에 기업은 외부 자원을 이용할 방법이 매우 다양해졌고, 협력을 통해 새로운 제품을 개발하는 데 도움을 얻을 수 있다. 이를 '오픈 이노베이션'이라고 한다(Kotler, Kartajaya and Hooi, 2017). 오픈 이노베이션은 기업이 혁신을 위해 조직의 투입물과 산출물에 존재하는 지식을 목적

39

에 맞도록 활용하는 것을 말한다. 즉, 오픈 이노베이션은 조직이 내부와 외부의 발상을 모두 활용하는 패러다임이다(Chesbrough, 2003).

FPT도 신제품 개발에 오픈 이노베이션의 원칙을 채택했다. 하나의 예로 유럽 최대 엔지니어링 회사 지멘스Siemens AG와 협력하여, 지멘스의 글로벌 고객들이 클라우드 기반 개방형 사물인터넷 운영 시스템인 마인드스피어MindSphere를 실행하고 사용하는 데 도움을 주고있다. FPT는 데이터 분석과 사물인터넷, 클라우드 기술, 엔지니어링 서비스, 애플리케이션 개발에 대해 깊은 지식을 지니고 있어서 지멘스와 그 고객에게 중요한 협력사다. 마찬가지로 FPT도 협력 관계 덕분에 이익을 얻는다. 제조 업체를 위한 개방형 운영 시스템의 설계 관련 방대한 경험을 쌓을 수 있었기 때문이다.

FPT코퍼레이션 산하 FPT소프트웨어 CEO 호앙 비엣 아잉Hoang Viet Anh은 지멘스와의 협력 관계에 대해 이렇게 말했다.

> "4차 산업혁명 속에서 기업은 반드시 디지털 중심의 조직으로 변화해야 합니다. 제조업 분야에서 세계 시장을 선도하는 지멘스와 마인드스피어로 제휴 관계를 맺은 것은 FPT가 디지털 전환 사업을 위해 노력한다는 증거입니다. FPT는 다양한 산업에서 사물인터넷을 실행할 수 있는 전문성이 있고, 사물인터넷의 상호작용과 경험을 단순화한다는 마인드스피어의 비전이 만나 사람들에게 영감을 주는 한계 없는 디지털 혁신의 막이 오를 수 있습니다(FPT Software, 2017)."

FPT는 이와 비슷하게 유럽의 항공기 제작 회사 에어버스Airbus와 협력하여 항공 업계의 사업 효율성을 높이는 솔루션도 개발했다(FPT Corporation, December 2017b).

오픈 이노베이션에서는 고객도 신제품 개발을 위한 잠재적인 파트너가 될 수 있다. FPT는 일찍이 여러 가지 방법으로 고객과의 협력 방법을 찾았다. 그 가운데 하나가 '고객의 소리' 프로그램이다. FPT의 전자통신 서비스 부문에서 시행하는 것으로, 고객의 시각과 피드백에 맞추어 제품과 서비스를 준비하는 것이 목표다. 콜센터, 라이브챗, 페이스북, 하이FPT 같은 모바일 애플리케이션을 통해 고객과 만나는 다양한 접점에서 고객 만족 피드백을 기록했다(FPT Corporations, 2017a). 상호작용을 위한 디지털 기술이 꽃피면서 FPT는 주기적으로 고객의 피드백을 듣고, 이를 바탕으로 자신 있게 사업을 확장하고 있다.

디지털 시대에서 연동형 제품이 갖는 힘

새로운 기술의 물결 덕분에 기업은 오픈 이노베이션을 이용해 지능적인 방법으로 신제품을 개발할 수 있게 되었을 뿐 아니라 한층 스마트한 연동형 제품도 생산할 수 있게 되었다. 이제는 제품 자체의 연결성이 핵심으로 떠오르고 있다. 디지털 시대에서 이러한 연동형 제품을 보유한 기업, 특히 제품 중심 기업은 강력한 경쟁 우위를 지닌다. 연동형 제품이 있으면 기업이 외부와 협력할 기회가 생기기 때문이다. 이러한 기업은 요즘 같은 시대에 장점을 누린다. 보다 다양

41

한 곳에서 정보를 얻어 비용을 더 절감하고 효율성을 더 높일 수 있으니 말이다. 제품을 사용하는 사람이 많을수록 제품 개발에 연결성을 활용할 방법도 많아진다. 결과적으로는 제품의 가치가 계속해서 향상되는 순환 구조가 생긴다(Kotler, Kartajaya and Hooi, 2017).

포터와 헤플만 교수의 연구에 따르면 스마트 연동 제품에는 3가지 핵심 요소인 물리적인 부품, 스마트용 부품, 연동용 부품이 있다. 스마트용 부품은 물리적인 부품의 성능과 가치를 높이며, 연동용 부품은 스마트용 부품의 성능을 높여 제품이 물리적 형태를 벗어난 곳에 존재하도록 해준다. 스마트 연동 제품이 제공하는 연결성은 3가지 형태로 나뉜다. 일대일 연동, 일대다 연동, 다대다 연동이다. 다음은 FPT가 개발한 스마트 연동 솔루션의 몇 가지 사례다.

일대일 연동One-to-One Connectivity: 모바일 기기

가장 간단한 연결 형태로, 2대의 기기가 서로 연동되어 데이터를 공유할 수 있다. FPT가 개발한 모바일 기기에는 일반적으로 이 기능이 탑재되어 있다. 스마트폰은 다양한 기능과 애플리케이션을 통해 다른 모바일 기기와 연결할 수 있다. 요즘은 모바일 기기를 스마트 가전과 연동하는 것도 흔하다.

일대일 연동을 위한 솔루션으로 FPT TV 리모컨이 있다. 사용자가 스마트폰으로 TV를 볼 수 있고, FPT TV를 제어할 수도 있는 오락용 애플리케이션이다. 이것을 사용하면 기존의 TV 리모컨은 필요가 없다.

일대다 연동One-to-Many Connectivity: 통행료와 교통 상황 관찰 시스템

FPT는 지능형 교통 체계 시스템을 구축했다. 그중 도로 요금소에서 사용하는 애플리케이션 시스템과 고속도로의 차량 흐름을 개선하기 위한 교통 법규 위반과 감시 및 관리 시스템도 있다. 이 솔루션은 교통 카메라가 촬영한 화면과 GPS 시스템을 통해 현장에서 즉각 교통 법규 위반 통지서를 발행한다. 또한 애플리케이션을 이용하여 차량 흐름을 관찰하고, 통행 차량의 하중을 측정하거나 수를 셀 수도 있으며, 교통 행정 업무에 도움을 줄 수 있다(FPT Corporation, 2017a).

이와 같은 일대다 연동 솔루션에서는 여러 제품이나 기기에서 나오는 데이터를 중앙 시스템에서 처리한다. 그 결과 교통의 흐름이 좋아지고 사용자 즉, 고속도로를 이용해 출퇴근하는 통근자들이 편리해진다.

다대다 연동Many-to-Many Connectivity: 전자정부

FPT는 베트남 꽝닌성Quang Ninh에서 전자정부 사업을 시작했다. 이 사업은 2013년 말에 의뢰를 받았고, 그때까지 FPT가 맡았던 전자정부 사업 가운데 가장 규모가 컸다. 꽝닌성은 베트남의 성 정부 가운데 처음으로 포괄적 전자정부 솔루션을 채택했고, 전자정부 사업이 베트남 전국으로 확대될 수 있는 가능성을 제시했다.

정부 기관은 전자정부 시스템에서 제공하는 IT 솔루션과 업무 단계마다 효율적인 리더십을 발휘하게 해주는 각종 수단을 이용해 국민에게 쉽고 빠르며, 투명하고, 사용자 친화적인 서비스를 제공할 수 있다. 따라서 정부 기관의 전반적인 기능이 향상된다(FPT Information System, 2014). 전자정부 설치 계획에는 통합 데이터 센터 개발, 데이터베이스 구축, 데이터 회선 및 LAN_{Local Area Network}과 WAN_{Wide Area Network} 기반 시설의 업그레이드 등도 포함되어 있다. 이에 더해 꽝닌성은 14개 구에 주민 서비스 센터를 열고, 1개의 관리 센터도 열 계획이라고 한다(Oanh, 2013).

전자정부 사업 덕분에 주민들은 온라인에 접속해 정부에서 제공하는 다양한 서비스를 이용할 수 있고, 시간과 에너지를 절약한다. 마찬가지로 공무원도 서로 쉽게 연결할 수 있어 의사소통의 오류를 줄인다. FPT는 베트남 전역의 성에 이러한 다대다 연동 솔루션을 배포하려는 목표를 가지고 있다.

참고 자료

- Chesbrough, H (2003). The logic of open innovation: Managing intellectual property. *California Management Review*,45(3),33-58.

- FPT Corporation (2012). *2011 Annual Report*. https://fpt.com.vn//Images/files/bao-cao-thuong-nien/2011_annual.pdf [17 January 2018].

- FPT Corporation (2017a). *2016 Annual Report*. https://fpt.com.vn//Images/files/bao-cao-thuong-nien/2016-Annual-report_EN_web.pdf [15 January 2018].

- FPT Corporation (December 2017b). *FPT Software and Airbus to Cooperate in Aviation Technology*. https://fpt.com.vn/en/newsroom/detail/fpt-software-and-airbus-to-cooperate-in-aviation-technology [16January 2018].

- FPT Information System (2014). *Launch of Largest FPT.eGOV Project in Quang Ninh*. http://fptis.vn/en/news/launch-largest-fptegov-project-quang-ninh [16 January 2018].

- FPT Software (2017). *FPT and Siemens Partners in MindSphere IoT Operating System*. https://www.fpt-software.com/fpt-siemens-partners-in-mindsphere-iot-operating-system [16 January 2018].

- Kotler, P, H Kartajaya and DH Hooi (2017). *Marketing for Competitiveness: Asia to the World*.Singapore:World Scientific.

- Oanh,V (January 2013).Quang Ninh to spend VND600 billion on e-government. *The Saigon Times*. http://english.thesaigontimes.vn/27371/Quang-Ninh-to-spend-VND600-billion-on-e-government.html [16 January 2018].

- Porter, ME and JE Heppelmann (November 2014). How smart, connected products are transforming competition.*Harvard Business Review*.

- Wikipedia (2017).FPT Group.https://en.wikipedia.org/wiki/FPT-Group [15 January 2018].

——— 킴코KYMCO

킴코는 일본에서 받은 기술을 바탕으로 부품 제조 업체에서 글로
벌 브랜드로 천천히 변신하고 있다. 제품 혁신을 통해 국내 시장에
서 입지를 강화했을 뿐 아니라 글로벌 시장, 특히 유럽 시장에서 선
호하는 브랜드가 되었다.

전 세계인에게 사랑받는 스쿠터 브랜드

광양공업KYMCO, Kwang Yang Motor Company(이하 킴코)은 세계적인 파워 스포츠
브랜드로, 본사는 대만 제2의 도시 가오슝에 있다. 킴코의 사무실과
제조 공장, 제품 테스트 및 연구 개발 시설은 50년이 넘은 킴코의 종
합 업무 단지에 자리한다. 단지는 18만 8,300m²가 넘는 면적 위에 펼
쳐져 있다. 킴코의 목표는 전 세계 소비자의 마음을 얻는 개인용 차
량 제조 업체가 되는 것이다. 현재 킴코가 생산하는 제품으로는 스쿠
터, 오토바이, 기동성 스쿠터, ATVAll-Terrain Vechicle, 다용도 차량 등이 있
다(KYMCO, 2018).

　킴코는 1964년에 설립되어 일본의 자동차 회사 혼다에서 기술
을 전수받아 사업을 시작했다. 1960년대부터 1980년대 사이에는 외
국, 특히 일본의 기술 덕분에 대만 국내 시장에서 성장할 수 있었다
(*Taiwan Today*, 2006). 그렇게 쌓은 기술력으로 킴코는 대만 국내 기업
들이 차량 부품을 제조할 수 있도록 도왔다. 그리고 마침내 킴코는

46

혼다 최초의 해외 고급 제조 시설로 자리잡게 된다. 킴코는 1964년 첫 모델 C200을 만들었다(KYMCO, 2018).

이후 20년 넘는 시간이 흐르면서 혼다와 킴코의 관계는 점점 발전했다. 혼다는 킴코와의 사업 관계를 늘려나갔고 킴코의 지배주주가 되었다. 하지만 1992년 킴코는 마침내 혼다로부터 독립해 스스로 개발한 제품을 자사의 브랜드로 판매하기 시작했다. 2003년부터는 28년간 이어진 혼다와의 성공적인 협력 관계를 뒤로하고 혼다에게 사업권을 돌려받아 세계 시장에서 킴코의 브랜드를 구축하기 시작했다. 킴코는 현재 대만 최대의 스쿠터 제조 업체다(*Taiwan Today*, 2006. 표 1-4 참조).

킴코는 국내 시장에서의 지배적인 입지를 강화하는 것과 더불어 세계 시장도 적극적으로 공략하고 있다. 현재 킴코그룹은 제조 시설과 마케팅·영업 지사를 합해 102개국에 진출해 있다. 사세 확장의 노력을 통해 유럽 시장에서도 우세한 입지를 다졌다. 유럽에서 발생하는 매출은 킴코그룹 전체 해외 매출의 50% 이상이다. 킴코는 스페인 스쿠터 시장에서 1위 업체이며, 독일과 프랑스의 ATV 시장에서 1등 브랜드로 통한다(KYMCO, 2018).

[표 1-4] 킴코 연표

연도	성과
1963	킴코 설립. 자본금 1,000만 대만 달러(NT, 약 3억 980만 원)
1964	공식 출범
1970	첫 번째 공장 개설

1977	두 번째 공장 개설
1983	생산 설비에서 100만 번째 제품 생산
1992	혼다에서 독립하여 독자 개발한 제품을 킴코 브랜드로 판매 시작
1995	인도네시아의 광양리보공업(Kwang Yang Li-Bo Motor)과 합작회사 설립
1999	연구 개발 빌딩 공개
2003	• 혼다가 보유한 사업 이권을 되찾아 킴코 브랜드로 제품 개발 및 판매 주력 • 첫 번째 중량형 오토바이 XCITING500 출시 • 대만에서 일본의 오토바이 브랜드 가와사키(Kawasaki)의 독점 총판매 대리점이 됨 • 킴코 제품의 제조와 판매를 위해 이란 SPMC와 합작 관계 형성
2004	우수산업기술상 수상
2006	일본설비보전협회(JIPM)가 수여하는 TPM어워드 특별명예상 수상
2007	대만경제부가 수여하는 e아시아상 수상
2011	최고의 전기 자전거용 후방 엔진 공급 위해 독일에 클레버모빌리티유럽(Klever Mobility Europe) 설립
2016	• 대만 시장점유율 36.9%로 17년 연속 1위 업체 선정 • 스페인 스쿠터 시장 선도 • 독일과 프랑스의 ATV 시장 1위 업체 선정 • 킴코의 기동성 스쿠터가 영국의 장애인 지원 자선단체 모터빌리티(Motability) 지정 4년 연속 1위 임대 차량 선정
2017	독일에서 실시한 전국 설문 조사 스쿠터 부문에서 '베스트 브랜드' 3위 선정
2018	일본 도쿄에서 킴코의 전기모터차 산업 대표 상품으로 아이오넥스(Ionex) 출시

출처: KYMCO(2018), KYMCO Healthcare(2017), Smart Motor Indonesia(2018).

고객 맞춤 제품 개발을 위한 끊임없는 연구

기술 회사로 성공하려면 경쟁사의 제품보다 고객의 니즈를 더 잘 충족하는 상품을 개발하는 데 역량을 쏟아야 한다. 킴코와 같은 제품 중심 기업은 고객의 니즈를 철저하게 연구하고, 이를 최대한 만족시키는 아이디어와 솔루션을 만들 필요가 있다. 킴코는 연구 개발에 큰 관심을 기울인다. 기술적으로 뛰어난 제품을 만들기 위해 노력하며, 특히 고객의 구체적인 요구에 맞추어 제품을 개발한다. 킴코는 1978년 연구 개발 센터를 세웠으며, 2017년 기준으로 500명이 넘는 엔지니어들이 제품의 연구 개발을 위해 노력하고 있다. 연구 개발에 투자하는 금액은 총 매출액의 평균 7%에 해당하는 수준이다(KYMCO, 2018).

킴코의 연구 능력은 특히 자동차 부품의 설계와 개발에서 잘 드러난다. 여기에는 고급 섀시 구조, 효율적인 가솔린기관, 전동기 제어 장치, 동력 전달 시스템 등이 포함된다. 이는 킴코의 핵심 역량으로 작동하며, 일반 및 스포츠 자전거, 스쿠터, 전동 스쿠터, 기동성 스쿠터, ATV, 다용도 차량, 발전기 등 전체 제품군을 연구하고 개발하는 데 기초가 된다. 또한 킴코는 제품 포트폴리오를 다양화하기 위해 의료 기기 시장에도 진출했다. 킴코헬스케어의 케이포유Kforu 시리즈는 영국 기동성 스쿠터 시장을 이끌고 있는 모델로, 다른 유럽 시장에서도 인기를 끌고 있다. 이에 더해 미국 캘리포니아 베벌리힐스에 킴코헬스케어USA를 설립해 미국 시장에서의 성공도 노리고 있다. 미국에서는 스타즈앤스트라이프Stars N Stripes라는 브랜드명으로 새로 디자인한 상품을 판매하고 있다.

킴코는 푸른 지구를 향한 노력의 일환으로 전기 차량 시장에도 진출했다. 킴코의 유럽 자회사인 클레버모빌리티가 생산하는 전기 자전거는 유럽 시장에서 큰 인기를 얻었고, 업계 관계자 사이에서 디자인과 편리함 측면에서 크게 성공한 제품으로 평가받는다.

킴코가 거둔 성과는 여기서 그치지 않았다. 킴코의 제품 혁신은 다음 단계로 접어들어 소비자와 연결성을 높인 제품을 개발하고 있다. 그 예로 클레버모빌리티의 신형 전기 자전거가 있다.

킴코만의 스마트 연동형 제품

클레버모빌리티는 2011년 설립 이후 유럽의 도시 소비자층을 공략 대상으로 삼고 있다. 유럽의 도시 소비자는 매일 출퇴근 시 사용할 멋지면서도 친환경적인 수단을 찾고 있기 때문이다. 유럽인들은 대체 교통수단을 널리 받아들이고 있어 전기 자전거 시장은 상당히 전망이 밝다. 유럽 최대의 전기 자전거 시장인 독일의 경우 2017년 전기 자전거 매출이 약 12% 늘어날 것으로 예상한다(*Bike Europe*, August 2017).

벨기에도 성장 가능성이 아주 높은 전기 자전거 시장이다. 벨기에 사람들은 그 어떤 유럽인보다 전기 자전거에 큰 매력을 느낀다. 벨기에 최대의 자전거 전시회 벨로폴리즈Velofollies가 2017년 실시한 최신 시장조사 결과에 따르면 벨기에에서 전기 자전거는 여러 자전거 가운데 가장 큰 비중을 차지하고 있으며, 시장점유율은 45%가 넘는다(자전거 수 기준). 다음으로 시장점유율 23%인 시티 바이크, 시장점유율 10.7%인 도로 경주용 자전거가 그 뒤를 잇는다(*Bike Europe*, January 2018).

이 거대한 성장 가능성은 자전거 업계의 경쟁사, 특히 중국 회사들의 관심을 끌었다. 유럽자전거제조업협회EBMA, European Bicycle Manufacturers Association에 따르면 유럽의 중국산 전기 자전거 수입량은 2010년 거의 전무하던 수준에서 2017년에는 80만 대 정도로 늘어났다. 배터리가 장착된 전기 자전거의 경우 유럽에서는 많이 찾아볼 수 없지만, 중국에서는 큰 인기를 얻어 판매량이 폭발적으로 늘고 있다. 2000년대에는 연간 100만 대 정도 팔리던 것이 2016년에는 3,000만 대가 판매되었다. 그러나 최근에는 일부 도시에서 자전거 공유 시스템이 도입되면서 판매량에 타격을 주고 있다. 중국산 전기 자전거는 가격이 매우 저렴하기 때문에 킴코에게 위협이 될 수 있다.

점점 치열해지는 경쟁에서 제품 혁신은 강력한 비교 우위를 다지는 비결 중에 하나다. 제품을 혁신하지 않으면 가격 전쟁에 빠질 수밖에 없고, 가격 전쟁은 재무적으로나 브랜드 이미지상으로나 결국 상처가 된다. 혁신의 결과로 나온 제품에는 신기술을 최적의 수준으로 적용해야 한다. 그것이 소위 말하는 스마트 연동 제품이다.

디지털 시대에서 스마트 연동 제품은 제품 중심 기업이 가지는 경쟁 우위의 원천이 된다(Kotler, Kartajaya and Hooi, 2017). 포터와 헤플만 교수에 따르면 스마트 연동 제품에는 3가지 핵심 요소가 있다. 물리적인 부품, 스마트용 부품, 그리고 연동용 부품이다. 스마트용 부품은 물리적인 부품의 성능과 가치를 높이며, 연동용 부품은 스마트용 부품의 성능을 높여 제품이 물리적인 틀에서 벗어난 곳에 존재할 수 있도록 해준다. 킴코는 신제품에 스마트 연동성을 부여하기 위해 어떤 혁신적인 노력을 기울이고 있을까?

2017년 클레버모빌리티는 독일 쾰른에 있는 본사에서 신제품 시리즈를 공개했다. 신제품은 하이엔드 부문을 겨냥했다. 클레버모빌리티는 하이엔드 부문에 엄청난 잠재력이 있다며 특히 중부 유럽에서 상황을 낙관적으로 보고 있다. 신제품에는 특별한 기능이 있다. 2018년 클레버모빌리티는 여러 디자인 및 기술상을 수상한 전기 자전거 제품인 X시리즈의 업그레이드 버전으로 커넥트플러스Connect+ 모듈을 제공할 예정이다. 커넥트플러스 모듈이 탑재되어 있으면 스마트폰으로 자전거를 제어할 수 있고, GSM 추적과 전자 도난 방지 기능도 이용할 수 있다(*Bike Europe*, July 2017).

자전거 프레임, 엔진, 배터리 등 클레버모빌리티가 생산하는 전기 자전거의 물리적 부품은 킴코에서 생산하는 자체 소프트웨어를 스마트 부품으로 사용하면 성능이 더 좋아지는 편이다. 여기에 킴코는 커넥트플러스 모듈이라는 스마트 부품을 추가하여 다른 기기, 지금 같은 초기 단계에는 스마트폰과 무선 연동이 가능하도록 했다.

이 새로운 모듈이 클레버모빌리티가 생산하는 X시리즈 전기 자전거의 연동용 부품이다. 앞으로 이어질 개발에서는 이러한 연동성을 이용하여 자전거 이용자가 사이클링 활동 내용을 스마트폰에 기록할 수 있도록 할 것이다. 이런 기록은 다양한 사람들이 이용할 수 있다. 회사가 기록된 내용을 토대로 고객 맞춤형 제품이나 경험을 제공할 수도 있다. 이러한 제품 혁신을 통해 킴코의 전기 자전거는 유럽에서 선호하는 브랜드로 남게 될 것이다.

참고 자료

- Bike Europe (July 2017). Klever adds power, range & connectivity to 2018 e-bikes. http://www.bike-eu.com/sales-trends/nieuws/2017/7/klever-adds-power-range-connectivity-to-2018-e-bikes-10130588 [10 March 2018].

- Bike Europe (August 2017). Once again e-bikes prove to be industry's trump-card. http://www.bike-eu.com/sales-trends/nieuws/2017/8/once-again-e-bikes-prove-to-be-industrys-trump-card-10131142 [10 March 2018].

- Bike Europe (January 2018). E-bikes take lead in Belgian market. http://www.bike-eu.com/sales-trends/nieuws/2018/1/e-bikes-take-lead-in-belgian-market-10132617 [10 March 2018].

- Kotler, P, H Kartajaya and DH Hooi (2017). *Marketing for Competitiveness: Asia to the World*. Singapore: World Scientific.

- KYMCO (2018). *About Us*. http://www.kymco.com/about-us/ [10 March 2018].

- KYMCO Healthcare (2017). *KYMCO Healthcare UK Are Motability's No1 Scooter Supplier again for 2016*, http://www.kymcohealthcare.com/?q=news/show/25 [10 March 2018].

- Porter, ME, and JE Heppelmann (2014). How smart, connected products are transforming competition. *Harvard Business Review*.

- Smart Motor Indonesia (2018). *KYMCO Will Unveil Ionex*. https://www.kymco.co.id/kymco-will-unveil-Ionex/ [10 March 2018].

- Taiwan Today (November 2006). Taipei World Trade Center hosts first international scooter show. *Taiwan Today*. https://taiwantoday.tw/print.php?unit=6&post=8125 [10 March 2018].

CHAPTER

2

가치를 추구하는
디지털 소비자와 연결되는 법

기업이 언제나 시장을 선도하는 제품으로 경쟁해야 하는 건 아니다. 고객을 무게중심에 두는 전략을 택할 수도 있다. 이것이 바로 고객 중심 관점의 전략이다. 기업은 반드시 고객을 위한 가치를 만들어야 하고, 고객의 관점에서 사업을 바라보아야 한다. 고객 중심 관점을 이끄는 전략적인 질문은 '우리가 무엇을 더 만들 수 있을까?'가 아니라 '고객을 위해 무엇을 더 할 수 있을까?'다. 사업의 중심에 있는 것은 공장과 제품이 아니라 고객과 시장이다.

고객 관리를 위한 실질적인 틀로서 다음 4가지 핵심 활동을 보자.

- 확보: 잠재 고객을 모으고 신규 고객을 확보한다.
- 유지: 고객을 유지하기 위해 고객의 충성심을 쌓는 데 집중한다.
- 성장: 고객과 기업, 모두의 가치를 높인다.
- 재확보: 놓친 고객을 되찾을 기회를 모색한다.

고객 중심 관점을 가진 기업의 핵심 활동은 현재와 미래 고객과의 상호작용을 전부 아우른다. 하지만 기업마다 약간씩 형태는 다르다.

아시아에서 기술 발전에 따른 연결성이 높아지면서 기업 환경은 빠른 속도로 변화하고 있다. 이에 따라 완전히 새로운 사업의 기회와 위기가 생겨났다. 소비자는 점점 더 서로 연결되고 있다. 디지털화가 진행되면서 그들은 단순한 소비자에서 영리한 가치 요구자로 변신했다. 기업과 소비자 사이에 역동적인 디지털 상호작용이 가능하므로 온라인 활동을 거의 하지 않거나 효과적인 모바일 전략 및 애플리케이션이 없는 기업은 디지털 활동을 하는 기업과 비교해 어려움을 겪는다. 고객 관리에도 같은 논리를 적용해야 한다.

앞으로 소개할 사례에서는 아시아의 기업들이 어떻게 디지털 소비자를 확보, 유지, 성장, 그리고 재확보하는지 이야기한다.

━━━━ 에어아시아AirAsia

에어아시아는 탑승객 수 기준으로 에어차이나에 이어 아시아에서 두 번째로 큰 항공사다. 서비스 거품을 뺀 저가 항공사로 현재 20개의 허브 공항에서 출발해 222개의 노선, 110개의 목적지로 향하는 항공 서비스를 제공한다. 에어아시아는 스카이트랙스가 선정하는 올해의 항공사 저가 항공사 부문에 2009년부터 2016년까지 8년 연속 선정되었다. 하지만 항공사 같은 서비스 업계에서는 고객 충성도가 매우 중요하다. 에어아시아가 고객과 장기적인 관계를 쌓으려면 저가 전략에만 의지할 수는 없다. 이번 사례에서는 에어아시아가 가격 이외에 고객 관리를 위해 사용하는 방법, 특히 고객 충성도를 높이기 위해 디지털 기술을 사용하는 방법을 알아본다.

정보통신기술 산업을 확대하는 말레이시아 정부

말레이시아는 아시아에서 가장 경쟁력 있는 국가에 속한다. 개방된 투자 환경 속에서 지난 10년간 대규모 산업화가 이루어졌기 때문이다. 말레이시아는 인도네시아와 태국에 이어 동남아시아 3위의 경제 규모를 지녔으며, 중상급 소득 경제로 동남아시아 지역에서는 싱가포르와 브루나이에 이어 1인당 GDP 3위 국가다. 세계경제포럼WEF, World Economic Forum이 발표하는 〈국가경쟁력지수 2016~2017〉에서 말레이시아는 138개국 가운데 25위를 기록했고, 상위 25개국에 포함된 5개 아시아 국가 중 하나였다. 나머지 4개의 나라는 싱가포르, 일본, 홍콩, 대만 순이었다. 또한 말레이시아는 2017년 세계은행의 기업환경평가Doing Business Survey에서 23위를 차지했고, 아세안 소속 국가 중에서는 2위를 기록했다.

다부문 경제로 산업을 다양화하려는 노력이 성공을 거둬 2009년 41%였던 석유와 가스 의존도가 2017년에는 14%로 줄어들었다. 말레이시아 정부는 부가가치 생산을 늘리기 위해 엄청난 노력을 기울였고, 특히 첨단 기술과 지식 서비스 산업을 육성하기 위한 투자를 확대했다. 이에 따라 정보통신기술 부문에 대한 국내외 투자가 늘고 있다. 중국의 거대 통신 기업인 화웨이는 5억 1,000만 달러(약 5,952억 원)를 들여 말레이시아를 글로벌 운영 본부로 삼고, 데이터 호스팅 센터와 글로벌 트레이닝 센터를 세운다는 계획을 발표했다.

말레이시아의 인터넷 사용률도 증가하고 있다. 말레이시아 통계청의 〈개인 및 가구별 정보통신기술 사용과 접근에 관한 조사 보고서〉에 따르면 15세 이상 개인의 인터넷 접속률은 2015년 71.1%로, 2013년에 비해 14.1%p 증가했다. 2013년 94.2%였던 휴대전화 사용률도 2015년에는 97.5%로 높아졌다(그림 2-1).

보고서에 의하면 70% 이상의 개인이 대부분 집이나 출퇴근길에서 인터넷을 사용한다. SNS 서비스를 가장 많이 이용하고, 제품과 서비스에 대한 정보(전자상거래)를 검색하고, 사진이나 동영상, 음악 등의 콘텐츠 다운로드가 뒤를 잇는다.

[그림 2-1] 말레이시아의 개인별 정보통신기술 서비스와 장비 이용

정보통신기술 서비스와 장비	2013년	2015년	%p 변화
인터넷	57.0%	71.1%	+14.1
컴퓨터	56.0%	68.7%	+12.7
휴대전화	94.2%	97.5%	+3.3

출처: Department of Statistics, Malaysia.

정보통신기술로 변화하는 말레이시아의 디지털 경제

디지털화는 전 세계의 정치과정에 큰 영향을 주었고 말레이시아
도 예외가 아니다. 말레이시아 정부도 디지털 격차를 해소하고 통
신기반시설을 확충하는 등의 목표를 다양한 정치 영역에서 받아들
이고 있다. 정보통신기술의 발달은 전자정부 부문에 상당한 영향
을 주었다. 이와 관련해 말레이시아 정부가 택한 가장 중요한 정책
은 MSC_{Multimedia Super Corridor}이다. MSC는 전국 정보통신기술 개발 정책
으로, 1996년 시행되기 시작했으며, 말레이시아디지털경제공사_{MDEC,}

Malaysia Digital Economy Corporation가 관리한다. 2005년 말레이시아디지털경제공사는 약 1,000개에 이르는 정부 웹사이트를 유지 및 평가하기 위해 말레이시아정부포털및웹사이트평가MGPWA, Malaysia Government Portals and Websites Assessment를 발족했다. 여기서는 〈정부포털과 웹사이트 평가를 통한 말레이시아 전자정부의 성공E-government Success in Malaysia Through Government Portal and Website Assessment〉(2012)이라는 저널을 발행했는데, 저널의 저자 하이다르Haidar와 바카르Bakar는 말레이시아의 국제 순위가 얼마나 눈부시게 상승했는지 보여준다. 브라운대학교BU, Brown University와 브루킹스연구소BI, Brookings Institution가 조사한 글로벌 전자정부 순위에 따르면 말레이시아는 2005년 198개국 가운데 153위였지만, 2008년에는 11위까지 오를 수 있었다. 또한 MSC는 스마트 스쿨링smart schooling을 발전시키는 일에서도 어느 정도 성과를 거두었다.

말레이시아 정부는 국가 경제 개발의 핵심 요소로 디지털화의 통합을 목표로 삼았다. 예를 들어 새로 지정된 국영 은행인 사라왁개발은행Development Bank of Sarawak은 정보통신기술 인프라(디지털 경제), 에너지, 대중교통, 의료라는 4가지 전략 프로젝트의 자금을 충당하기 위해 설립되었다.

말레이시아 정부는 2016년 재화용역세를 도입했고 최근 재화용역세를 신고, 납부하는 온라인 시스템을 도입하는 정책을 폈다. 이 시스템은 이용자의 신용 점수를 제공하는 별도 시스템의 지원을 받는 방식으로 신용 평가 과정을 강화한다.

고소득 선진국을 향한 말레이시아 디지털 정책

말레이시아는 2020년까지 고소득 선진국이 되겠다는 강렬한 야망을 품고 있으며, 이 목표를 이루기 위해서는 2016년 9,096달러(약 1,062만 원)였던 1인당 국민총소득GNI을 1만 5,000달러(약 1,751만 원)까지 끌어올려야 한다. 말레이시아 정부는 빠르게 변화하고 발전하는 기술, 특히 디지털 공간의 기술 발전을 받아들이며, 말레이시아를 완전한 디지털 경제로 개발하기 위한 디지털 말레이시아 정책을 2012년에 발표했다.

이 정책에는 3가지 취지가 있다. 첫째, 말레이시아를 공급 중심에서 수요 중심 경제로 이동하는 것, 둘째, 소비 중심 행동에서 생산 중심 행동으로 바꾸는 것, 셋째, 저지식부가에서 고지식부가로 발전하는 것이다.

글로벌 정보통신기술 평가보고서에 따르면 말레이시아는 일찍부터 펼친 디지털 정책과 디지털화 및 정보통신기술 개발에 앞장서는 적극적인 태도 덕분에 상당히 좋은 평가를 받았다. 세계경제포럼이 발표한 〈국가경쟁력보고서 2017〉에 따르면 '혁신하는 국가가 되는 건 절박하게 반드시 해야 하는 일'이며, 말레이시아, 중국, 태국과 같은 나라가 중진국의 함정(개발도상국이 중진국 단계에서 성장 동력 부족으로 선진국으로 발전하지 못하고 경제성장이 둔화하거나 중진국에 머무르는 현상-옮긴이)에 빠지는 걸 피하려면 특히 혁신에 힘써야 한다.

2009년에 취임한 말레이시아의 나집 라작Najib Razak 총리는 디지털 경제를 추진하는 데 관심을 쏟고 있다. 말레이시아 정부는 2016년에 알리바바그룹의 공동 창립자이자 아시아에서 가장 부유한 사람인 마윈을 디지털 경제 고문으로 임명했다. 여기서 그치지 않고 세계 최초로 디지털자유무역지대DFTZ, Digital Free Trade Zone를 설정하여 디지털 기업가가 사업하기 좋은 환경을 제공하고 있다. 이러한 정책은 2016년에 발표한 전자상거래 국가전략로드맵National E-Commerce Strategic Roadmap의 일부이며, 이 로드맵은 말레이시아의 전자상거래 성장률을 2015년 10.8%에서 2020년 20.8%로 2배 증가시키는 것을 목표로 삼고 있다. 말레이시아 정부는 전자상거래를 특별히 강조하고 있으며, 전자상거래는 2015년 GDP의 5.9%인 150억 달러(약 17조 5,050억 원)를 차지했다.

또한 말레이시아는 산업혁명 4.0이라고 불리는 다음 산업 시대를 준비하는 데 정부 차원의 노력을 쏟고 있으며, 이를 진두지휘하는 곳이 인적자원개발기금HRDF, Human Resources Development Fund이다. 인적자원개발기금은 '스마트 공장'의 설립을 그리고 있으며, 생산 프로세스를 디지털화하는 일이 포함된다. 일각에서는 육체노동자의 일자리를 앗아간다는 주장도 있지만, 이 정책의 궁극적인 목표는 말레이시아 노동자를 '업스킬upskill(같은 일을 더 잘할 수 있도록 훈련하는 것-옮긴이)과 리스킬reskill(새로운 일을 수행하기 위해 새로운 기술을 배우는 것-옮긴이)'하여 생산성을 높이고 침체된 경기를 살리는 데 있다. 기술우수센터CoETs, The Centres of Excellence in Technology에서는 정보통신기술의 활용과 빅데이터 교육 프로그램을 시행할 통합 기본 계획을 수립할 예정이다.

아시아 최초의 저가 항공사 탄생

에어아시아는 탑승객 수 기준으로, 에어차이나의 뒤를 이어 아시아에서 두 번째로 큰 항공사다. 서비스 거품을 뺀 저가 항공사이기도 하다. 1993년 처음 설립되었을 때는 말레이시아 정부 소유의 대기업이었고 1996년부터 운항을 시작했다. 하지만 항공사는 곧 어려움에 빠졌고, 많은 부채가 쌓였다. 2001년 12월 말레이시아의 기업가이자 튠에어Tune Air 창립자인 토니 페르난데스Tony Fernandes가 0.23달러(약 270원)의 가격으로 이 항공사를 인수하고, 930만 달러(약 108억 5,310만 원)의 부채도 승계했다.

토니 페르난데스는 어린 시절부터 항공사 운영의 꿈이 있었고, 이 항공사를 인수하면서 저렴한 비용의 항공 여행을 실현하겠다는 또 다른 꿈을 꾸게 되었다. 당시에는 저가 항공권을 판매하겠다는 생각에 대해 의문을 품는 사람이 많았다. 다른 항공사는 규모 축소와 비용 절감에 집중하던 시기였기 때문이다. 세계 대부분의 은행은 토니의 자금 조달 요청을 무시했지만, 크레디트스위스Credit Suisse 은행이 3,000만 달러(약 346억 8,000만 원)를 빌려주었다. 항공사 인수 후 1년이 채 되지 않은 시점인 2002년, 에어아시아는 이미 흑자를 기록했다. 새로 등장한 중산층 소비자들이 부담 없이 이용할 수 있는 가격의 항공권을 판매함으로써 그때까지 충족되지 않았던 소비자의 수요를 만족시키는 거대 시장을 연 덕분이었다. 에어아시아는 쿠알라룸푸르에 허브 공항을 운영하며 국내선 항공권의 가격을 1링깃(약 280원)까지 낮춰 결국 말레이시아항공의 독점을 무너뜨릴 수 있었다.

사업의 빠른 확대를 위한 탄탄한 계획

에어아시아는 동남아시아 지역 내에서 운행하는 국제선 노선을 개설하여 진정한 아세안 항공사가 되고자 했다. 그 노력의 하나로 우선 싱가포르 근처에 있는 말레이시아 조호르바루Johor Baru에 두 번째 허브 공항을 열었다. 그리고 2003년 태국 방콕으로 처음 국제선을 취항했다. 2004년에는 동남아시아 지역에 계열사를 세우기 시작해 타이 에어아시아와 인도네시아 에어아시아가 문을 열었다.

에어아시아는 2006년 베트남, 인도네시아, 남중국, 인도로 추가 노선을 개설해 사업을 확장하겠다는 의지를 공표했다. 2007년에는 에어아시아를 이용하는 승객이 1,400만 명이었다. 이후 몇 년간 에어아시아는 꾸준히 사업을 확대했고, 자카르타와 방콕에 신규 허브 공항을 개설했다(CAPA Centre for Aviation, 2018).

2007년에는 에어아시아엑스AirAsia X라고 부르는 장거리용 저가 항공사를 설립했다. 에어아시아의 자매회사인 에어아시아엑스는 설립 초기에 고유가와 운항 기종 때문에 운영상 어려움을 겪었다. 에어아시아엑스에서 선택한 기종은 에어버스 A330-200과 A340-300이었는데 장거리 운항용으로 쓰기에 비용이 꽤 들었다. 에어아시아엑스는 결국 더 경제적인 A330-300으로 기종을 변경했을 뿐 아니라 런던, 파리, 아부다비 등 손실이 생기는 장거리 노선을 줄이는 작업을 시행했다. 대신 수요가 많은 노선, 특히 동남아시아 권역 내로 운항 노선을 변경했다. 마침내 2016년이 되어서야 겨우 이익을 내기 시작했다. 런던을 포함해 과거에 철수했던 일부 노선을 다시 운항한다는

63

계획이 논의된다지만, 소셜미디어에서 활발히 활동하는 토니 페르난데스는 2017년 트위터를 통해 에어아시아엑스가 초장거리 운항을 재개하는 일은 없을 것이라고 전했다.

2013년 에어아시아는 외국인 직접 투자 방식으로 인도에서 사업 허가를 얻으려 했다. 2014년 에어아시아 인도가 설립되면서 외국 항공사로는 처음으로 인도에 자회사를 세웠다.

현재 에어아시아는 말레이시아, 태국, 인도네시아, 필리핀, 인도에 있는 20개의 허브 공항을 거점으로 222개의 노선, 110개의 목적지까지 운항 서비스를 제공한다. 그리고 에어아시아에는 4개의 자회사인 타이 에어아시아, 인도네시아 에어아시아, 필리핀 에어아시아, 에어아시아 인도가 있다.

'이제 누구나 날 수 있습니다Now Everyone Can Fly'라는 회사의 철학은 저렴한 가격을 내세우고 있으며, 서비스의 품질도 적절히 보완한다. 에어아시아는 항공 서비스 전문 조사 기관인 스카이트랙스Skytrax가 뽑는 올해의 항공사 저가 항공사 부문에 2009년부터 2016년까지 8년 연속 선정되었으며, 2013년부터 2016년까지 4년 연속으로 월드트래블어워즈 선정 우수 저가 항공사상을 받았다.

에어아시아는 노선 확대와 더불어 항공기도 전략적으로 늘리고 있다. 2017년 28대의 항공기를 추가했으며, 그중에는 400명 넘는 승객을 태울 수 있는 규모의 비행기도 있었다(Sidhu, BK, 9 January 2017). 에어아시아는 또한 동남아시아에 퍼져 있는 자회사를 하나로 묶는 지주회사를 세우기 위해 주시하고 있으며, 계획대로 진행된다면 이 회사는 주식시장에 상장될 예정이다.

충성 고객을 위한 마케팅 전략

항공사처럼 서비스 분야에 속하는 기업은 고객 충성도를 얻기 위해 매우 애쓴다. 서비스를 처음 이용하는 고객이라면 저렴한 가격을 택하겠지만 서비스의 질이 어느 정도 보장되지 않으면 충성 고객까지는 되지 않는다. 충성도가 높은 고객은 비행기를 자주 이용할 뿐 아니라 브랜드 옹호자로 활약하며, 항공사와 장기적인 관계를 맺는다.

에어아시아는 고객 만족도를 결정하는 데 5가지가 중요하다고 본다. 항공권 구입, 체크인 카운터 서비스, 승무원, 비행기 상태, 그리고 식음료 서비스다.

요즘은 일반적으로 온라인에서 항공권을 구입하지만 항공사 웹사이트마다 판매 상황이 동일한 건 아니다. 웹사이트의 거래 속도, 간단함, 보안성은 매우 중요하다. 에어아시아 고객들이 이용할 수 있는 셀프서비스 시설은 업무 처리의 효율성을 높일 뿐 아니라 경제적으로도 회사에 도움이 되었다. 에어아시아는 2012년 3월 말레이시아와 싱가포르에서 시작하여 업무 완전 자동화와 셀프서비스 절차를 실시했다. 항공권 구매와 기타 비행 관련 활동을 위해 온라인 포털 서비스를 제공하고, 각 공항에 자동 체크인 기계를 배치하여 탑승객이 줄을 서지 않고 스스로 체크인을 할 수 있도록 했다. 이뿐 아니라 스마트폰을 많이 사용하는 시대에 맞춰 아이폰과 안드로이드 스마트폰용 모바일 애플리케이션을 개발했다. 이 애플리케이션에서는 웹사이트와 유사한 기능을 제공하여, 사용자는 항공 일정을 확인하고, 항공권을 구매할 수 있으며, 체크인도 할 수 있다.

승무원에 관해 이야기하자면 에어아시아는 직원을 행복하게 만든다는 간단한 접근법을 택한다. 토니 페르난데스는 행복한 직원이 고객을 잘 보살피기 때문에 고객보다 직원이 우선이라고 말한다.

여러 항공사에서 고객 충성도 확보를 위한 로열티 프로그램(포인트나 마일리지 등과 같은 각종 보상 제도를 통하여 소비자가 해당 상품이나 브랜드를 지속적으로 사용하게 만드는 마케팅 전략-옮긴이)을 운영하고 있으며, 에어아시아는 가장 최근에 이러한 프로그램을 시행하기 시작했다. 에어아시아는 말레이시아의 '거품 없는' 금융 서비스 회사인 트루머니True Money와 함께 에어아시아빅Air Asia BIG이라는 합작회사를 세웠다. 선불 비자카드 시스템을 이용하는 에어아시아의 로열티 프로그램에서는 고객이 빅카드Big Card를 이용해 포인트를 모으고 사용할 수 있고, 빅카드에 연결된 빅아이디Big ID를 사용할 수 있다.

100% 디지털화된 서비스로 더 쉽고 빠르게

디지털화를 향한 에어아시아의 노력은 부수적 매출을 올리려는 의도와 함께, 물 흐르듯 매끄러운 개인 맞춤형 비행 경험을 원하는 고객의 새로운 선호 사항을 파악한 결과다. 에어아시아의 공동 창업자이자 CEO인 토니 페르난데스는 계획을 발표하면서 2017년을 에어아시아가 완전한 디지털 항공사로 나아가는 여정이 시작되는 획기적인 해라고 말했다. 디지털화를 이루면 승객 1인당 부수적 매출이 10.75달러에서 13.50달러로 늘어난다고 한다. 에어아시아는 완전한 디지털화를 통해 현금을 사용하지 않는 100% 전자상거래를 꿈꾼다.

현재 기내에서는 대부분 현금 거래가 이루어지지만, 기내 거래도 디지털화될 것이다. 에어아시아 웹사이트 서비스를 개인화하는 것도 승객이 맞춤형 서비스를 경험할 수 있도록 하기 위해서다.

에어아시아는 여러 디지털 서비스를 제공한다. 우선 빅면세점BIG Duty Free이 있다. 빅면세점은 에어아시아의 온라인 유통 포털 사이트로 탑승객들은 인터넷으로 면세 또는 납세필 상품을 구매할 수 있다. 그리고 빅회원 계정을 이용해 빅페이BIG Pay를 사용하면 클릭 한 번으로 빠르게 결제를 마칠 수 있다. 기내에서는 로키roKKi라는 와이파이 서비스를 제공하며, 비행 중 즐길 수 있는 엔터테인먼트 프로그램인 엑사이트Xcite도 있다. 에어아시아는 디지털 메커니즘을 제공하여 고객이 휴대전화를 이용하여 항공권, 기내식, 와이파이, 면세품까지 결제할 수 있도록 할 예정이다.

또한 에어아시아는 출장 고객을 위한 마이코퍼레이트My Corporate 프로그램을 출시했다. 이 프로그램에서 제공하는 특별한 상품은 대기업과 중소기업 고객을 주 대상으로 하는데 그들은 온라인 예약 시스템 이용과 회사의 출장비를 파악할 수 있다.

에어아시아는 2017년 여행 계획 전문 스타트업 투어리스틀리Touristly의 지분 인수가 마무리되었다는 발표를 하여 관심을 끌었다. 인수금으로 260만 달러(약 30억 4,857만 원)의 전환사채가 발행되었다. 이 거래로 투어리스틀리는 웹사이트에서의 홍보, 기내 잡지, 기내 광고, 소셜미디어 활동을 통해 6,000만 명이 넘는 에어아시아의 고객층에 다가갈 수 있을 것이다. 투어리스틀리는 주로 아시아 태평양, 특히 동남아시아에 초점을 맞추고 있는데, 에어아시아의 취항 노선 대부분이 이 지역에 있다. 에어아시아는 투어리스틀리와의 연합을 통해 비행 이외에 탑승객의 여행과 연결된 새로운 접점을 찾아 부수적 매출이 생기기를 기대하고 있다.

이 밖에도 에어아시아는 여행객에게 디지털 보험을 제공하는 회사 튠프로텍트Tune Protect와 제휴를 맺고 있다. 에어아시아는 튠프로텍트의 최대 주주이며, 13.65%의 주식을 보유하고 있다(2017년 4월 기준). 에어아시아는 디지털화를 위하여 튠프로텍트의 보험 상품과 더불어 수화물 가격 변동제, 기내식 메뉴 강화, 추가 좌석 예약 등을 디지털화하는 방안을 고려하고 있다.

에어아시아에서 데이터를 디지털화하는 일은 업무 처리를 자동화하고 업무에 필요한 데이터를 통합하여 고객 경험을 향상하는 데 도움이 되는 통찰력을 얻기 위해서일 것이다. 〈힌두 비즈니스 라인Hindu Business Line〉(Kuala Lumpur, 19 March 2017) 기사에 따르면 에어아시아그룹 디지털 최고 데이터 책임자인 닉쿤 샨티Nikunj Shanti는 이렇게 말했다.

> "국제선 항공기에서 서로 다른 여러 화폐로 거래하는 것은 복잡한 일이며, 고객들도 어려움을 겪습니다. 에어아시아는 이런 거래를 빠르고 쉽게 만들고자 합니다. 재고 관리 측면 등에서도 많은 정보를 얻을 수 있어 비행기에 적절한 상품을 실을 수 있죠. 지금은 전부 수동으로 이루어지는 작업입니다. 이러한 정보를 전부 디지털화하면 학습 알고리즘과 분류 알고리즘을 적용하여 적합한 상품을 비행기에 배치할 수 있습니다."

심지어 비행기 승무원이 더 나은 서비스를 제공할 수 있도록 휴대 전화를 이용해 탑승객의 프로필을 조회할 수도 있게 될 것이다. 이처럼 에어아시아는 디지털화의 길을 걷고 있다. 다만 에어아시아가 사용자에게 물 흐르듯 매끄러운 경험을 제공하려면 서비스 통합에 관심을 많이 가져야 한다(Balqis Lim, 2017). 항공사는 탑승객이 여러 측면에서 좋은 경험을 할 수 있도록 디지털을 활용해서 편리함을 느낄 수 있는 서비스를 제공해야 한다. 쉽고 안전한 온라인 예약 서비스나 고객 맞춤형 기내 서비스를 제공하고, 수화물 처리 과정에서 디지털 방식의 도움을 주거나 비행기 운항 스케줄에 변화(탑승구 변경 등)가 생겼을 때 휴대전화로 해당 정보를 제공할 수 있다.

디지털 마케팅으로 고객 만족시키기

에어아시아는 소셜미디어를 포함해 디지털 마케팅 플랫폼의 힘을 일찌감치 알아본 기업이라 할 수 있다. 현재 에어아시아는 소셜미디어 플랫폼에서 고객과 활발하게 소통할 뿐 아니라 페이스북으로 항공권을 판매하고 있으며, 이는 전체 판매량의 3%를 차지한다. 페이스북 외에도 모바일 메신저인 라인Line과 위챗WeChat을 통해서도 항공권을 판매한다.

에어아시아의 디지털 담당 부서에서는 고객의 니즈가 높아져 고객은 항공사와의 모든 접점에서 적절한 서비스를 받고 싶어 한다는 사실을 알고 있다. 에어아시아를 이용하는 동안 고객은 원하는 바를 여러 매체를 통해 자연스럽게 얻게 된다. 웹사이트를 통해 항공권을 예약하거나 트위터에서 궁금한 점을 질문할 수 있고, 여행에 필요한 유용한 정보를 얻는다. 고객은 적극적으로 정보를 얻으려 애쓰지 않아도 된다.

에어아시아는 2017년 처음으로 해커톤Hackathon(해킹과 마라톤을 결합한 용어로, 마라톤처럼 일정 시간과 장소에서 프로그램을 해킹하거나 개발하는 행사-옮긴이)을 열었다. 에어아시아는 고객의 프로필을 자료로 제공했고, 행사에 참여한 컴퓨터 프로그래머들은 주어진 디지털 프로필을 바탕으로 고객 경험을 풍부하게 만들 방안을 찾아야 했다. 이 해커톤에서는 싱가포르 팀이 우승을 차지했고, 그들이 내놓은 아이디어는 에어아시아가 고객 경험 강화를 위한 추가 프로그램을 육성하는 바탕이 되었다.

아시아 저가 항공사들의 치열한 경쟁

에어아시아에서 시작된 저가 항공사 바람은 아세안 지역에서 성황을 이루고 있다. 오늘날 아시아에는 50개가 넘는 저가 항공사가 있고, 주목할만한 항공사로는 라이온에어Lion Air(인도네시아), 말린도항공Malindo Air(말레이시아), 스쿠트항공Scoot(싱가포르), 젯스타아시아항공JetStar Asia(싱가포르), 세부퍼시픽항공Cebu Pacific(필리핀), 인디고항공Indigo(인도), 스파이스제트Spice Jet(인도), 에어부산Air Busan(한국), 에어서울Air Seoul(한국), 바틱에어Batik Air(인도네시아) 등이 있다.

2016년 영국 〈파이낸셜타임스〉 산하 시장조사 서비스 기관인 FT 컨피덴셜리서치FT Confidential Research는 인도네시아, 말레이시아, 필리핀,

태국, 베트남의 소비자 3,000명을 대상으로 설문 조사를 실시했다. 조사 대상으로 삼은 나라는 동남아시아 주요 항공 서비스 시장이다. 그 결과를 보면 인도네시아, 말레이시아, 태국에서는 항공기 탑승객 수가 크게 늘어나지 않았지만 필리핀과 베트남에서는 크게 늘어났다. 또한 이 조사에서 에어아시아는 인도네시아, 말레이시아, 태국 응답자가 뽑은 가장 선호하는 항공사로 꼽혔다. 그렇지만 새로 등장한 몇몇 경쟁사가 에어아시아의 파이를 갉아먹고 있으며, 이는 에어아시아가 충분히 우려할 만한 상황이다.

말레이시아 국내와 동남아시아 권역 내에서 에어아시아와 경쟁하는 업체로는 말레이시아항공의 독립 자회사 파이어플라이항공Firefly, 인도네시아 최대의 저가 항공사 라이온에어, 말레이시아와 인도네시아의 합작 항공사 말린도항공, 싱가포르에서 성장 중인 저가 항공사 스쿠트항공, 호주의 저가 항공사 젯스타항공 등이 있다. 각 항공사는 본국에서 강력한 입지를 다지고, 이제는 동남아시아 지역으로 사업을 확대하려 애쓰고 있다.

말레이시아 국내에서는 말레이시아항공이 최근 구조조정을 마치고 공격적인 가격 전략을 내세워 좌석 이용률을 높이며 에어아시아와 치열한 경쟁을 벌이고 있다. 말레이시아항공은 중국과 인도로 사업을 확대하기 위해 이 시장을 주시하고 있는데, 이곳은 에어아시아의 중요한 성장 시장이기도 하다. 말레이시아항공은 디지털화를 위한 노력으로 고객의 눈길을 끌고 있다. 그 중심에는 말레이시아항공 해커톤대회가 있다. 이 행사는 에어아시아의 해커톤보다 훨씬 화려하고 4개월이나 지속되며 많은 해킹 연구소와 해킹 활동을 지원한다. 말레이시아항공은 이 행사를 통해 혁신적인 솔루션으로 고객 경험과 업무 효율성을 향상할 생각이다. 말레이시아항공의 디지털 팀은 규모를 확대했고, 2016년에 5명이었던 전문가가 2017년에는 30명으로 늘었다. 말레이시아항공은 데이터베이스 마케팅을 외주하기보다는 사내에 전문성을 쌓는데 초점을 맞추고 있다. 항공권 예약에서부터 한도 초과 수화물 탁송과 기내식의 사전 구매까지 민첩하게 반응하여 고객 경험을 향상하고, 고객의 남다른 니즈를 충족시키기 위해 로열티 포인트와 묶음 상품 판매를 관리한다.

라이온에어를 모기업으로 둔 말린도항공 또한 이 지역에서 사업을 확대하고 있으며, 에어아시아가 취항하는 여러 노선에 따라 들어오고 있다. 경쟁이 치열하긴 하지만 일반적으로 경쟁사 사이에서 에어아시아는 '터줏대감' 대접을 받는다. 이 항공사들이 채택하고 있는 사업 모델은 에어아시아에서 영감을 받았고, 그렇기에 에어아시아의 경영진은 경쟁에 열을 올릴 생각은 없어 보인다. 사실 토니 페르난데스는 에어아시아가 경쟁 덕분에 사업이 더욱 번창한다는 말까지 했다. 경쟁사들이 항공권 가격을 할인하려면 상대적으로 운영비가 많이 들고, 매출 부담이 된다. 하지만 에어아시아는 이러한 운영비 부담의 위험을 방지하고 있으며, 운영비를 충당할 부수적 매출을 늘리는 것을 목표로 삼고 있다.

궁극적으로 에어아시아는 4가지 사업 기초를 끊임없이 다지면서 발전한다. 바로 저비용, 효율성, 신규 시장 자극, 그리고 원활한 현금 흐름이다. 에어아시아의 사업 기초는 사업 전략을 구성하는 4가지 기둥인 안전, 저렴한 가격, 서비스, 그리고 간단함을 지지하고 있다.

모든 사업의 기초와 전략은 에어아시아가 적절한 이윤을 얻고 지속가능한 성장을 하기 위해서이다. 그래야만 계속해서 시장에서 가장 저비용으로 운영되는 항공사로 남을 수 있다.

고객 맞춤형 서비스를 제공하기 위한 노력

에어아시아의 성공 스토리에는 몇 가지 요소가 섞여 있다. 일부는 전략적 요소이고 일부는 우연히 일어난 일이다. 그때까지 드러나지 않았던 고객의 니즈를 내다본 CEO의 선견지명은 저가 항공권을 판매한다는 사업 계획으로 이어졌다. 이 계획은 예상대로 효과가 있었을 뿐 아니라 에어아시아가 아시아 시장에서 선두 주자로서의 이점을 누릴 수 있었다. 지역에서 서비스 거품을 뺀 저비용 항공 사업 모델을 처음으로 내놓은 개척자였기 때문이다. 에어아시아의 사업이 성공을 거둘 수 있었던 배경으로 아세안이라는 전략적 위치도 한몫을 했다. 위치 덕분에 에어아시아는 6억 명이 넘는 승객을 태울 수 있었다. 저가 항공권 판매 사업 모델은 항공사의 높은 항공기 생산성 목표치를 이룰 수 있도록 해주었다. 적하와 적재 시간이 빨라지고 지상 서비스 시스템도 빠르게 움직였다. 에어아시아는 세계에서 가장 손꼽히는 저비용 고효율의 항공사가 되었다.

에어아시아는 앞으로도 소셜미디어에서 활발한 마케팅 활동을 벌이고 상품을 홍보하는 등 신규 고객 확보를 위해 디지털 채널을 활용할 예정이다. 에어아시아는 이런 마케팅 전략을 잘 알고 있는 것 같다. 에어아시아는 디지털 마케팅을 일찍 시작했다. 2010년부터 페이스북과 트위터에서 새로 준비한 '깜짝 놀랄 가격Mind Blowing Fare' 캠페인을 벌였다. 그리고 하루 만에 에어아시아는 50만 개 이상의 좌석을 판매했다. 그렇기는 해도 게임의 법칙은 상당히 변했다. 디지털 플랫폼에서 소비자의 집중 시간은 짧아졌고, 경쟁은 치열해졌다. 소비자는 마케팅 광고를 차단하거나 넘쳐나는 정보에서 그저 눈을 돌리고 싶어 하기 때문에 '처음 몇 초 안에' 소비자의 시선을 끌어야 한다는 유명한 목표를 이루기가 점점 어려워지고 있다. 에어아시아는 창의력 및 고객과 연결성을 갖춘 콘텐츠 마케팅을 통해 고객을 끌어들이고 브랜드 이미지도 쌓을 수 있을 것이다.

에어아시아는 매끄러운 고객 맞춤형 경험을 제공한다는 야심 찬 포부를 지니고 있으며, 이를 이루기 위해 디지털화와 데이터베이스 마케팅을 활용한다. 모두 고객을 유지하기 위해서이다. 빅로열티프로그램BIG loyalty program은 고객 충성도를 확보하고 잠재적으로는 놓쳐버린 고객을 되찾기 위해서 운영하고 있다. 그렇기는 하지만 요즘 같은 인공지능과 사물통신 학습의 시대에는 사람 사이의 상호작용이 훨씬 더 중요하다. 항공사와 같은 서비스 사업에서는 모든 구성원이 마케터로 활약한다면 큰 장점이 된다. 특히 승무원이나 고객 서비스 담당자처럼 고객과 직접 마주하는 직원이 마케터로 활약한다면 큰 도움이 된다.

업무 효율성과 고객 만족도를 향상하기 위하여 에어아시아는 디지털화에 뚜렷하게 초점을 맞추고 있으며, 아세안 지역에서 사업을 확대할 계획도 세웠다. 베트남에 합작회사가 곧 설립되며, 캄보디아에서 사업을 시작할 계획이다. 중국에서도 합작회사를 세울 예정이며, 2017년 하반기에는 일본에서 다시 사업을 시작하고자 한다. 일본에서는 처음 세웠던 합작회사가 규제 당국의 승인 지연으로 한 차례 무산되었다.

권역 내에서 취항 노선을 확대하기 위해서 비행기도 활발하게 추가 구매할 예정으로, 2028년까지의 비행기 도입 목표가 잡혀 있다. 에어아시아의 항공기는 2017년 29대가 늘어나게 되는데 그러면 연말까지 총 203대의 A320편을 보유하게 된다.

토니 페르난데스는 에어아시아의 사업을 20년 가까이 책임지고 있으며, 은퇴 전에 이루려는 큰 계획이 하나 더 있다. 그것은 바로 동남아시아에서 운영 중인 에어아시아 계열사를 말레이시아에 기반을 둔 하나의 우산 아래로 전부 모으는 일이다. 규제 장벽을 비롯해 각 나라에 있는 자회사의 소유권을 전부 가져오려면 여러 나라의 정부와 사상 최대의 협상을 벌여야 할 것이다. 하지만 그는 한 번에 한 걸음씩 나아가면 된다고 믿고 있으며, 회사 통합에 우선 집중하고 있다. 작업이 잘 마무리된다면 기업공개IPO, Initial Public Offering를 향한 길이 닦이는 셈이다.

참고 자료

- Balqis Lim (14 August 2017). Malaysia airlines moves a step ahead in digital aviation. *New Strait Times*. https://www.nst.com.my/lifestyle/bots/2017/08/267642/malaysia-airlines-moves-step-ahead-digital-aviation [28 August 2017].

- CAPA Centre for Aviation (2018). Profile on AirAsia Berhad. http://centreforaviation.com/data/profiles/airlines/airasia-ak [29 November 2018].

- Department of Statistics Malaysia (29 July 2016). *ICT Use and Access by Individuals and Households Survey Report*. https://www.dosm.gov.my/v1/index.php?r=column/pdfPrev&id=Q3l3WXJFbG1PNjRwcHZQTVISRIUrQT09 [20 February 2019].

- Haidar, GG and AZ Abu Bakar (11 August 2018). *E-Government Success in Malaysia through Government Portal and Website Assessment*. https://www.ijcsi.org/papers/IJCSI-9-5-1-401-409.pdf [11 August 2018].

- Sidhu, BK (9 January 2017). Fernandes: AirAsia thrives on competition. The Star Online. http://www.thestar.com.my/business/business-news/2017/01/09/fernandes-airasia-thrives-on-competition [11 August 2017].

PTT PTT Public Company Limited

태국의 국영 석유화학 회사인 PTT는 석유 및 가스 부문에서 가장 뛰어난 회사 가운데 하나다. 1970년대 후반 설립된 이래로 태국 최고의 다국적 에너지 기업을 목표로 했다. 이번 사례에서는 PTT 의 주요 사업 분야인 석유 마케팅 부문에서 사용하는 고객 관리법 을 눈여겨 살펴본다. 이 방법은 치열한 경쟁에서 이기기 위해 도 입되었으며, 태국 소비자의 마음을 사로잡았다. 또한, PTT가 온라 인과 오프라인의 소비자 경험을 통합하여 어떻게 브랜드 충성도 를 유지하는지도 알아본다.

성장 지속 가능성이 기대되는 태국의 에너지 부문

최근 몇 년간 원유 공급량 과다로 국제 원유 가격은 하락세를 보였 다. 석유수출국기구opec는 원유 생산을 줄여 타격을 방어하려 애썼지 만 역부족이었다. 이라크와 리비아는 대량 원유 생산국으로 두 나라 의 일일 원유 생산량 합계가 400만 배럴에 달한다. 하지만 이라크 사 태(이라크 전쟁과 이어진 사담 후세인 정권 붕괴, ISIS의 침략, 쿠르드족 내전 등 이 라크에서 계속되는 불안한 정세-옮긴이)와 리비아 사태(리비아의 카다피 정부와 반정부 세력 간의 무장 충돌-옮긴이)조차 원유 가격에 이렇다 할 영향을 미 치지 못했다. 이런 상황은 많은 사람에게 놀라움을 안겨주었다.

수압파쇄법fracking(물, 화학제품, 모래 등을 혼합한 물질을 고압으로 분사해서 바위를 파쇄해 석유와 가스를 분리하는 공법-옮긴이)과 시추 기술이 새로 발달하면서 미국 석유 회사들은 낮은 비용으로 셰일 가스를 대량 생산할 수 있게 되었다. 셰일 가스는 원래 케로진kerogen(셰일이나 다른 퇴적암에 있는 화석화된 물질로 가열하면 기름이 생김-옮긴이)이 풍부한 바위 퇴적층에서 추출한다. 1960년대 후반에 시추 공법이 발견되고, 2000년대에 마침내 시추 작업이 활발히 진행되면서 미국은 2016년 사우디아라비아를 제치고 5년 연속 세계 최대의 산유국 자리를 지켰다. 미국은 이제 원유 수출국이 되었다. 이는 미국의 원유 생산량이 국내 소비량을 넘어섰음을 뜻한다.

생산량을 제한하고 사우디아라비아 국영 석유 회사가 기업공개를 앞두고 석유 가격 안정을 원하면서 2017년부터 석유 가격이 회복세를 보이고 있지만 2014년부터 지속된 원유 가격 하락 때문에 많은 석유와 가스 회사들이 문을 닫았다. 텍사스 소재 국제 기업 법률회사 헤인즈앤드분Haynes & Boone에 따르면 원유 생산량이 크게 늘어난 북미 지역에서 2015년에만 적어도 42개의 석유 및 가스 회사가 파산했고, 파산하는 기업의 수는 더 늘어날 전망이라고 한다(Thomas, 2016).

좋은 소식이 있다면 원유를 포함하여 글로벌 원자재 수요가 회복세에 접어들었다는 사실이다. 미국 에너지관리청Energy Information Administration 보고서에 따르면(EIA, 2017) 세계 에너지 소비량은 2015년 57억 5,000조Btu British thermal units(영국의 열량 단위로서 1파운드의 물을 대기압하에서 $1°F$ 올리는 데 필요한 열량-옮긴이)에서 2030년까지 66억 3,000조 Btu, 2040년에는 76억 6,000조Btu로 늘어날 것이다. 에너지 수요 증가분은 대부분 석유수출국기구에 속하지 않는 나라에서 강력한 경

제 성장, 에너지 자원 접근성 증가, 빠른 인구 성장을 바탕으로 나타
날 것이라고 한다. 이러한 세계적 원유 수요의 증가가 원유 가격의
지속적인 상승을 견인할 것이다. 미국 에너지관리청의 〈연간 에너지
전망Annual Energy Outlook〉에서는 2017년 11월 630억 달러(약 73조 5,210억
원)인 원유 거래 가격이 2050년에는 1,170억 달러(약 136조 5,390억 원)
에 달할 것으로 예상한다.

그렇다면 태국은 어떤 상황일까? 2016년과 2017년 태국 국내 경
제는 확장을 거듭했다. 공공 소비와 정부의 대형 프로젝트 투자, 경
기부양 정책과 더불어 관광 산업이 활성화하여 부족한 수출과 민간
투자 부문을 상쇄한 덕분이었다.

2016년을 기준으로 태국의 주요 상업 에너지 소비량은 일일 209
만 배럴이며(재생에너지 제외), 이는 전년에 비해 1.2% 증가한 수치
다. 석유 소비량은 저렴한 가격으로 수요가 늘어난 데 힘입어 4.0%
증가한데 비해 천연가스 소비량은 발전소, 가스 분리 공장, 천연가
스 자동차NGVs의 수요가 저조하여 1.9% 감소했다(PTT Public Company
Limited, 2016).

2016년 태국의 석유 제품 소비량은 2015년보다 4.0% 증가했다.
석유 제품군 중에서는 디젤유가 계속해서 가장 많이 소비되었고,
산업 부문의 수요 증가 덕분에 소비량이 3.3% 증가했다. 가솔린은
2014년 말 이래로 꾸준히 낮은 가격을 유지하고 있는 덕분에 소비
량이 9.9% 증가했다. 반면 LPG의 소비량은 5.3% 감소하였다. 이는
천연가스 자동차와 LPG 차량 운전자들이 액체 연료 차량으로 교체
하는 계기가 되었다. 관광객과 항공기의 증가로 제트연료 사용량도

7.2% 늘어났다. 산업 소비량의 급증으로 연료 소비량은 10.5% 증가했다(PTT Public Company Limited, 2016).

이상의 자료를 바탕으로 할 때 태국과 세계의 에너지 부문은 수요 증가와 더불어 성장을 지속할 것이 분명해 보인다. 이러한 긍정적인 흐름이 향후 몇 년간 지속되리라 기대되지만 갑작스러운 사건이 생길 수도 있다. 이를테면 미국의 셰일 가스 붐 때문에 세계 석유 가격이 급하락하는 일이 있을 수도 있다.

태국을 대표하는 석유 종합 기업

태국의 석유 및 가스 부문에서 가장 강력한 기업인 PTT는 국영 석유화학 종합 회사다. 1970년대 후반 설립 초기부터 PTT는 태국 최고의 다국적 에너지 기업이 되는 모습을 그렸다. PTT의 사명은 국가, 공동체와 사회, 주주, 고객, 비즈니스 파트너, 직원을 아우르는 이해관계자들을 균형 있게 살피는 것이다(PTT Public Company Limited, 2016).

PTT는 태국석유공사Petroleum Authority of Thailand라는 이름의 국영 기업으로 1978년 12월 29일에 설립되었다. 당시는 제2차 세계 석유파동이 일어났던 때였다. PTT는 국내 소비에 필요한 적절한 원유를 구매한다는 주요 임무에 집중하는 게 중요했다. 그리고 에너지 수요를 맞추기 위해 토착 유전을 찾는 등 국내 원유 생산량을 늘리려 애썼다. 이 과정에서 태국은 국내 수요를 충족시킬 수 있었을 뿐 아니라 1987년이 되자 천연가스 생산이 늘어나면서 연료 저장량에 여유분이 생겨

수출을 시작했다.

태국석유공사를 민영화하면서, 2001년 10월 1일 PTT는 법인화법안Corporatization Act B.E.2542 아래에 등록되었다(2012, 표 2-1 참조).

PTT의 사업 범위는 업스트림upstream(석유화학 분야에서 원유 탐사와 생산을 하는 단계-옮긴이)에서 다운스트림downstream(원유 정제와 수송 및 판매, 각종 석유화학제품 생산을 하는 단계-옮긴이)까지 석유 업계 전체에 걸쳐 있으며, 사업의 핵심은 혁신과 기술 발전에 따른 점진적인 가치 부가에 있다. PTT는 사업회사이자 지주회사이므로, 직접 사업을 영위하기도 하고, 그룹의 계열사를 통해서도 사업을 펼친다(표 2-1 참조).

PTT의 사업 부문 가운데 석유 마케팅 부문은 치열한 경쟁을 맞이하고 있다. 이 부문은 석유 제품의 유통을 직접 책임지고 있으며, 액체 연료와 LPG, 윤활유와 윤활용 제품, 비석유 제품의 소매 등 3개의 핵심 사업 범주가 있다. PTT의 소매 주유소는 전 제품의 주요 유통 채널의 역할을 맡고 있으며, 특히 개인별 소비자에 맞추어 영업한다. 2016년 12월 기준 태국 전역에는 1,530개의 PTT 주유소가 있다(PTT Public Company Limited, 2016)(그림 2-2).

[표 2-1] PTT 연표

연도	성과
1978	1978년 12월 29일 태국석유공사 설립
1978~1982	• 제2차 세계 석유파동 당시 PTT가 중요한 역할을 맡음 • 에라완(Erawan) 가스전에서 해저 가스 파이프라인 이용 시작
1983~1987	• 첫 번째 가스 분리 공장 건설 • 내셔널페트로케미컬(The National Petrochemical Co. Ltd.) 설립 • PTTEP(PTT Exploration and Production Co. Ltd.) 설립

1988~1992	• 1Tcf(trillion cubic feet) 천연가스 인수 • PTT 가스 분리 공단, 유닛 2 발주 • PTT 고옥탄가 무연 휘발유 판매 시작
1993~1997	• 태국 국내 석유 시장에서 1위 달성 • PTT 가스 분리 공단 준공 및 가동 • 미얀마 야다나(Yadana), 예타군(Yetagun) 가스전을 관리하는 천연가스판매계약 서명
1998~2002	• 야다나 천연가스 파이프라인 프로젝트 운영 시작 • 태국 최초의 국제 석유 및 석유화학 연구 개발 센터 설립 • PTT 주유소에서 가소홀(gasohol, 무연휘발유 90%와 절대에탄올 10%를 섞어 만든 자동차 연료-옮긴이) 판매 시작
2001	태국석유공사의 민영화에 따라 2001년 10월 1일 'PTT'가 법인화법안 B.E.2542 아래 등록
2003	• PTT 천연가스 자동차 판매 시작 • PTT 세븐일레븐 편의점 개업 • 디스트릭트쿨링시스템(The District Cooling System)과 파워플랜트(Power Plant Co. Ltd.) 설립
2004	포레스트에코시스템러닝센터(Forest Ecosystem Learning Center) 설립
2005	• PTT 다섯 번째 가스 분리 공장 건설 • PTT케미컬즈(Chemicals) Plc 설립 • TPI Plc 지분 인수 • PTT폴리머마케팅(PTT Polymer Marketing Co. Ltd.) 설립
2007	• PTT의 세 번째 가스 파이프라인 시스템 운영 시작 • 제트 지피(Jet Jiffy) 사업 참여 • 라용가스분리공장(Rayong Gas Separation Plant) 태국 품질상 수상 • PTT그린에너지(PTT Green Energy Co. Ltd.)를 세워 팜유 사업 투자 • 태국 아로마틱스(Aromatics) Plc와 라용리파이너리(Rayong Refinery) Plc를 합병하여 PTT아로마틱스앤드리파이닝 설립
2008	• 동남아시아 최초의 액화천연가스(LNG) 공장 오픈 • 윤활유 제품의 최대 시장점유율 달성 • 중동 지역으로 해외 사업 확대 • LNG 공급선을 위한 부두 시설과 인수 기지 첫 건설
2009	처음으로 해외 석탄 사업에 투자하며 PTT인터내셔널(PTT International Co. Ltd.) 해외 투자 확대
2010	• 천연가스 파이프라인 부문 TQA상 수상 • 수상 운송 부문에 LNG 판매 시작 • PTT탱크터미널(PTT Tank Terminal Co. Ltd.) 설립 • FLNG(부유식 LNG) 기술 생산을 연구하기 위한 목적으로 PTT FLNG 설립

2011	• PTT MCC 바이오켐(PTT MCC Biochem Co. Ltd.)을 세워 바이오플라스틱 사업 시작 • 생분해 플라스틱으로 만들어 100% 분해 가능한 아마존바이오컵(Amazon Bio Cup) 사용 시작 • 기술 및 엔지니어링 컨설팅 서비스를 제공하기 위해 에너지솔루션(Energy Solution Co. Ltd.) 설립 • 여섯 번째 가스 분리 공장 가동 시작 • 라용성 맙타풋(Map Ta Phut) 산업 지대에 동남아시아 최초 LNG 인수 기지 발주 • 라오스 싸야부리 전력(Xayaburi Power Co. Ltd.)이 수력발전 사업 시작
2012	• PTT와 NECTEC이 태양전지 발전 기술에 대한 조사 실시 • PTT와 타이항공이 바이오-제트개발협력합의서(Bio-Jet Development Cooperation) 서명 • 모두를위한학습연구소(Learning Institute for Everyone) 설립
2016	• 우수국영기업상(Outstanding State Enterprise Award), 올해의자산CEO상(The Asset CEO of the year), 아시아우수기업지배구조상(Asia's Outstanding Corporate Govenance Award) 수상 • 포천 500대 기업 목록에서 192위 차지
2017	• 아시아마케팅협회(AMF)에서 수여하는 아시아마케팅우수상 수상

출처: Fortune(2017), PTT Public Compay Limited(2012, 2016).

태국의 '새로운' 고객을 대하는 법

석유 마케팅 사업을 하려면 기업이 개인 고객을 상대해야 하는데 그들은 구매를 결정할 때 이성적이기도 하고 감정적이기도 하다. 이런 면은 기업 고객과는 다른 점이다. 개인 고객을 얻기 위해서는 그들의 마음을 울릴 수 있도록 꾸준한 가치 혁신이 필요하다. 하지만 치열한 경쟁이 일어나는 오늘날 환경 속에서는 벅찬 일이다. 특히 디지털 기술의 발전으로 태국의 소비자들은 서로 긴밀하게 연결되어 있고, 요구 사항이 많아 대하기 까다롭다.

아시아의 다른 몇몇 국가와 비교해볼 때 태국은 디지털화가 앞서

[그림 2-2] PTT의 사업 포트폴리오

구분	영역	회사	설명
업스트림	E&P	PTT EP	탐사와 생산
중간 영역	가스	PTT PLC	• 가스 파이프라인: 송관로 단독 소유자·운영자 • S&M: 천연가스 판매와 마케팅 • GSP: 석유화학제품 공급 원료로 쓰기 위해 천연가스 내 탄화수소 성분 추출
다운스트림	석유 마케팅		• 석유 마케팅: 소매 주유소와 상업 마케팅
	해외 무역		• 해외 무역: 석유와 석유화학제품 수입·수출·외외거래
	석유화학 및 정제	PTTGC TOP IRPC SPRC BCP	석유화학 주력 상품 종합 정제 공장 및 석유화학 종합 정제 공장 및 석유화학 분리독립형 복합 정제 공장 복합 정제 공장 및 소매 주유소
신규 사업	해외	PTT 인터(PTT Inter)	PTT의 해외 투자 부문 석탄, 신생 에너지 및 관련 사업

출처: PTT(2013).

있는 편이다. 6,829만 7,547명의 인구 가운데 약 5,700만 명이 인터넷 사용자로 이는 전체 인구의 83.5%에 해당한다(Internet World Stats, 2017). 태국통계청이 2017년 1월에 발표한 자료에 따르면 태국 인터넷 사용자의 90% 이상이 스마트폰으로 인터넷에 접속하는데, 다른 어떤 기기보다 스마트폰 사용 비율이 높다. 인터넷에 접속하기 위하여 스마트폰 다음으로 자주 사용하는 기기는 데스크톱 컴퓨터로, 설문 조사 참가자 절반가량이 사용하고 있었다(eMarketer, 2017).

기술 발전을 적극적으로 받아들이면서 태국의 소비자가 구매 결정을 내리는 방식에도 근본적인 변화가 일어났다. 소셜미디어는 전자상거래를 이끌었고 소비자들은 능동적으로 온라인에서 다양한 상품을 검색한다(Bharadwaj et al., 2017). 최신 기기를 능통하게 다루는 디지털 시대의 소비자에 다가가기 위해서는 새로운 전략적 접근법이 필요하다는 사실이 점점 더 분명해지고 있다. PTT는 디지털 시대의 움직임을 긴밀하게 따르고 있다. PTT 석유 사업 부문 수석 부사장 오타폴 러크피분Auttapol Rerkpiboon은 다음과 같이 말했다.

> "세상은 '디지털 경제 시대'로 접어들었습니다. 디지털 경제 시대에는 서비스 수요와 경제 개발에 기술이 지대한 영향을 미칩니다. 태국도 예외가 아닙니다. 오래된 전통의 방식으로 사업을 영위하는 회사는 향후 5년 내에 더 이상 번창할 수 없을 것입니다(Network Asia, 2016)."

PTT의 경영진도 이러한 사실을 인지하고 있으며, 새로운 시대에서

고객 중심의 정신은 혁신과 신기술의 적절한 활용으로 뒷받침되어야
한다. 그렇지 않으면 회사가 바라는 사업 성장의 기회를 잃게 될 것
이다. PTT 그룹은 이러한 사실을 반영해 다음 사업 전략을 짰다.

PTT 그룹의 사업 전략 '3D'

- 지금 실행하라(Do Now): 에너지 가격의 변동성 속에서 사업 체질 강화를 위해 생산성 향상을 즉
시 실행한다.
- 지금 결정하라(Decide Now): PTT그룹의 경쟁력과 사업상의 이점을 활용하는데 초점을 맞추고,
유기적 성장을 위해 3~5년간 투자해 지속 가능한 성장을 이룬다.
- 지금 설계하라(Design Now): 새로운 S커브 성장을 위해 혁신과 신기술을 활용하여 비약적인 성
장을 준비한다. 고객 중심, 그리고 '태국 4.0'을 향한 공공 부문의 산업 추진과 더불어 메가트렌드
에서 발생하는 기회를 특징으로 삼는다.

출처: PTT Public Company Limited(2016).

온·오프라인 통합형 고객 경험으로 브랜드 충성도 유지하기

PTT가 개인 고객을 만나는 전략적인 접점은 전국에서 영업 중인 주
유소다. PTT는 주유소에서 발생하는 고객 경험을 향상하기 위해 고
객의 자동차에 연료만 채워주는 게 아니라 종합적인 서비스를 제공
하는 등 꾸준한 노력을 지속하고 있다.

현재 태국 전역의 PTT주유소에서 자그마치 1,350개의 세븐일레븐
편의점이 영업 중이다. 또한 2급도로변에 있는 마을에서도 주유소
서비스를 이용할 수 있도록 18개의 'PTT콤팩트모델' 주유소를 개업
했다. 도시 지역의 급성장에 발맞춘 '미니커뮤니티몰'의 개발에 따라
PTT콤팩트모델 주유소의 수도 늘어날 예정이다. 이에 더해, PTT는
광범위한 주유소 네트워크를 이용해 148개 주유소에서 '프라차라트

숙자이숍Pracharath Sookjai Shop'을 열어 공공 서비스를 제공한다. 여기서는 주유소가 복합 상가처럼 운영되며 농산물, 지역 기업 생산품, 식사와 스낵, 기념품 등을 판매한다. 이런 전략 덕분에 PTT는 태국 국내 소매 석유 시장에서 2016년 40.8%의 시장점유율을 기록하며 1위 업체로 자리매김하고 있다. 또한 〈브랜드에이지BrandAge〉의 '태국 고객 만족 1위 브랜드'에 13년 연속 선정되었고, 잡지 〈마케티어Marketeer〉 '태국 1위 브랜드'에도 5년 연속으로 선정되었다(PTT Public Company Limited, 2016).

한편 PTT는 고객 충성도를 높이기 위해 PTT블루카드를 도입했다. 이 카드를 이용하는 고객은 다양한 보상을 받을 수 있다. PTT블루카드는 기업 사업 전략의 핵심 구성 요소다. 브랜드와 고객의 관계를 강화하는 남다른 혜택을 제공하여 높은 브랜드 충성도를 쌓고, 고객 사이에 입소문을 퍼뜨리도록 한다. 오늘날 태국의 운전자들은 평균적으로 PTT주유소에서 기름을 넣을 뿐 아니라 PTT블루카드를 이용해 장을 보고 리워드 포인트를 쌓는다. 이 포인트는 리조트 이용권이나 무료 식사권으로 교환할 수 있다.

고객의 입장에서 PTT블루카드는 리워드 혜택을 받을 수 있는 고객 충성도 프로그램이다. PTT블루카드 소지자는 160만 명이 넘고, 이 카드를 이용해 하루 15만 건의 거래가 발생한다. 이 카드는 고객 정보를 얻을 수 있는 중요한 원천이다(Network Asia, 2016). PTT블루카드는 석유 제품을 다루는 마케팅 팀이 고객을 이해하는 데 필요한 중요한 정보를 담은 풍부한 데이터베이스다. 이를 활용해 기존 고객의 충성도를 유지하기 위한 맞춤형 홍보 프로그램을 개발할 수도 있고, 신규 고객을 얻을 수도 있다. 이 카드를 통해 PTT는 사업상 새로운 통찰력을 얻고 운영의 모든 면에서 우수함을 추구하며, 조직이 고객 중심, 데이터 기반으로 움직일 수 있게 한다. 그 결과 PTT는 특정 고객의 프로필에 맞추어 제품을 홍보할 수 있었다. 개인 맞춤형 마케팅 활동 덕분에 고객은 남달리 우수한 브랜드 경험을 할 수 있고, 기업은 고객 재방문율과 충성도를 높일 수 있다(Network Asia, 2016).

PTT는 휴대전화 이용을 선호하는 고객의 취향도 놓치지 않았다. 휴대전화를 널리 이용하는 시대에 걸맞은 개인 맞춤형 경험을 제공하기 위해서 스마트폰과 태블릿 사용자를 위한 PTT블루카드 애플리케이션을 개발했다. 고객은 이 애플리케이션을 통해 회원 가입을 하고 누적 포인트를 확인할 수 있으며, 리워드를 신청하거나 수많은 이벤트도 확인할 수 있다.

이상의 전략을 보면 PTT가 자동차용 휘발유 등의 제품 마케팅을 위해 개인적인 접촉이나 주유소를 통한 통합 고객 경험을 확실히 다지면서 디지털 기술(빅데이터 분석과 스마트폰 애플리케이션)도 적극적으로 활용한다는 걸 확인할 수 있다. 이는 온·오프라인 통합형020, Online-to-Offline 고객 경험을 통해 고객의 브랜드 충성도를 유지하는 것을 목적으로 하는 고객 관리 방식의 하나다. 게다가 편의점, 푸드코트, 저가형 호텔, 아마존 커피숍 등 비석유 제품 포트폴리오에서 나오는 매출이 있기에 고객 경험을 쌓을 수 있을 뿐 아니라 사업 경쟁력을 유지한다는 회사의 장기 전략과도 일치한다. 미래에는 전기자동차 시대로 전환될 수도 있다는 가능성을 생각하면 비석유 제품을 통한 매출은 PTT가 미래를 준비하는 데 중요한 역할을 한다.

참고 자료

• Bharadwaj, A *et al*. (October 2017). *Five Consumer Trends to Watch in Thailand*. https://www.bcg.com/publications/2017/globalization-go-to-markets-five-consumer-trends-watch-thailand.aspx [8 January 2018].

• eMarketer (February 2017). *More Than 90% of Internet Users in Thailand Use Smartphones to Go Online*. https://www.emarketer.com/Article/More-than-90-of-Internet-Users-Thailand-Use-Smartphones-Go-Online/1015217 [31 December 2017].

• Fortune (2017). *Fortune Global 500*. http://fortune.com/global500/ptt/ [30 December 2017].

• Internet World Stats (2017). *Asia Marketing Research, Internet Usage, Population Statistics and Facebook Subscribers*. http://www.internetworldstats.com/asia.htm [31 December 2017].

• Network Asia (September 2016). T*he Digital Transformation Journey of Thailand's PTT*. https://www.networksasia.net/article/digital-transformation-journey-thailands-ptt.1474902005 [30 December 2017].

• PTT (2013). *Conquering ASEAN Energy Frontier*. https://www.set.or.th/th/asean_exchanges/files/PTT.pdf [30 December 30, 2017].

• PTT Public Company Limited (2012). *Background*. http://www.pttplc.com/en/About/pages/Background.aspx [30 December 2017].

• PTT Public Company Limited (2016). *Annual Report 2016*. Bangkok: PTT Public Company Limited.

• Thomas, Z, (January 2016). The global oil glut is squeezing the US shale industry. BBC News. http://www.bbc.com/news/business-35355286 [31 December 2017].

• U.S. Energy Information Administration (EIA) (September 2017). *Full Issue PDF Volume 32, Issue 3 International Energy Outlook 2017*. https://www.eia.gov/outlooks/ieo/pdf/0484(2017).pdf [31 December 2017].

오션파크홍콩Ocean Park Hong Kong

홍콩은 수많은 초고층 빌딩이 솟아 있는 세계적인 금융 센터로 유명하지만, 국토의 4분의 3이 시골이다. 이런 점이 홍콩의 특색이 되어 많은 여행객이 이곳을 찾는다. 홍콩에는 유명한 디즈니랜드도 있지만, 그보다 훨씬 오래된 놀이공원인 오션파크홍콩이 있다. 오션파크홍콩은 디즈니랜드에 이어 홍콩에서 두 번째로 큰 놀이공원이다. 인기 있는 관광지인 오션파크홍콩은 홍콩, 중국 본토, 그리고 아시아의 다른 국가에서 온 여행객을 유치하기 위해 치열한 경쟁을 벌이고 있다. 고객을 확보, 유지, 증가시키기 위해서는 디지털 기술을 바탕으로 한 창의적인 전략이 필요하다.

국가 경제를 책임지는 홍콩의 관광 산업

오늘날 관광 산업은 홍콩 경제를 떠받치는 주요 기둥이다. 1997년 아시아 금융 위기의 여파로 홍콩 경제가 큰 어려움을 겪고 있을 때 홍콩 정부는 관광 사업에 큰 관심을 기울였다. 금융 위기가 발생하자 홍콩은 금융과 부동산 부문에 지나치게 의존하는 경제 구조상의 격차가 드러났다. 그래서 경제 부문을 다변화해야 할 필요성이 대두되었다. 홍콩 정부는 지식과 혁신에 산업 개발을 공식적으로 요구하며 금융, 물류, 관광 등 서비스 산업을 강화하려 했다(Loo and Yim, 2007).

2014년 관광 산업은 홍콩 GDP의 5%를 차지했다. 관광 산업 종사자는 약 27만 1,800명이었고, 관광 산업은 전체 고용의 7.2%에 달했다(Hong Kong Special Administrative Region Government, 2016). 최근 들어 홍콩의 관광 산업은 글로벌 경제 성장의 둔화, 아시아 지역 관광지 사이에서 한층 치열해진 경쟁 등 여러 요소의 영향을 받고 있다. 아시아 지역에서 관광 경쟁이 치열해진 건 부분적으로는 지역의 화폐가치가 떨어진 덕분에 여행 비용 부담이 줄어들었기 때문이다. 2016년 홍콩을 방문한 전 세계 여행자 수는 5,670만 명이었다. 2015년에 비해 4.5% 줄어든 숫자다(Hong Kong Tourism Commision, 2017). 2016년 홍콩 방문객 수를 기준으로 홍콩을 가장 많이 찾은 10개 나라를 순서대로 살펴보면 중국 본토, 대만, 한국, 미국, 일본, 마카오, 필리핀, 싱가포르, 태국, 호주다. 위 방문자 수를 모두 합하면 총 홍콩 방문객의 92%를 차지한다(Hong Kong Tourism Commission, 2017).

중국 같은 나라와 달리 홍콩에는 멋진 자연경관이 별로 없다. 그래서 홍콩은 명소를 개발해야만 했다. 관광 명소 개발은 홍콩에 대한 이미지를 바꾸기 위해서이기도 했다. 그저 비즈니스를 위한 곳이 아닌 가족 여행을 즐길 수 있는 곳이라는 이미지가 필요했다. 홍콩에서 그런 방문지로 눈에 띄는 곳이 오션파크홍콩이다.

홍콩의 필수 관광 코스, 오션파크홍콩의 탄생

오션파크홍콩(이하 오션파크)은 홍콩 남구에 있는 해양 레저 단지로 1977년 대중에 개방되었다. 오션파크는 홍콩마사회가 건설했으며, 정부에서 적은 비용으로 제공받은 땅 위에 세워졌다. 1987년 오션파크는 홍콩마사회의 자회사에서 벗어나 단독 법인으로 운영되기 시작했고, 정부가 임명한 사람들로 이사회가 구성되었다. 오션파크의 이사회는 오션파크회사법Ocean Park Corporate Ordinance에 따라 운영된다. 현재 오션파크는 오션파크 주식회사가 관리하고 있으며, 재정적으로 독립된 비영리단체다. 오션파크는 교육, 여가, 보존 활동을 위한 공원이 되었다(Loo and Yim, 2007).

오늘날 오션파크는 홍콩에서 교육 및 여가 활동에 좋은 공원으로 유명하다. 91만 5,000m²의 대지에 자리잡고 있으며 다양한 동물과 여러 어트랙션, 놀이 기구, 테마쇼를 자랑한다. 오션파크는 산 정상과 산 아래 해안의 두 부분으로 나누어져 있다. 산 정상에는 스릴 넘치는 여러 놀이 기구가 있고, 산 아래 해안에는 최신 테마 지역인 놀라운 아시아 동물관이 있다. 교육적이면서도 아주 재미있는 전시도 열리는데 아시아에 서식하는 매우 희귀한 동물도 만나볼 수 있다(Ocean Park Hong Kong, 2018a).

오션파크는 40년 전 설립된 이래로 고객 만족을 위해서 끊임없이 공원에 활기를 불어넣고, 새로운 모습을 보여주고 있다. 방문객들이 새로운 경험을 할 수 있도록 새로운 놀이 기구를 지속적으로 설치했다. 2005년 오션파크는 55억 홍콩달러(약 8,200억 원)를 투자하는 재개발기본계획MPR, Master Redevelopment Plan을 발표했다. 오션파크를 세계 최고의 해양 테마 공원으로 개발하고, 공원 내 동물의 수를 2배로 확대하며 놀이 기구도 35개에서 80개 이상으로 늘리기 위해서였다. 오션파크를 홍콩 필수 관광 명소이자 세계적 랜드마크로 만들려는 노력을 보여주는 계획이었다.

오션파크가 걸어온 길에도 어려움이 따랐다. 방문객의 수가 감소하는 시기가 몇 번이나 있었다. 1997년 아시아에 금융 위기가 찾아오자 오션파크는 4년 연속 손실을 기록했다. 2003년 사스SARS(중증급성호흡기증후군)가 발생했을 때도 이용객 수가 약 70% 감소했다(Loo and Yim, 2007). 하지만 오션파크는 눈길을 끄는 요소를 개발하고 다양한 홍보 활동을 벌이는 등 갖은 노력을 다해 어려운 시기를 어떻게든 넘길 수 있었다. 현재 오션파크는 여러 성과를 보여주고, 다양한 상을 수상하는 등 여전히, 특히 아시아에서 건재한 테마파크임을 보여준다(표 2-2).

[표 2-2] 오션파크 연표

연도	성과
1977	1977년 1월 홍콩 총독 머레이 매클리호스(Murray MacLehose) 경이 오픈. 홍콩마사회의 자회사로 건설
1982~1984	홍콩마사회 신규 시설 개발을 위해 2억 4,000만 홍콩달러(약 374억 2,560만 원) 추가 투자
1987	홍콩마사회의 자회사에서 벗어나 오션파크 회사법에 따라 법인화
1997	• 아시아 금융 위기 홍콩 강타 • 오션파크 4년 연속 적자로 고전
2001~2002	방문객을 위한 새로운 이벤트와 어트랙션을 만들기 위해 적극적인 마케팅, 프로모션용 할인 등 집중적인 노력을 기울여 흑자 기록 시작. 1,530만 홍콩달러(약 22억 8,000만 원)의 이익 기록. 방문객 수도 23% 증가하여 도합 340만 명 기록
2003	• 홍콩의 인기 엔터테인먼트 지구인 란콰이퐁(Lan Kwai Fong)의 개발을 이끌었던 앨런 제만(Allan Zeman)을 오션파크주식회사 회장으로 선임. 이후 11년간 그 자리를 지킴 • 사스 발생으로 오션파크 이용객 약 70% 감소
2005	• 홍콩 디즈니랜드 오픈 • 재개발기본계획 공개 • 놀이 기구가 35개에서 80개로 2배 이상 늘어남

2006	포브스닷컴(Forbes.com) 선정 '세계에서 가장 인기 있는 10대 놀이 공원'
2007	여행 잡지 〈포브스트래블러(Forbes Traveler)〉 선정 '세계에서 가장 여행객이 많이 방문한 50대 명소'
2009	• 오션파크가 새로이 선보인 교육 및 엔터테인먼트 코너로 멸종 위기에 처한 여러 동물을 전시하는 '놀라운 아시아의 동물관' 오픈 • 시간당 5,000명이 산 정상과 산 아래 해안 지역 사이를 오갈 수 있는 케이블 기반 기차 시스템, 오션익스프레스(Ocean Express) 운행 시작
2011	• 오션파크의 새로운 대표 상품 아쿠아시티(Aqua City) 오픈 • 70종 이상의 희귀 동물을 보여주는 종합 테마관 레인포레스트(Rainforest) 오픈
2012	• 새로운 테마 코너 올드홍콩(Old Hong Kong) 오픈. 관광객의 추억을 불러일으키는 1950년대와 1970년대 사이 홍콩의 모습이 담겨 있음 • 펭귄, 태평양바다코끼리, 점박이물범, 큰바다사자와 같은 동물을 보여주는 폴라어드벤처(Polar Adventure) 오픈. 해양 생물 보존 노력을 촉구하기 위해 건설
2014	2만ft^{2}의 상어 수족관 오픈
2015	• 온라인 여행 웹사이트 트립어드바이저(TripAdvisor)가 수여하는 으뜸시설상 (Certificate of Excellence) 수상 • 야후(Yahoo!) 2014~2015 감성브랜드상(Emotive Brands Award) 수상
2016	CAAPA(China Association of Amusement Parks and Attractions) 선정 2016년 10대 최다 방문 중국 테마파크(Top Ten Highest Attendance of Chinese Theme Parks in 2016)
2017	• 최초 개장 이래 1억 4,000만 명 넘는 방문객 입장 • 트립어드바이저 수여 '여행자 선정 최고 놀이공원상' 수상(중국 2위, 아시아 3위)

출처: Ocean Park Hong Kong(2016, 2017, 2018a), Loo and Yim(2007).

고객 관리 전략으로 국내외 테마파크와 차별성을 두다

오션파크는 가족 친화형 여행지임을 내세우고 있으며, 아이부터 할아버지, 할머니까지 가족 구성원 모두가 즐길 거리를 제공하고 있다. 가족 친화라는 기본적인 콘셉트에 바탕을 두지만 오션파크는 방문객을 홍콩 주민, 중국 본토 주민(단체 관광객), 완전한 독립 여행자, 이렇게 크게 3가지 범주로 구분한다. 각 범주에 속하는 여행객은 오션파크를 방문했을 때 서로 다른 특성과 행동 양식을 보인다. 예를 들어 홍콩 주민들은 아침 10시 즈음 입장하여 오후 2시 정도까지 머무른다. 독립 여행자들은 홍콩 주민들과 비슷한 시간에 입장하지만 폐장할 때까지 공원 내에 머무른다. 반면 중국 본토에서 온 단체 관광객들은 오후에 도착해서 3시간 반 정도 공원에서 시간을 보낸다. 3가지 범주의 방문객 가운데 중국 본토 주민들이 공원에서 가장 짧은 시간 동안 머무르는데, 이는 여행 일정이 미리 정해져 있고, 상대적으로 짧은 시간 안에 여러 일정을 소화해야 하기 때문이다(Loo and Yim, 2007). 최근 오션파크 방문 관광객 가운데 대다수가 중국 본토 사람들이었지만 2015년부터 중국에서 오는 여행객 수가 줄고 있다(Ocean Park Hong Kong, 2017).

방문객 수가 줄어든 원인은 부분적으로는 경쟁이 시작되었기 때문이다. 여행객을 위한 상품과 서비스를 지속적으로 향상해야 한다는 점도 힘든 일이었다. 2005년에는 오션파크의 라이벌인 홍콩 디즈니랜드가 개장했다. 오션파크는 공원 내 오래된 시설에 활기를 불어넣고, 새로운 지역을 개발한다는 내용을 담은 재개발기본계획을 공개했다. 이 계획에 따라 오션파크 내 놀이 기구의 수가 35개에서 80개로 2배 이상 늘어났다.

그래도 홍콩 안에서 경쟁은 여전히 치열하다. 오션파크는 경쟁을 물리치며 어려움을 이겨내려 애쓰고 있다. 이 지역에 경쟁이 치열해진 건 특히 2016년부터 2017년 사이 국내와 해외 브랜드의 새로운 테마파크가 여러 개 들어섰기 때문이다. 그래서 소비자들은 테마파크의 시설과 엔터테인먼트 프로그램에 따라 방문할 테마파크를 선택할 수 있게 되었다. 새로 생긴 테마파크는 모두 아시아 여행객을 대상으로 삼는지라 계속해서 재투자 프로젝트가 생겨날 것이다. 이를 통해 놀이공원의 시설을 업그레이드하고, 기존의 공원을 확장시키므로 앞으로 경쟁은 한층 치열해질 것이다. 중국 본토에만 2020년까지 59개의 테마파크가 새로 들어설 것으로 예상된다(Ocean Park Hong Kong, 2017). 방문객의 선택지는 늘어났고, 이들의 기대에 부응하려면 오션파크는 고객 관리 전략을 최대한 활용해야 한다.

특별한 추억을 선사하는 가족 친화형 테마파크

오션파크와 같은 고객 중심 기업에서는 고객 관리 능력이 있다면 경쟁사를 제치고 경쟁 우위를 지니게 된다. 그렇게 하면서 창의적인 고객 접근법을 실행하여 신규 고객을 확보하고, 기존 고객의 충성도를 유지하며, 충성도 높은 고객이 회사의 제품이나 서비스를 추천할 수 있도록 하고, 잃어버린 고객을 되찾아야 한다(그림 2-3 참조). 디지털 기술이 발전한 오늘날의 사업 환경 덕분에 오션파크는 온라인과 오프라인을 통합한 고객 관리 전략을 실행하여 고객이 오래 기억할 수 있는 추억을 쌓을 수 있도록 한다.

오션파크는 새로운 방문객의 시선을 끌기 위해 디지털 기술을 창의적인 방식으로 활용하고 있다. 예를 들어 오션파크는 아시아 최대의 핼러윈 기념 행사라고 이야기하는 2016 핼러윈 페스티벌을 시작하면서 게임화gamification(게임에서 흔히 볼 수 있는 재미·보상·경쟁 등의 요소를 다른 분야에 적용하는 기법-옮긴이)를 이용한 독특한 광고를 선보였다.

[그림 2-3] 고객 가치 관리

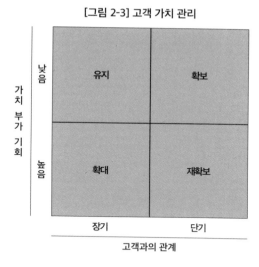

출처: Kotler, Kartajaya and Hooi(2017).

오션파크 내의 공포 체험 장소의 모습을 재현하고, HTML5 기술을 기반으로 그 장면을 360도 파노라마로 불러오는 양방향 모바일 광고였다. 모바일 이용자들은 미니 게임 방식의 양방향 모바일 광고에 적극 참여했고, 이후 360도 동영상 클립을 보기 위해 오션파크의 유튜브 채널을 방문했다(Hotmob Limited, 2016).

　그뿐 아니라 고객들은 잊을 수 없는 온라인 및 오프라인 경험을 통해 페스티벌에 참여했다. 2016 핼러윈 페스티벌 기간에 첫선을 보인 스마트폰 애플리케이션 핼러윈고스트헌트Halloween Ghost Hunt는 오션파크의 핼러윈 시즌 상품을 강화하고 보완하는 역할을 했고, 이 애플리케이션에서만 받을 수 있는 상품을 방문자에게 나눠주었다. 핼러윈고스트헌트는 고스트 디렉터, 제3의 눈, 고스트 헌터 게임의 3가지

97

모듈로 구성되어 있다.

'고스트 디렉터'는 유령을 감지하는 레이더 역할을 하는데 3m 떨어진 곳에 있는 유령도 감지한다. 방문객은 유령을 잡기 위해 공원 안을 돌아다닐 수 있다. 방문객의 아드레날린을 샘솟게 하는 모험 활동이다. 방문객은 유령이 어디에 숨어 있는지 파악하고, 숨은 곳을 효과적으로 찾아내기 위해 밀도 지도를 이용할 수도 있다.

'제3의 눈'은 AR기술을 활용한 모듈로, 이 모듈을 사용하면 전설의 성_{Legendary Palace}에서 경험을 강화할 수 있다. 이 모듈을 작동시킨 후 휴대전화 카메라를 특정 장소에 갖다 대면 휴대전화 화면에 유령이 나타난다. 핼러윈을 즐기려는 방문객들의 온·오프라인 경험을 통합하여 절대 잊지 못할 경험을 선사한다.

여기에는 재미를 더하기 위한 게임도 있었다. 방문객들은 하나의 놀이 시설에서 다른 놀이 시설로 이동하기 때문에 쉬는 시간 동안 핼러윈을 테마로 한 게임을 할 수 있었다. 핼러윈 기념 식사를 하는 동안에도 말이다. 이러한 게임은 '고스트 헌터 게임' 애플리케이션을 통해 제공되며, 놀이 시설에 입장하기 위해 줄을 서 있는 동안에도 즐길 수 있다. 게임을 하면 포인트를 모을 수 있고, 공원 내 식음료 이용권이나, 정해진 핼러윈 시설 우선 입장권, 스케어모니쇼_{Scaremonies show} 특별 입장권 등의 경품도 받을 수 있다(Ocean Park Hong Kong, 2018b).

2016년부터 2017년 동안 오션파크는 디지털 기술을 기반으로 창의적인 프로그램을 다양하게 개발했다. 소셜미디어, 특히 인스타그램을 적극 활용하여 고객과 콘텐츠를 공유하고 소통했다. 2016년에는 고객 경험을 한층 강화하기 위해 업그레이드한 모바일 애플리케이션을 새로 내놓았다. 이 애플리케이션을 이용하는 고객은 '모바일 스케줄러'를 사용해 공원 이용 계획을 세울 수 있고, 전시회에 입장하거나 놀이 기구를 타기 위해 기다리는 시간을 최소화할 수 있다. '모바일 쿠폰'을 사용하면 공원 내에서 여러 할인과 우대 혜택을 받을 수 있다. 보다 자세한 정보를 원하는 고객은 애플리케이션 내의 '가상 가이드 안내'를 통해 장소별 동영상 및 음성 안내를 받을 수 있어, 동물 전시관 등을 쉽게 찾을 수 있다(Ocean Park Hong Kong, 2017).

이처럼 오션파크는 방문객에게 기억에 남는 경험을 선사하면서 한 번 방문했던 고객이 소셜네트워크를 통해 방문 경험을 공유하기를 기대한다. 이러한 방식의 고객 관리를 위해서는 방문 경험에 만족한, 충성도 높은 고객의 지지가 필요하다.

그렇지만 오션파크가 전통적인 고객 접근 방식을 그만두었다는 건 아니다. 몸으로 하는 활동 경험을 제공하는 기업의 경우, 온라인 전략이 오프라인 전략을 전부 대체할 수 없는 게 사실이다. 이상적인 결과를 내기 위해서는 온라인과 오프라인 활동이 시너지 효과를 내야 한다. 방문 고객 수를 늘리기 위해 오션파크는 계속해서 본토 중국인과의 관계를 강화할 것이며, 동시에 성장을 위해 해외 시장에도 폭넓게 접근할 것이다.

2016년부터 2017년 동안 오션파크는 남중국 선전Shenzhen에 대표 사무소를 새로 열었다. 중국 방문객을 현장에서 잘 관리하기 위해서였다. 선전사무소는 광저우, 상하이, 베이징, 청두에 있는 사무소 4곳과 함께 지역에서 고객 맞춤형 서비스를 제공한다. 그리고 해외 마케

팅을 목적으로 홍콩을 방문하고 싶은 곳으로 만들기 위해 홍콩관광
진흥청과 관광 업계의 다른 회사들과 긴밀히 협력하고 있다. 이러한
협력과 노력의 결과로 오션파크는 아시아 주요 시장에서 반드시 방
문해야 할 장소로 자리매김하는 데 성공했으며, 2017년 일본(29%),
인도네시아(27%), 필리핀(14%), 한국(5%) 등에서 전년 대비 방문객 수
가 인상적인 증가율을 보였다(Ocean Park Hong Kong, 2017). 오션파크
는 홍콩에서 가장 오래된, 가족 친화형 테마파크라는 상징적인 지위
를 유지하고 있다.

참고 자료

- Hong Kong Special Administrative Region Government (2016). *Hong Kong: The Facts*. https://www.gov.hk/en/about/abouthk/factsheets/docs/tourism.pdf [13 March 2018].

- Hong Kong Tourism Commission (2017). *Tourism Performance*. http://www.tourism.gov.hk/english/statistics/statistics_perform.html [13 March 2018].

- Hotmob Limited (2016). *Campaign Highlight of 2016*. http://www.hot-mob.com/updates/campaign-highlight-of-2016/ [21 March 2018].

- Kotler, P, H Kartajaya and DH Hooi (2017). *Marketing for Competitiveness: Asia to The World*. Singapore: World Scientific.

- Loo, G and B Yim (February 2007). Ocean Park: In the face of competition from Hong Kong Disneyland. *Harvard Business Case*. Boston: Harvard Business School Publishing.

- Ocean Park Hong Kong (2016). *Annual Report 2015-2016*. http://media.oceanpark.com.hk/files/s3fs-public/ophk_ar15-16.pdf [21 March 2018].

- Ocean Park Hong Kong (2017). Annual Report 2016-2017. http://media.oceanpark.com.hk/files/s3fs-public/ophk_ar16-17.pdf [21 March 2018].

- Ocean Park Hong Kong (2018a). *General Facts*. https://www.oceanpark.com.hk/en/corporate-information/general-facts [21 March 2018].

- Ocean Park Hong Kong (2018b). Ocean Park Halloween Fest 2016 Kicks Off! Ocean Park launches Asia's largest annual Halloween celebration. *Press Release*. https://www.oceanpark.com.hk/en/corporate-information/general-facts [21 March 2018].

- World Travel & Tourism Council (2017). *Travel and Tourism Economic Impact 2017 China*, London: World Travel & Tourism Council.

────── 시나몬호텔앤드리조트 Cinnamon Hotels and Resorts

여러 해를 지나면서 스리랑카의 정치 및 치안 상황은 상당히 좋아졌다. 덕분에 스리랑카의 경제 발전에서 관광 산업과 환대 산업이 점점 중요한 역할을 맡아 주목받게 되었다. 스리랑카는 열대우림에서 해변에 이르기까지 자연의 아름다움으로 가득한 나라이며, 여러 글로벌 브랜드에서 고급 호텔을 세우려는 곳이다. 프리미엄 관광 산업의 경쟁이 치열해지는 가운데 시나몬호텔앤드리조트는 고객에게 특별한 경험을 선사하는 스리랑카 국내 브랜드로 떠오르고 있다. 오늘날 인터넷으로 서로 점점 연결되는 디지털 고객의 시선을 끌기 위해 시나몬그룹이 어떤 창의적인 노력을 기울이는지 살펴보자.

관광 및 호텔 산업으로 발전한 스리랑카의 국가 경제

스리랑카에는 멋진 자연 풍광, 깊은 전통, 다양한 야생동물이 있어 역사적으로 인기 있는 관광지였다. 13세기 이탈리아의 탐험가 마르코 폴로는 스리랑카를 일러 "같은 규모의 섬 중에서는 세계 최고의 섬"이라고 말했다(*The Times*, 2012). 오늘날 스리랑카에서 관광은 가장 빠르게 성장하고 있는 산업이다. 2016년 스리랑카를 방문한 관광객은 205만 832명에 달했고, 전년 대비 14%의 성장률을 기록했다.

2016년 스리랑카 방문 관광객의 출신 지역을 살펴보면 서유럽이

64만 3,333명으로 가장 많았고, 전년 대비 17% 늘어난 숫자였다. 나라별로 보면 중국과 인도에서 각각 35만 6,729명과 27만 1,577명이 방문해 큰 비중을 차지했다. 스리랑카중앙은행의 자료에 따르면 2016년 스리랑카의 관광 수입은 34억 달러(약 3조 9,678억 원)였으며, 2015년 29억 8,000만 달러(약 3조 4,777억 원)에 비해 14% 증가했다 (John Keells Hotel PLC, 2017).

서유럽 지역에서 많은 관광객(다른 지역, 특히 아시아보다 많다)이 스리랑카를 찾는 이유는 스리랑카 정부의 정책 덕분이다. 1980년대 스리랑카 정부가 관광 산업의 기반을 쌓는 투자를 진행할 때 서유럽 시장을 목표로 삼았기 때문이다. 당시에는 아시아인들이 열심히 여행을 다닐 정도로 부유하지 않다고 생각했다. 하지만 오늘날 상황은 많이 달라졌다. 사실 지난 10년간 세계 인구의 약 60%를 차지하는 아시아인들이 국내뿐 아니라 아시아 지역에서 해외여행을 훨씬 더 많이 다니기 시작했다. 반면 서유럽의 경제 상황은 예전과 달리 나빠졌다. 서유럽인들은 과거에는 휴가를 다른 대륙에서 보낼 여유가 있었지만, 현재는 그렇지 못하거나 그런 여행을 하려면 더 오래 기다려야 한다(Kulamannage, 2013).

스리랑카에서는 자연의 아름다움을 만끽할 수 있다. 1,600km에 달하는 해안은 조용한 모래사장인 곳이 많고, 여러 만bay과 석호, 모래톱과 곶을 굽어볼 수 있다. 그래서 스리랑카의 해안은 국내외를 가리지 않고 관광객 모두가 좋아하는 장소이다. 대부분 해변과 이를 둘러싼 리조트 지역에서 해수욕이나 수영, 서핑, 보트 타기, 스노클링, 먼 바다 낚시, 수중 사진 촬영, 스쿠버다이빙 등 각종 해양 활동을 즐길 수 있다(Sri Lanka Tourism Promotion Bureau, 2018). 스리랑카의 관광 및 호텔 산업에 커다란 가능성이 있고, 한층 더 발전할 수 있다는 사실은 의심할 여지가 없다. 2009년 5월, 30년을 끌어온 내전이 종식되면서 관광 및 호텔 산업은 스리랑카 경제의 선두 주자로 떠올랐다(International Finance Group, 2013).

취향 따라 다른 경험을 제공하는 브랜드 포지셔닝

현재 스리랑카 호텔 산업은 럭셔리 고급 부문을 목표로 하는 호텔이 대부분을 차지한다. 스리랑카 국내 기업을 제외하고, 시장에 진출해 있는 글로벌 브랜드는 다음과 같다(Hospitality.lk, 2016).

- 메리어트인터내셔널 소속 브랜드인 쉐라톤, 메리어트, 리츠칼튼
- 샹그릴라호텔앤드리조트, 스리랑카 남부 함반토타Hambantota와 수도 콜롬보Colombo에서 리조트 운영
- 하얏트호텔, 플래그십 호텔 오픈 예정
- 뫼벤픽호텔앤드리조트Mövenpick Hotels and Resorts는 시장 진입 초읽기
- 인터콘티넨털호텔그룹InterContinental Hotel Group의 크라운플라자콜롬보 베이라레이크Crowne Plaza Colombo Beira Lake는 설립 계획 단계

스리랑카의 호텔 산업에는 다양한 글로벌 호텔 브랜드가 점점 진입하는 중이며, 그 안에 스리랑카 기반의 지주회사 존킬즈호텔John Keells Hotel PLC이 관리하는 시나몬호텔앤드리조트(이하 시나몬호텔)도 있

104

다. 시나몬호텔은 새롭고 활기찬 스리랑카를 나타내며, 글로벌 대형 호텔과 겨루고 있다. 이 호텔은 구세계의 매력과 세계적 수준의 서비스, 그리고 편리함을 갖추었고, 현대적이면서도 풍부한 문화를 보고 느낄 수 있는 서비스를 고객에게 제공한다.

시나몬호텔 체인은 2005년 사업을 시작했고, 현재 스리랑카 전역과 몰디브에 걸쳐 13개 호텔에서 1,330개 이상의 4, 5성급 객실을 소유 및 관리하고 있다(표 2-3 참조). 시나몬호텔은 스리랑카의 지속 가능한 관광 산업을 개척하는 선구자로 많은 상을 받았으며, 이들의 사업 포트폴리오는 여러 국제 인증을 획득하고, 그에 따라 꾸준히 운영하고 있다. 획득한 국제 인증으로는 그린글로브, ISO 22000:2005, ISO14001, OHSAS18001 등이 있다(John Keells Hotel PLC, 2017).

[표 2-3] 시나몬호텔 연표

연도	성과
2002	20년에 달하는 민족 분쟁이 끝나고 스리랑카 정부는 반군 단체 타밀엘람해방호랑이(LTTE, Liberation Tigers of Tamil Eelam)와 휴전 협정 타결. 그 결과 스리랑카 내 여러 미개발 지역에서 사업이 가능해짐
2003	• 존킬즈홀딩스(John Keells Holdings)에서 아시안호텔(Asian Hotels), 콜롬보에서 유명한 5성급 호텔 오베로이(Oberoi), 트랜스 아시아(Trans Asia)의 경영 지분 60.5% 구매 • 기타 여러 호텔 인수. 몰디브의 호텔 1곳 포함
2004	다양한 호텔 브랜드를 대표하는 시나몬 브랜드 탄생. B급 호텔 차야(Chaaya) 포함. 휴전 협상이 파기되고 스리랑카는 다시 내전 상태 돌입. 시나몬은 사업 진행을 중지하고 스리랑카 국외 사업 계획 세움
2005	시나몬호텔앤드리조트가 출범하며 아시아 신흥 호텔 브랜드로 인식. 도시형 플래그십 호텔 시나몬그랜드(Cinnamon Grand)를 내놓으며 다시 한번 주목 받음
2006	첫 번째 플래그십 리조트 차야빌리지하바라나(Chaaya Village, Habarana)를 설립하며 차야 브랜드 출시

2007~2010	여러 해외 투자자가 시나몬호텔에 관심 표명. 2009년 스리랑카에 다시 평화가 찾아 오면서 관광 분야에 새로운 기회가 찾아왔고, 시나몬호텔이 선두 주자로 흐름 이용. 스리랑카 시장이 다시 주요 관심의 대상이 됨
2011	• 관광 산업이 믿기 어려운 수치인 40% 성장을 기록. 세계적인 호텔 브랜드들이 스리랑카의 호텔 및 관광 산업에 투자 시작 • 스리랑카의 여행 및 관광 산업을 발전시키기 위해 시나몬호텔이 54억 루피(약 36억 1,770만 원) 투자. 스리랑카의 브랜드를 형성하는 데 꾸준히 집중
2012	• 스리랑카의 여행 및 관광 산업에 대한 종합 분석 결과로 시나몬호텔의 브랜드 전략과 실행 방법을 개념화했고, 특히 시나몬의 정체성과 그룹 상품 강조 • 그 결과로 시나몬과 차야 브랜드를 합해 시나몬호텔앤드리조트 아래에 두어야 한 다는 통합 접근법 요구
2014	브랜드 스토리를 생기 넘치는 새로운 방식으로 이야기하며 '영감을 받은 삶'을 전하 는 일을 새로운 신조로 삼고 시나몬 브랜드 한층 강화. 휴가 때 찾는 브랜드라거나 라 이프스타일을 추구하는 회사라는 이미지를 넘어서 영감을 받은 삶의 방식으로 진화
2015	• 생기 넘치는 라이프스타일 브랜드로서 영감을 받은 삶이라는 기치 아래 완전히 새로운 브랜드 구성. 새로운 시나몬 브랜드는 고객에게 남아시아에서 가장 특별한 여행 경험 제공 • 모브랜드 아래에서 통합 라이프스타일 그룹 시나몬라이프(Cinnamon Life)가 라이프스타일과 호텔업의 선도자 지위 한층 강화
2016	시나몬호텔이 '2016 미스 인터콘티넨털 선발대회'와 '제2회 아시아 여행 블로거 콘퍼런스 및 2016 시상식'을 포함하여 국제적으로 의미 있는 여러 행사 조직
2017	'2017 스리랑카 사진 콘테스트' 개최. 현재까지 스리랑카에서 가장 참가자가 많았던 행사로 기록

출처: Cinnamon Hotels & Resorts(2015), John Keells Hotel PLC(2017).

부유층을 위한 시장을 최대한 잘 활용하기 위해 시나몬호텔은 프리미엄 호텔을 여러 범주로 나누어 운영한다. 그 내용을 살펴보면 시그니처럭셔리, 럭셔리, 러스틱 럭셔리rustic luxury(수수하고 친숙한 느낌을 주는 고급 숙박 시설-옮긴이), 린 럭셔리lean luxury(과한 시설이나 서비스는 제외하고 꼭 필요한 제품과 서비스를 골라 세심하게 제공하여 고급스러움을 주는 숙박 시설-옮긴이) 등으로 나누어진다(표 2-4 참조). 각 호텔별로 나름의 성격과 존재감이 있고, 고객은 서로 다른 경험을 할 수 있다. 그렇기는 하

[표 2-4] 시나몬호텔의 포트폴리오

분류	시그니처 럭셔리	럭셔리	러스틱 럭셔리	린 럭셔리
브랜드 이름	시나몬 화이트	시나몬 럭셔리	시나몬 시그니처	시나몬 레드
마스터 브랜드와의 관계	공동 브랜드	마스터 브랜드	보증 브랜드	공동 브랜드
기본 콘셉트	**맞춤형 럭셔리** 남다른 장소에서 즐기는 최고의 럭셔리	**생동감** 각자의 스타일에 맞춘 새로운 장소	**소박함** 각자의 스타일에 맞춘 편안하지만 새로운 장소	**멋진 레드** 호들갑스럽지 않고 독립적인 새로운 장소
가치 제안	당신을 위해 준비된 럭셔리, 개인적이고 활동적이며 고급스럽습니다. **방문 이유는** • 원하는 대로 지낼 수 있다 • 영감을 받는다	활동적이고 재미 있으며 스타일리시합니다. **방문 이유는** • 활기를 얻는다 • 영감을 받는다	활동적이고 재미 있으며 느긋하게 지낼 수 있습니다. **방문 이유는** • 상쾌함을 느낀다 • 활기를 되찾는 느낌이 든다	젊고 멋지며 대담하고 혁신적입니다. **방문 이유는** • 편안함을 느낄 수 있고 내 모습 그대로 지낼 수 있다 • 영감을 받는다
고객에게 전하는 경험	준비성, 개별성, 사적임, 조용함, 활동성, 호화로움	활동성, 즐거움, 스타일리시함	느긋함, 편안함, 정신 충만, 마음 끌림	젊음, 쿨함, 대담함, 혁신적

출처: Cinnamon Hotel Management Ltd.(2016), Mirror Business(2016).

지만 시나몬 브랜드 전부 '영감을 받는 삶'이라는 동일한 브랜드 포지셔닝brand positioning을 지킨다. 럭셔리한 경험과 즐거움을 느끼려는 고객이 가장 자주 찾는 호텔이 되겠다는 생각이다.

디지털 여행객의 마음 사로잡기

시나몬 브랜드는 그림을 그려놓은 듯한 장소에 멋진 시설을 갖춘 호텔과 리조트를 건설하는 일도 중요하지만 고객의 니즈에 맞는 경험

107

을 선사하는 일도 중요하다는 사실을 깨달았다. 더 개인적이고 진정한 여행 경험을 원하는 소비자 덕분에 홈스테이나 아파트와 같이 호텔을 대체하는 숙박 시설에 대한 수요가 생겨났다(John Keells Hotel PLC, 2017). 이것이 고객 중심 관점의 기초이다. 이를 바탕으로 기업은 고객을 위한 가치 창출을 위해 노력하고, 사업의 관점을 고려한다. 그리고 여기에 초점을 맞추어 고객이 내리는 구매 의사 결정의 속성을 면밀히 조사한다. 기업은 '효용'의 심리적, 감정적 유형(엄격하게 기능적 유형을 살피는 것과는 반대되는 일이다)에 세심한 주의를 기울인다 (Quelch and Jocz, 2008).

이러한 관점을 고려하면 기업이 경쟁 우위를 가지려면 고객 관리를 위한 노력(고객 확보, 유지, 성장)이 꼭 필요하다. 그런데 호텔 산업을 둘러싼 사업 환경은 더 이상 수십 년 전과 같지 않다. 디지털화가 진행되면서 여행객들이 호텔을 결정하는 방식에 혁명이 일어났다. 이제 여행객의 의사 결정 과정은 리조트에 들어서거나 호텔의 영업 사원을 만나기 훨씬 전에 이루어진다. 휴대전화에서, 노트북에서, 또는 온갖 종류의 무선 기기를 통해 하루에 수천만 번씩 의사 결정 순간이 발생한다(Kotler, Kartajaya and Hooi, 2017). 이러한 사실을 되새기면서 시나몬호텔은 경쟁에서 이기기 위해 온라인 에이전트OTAs, Online Travel Agents와 웹사이트를 통한 예약률 증가에 집중하고 있으며, 디지털 마케팅에도 한층 신경을 쓰고 있다(John Keells Hotels PLC, 2017). 시나몬호텔은 영국, 프랑스, 독일 등 유럽 선진 시장 고객의 시선을 끄는 걸 디지털 주 전략으로 삼고 있다. 하지만 유럽 경제가 하강 국면을 맞이하는 반면, 중국과 인도 시장은 빠르게 성장하고 있어 이쪽 시장도 면밀히 살피는 중이다. 예를 들어 시나몬 브랜드는 젊고, 부유하면서, 코스모폴리탄인 인도의 중산층을 대상으로 소셜미디어와 모바일 플랫폼을 활발히 활용한다(Kulamannage, 2013).

시나몬호텔은 소셜미디어 활용뿐 아니라 창의적인 방식으로 다양한 디지털 전략을 수행한다. 끊임없이 이어져 있는, 오늘날의 모바일 우선 환경 속에서 고객 관리를 위한 디지털 전략은 반드시 고객이 흥미를 가지거나 참여할 수 있는 내용으로 만들어, 사용자들이 공유하도록 해야 한다(Lecinski, 2014). 다음으로 시나몬호텔이 디지털 여행객의 마음을 얻기 위해 사용하는 몇 가지 방법을 소개한다.

아시아 여행 블로거 콘퍼런스

시나몬호텔은 여행 업계에 속한 기업이기 때문에 고객의 여행에 영향을 미칠 수 있는 이해관계자라면 한 명 한 명의 관점을 모두 듣고, 이를 가치 있게 여겨야 한다는 사실을 알고 있다. 디지털 세상에서 여행 블로거가 소개하는 여행 경험은 여행을 계획하는 사람들에게 큰 영향을 미친다. 그래서 시나몬은 2015년 사상 최초로 아시아 여행 블로거 콘퍼런스를 주최했다. 전 세계에서 온 50명의 블로거가 모여 빠르게 성장하는 여행 작가 산업의 흐름과 여행 작가가 관광객의 의사 결정에 어떻게 영향을 미치는지 논의했다. 그리고 스리랑카를 여행한 뒤 경험을 나누었는데, 이들의 이야기에는 통찰력이 가득했다. 콘퍼런스 행사에는 250명이 참석했고 아시아 전역에서 유명 미디어 기자와 공무원, 호텔리어, 여행 산업 규제 기관 대

109

표 등이 찾아왔다(Cinnamon Hotels & Resorts, 2015).

시나몬호텔은 2016년 제2회 아시아 여행 블로거 콘퍼런스 및 2016 시상식을 개최하여, 세계적으로 유명한 60인의 여행 블로거와 영상 제작자를 초대했다. 여행과 행선지를 결정하는데 이들이 미치는 영향이 크다는 걸 알고 있기 때문이었다. 이 행사는 세계 여행과 관광 업계에서 큰 주목을 받았고, 덕분에 시나몬호텔은 브랜드 광고 효과를 누렸다. 또한 이 행사 덕분에 새 시대의 디지털 여행객들이 여행 파라다이스로 스리랑카에 주목하게 되었다(John Keells Hotel PLC, 2017).

360도 가상현실 동영상

시나몬호텔은 자사 호텔 6곳을 360도 동영상에 담아 2015년 11월 런던에서 열린 세계여행박람회WTM, World Travel Mart에서 선보였다. 관람객들은 가상현실 시청용 헤드셋을 쓰고 시나몬호텔이 처음 만든 360도 가상현실 동영상을 보며 시나몬호텔과 스리랑카의 자연 경관을 가상 체험할 수 있었다.

스리랑카에 있는 호텔을 다룬 360도 동영상 출시는 이번이 처음이었다. 호텔 산업 내에서 기술이 발달하고 혁신이 일어나면서 시나몬호텔은 블로그, 소셜미디어 포스트, 모바일 광고 등 다른 종류의 콘텐츠도 점점 많이 사용하게 되었다 (Cinnamon Hotels & Resorts, 2015).

온라인 여행 대리점을 위한 교육 프로그램

시나몬호텔은 2015 세계여행박람회에서 온라인 여행 대리점을 위한 전문적인 교육 프로그램을 출시했다. 프로그램을 만든 이유는 교육을 통해 온라인 여행 대리점이 고객에게 더 좋은 서비스를 제공하도록 하고, 온라인 고객의 변화하는 행동양식을 여행 대리점에게 새로 알려주기 위해서였다. 또한, 스리랑카를 많은 사람에게 알릴 수 있도록 교육 프로그램 안에는 스리랑카의 아름다운 자연과 여행지로서의 가능성을 보여주는 정보를 담았다. 그리고 스리랑카의 관광 산업을 재해석하고, 관광객을 환대하는 방법을 알리면서 시나몬호텔만의 독특한 숙박 상품도 소개했다. 이 교육 프로그램에 들어 있는 플랫폼은 9만 7,000개가 넘는 전 세계 여행 대리점을 연결하며, 소프트웨어를 통해 200개 이상의 수업을 제공하는 최대의 이러닝 도서관이다(Cinnamon Hotels & resorts, 2015).

보물찾기

스리랑카를 세계에 알리려는 목적으로 57개의 여행 대리점을 위한 팸투어familiarization drive(항공사나 여행 업체, 지방자치단체, 기타 공급 업자가 관광 상품이나 관광지를 홍보하기 위해 관계자나 관련 업체를 초대해 진행하는 사전 답사 여행-옮긴이)를 계획했다. 이 행사는 스리랑카 섬 전체에 걸친 보물찾기 형식으로 진행되었으며, 스리랑카의 주요 여행지와 관련된 내용이 힌트로 제공되었다. 보물찾기라는 재미있는 놀이를 통해 스리랑카 섬을 답사하는 목적이었다. 일주일에 걸친 보물찾기는 마침내 베루왈라_{Beruwala}의 시나몬 만에서 대형 행사로 이어지며 끝이 났다. 이 여행에 참가한 모든 사람들이 스리랑카 섬을 여행하며 잊지 못할 경험을 얻었다. 시나몬호텔은 보물찾기 행사를 매년 개최한다 (Cinnamon Hotels & Resorts, 2015).

이상의 방법을 살펴보면 시나몬호텔이 디지털 기술에 능통한 여러 나라의 여행자와 여행 대리점을 확보하기 위해 적극적인 노력을 펼치고 있다는 점을 분명히 알 수 있다. 시나몬호텔은 온라인과 오프라인 양쪽에서 고객의 관심을 끌기 위해 애쓴다. 뿐만 아니라 스리랑카와 시나몬호텔이 진행한 행사를 경험한 홍보 대상자들이 주변에 입소문을 내고, 인터넷에 후기와 추천 글을 써주기를 기대한다.

참고 자료

• Cinnamon Hotel Management Ltd. (2016). Entry submission document prepared for the SLIM Brand Excellence Award 2017.

• Cinnamon Hotels & Resorts (2015). Investor profile. https://london.wtm.com/_novadocuments/321266?v=636205021606900000 [15 February 2018].

• Hospitality.lk (2016). Sri Lankan Hotel Performance in 2016. http://hospitality. lk/sri-lankan-hotel-performance-2016/ [16 February 2018].

• International Finance Group (2013). Ensuring sustainability in Sri Lanka's growing hotel industry. https://www.ifc.org/wps/wcm/connect/30f331004fddd89eb9d8ff2 3ff966f85/Mapping+Report++-+Ensuring+ Sustainability+in+Sri+Lanka%E2%80%99s+Hotel+Industry.pdf?MOD=AJPERES [16 February 2018].

• John Keells Hotel PLC (2017). *Annual Report 2016-2017*. https://www.keells.com/resource/other-group-company-financial-reports-2016_17/KHL_2016_17.pdf [15 February 2018].

• Kotler, P, H Kartajaya and DH Hooi (2017). *Marketing for Competitiveness: Asia to the World*. Singapore: World Scientific.

• Kulamannage, S (March 2013). JKH's Indian make over. *Echelon*. http://www.stingconsultants.com/wp-content/uploads/2014108/Cinnamon-hotels-case-study.pdf [15 February 2018].

• Lecinski, J (2014). *ZMOT: Why It Matters Now More Than Ever.* https://www.thinkwith-google.com/marketing-resources/micro-moments/zmot-why-it-matters-now-more-than-ever/ [16 February 2018].

• Mirror Business (July 2016). John Keells to enter boutique hotel market with "Cinnamon White". *Mirror Daily*. http://www.dailymirror.lk/112861/John-Keells-to-enter-boutique-hotel-market-with-Cinnamon-White- [15 February 2018].

• Quelch, JA, and KE Jocz, (2008). Milestone in marketing. *Business History Review* 82(Winter), 827-838.

• Sri Lanka Tourism Promotion Bureau (2018). Pristine Sri Lanka. *Sri Lanka: Wonder of Asia*. http://www.srilanka.travel/pristine-sri-lanka [15 February 2018].

• *The Times* (October 2012). Sri Lanka: An island paradise. https://www.thetimes.co.uk/article/sri-lanka-an-island-paradise-f20tkrp6bsw [15 February 2018].

CHAPTER

3

좋은 성과는 기본,
선한 영향력까지 펼쳐야 한다

우리는 사회 문제에 관심을 기울이는 기업이 더 많은 경제적 이익을 얻는다고 생각한다. "기업은 좋은 일을 하는 동시에 좋은 성과를 낼 수 있다"라는 빌게이츠의 말은 기본적으로 인간 중심 마케팅 혹은 마켓 3.0의 개념이 등장했음을 뜻한다. 이 개념은 우리가 지속 가능한 경쟁 우위를 얻으며 경제적 목표와 사회적 목표를 '하나로 묶을 수 있다'고 본다.

비록 국가에 따라 규모가 다르기는 하지만 기업이 사회나 환경 문제를 해결하는 데 적극적인 역할을 맡아야 한다는 요구는 오랫동안 제기되었다. 이번 장에서는 비즈니스 모델에서 3가지 주요한 이슈인

사회문화 문제, 경제 문제, 환경 문제를 다루어 사회적 부가 가치를 창출하는 아시아의 기업을 소개한다.

사회문화적 변혁을 옹호하는 기업

기업은 사회문화적 변화를 만드는 데 도움을 주는 역할을 한다. 사회 문제를 다루는 일을 기업 홍보 수단으로 보거나 기업을 운영하다 발생하는 부정적인 결과에 쏟아지는 비판을 피하는 방법으로 여겨서는 안 된다. 기업은 자사의 비즈니스 모델을 점검하고 적절한 대책을 시행함으로써 훌륭한 기업 시민으로 행동하고 사회 문제를 깊이 해결해야 한다. 처음에 해야 할 중요한 일은 사회 안에 존재하는 사회문화적 문제를 파악하고, 거기서 발생할 수 있는 결과를 알아보는 것이다.

빈곤 문제를 해결하는 촉매 역할을 하는 기업

'사람에게 물고기를 주면 하루를 먹지만, 낚시하는 법을 가르치면 평생을 먹고 산다'라는 속담에는 인간 중심 마케팅의 개념이 담겨 있다. 아시아 국가에서 경제 문제를 해결하는 데 도움을 줄 수 있는 개념이다. '원조에서 기업가 정신으로'. 기업은 그저 소비를 위한 구호 기금을 손쉽고 편하게 나눠주는 대신 저소득층 주민을 지원하여 빈곤을 퇴치하려는 노력에 힘을 보탠다.

환경 문제를 해결하는 데 기여하는 기업

요즈음 환경 오염 속도와 강도를 생각하면 기업은 비즈니스 모델과 연결하여 환경 문제에 더 효과적으로 대처할 수 있다. 기업은 환경 문제와 자주 관련된다. 대기업에서는 산업폐기물이 나오고, 규제 당국은 기업을 압박하여 환경보호 기준을 지키고 환경에 미치는 영향을 최소화하려 한다. 일부 기업은 환경 보호주의자에게 노출되고 공개적으로 곤란한 일을 당하기 전에 필요한 일을 하려고 할 수도 있다. 한편으로는 환경 문제에 관한 대중의 관심을 이용해야 한다고 생각하는 기업도 있다. 이런 기업은 자사 생산 제품과 서비스를 '친환경'이라며 적극적인 마케팅을 펼친다.

세상이 점점 더 연결되는 시대에서 기업은 사업적, 사회적 목표를 달성하기 위해 여러 이해관계자와 온·오프라인에서 한층 쉽게 협력할 수 있게 되었다. 인간 중심의 정신을 바탕으로, 단순 거래를 주고받는 관계를 넘어서서, 긍정적인 변혁을 실현하려는 목적으로 협력관계를 맺는다. 아시아 국가들이 씨름하고 있는 다양한 경제, 사회, 문화, 환경 문제도 창의적인 기업이 비즈니스 모델을 통해 해결책을 찾을 기회가 된다. 이번 장에서 소개할 태국의 암폴푸드프로세싱, 파키스탄의 페로즈슨스연구소, 인도의 인도경영대학원의 사례는 새로운 시대를 맞아 여러 이해관계자를 연결하고 협력시키는 데 기술을 활용함으로써 인간 중심 관점을 어떻게 효과적으로 실현할 수 있는지 보여준다.

116

——— 암폴푸드프로세싱Ampol Food Processing Ltd.

산업의 성장과 발달은 필연적으로 사회와 환경에 변화를 가져온다. 이러한 변화를 부담이나 장애물로 여기는 대신 사회에 긍정적인 영향을 줄 기회로 받아들인다면 기업의 지속 가능성에 긍정적인 효과를 오랫동안 남길 것이다. 태국의 암폴푸드프로세싱은 기업이 사업 목표와 사회적 임무 사이에서 어떻게 진정성 있고, 의미 있는 연결고리를 만들 수 있는지 잘 보여준다. 암폴푸드프로세싱은 인간 중심의 마케팅 원칙을 바탕으로 하는 책임감 있는 기업으로 떠오르고 있다.

태국의 경쟁력 높은 가공 식품 산업

태국은 지난 40년간 아시아에서 경제적, 사회적으로 상당한 발전을 이루었다. 1960년에서 1996년까지의 호황기에 태국 경제는 연평균 7.5%씩 성장했고, 1999년부터 2005년 사이의 아시아 금융 위기 이후에는 약 5%씩 성장했다. 이렇게 경제 성장을 빠르게 이루면서 수백만 개의 일자리가 생겨났고, 빈곤은 상당히 줄어들었다. 하지만 2005년에서 2015년 사이 태국 경제의 평균 성장률은 3.5%로 낮아졌고 2014년부터 2016년까지는 2.3%로 더 떨어졌다. 현재 태국 경제는 회복 국면에 접어든 것으로 보이며, 2017년에는 경제성장률이 3.9%에 달했다.

117

1980년대에는 높은 경제성장률이 꾸준히 이어졌고, 빈곤 감소 속도도 빨라 태국은 한 세대 만에 저소득 국가에서 상위 소득 국가로 이동했다. 태국의 빈곤 수준은 지난 30년간 상당히 나아져, 1986년 67%였던 빈곤율이 2014년에는 10.5%로 낮아졌다. 고도 경제 성장과 농산물 가격이 올라간 덕분이었다. 하지만 여전히 어느 정도의 빈곤과 불평등이라는 어려움은 남았다. 경제성장률은 낮아지고, 농산물 가격이 하락하고, 가뭄과 같은 자연재해가 발생하기 때문이다. 2014년 추정치에 따르면 710만 명 정도인 태국 빈곤층의 80%가 농촌에 거주한다. 670만 명이 국가 빈곤선 20% 이내 수준에서 살고 있으며, 이들은 빈곤의 나락으로 떨어지기 쉬운 처지다(World Bank, 2017b). 태국의 이러한 사회경제적 문제는 정부, 비정부기구, 민간 부문을 포함한 여러 이해관계자가 함께 해결책을 모색해야 한다.

태국 경제는 2017년 성장률이 3.9%에 달하여 회복 국면에 접어들었다고 할 수 있다. 태국 경제가 성장하는 이유는 주로 여러 산업과 서비스업 덕분이지만(표 3-1), 가장 많은 인력을 고용하는 건 농업 부문이다(표 3-2). 태국의 농업은 매우 경쟁력이 높으며, 다각화, 전문화되어 있으며, 수출하는 농산품은 세계적으로 유명하다. 태국에서 가장 중요한 농산물은 쌀이며 1,300만 명에 달하는 농민의 약 60%가 쌀농사를 짓는다(SCB Economic Intelligence Center, 2017). 태국은 쌀을 비롯하여 타피오카, 고무, 곡물, 설탕과 같은 농산물의 주요 수출국이다. 생선이나 다른 해산물도 수출한다.

1960년대 이후 태국의 산업화가 진행되면서 농업 부문은 식품 가공 산업으로 전환하게 되었다. 그렇게 되기까지 정부의 상당한 지원

[표 3-1] 태국의 산업별 GDP

(단위 : 10억 바트)

부문	2010년	2011년	2012년	2013년	2014년	2015년	2016년
현재 시장가 기준 GDP	10,808	11,307	12,357	12,921	13,204	13,673	14,361
농업, 임업, 어업	1,137	1,311	1,422	1,462	1,330	1,192	1,197
광업, 채석업	367	401	483	497	496	430	398
제조	3,343	3,279	3,457	3,565	3,651	3,753	3,938
전기, 가스, 증기, 냉방 공급	264	270	292	314	332	344	406
상수도, 하수도, 폐기물 관리 등	38	38	42	48	52	55	—
건설	303	307	341	345	337	380	402
도소매 유통, 자동차, 오토바이 수리	1,516	1,571	1,710	1,731	1,797	1,937	2,216
운송, 보관	607	616	666	694	721	780	1,031
정보통신	312	350	413	473	498	598	—
호텔, 요식	222	243	265	291	303	328	682
금융, 보험	581	645	745	871	961	1,044	1,115
부동산	294	306	318	319	325	335	915
전문직, 과학과 기술	196	214	259	267	268	260	—
사무직, 보조 서비스	172	189	228	234	232	237	—
행정, 방위, 치안	640	681	733	766	802	839	874
교육	418	454	503	528	558	587	613
건강, 사회복지	206	219	236	251	271	288	281
예술, 엔터테인먼트, 오락	45	51	60	65	66	70	265
기타 서비스 활동	130	142	163	175	182	186	—
가내수공업, 가정 내 소비용 상품 및 서비스 생산 활동 외	18	21	23	23	25	28	28

출처: Asian Development Bank(2017).

이 있었고, 태국 경제에 큰 부가 가치를 가져다줄 것으로 기대된다. 정부는 날것 상태로 농수산물을 수출하는 대신, 생산자들이 더 높은

[표 3-2] 태국의 노동 인구

(단위 : 1,000명)

부문	2011년	2012년	2013년	2014년	2015년	2016년
노동 인구	38,360	38,746	38,661	38,576	38,548	38,267
고용 인구	37,953	38,324	38,217	38,077	38,016	37,693
농업, 임업, 어업	12,485	13,164	13,042	12,733	12,272	11,747
광업, 채석업	50	68	62	69	79	66
제조	6,001	6,269	6,294	6,393	6,454	6,289
전기, 가스, 상수도 등	197	172	191	223	188	217
건설	2,204	2,335	2,388	2,269	2,282	2,352
도소매 유통, 자동차, 오토바이 수리	6,357	6,195	6,200	6,185	6,176	6,331
호텔, 요식	2,923	2,551	2,536	2,568	2,644	2,729
운송, 보관	1,122	1,087	1,144	1,192	1,216	1,199
정보통신	231	272	265	248	242	231
금융, 보험	461	493	526	527	539	546
부동산	946	160	165	159	194	186
기타	4,979	5,559	5,405	5,512	5,732	5,799
실업 인구	254	254	282	323	341	377
실업률(%)	0.7	0.7	0.7	0.8	0.9	1.0
연간 노동 인구 변화율(%)	-0.7	1.0	-0.2	-0.2	-0.1	-0.7
노동 인구 참여율(%)	72.1	71.8	71.1	70.3	69.8	68.8
남성	80.3	79.9	80.4	79.3	78.6	77.6
여성	64.3	64.2	63.2	62.0	61.6	60.6

출처: Asian Development Bank(2017).

가격을 받아 가공 제품을 판매해 수익을 올리도록 유도한다.

태국의 풍부한 천연 자원도 세계 식품 가공 산업 내에서 다른 국가와 경쟁하는 데 강력한 비교 우위를 가져다준다. 태국은 식품 가공 산업에 필요한 원재료 가운데 약 80%를 국내에서 조달한다. 풍부한 천연 자원을 활용하고, 발전된 기술, 식품 안전과 위생에 관한 국제 기준을 엄격하게 시행하면서 식품 가공 산업에서 세계 1위 자리를 지키고 있다. 식품 가공 업체들은 국제 품질 기준을 맞추기 위해 지속적으로 기술과 생산 방법을 발전시키는 노력을 기울이고 있으며, 태국 정부 또한 식품 가공 업체를 열심히 지원하고 있다. 이들의 노력은 큰 성공을 거두었고, 현재 태국에서는 가공 식품 수출량이 농산물 수출량을 넘어섰다(Thailand Board of Investment, 2013). 풍부한 원료 외에 다음과 같은 요인들이 태국의 식품 가공 산업에 이익이 된다.

경쟁력 있는 노동력: 태국국가식품연구소Thai National Food Institute에 따르면 태국에서 식품 산업에 고용된 인구는 약 80만 명이다. 정부에서 시행하는 많은 교육 프로그램과 산업 지원 단체의 도움에 힘입어 노동의 질을 꾸준히 높이고 있다(Thailand Board of Investment, 2013).

훌륭한 기업 환경: 태국 경제는 아시아에서 가장 빠르게 성장하고 있으며, 세계은행 선정 기업하기 좋은 환경 순위Ease of Doing Business 2017년 보고서에서 46위를 차지했다. 이는 2016년 대비 세 계단 상승한 순위였으며, 동남아시아 국가 중에서는 최고 순위 3위에 드는 성적이었다(The World Bank, 2017).

아시아의 허브: 태국은 양자 및 다자간 협력, 탄탄한 사회기반시설, 풍부한 원재료, 경쟁력 있는 노동력, 정부 지원, 아세안 회원국 중심에 자리 잡은, 특히 인도와 중국에 가까운 위치 등 유리한 조건을 갖추고 있다. 특히 2015년 아세안경제공동체 AEC, ASEAN Economic Community가 출범하여 태국 식품 시장은 동남아시아 6억 명 안팎의 소비자에게로 확대될 것이다(Thailand Board of Investment, 2013).

2016년 태국은 세계 13위의 식품 수출국으로 올라섰으며, 2015년에 비해 순위가 두 계단 상승했다. 아시아 국가 가운데서는 중국과 인도에 이어 3위에 해당한다. 현재 태국의 식음료 가공 산업은 동남아시아에서 가장 발달되어 있으며, 1만 개가 넘는 공장에서 생산량의 50%를 해외로 수출한다(Food Ingredients Asia, 2017).

제품 품질과 고객 서비스에 집중하는 암폴푸드프로세싱

암폴푸드프로세싱은 태국에서 가장 큰 가공식품 제조 및 수출 업체다. 1988년 설립되었으며 초기 자본은 약 9,000만 바트(약 34억 7,130만 원)였다. 기업의 비전은 국내 농산물을 가공한 식품을 생산, 유통하는 것이다(Ampol Food Processing, 2017a). 암폴푸드프로세싱은 세계 각국으로 채소와 과일을 수출하는 사업을 시작했다. 이후 '차오코 Chaokoh'라는 브랜드명으로 첫 UHTUltra-High Temperature sterilization(초고온 단시간 가열법-옮긴이) 코코넛밀크를 출시하여 대중의 환영을 받았다. 차오

122

코는 이제 전 세계 65개국 이상에서 잘 알려져 있는 브랜드다.

암폴푸드프로세싱은 1996년 건강 음료 시장으로 눈을 돌렸다. 점점 건강 식음료를 선호하는 소비자의 기호에 맞추기 시작한 것이다. 처음 출시한 건강 음료는 25% 과일 주스를 포함한 피트씨곤약음료Fit C Konjac Drink, 프로피트잡티어스시리얼음료Pro-Fit Job Tears Cereal Drink, 브이피트영라이스밀크시리얼음료V-Fit Young Rice Milk Cereal Drink였다. 마히돌대학교Mahidol University 영양연구소The Institute of Nutrition에서 개발한 상품들이었다. 그리고 그 뒤를 이어 시즈닝소스 저나트륨 저포화지방산 시리얼 코코넛밀크Seasoning Sauce Less Sodium and Less Saturated Fat Cereal Coconut Milk를 비롯한 굿라이프Good Life 시리즈의 제품을 출시했다. 그간의 성공에 힘입어 현재 암폴푸드프로세싱에는 700명 이상의 직원이 근무하고 있으며, 수입이 지속적으로 증가하고 있다(Ampol Food Processing, 2017a).

암폴푸드프로세싱의 사업이 성공을 거둘 수 있었던 이유로 기술적으로 앞선 사업 프로세스를 꼽을 수 있다. 기업은 국제표준화기구 ISO9001:2000, ISO14001 환경 친화 부문 인증을 받았고, HACCP 인증 및 국제인증기관 BVQI에서 안전과 위생에 관한 GMPGood Manufacturing Practice 인증을 받았다. 또한 안전보건경영시스템 OHSAS/TIS18001 인증을 비롯하여 공공건강과 식품 및 의약부의 행정위원회 인증도 받았다. 이 모든 인증서는 암폴푸드프로세싱이 제품의 품질과 고객 서비스에 끊임없이 집중하고 있다는 점을 보여준다(Ampol Food Processing, 2017a).

사회와 환경에 대해 책임지는 엄격한 원칙

이 기업은 사업을 하면서 이윤에만 초점을 맞추지 않는다. 조직 가치와 영업 방침에서 알 수 있듯이 암폴푸드프로세싱은 기업이 사회와 환경에 책임을 져야 한다는 원칙을 엄격하게 지키고 있다. 다음 '기업윤리 강령' 3가지 사항을 보면 사회와 환경을 위한 기업의 노력이 명확하게 나타나 있다.

1. 암폴푸드프로세싱은 생활 수준을 더 높이기 위한 사회와 지역 공동체의 노력을 지지하고 돕는다.
2. 암폴푸드프로세싱은 환경 보호를 위한 모든 기준을 준수해야 할 책임이 있다.
3. 암폴푸드프로세싱은 경영 활동에 영향을 주고받는 주변 지역 사회와 기민하게 커뮤니케이션한다.

책임감 있는 기업이 모두 그렇듯 암폴푸드프로세싱도 사회 및 환경 문제와 관련된 우려 사항을 이해하면 궁극적으로 외부 이해관계자에게 좋은 영향을 미칠 뿐 아니라 기업의 지속 가능성에도 도움이 된다고 생각한다. 이러한 생각은 인간 중심 마케팅 개념과도 일맥상통한다. 인간 중심 마케팅의 개념은 기업의 경제적인 목표와 사회, 환경적 목표를 '하나'로 묶을 수 있으며, 그래서 기업이 사회와 환경에 긍정적인 영향을 미치면서도 지속적인 경쟁 우위를 만들어낼 수 있다는 것이다.

124

비록 국가에 따라 규모가 다르기는 하지만 기업이 사회나 환경 문제를 해결하는 데 적극적인 역할을 맡아 더 큰 기여를 해야 한다는 요청은 오랫동안 제기되었다. 하지만 각 나라마다 현장에서 마주하고 있는 문제가 다르기 때문에 기업이 우려하고 해결에 노력을 기울여야 할 부분과 그 문제를 해결하기 위해 사용해야 할 방법도 제각기 다르다. 태국의 경우에는 농업에서 식품 가공업으로 산업이 크게 이동하면서 국가 경제에 커다란 가치를 더해 주었지만 제대로 관리하지 않으면 큰 환경 문제가 발생할 위험이 있다. 특히 산업폐기물이 크게 늘어난 문제가 있다.

암폴푸드프로세싱은 환경 비용을 피하기로 결정하고, 책임감 있게 사업을 운영하며, 다양한 사회 환경 프로젝트, 특히 폐기물 감소 분야의 프로젝트에 착수할 것을 서약했다. 그렇게 시작한 프로젝트 가운데 사회에 특히 긍정적인 영향을 준 것은 다음과 같다.

매직박스 Magic Box

지구 온난화 현상 우려에서 비롯되었다. 암폴푸드프로세싱은 UHT통을 재활용하여 판지로 바꾸었다. 이 판지는 태국 내 76개 주에 있는 학교로 보내 책상과 의자를 만들 때 사용되었다. 이 프로젝트를 통해 쓰레기를 줄일 뿐 아니라 빈곤 지역의 교육 시설 개선도 지원한다.

펠릿 연료 프로젝트 Fuel Pellet Projects

코코넛 섬유를 이용해 펠릿 연료(유기물질을 펠릿 모양으로 압축해 만든 바이오 연료-옮긴이)를 생산하는 프로젝트이다. 수라나리기술대학Suranaree University of Technology과 협력하여 생산하며, 코코넛 섬유에서 나온 목재 펠릿은 바이오매스biomass(생물자원. 어떤 지역 내의 동식물의 총량을 의미했으나, 최근에는 식물의 광합성으로 고정화된 생산량 중에서 석탄과 석유를 제외하고 아직 이용되고 있지 않은 에너지 자원을 일컫는다-옮긴이) 고체연료가 되어 산업용 전기를 생산하기 위한 연료로 사용된다. 탄소 중립적 에너지원으로 전기 요금을 줄여주며 청정 대체에너지원이기도 하다.

바이오매스에너지 프로젝트Biomass Energy Projects

바이오가스biogas(미생물 등을 사용해서 생산된 수소·메테인 등과 같은 가스 상태의 연료-옮긴이)를 만들기 위해 가스화 기술을 이용해 재생에너지를 만든다. 바이오가스는 암폴푸드프로세싱의 공장에서 기계를 작동시키는 데 필요한 전력을 제공하는 청정 대체에너지원이다.

재활용은행Recycling Bank

회사에서 발생하는 모든 종류의 폐기물을 관리하는 폐기물 관리 시스템을 만든다. 다양한 형태로 발생하는 폐기물을 이 은행에 모아 재사용하거나 재활용한다. 폐기물을 한 곳에 모으면 관리가 쉽고, 관리 과정을 통제할 수 있다. 그래서 환경 비용이 절감된다.

'코코넛 위기'에서 태국 구하기

앞서 소개한 프로젝트 이외에도 암폴푸드프로세싱은 태국 농업의 장래에 큰 영향을 미칠 획기적인 프로젝트를 진행하고 있다. 이 프로젝트는 비단 외부 이해관계자만을 위한 게 아니며, 암폴푸드프로세싱의 미래 사업 영속성 측면에서도 상당히 득이 된다.

앞서 이야기했듯이 차오코 UHT 코코넛밀크는 암폴푸드프로세싱의 대표 상품으로 65개 이상의 나라로 수출된다. 이 제품의 원재료를 공급받으려면 대량의 신선한 코코넛이 반드시 필요하다. 문제는 태국이 잠재적으로 이 제품 공급이 어려워지는 '코코넛 위기Coconut Crisis'를 겪을 수 있다는 것이다.

현재 태국은 코코넛 생산과 수출을 주도하는 국가이지만, 국내 수요를 감당하기 위해 결국 코코넛을 수입해야 할 수도 있다. 특히 코코넛 공급을 어렵게 하는 자연재해가 발생했을 때 더욱 그럴 가능성이 높다. 코코넛 위기가 발생한 뒤 상황이 악화되면 앞으로 태국은 코코넛을 100% 수입하는 나라가 될지도 모른다(Ampol Food Processing, 2017b). 원인은 쁘라쭈압키리칸주Prachuap Khiri Khan Province의 심각한 가뭄이다. 쁘라쭈압키리칸주는 2010년 9월을 기준으로 태국에서 코코넛 플랜테이션이 가장 많이 이루어지는 지역이다. 하지만 이 지역의 심각한 가뭄은 40만 라이Rai(1라이는 1,600km² 또는 0.16ha와 같은 면적) 이상의 플랜테이션 지역을 파괴했다.

태국 어느 지역에서나 코코넛을 기를 수는 있지만 모래 재질의 중성토에 연중 비가 흩뿌리는 곳이 최대 생산량을 낸다. 쁘라쭈압키리칸주에서는 보통 코코넛을 많이 수확하기에 충분할 정도의 비가 내렸었지만 최근 몇 년간 강수량이 상대적으로 부족하다. 인공강우를 실시하지 않는 데다 관개용수 공급이 적은 것도 코코넛 수확에 좋지 못한 영향을 주었다.

가뭄뿐만 아니라 코코넛 나무가 코코넛히스파인벌레Coconut hispine beetle나 코코넛검은머리애벌레Coconut black-headed caterpillar 같은 여러 해충에 감염되어 상황은 한층 악화되었다. 어느 농민은 쁘라쭈압키리칸주 터브사캐Tubsakae 지구의 상황을 이렇게 묘사했다.

> "코코넛 생산량이 엄청나게 줄었습니다. 7만 개였던 수확량이 8,000개로 낮아졌어요. 해충이 코코넛 나무를 공격한 탓에 이 지역의 코코넛 농민들이 많이 파산했습니다."

해충 문제를 해결하기 위해서 태국생물방제연구소National Biological Control Research Center, 태국국가연구위원회National Research Council of Thailand, 까셋삿대학교Kasetsart University, 태국코코넛농민조합Thailand Coconut Farmers Association과 같은 여러 기관이 암폴푸드프로세싱과 함께 농민을 대상으로 해충 피해를 방지하고 코코넛 보호 방법을 교육했다. 이 지역 대부분의 농민은 이러한 지식이 없어 해충 발생 시 어떻게 코코넛을 보호해야 할지 모르는 상태였기 때문에 교육이 매우 중요했다.

코코넛 위기에서 태국을 구하기 위해 위의 기관들이 서로 협력하여 연구를 진행하고 피해 지역 농민을 대상으로 실행한 교육 프로그램은 즉각 결과로 이어지는 건 아니다. 하지만 이런 교육을 통해 농민들은 해충에 대응할 방법을 알게 되고, 위기 상황에 대처할 자신감을 얻게 된다.

이러한 노력은 암폴푸드프로세싱이 실행하는 인간 중심 마케팅, 마켓 3.0의 좋은 예이다. 암폴푸드프로세싱이 대규모로, 상당한 영향력을 미치며 여러 사회 및 환경 문제를 다루자 점점 그 노력을 인정받게 되었다. 2015년 엔터프라이즈아시아Enterprise Asia는 그린리더십상 부문에서 AREA Asia Responsible Entrepreneurship Award 기업으로 암폴푸드프로세싱을 선정했다. AREA는 아시아에 있는 기업에게 수여되는 상으로 그린리더십, 인재 투자, 건강 증진, 사회적 역량 증진, 중소기업의 사회적 책임, 기업 리더십 등 여러 부문에서 지속 가능하고 책임감 있는 경영을 위해 노력한 기업을 인정하고 예우한다(Enterprise Asia, 2017).

참고 자료

- Ampol Food Processing (2017a). *Chairman Message*. http://www.ampolfood.com/en/about01.php [2 October 2012].

- Ampol Food Processing (2017b). *APF for Thai Agriculture*. http://www.ampolfood.com/en/social05.php [29 December 2017].

- Asian Development Bank (2017). *Key Indicators for Asia and the Pacific 2017*. Mandaluyong City: Asian Development Bank. https://www.adb.org/sites/default/files/publication/357006/tha.pdf [30 September 2017].

- Enterprise Asia (2017). *Reduce Waste by Using 3R: Ampol Food Processing*. https://enterpriseasia.org/area/projects/ampol-food-processing-ltd/ [29 December 2017].

- Food Ingredients Asia (FI Asia) (2017). *Thailand's Food Industry Set to Prosper*. https://www.figlobal.com/asia-thailand/visit/news-and-updates/thailands-food-industry-set-prosper [25 September 2017].

- SCB Economic Intelligence Center (2017). Healthy Baking Thai Organic Foods have Healthy Growth Potential [6 February 2017]. *Bangkok Post*. http://dx.doi.org/10.1094/cfw-62-2-e85

- Thailand Board of Investment (2013). Thailand's Food Industry. Bangkok Thailand Board of Investment.

- The World Bank (2017a). *Doing Business in 2017: Equal Opportunity for All*. Washington: World Bank Group.

- The World Bank (2017b). *The World Bank in Thailand*. http://www.worldbank.org/en/country/thailand/overview [2 October 2017].

──────── 페로즈슨스연구소 Ferozsons Laboratories Limited

2016년 전 세계에서는 5세 이하 어린이가 매일 1,300명 이상 설사로 사망했다. 파키스탄에서는 5세 이하 어린이의 9%가 설사로 목숨을 잃는다. 파키스탄의 제약회사인 페로즈슨스는 의료용 식품 기업 판테릭스와 특수식을 만드는 데 성공했다. 이 특수식은 설사를 앓는 성인과 어린이가 안전하게 먹을 수 있다. 이 혁신적인 상품 덕분에 설사로 인한 사망이 줄었고, 사회 건강 문제를 해결하면서 페로즈슨스의 이윤 또한 늘어났다.

파키스탄 최초의 제제 기업

1956년 설립된 페로즈슨스연구소는 파키스탄 최초의 제제pharmaceutical manufacturing(의약품의 본질을 바꾸지 않고 주로 물리적 조작, 예를 들어 분쇄, 혼합, 반죽, 침출, 증발 등으로 조제, 보존, 사용에 편리하고 또 치료 효과를 충분히 발휘하도록 가공하는 것. 또는 그렇게 만들어진 제품-옮긴이) 회사로 소화기, 간, 심장, 종양과 관련된 약품 사업을 하고 있으며, 내분비와 모자 보건 부문에서도 존재감을 드러내고 있다. 페로즈슨스연구소는 환자 우선 방침과 환자의 신뢰를 얻을 기회를 전부 활용하면서 시장을 선도하고자 한다. 또한 바고그룹Bagó Group, 바이오프리즈Biofreeze, 바이오가이아BioGaia, 보스톤사이언티픽Boston Scientific, GE헬스케어GE Healthcare, 길리어드Gilead, 카드몬Kadmon, 판테릭스PanTheryx와 같은 여러 해외 파트너사와

131

독점 계약을 맺어 유명한 의약품을 유통, 판매, 공동 제조하는 데 성
공했다(표 3-3 참조).

[표 3-3] 페로즈슨스 연표

연도	성과
1956	파키스탄에 제제 공장을 세우기 위해 첫 국가 기업으로 설립
1960	수권자본(authorized capital, 주식회사가 발행할 수 있는 주식 총수-옮긴이) 1,000만 루피로 카라치(Karachi) 주식시장 상장. 이 주식시장에 상장된 국내 최초 제약 회사
1961	비누에 들어가는 화학 물질과 글리세린을 생산하는 2개의 신규 제조 시설 가동
1963	파키스탄 국내 시장에 목욕용 비누 '듀(Dew)', 파키스탄 최초의 세제용 비누 '707' 출시. 각각 소비자가 가장 선호하는 제품 등극
1964	UN, 미국 정부, 영국 총독부를 포함한 국제 조직과 외국 대사에서 선호하는 공급 업체 등극
1988	싸이메트(cimet) 출시. 파키스탄에서 가장 잘 팔리는 위산분비억제제 등극
1991	파키스탄 프록터앤드갬블(Procter & Gamble)과 유명 브랜드 빅스베이포럽(Vicks VapoRub) 제조 계약 체결
1995	당뇨병 치료제 먹는 약 다이아베트론(Diabetron) 출시를 위해 프랑스의 라보라토리스오르가신스(Laboratories Orgasynth)와 협력
2002	종양 및 간질환 관련 다양한 생물학적 약제를 수입, 마케팅하기 위해 2개의 대형 글로벌 기업, 독일의 큐라티스제약(Curatis Pharma GmbH), 아르헨티나의 바고그룹과 전략적 제휴 계약 체결
2006	바고그룹과 합작 회사, BF바이오사이언스(BF Bioscience Limited) 설립 계약 체결. 파키스탄의 첫 바이오제약 제제 회사
2008	중재 치료용 의료 기기 분야의 세계적 제조 기업인 미국 보스톤사이언티픽의 제품 판매권 획득
2014	파키스탄에 기적의 C형 간염 치료제 소발디(Sovaldi)를 들여오기 위해 길리어드와 제휴 협정 체결. 파키스탄은 사용승인 제도를 실시한 첫 번째 국가로, 수천 명의 환자가 소발디를 얻게 됨
2016	GE헬스케어 FZE와 계약을 체결하여 파키스탄에 가치 세분화된 의료 기기를 판매하는 유통 파트너가 됨
2017	미국 판테릭스와 제휴 계약 체결. 이 계약으로 획기적인 소아 설사 영양식품 다이아레스큐 독점 거래. 이 제품은 건강 관련 국제 비영리단체 패스(PATH), 미국국제개발처(USAID), 노르웨이개발협력처(NORAD)에서 공동 발행한 이노베이션카운트다운 2030(Innovation Countdown 2030) 보고서에 소개됨

파키스탄의 소아 건강 문제를 해결하기 위한 노력

연구소의 본사가 위치한 파키스탄은 건강 부문에서 상당한 어려움을 안고 있다. 유니세프에 따르면 2016년 전 세계 5세 이하 어린이 사망자의 8%가 대부분 설사로 목숨을 잃었다(UNICEF, 2018). 숫자로 환산하면 거의 1,300명의 어린이가 매일 설사 때문에 사망하는 셈이다. 연간 48만 명에 달한다. 페로즈슨스연구소의 2018년 자료에 따르면, 파키스탄에서는 10명 가운데 1명의 어린이가 5세 전 사망하며, 5세 이하 어린이 사망 원인 2위가 소아 설사다(표 3-4).

파키스탄의 소아 건강 부문이 설사 때문에 큰 어려움을 겪고 있지만, 설사는 예방할 수 있고 치료할 수 있는 질병이다. 깨끗한 물을 마시고 적절한 위생과 소독을 하면 예방할 수 있다. 설사는 어린이 사망을 유발할 뿐 아니라 5세 이하 어린이의 영양실조를 가져오는 주요 원인이기도 하다. 세계보건기구에 따르면(2018), 전 세계에서 매년 17억 명에 가까운 소아 설사 환자가 발생한다.

설사는 수질, 위생, 소독 문제와 함께 특히 개발도상국 정부가 해결에 어려움을 겪는 글로벌 건강 문제다. 또한 기업이 사회적 건강 문제를 해결할 방법을 제공할 기회이기도 하다. 마켓 3.0의 개념은 기업이 주변의 사회 문제를 해결하면서 수익을 낼 수 있는 방법과 관련이 있다. 파키스탄의 페로즈슨스연구소는 시장을 선도하는 제약 및 의료 기술 기업으로서 제품을 혁신하고 협력할 뿐 아니라 사회 문제를 해결하기 위해 노력하며, 마켓 3.0의 개념을 실천하고 있다. 이러한 노력으로 높은 수익을 얻게 되었다.

[표 3-4] 파키스탄에서 설사로 인한 어린이 사망 추산

연도	총 신생아 사망자수 (명)	총 영아 사망자수 (신생아기 이후) (명)	신생아 (명)	영아 (명)	5세 이하 (명)	신생아 사망률 (정상 출산 1,000 명당)	영아 사망률 (정상 출산 1,000 명당)	5세 이하 사망률 (정상 출산 1,000 명당)	신생아 사망 (%)	영아 사망 (%)	5세 이하 사망 (%)
2000	266,517	228,120	3,792	61,019	64,811	1	14	15	1	27	13
2001	260,345	224,016	3,793	57,735	61,528	1	13	14	1	26	13
2002	256,088	219,348	3,793	54,675	58,444	1	12	13	1	25	12
2003	252,542	214,741	3,752	51,970	55,722	1	12	12	1	24	12
2004	250,106	212,210	3,741	49,831	53,573	1	11	12	1	23	12
2005	248,634	210,421	3,728	48,059	51,788	1	10	11	1	23	11
2006	250,224	209,170	3,705	46,089	49,794	1	10	11	1	22	11
2007	252,630	206,501	3,648	43,887	47,535	1	9	10	1	22	11
2008	256,442	201,501	3,648	43,887	47,535	1	9	10	1	22	10
2009	260,457	197,785	3,618	43,216	46,834	1	9	9	1	22	10
2010	263,406	197,745	3,587	42,158	45,745	1	8	9	1	21	10
2011	264,557	195,660	3,576	40,573	44,149	1	8	8	1	21	10
2012	263,859	194,159	3,543	38,637	42,179	1	7	8	1	20	9
2013	260,764	193,818	3,477	39,570	43,047	1	7	8	1	20	9
2014	257,937	183,907	3,379	37,381	40,760	1	7	8	1	20	9
2015	263,261	178,688	3,265	35,441	38,706	1	7	7	1	20	9
2016	248,449	175,131	3,138	33,724	36,862	1	6	7	1	19	9

　　연결성의 시대 속에서 기업이 제품이나 서비스를 효과적으로 개
발하려면 다른 파트너와 협력해야만 한다. 각 기업과 나라에는 서로
다른 자원과 특화 분야가 있다. 나와 다른 특화 분야를 가진 기업과

협력함으로써 저렴한 비용으로 고품질 제품과 서비스를 개발할 수 있다. 페로즈슨스연구소는 그런 협력 덕분에 수혜를 얻은 기업이며, 하나의 예로 의료용 식품 기업 판테릭스와의 제휴를 들 수 있다.

의료 문제 해결을 위한 상호 협력

판테릭스는 미국의 의료용 식품 기업으로 팀 스타즐Tim Starzl과 빔라 스타즐Bimla Starzl이 인도와 같은 개발도상국에서 소아 설사에 대한 깊이 있는 통계 조사를 실시하면서 설립하게 된 회사다. 판테릭스는 소의 초유를 원재료로 하여 비싸지 않은 치료용 식품을 만드는 일을 주로 하고 있다. 이 식품을 구강으로 섭취하면 위장관에 닿아 설사를 치료한다. 판테릭스는 이러한 면역 제품을 연구, 개발, 상품화하는 데 초점을 맞추면서 식이 관리가 필요한 사람들에게 의료용 식품을 제공한다. 판테릭스가 판매하는 의료용 식품으로는 의학적으로 특별히 요구되는 영양을 제공하기 위한 식품, 감염성 설사를 앓는 어린이에게 필요한 특수식, 장 건강을 돕기 위한 식이 보충제 등이 있다. 판테릭스는 현대 기술을 이용하며 세계 최고의 초유 제품을 생산하고 공급하는 업체가 되었다. 소의 초유에는 우리의 건강에 아주 도움이 되는 영양소가 들어 있다(PanTheryx, 2018).

페로즈슨스와 판테릭스는 파키스탄에서 협업하여 설사로 인한 사망자 수를 줄이기 위해 다이아레스큐DiaResQ®를 출시했다. 다이아레스큐에는 장 회복에 도움이 되는 아연과 같은 영양소가 많이 들어 있어 설사 환자가 복용하면 영양 성분과 수분을 보충할 수 있다. 파

135

키스탄에서 설사를 앓는 어린이 대부분은 영양실조 상태에 있다. 〈영국의학저널BMJ, British Medical Journal〉의 연구에 따르면 다이아레스큐는 여러 흔한 병원균이 일으키는 어린이 급성 설사를 치료하는 데 효과적이다(*Pakistan Observer*, 2017). 그리고 1세까지 사용할 수 있을 정도로 안전하다. 다이아레스큐는 약이나 항생제가 아니라 특수 식품이며, 소화를 돕는 신체의 자연 면역반응과 함께 작용해 빠른 속도로 장 기능을 회복시킨다. 그래서 신속하고 안전하게 설사가 멎는다. 다이아레스큐 덕분에 설사로 인한 사망자 수가 줄어들었을 뿐 아니라 파키스탄 전 가정의 전반적인 삶의 질이 높아졌다.

이노베이션카운트다운2030의 보고서 〈세계 건강을 재해석하며 Reimagining Global Health〉에서는 다이아레스큐를 2030년까지 세계 건강에 분명한 변화를 가져올 30대 의료 혁신 가운데 하나로 선정했다. 다이아레스큐는 또한 유엔의 지속가능한발전목표Sustainable Development Goals에서 제시한 새로운 건강 목표를 향한 발전 속도를 높여주었다 (PanTheryx, 2015). 이러한 가능성은 페로즈슨스가 파키스탄의 의료 문제를 해결할 적절한 방법을 찾았기 때문에 이루어질 수 있었다. 또한 상호 협력을 통해 기업의 지속 가능성을 높이면서 동시에 지역 공동체의 전반적인 삶의 질을 향상시킬 수 있다는 점을 증명해 보였다.

참고 자료

• Ferozsons Laboratories Limited (2018). *Ferozsons Launched DiaResQ*. https://ferozsons-labs.com/ferozsons-launched-diaresq/ [8 August 2018].

• Innovation Countdown 2030 (PATH). The IC2030 Report, Reimagining Global Health. http://ic2030.org/wp-content/uploads/2015/07/ic2030-report-2015.pdf [8 August 2018].

• Pakistan Observer (April 2018). Ferozsons partners with PanTheryx to introduce DiaResQ. https://pakobserver.net/ferozsons-partners-with-pantheryx-to-introduce-diaresq/ [8 August 2018].

• PanTheryx (2015). *PanTheryx's Product, DiaResQ®, Selected as a Leading Healthcare Innovation with Great Promise to Transform Global Health*. https://diaresq.com/buzz/diaresq-selected-as-leading-healthcare-innovation/ [8 August 2018].

• PanTheryx (2018). *About PanTheryx*. https://pantheryx.com/our-story/ [8 August 2018].

• UNICEF (2018). *Diarrhoeal Disease*. https://data.unicef.org/topic/child-health/diarrhoeal-disease/ [8 August 2018].

• World Health Organization (2018). *Diarrhoeal Disease*. http://www.who.int/news-room/fact-sheets/detail/diarrhoeal-disease [8 August 2018].

인도경영대학원ISB, Indian School of Business

인도경영대학원의 학생은 사회나 환경 문제에 지대한 관심을 가지고 있다. 그래서 사람들은 학생들이 학교에서 배운 경영 기술을 이용해 이러한 문제와 씨름하고, 사회나 환경의 발전에 기여하기를 기대한다. 인도경영대학원은 전 세계에 여성 기업가를 육성하기 위해 골드만삭스의 1만 여성기업가인증프로그램의 대학 파트너로 활동하며 빈곤 여성을 대상으로 경영 교육을 실시한다. 최고의 전문 교육 서비스를 제공한다는 사회적 사명을 띠고 설립된 이곳은 마켓 3.0의 개념을 실행하는 사례이자 그저 고객의 요구만 만족시키는 게 아니라 가치 기반의 마케팅을 통해 세상을 더 살기 좋은 곳으로 만드는 쪽으로 마케팅이 변화해야 한다고 주장한다.

글로벌 미래 리더 양성소

인도경영대학원은 인도에 있는 경영대학원으로 세계적 수준을 갖춘 연구 중심의 독립적인 경영 연구소가 되어 인도와 세계의 미래 리더를 육성한다는 비전이 있다. 인도경영대학원과 경쟁하는 8개의 학교로는 인도캘커타경영대학원IIMC, 인도경영대학원인도르IIM-I, 경영대학원FMS, 스탠퍼드대학교, 빌라기술경영학교BIMTECH, 프린스턴대학교, 그레이트레이크경영대학원GLIM과 인도경영대학원우다이푸르IIM-U가 있다(Owler, Inc., 2018).

인도경영대학원은 미래를 꿈꾸는 젊은 리더, 개발도상국의 경제를 이해하면서도 글로벌 관점을 지닌 이들의 요구를 충족시키기 위해 설립되었다. 비영리단체이며, 이 학교의 비전을 믿는 전 세계 민간 기업, 재단, 개인이 전적으로 자금을 제공한다(Indian School of Business, n.d.[a]; 표 3-5 참조).

[표 3-5] 인도경영대학원 연표

연도	성과
1995	• 학교 설립 계획 구상 • 인도경영대학원 이사회 구성
1997	와튼스쿨(The Wharton School), 켈로그경영대학원(The Kellogg School of Management)과 제휴
1998	안드라프라데시주 정부와 하이데라바드(Hyderabad)에 인도 경영대학원을 설립하는 MOU 체결
1999	인도경영대학원 건립 기공식 개최
2000	런던경영대학원(London Business School)과 제휴
2001	• 캠퍼스에서 128명의 학생과 첫 수업 시작 • 교환학생 프로그램 시작 • 최고경영자 과정(Centre for Executive Education) 개시 • 전 인도 총리 아탈 비하리 바지파이(A B Vajpayee), 개교 선언 • 우수센터(Centre of Excellence), 와드와니창업개발센터(WCED, Wadhwani Centre for Entrepreneurship Development) 개소
2003	• 입주작가 프로그램 시작 • 경영과 예술(The Business and Arts) 프로그램 시작
2004	• 인도경영대학원 여성연구(Women's Initiative) 프로그램 시작 • 분석금융센터(CAF, Centre of Analytical Finance) 개소 • 제1회 글로벌 소셜벤처 경진대회(Global Social Venture Competition) • 인도경영대학원 케이허브(K-Hub) 출범
2005	글로벌물류 및 제조전략센터(GLAMS) 발족
2006	• 스리니라주 정보기술 및 네트워크경제센터(SRITNE) 개소 • 글로벌 물류 서밋(Global Logistics Summit) 개최 • 토마스 슈미트하이니(Thomas Schmidheiny) 가족 기업과 자산 관리학 개설

2008	• 〈파이낸셜타임스〉 선정 글로벌 톱 경영대학원 순위에서 인도에 있는 경영대학원 가운데 처음으로 상위 20위 포함 • 리더십혁신변화센터(CLIC) 출범 • 인두부동산과사회기반시설센터(Indu Centre for Real Estate and Infrastructure) 개소
2009	• 이머징마켓솔루션센터(CEMS) 개소 • 사례개발센터(Case Development Centre) 개소 • 고위 임원을 위한 경영대학원 프로그램(PGPMAX) 개시
2010	• MIT슬론경영대학원(MIT Sloan School of Management)과 MOU 체결 • 인도경영대학원 모할리재단(Mohali foundation) 건립 기공식 개최 • 플레처스쿨(Fletcher School), 터프츠대학교(Tufts University)와 바티정책대학원(Bharti Institute of Public Policy)을 위한 MOU 체결
2011	• 영리더스프로그램(Young Leaders Program) 개시 • 경영학펠로우프로그램(Fellow Program in Management) 개시 • 맥스보건경영대학원(Max Institute of Healthcare Management)을 위해 와튼스쿨과 MOU 체결 • 남아시아 최초로 세계경영대학협의회(AACSB) 인증 획득
2012	• 모할리에서 경영대학원프로그램(Post Graduate Program in Management) 시작 • 가족기업차세대리더프로그램(MFAB) 시작
2017	유럽경영대학협의회(EQUIS) 인증 획득, 세계경영대학협의회 인증 재획득
2018	이그제큐티브 펠로우 프로그램(Executive Fellow Program) 시작

출처: India School of Business(n.d.[b]).

더 나은 세상을 만들기 위한 사회적 협력

선진국이든 개발도상국이든 세계 어느 나라에서나 교육은 매우 중요하다. 교육 문제는 한 나라의 발전에 지대한 영향을 미치며, 인도도 예외는 아니다. 인도에는 높은 교육비를 포함, 여러 교육 문제가 있다. 인도에서 대학 교육, 전문 교육, 기술 교육은 아주 비싸다(*Bee Bulletin*, 2017). 일부 기업가는 이윤을 남기려고 사립대학을 세워 사유화 수단으로 삼기도 한다.

인도경영대학원은 비영리조직이며 기업, 정부, 사회와 더불어 지식과 전문성을 활용하여 인도의 교육 문제를 해결하려 노력한다. 그리고 현지 차원, 국가 차원, 글로벌 차원에서 공동체의 복지와 발전에 기여할 방법을 찾는다. 인도경영대학원은 학교의 교육 프로그램, 그리고 다른 학교와의 협력을 통해 문제를 해결하고 경제 발전에 도움을 주려 한다.

일부 부모는 학비와 소득 수준 때문에 자녀에게 고등교육을 시킬 수 없다. 교육비가 부족한 부모는 아들의 교육을 우선시한다. 결혼을 해 남편의 가족과 함께 살게 될 딸보다 아들이 부모의 곁에 더 오래 남아 있을 거라 생각하기 때문이다. 하지만 여성의 교육도 남성의 교육만큼 중요하다. 여성도 남성과 동등한 교육을 받을 권리가 있고, 동등하게 교육에 접근할 수 있어야 한다. 여성도 경력과 장래성을 펼칠 큰 잠재력이 있다. 단기적으로나 장기적으로나 여성은 가족 경제를 발전시킬 수 있고, 국가의 경제 성장에도 기여한다.

인도경영대학원은 인도에서 골드만삭스의 1만 여성기업가인증프로그램의 대학 파트너로 활동하며 '빈곤 여성'을 대상으로 경영 교육을 실시한다. 전 세계에서 진행되는 이 프로그램을 통해 약 56개국의 1만 명의 여성이 실무 교육, 사업 조언, 그리고 인맥을 쌓을 기회를 얻고 있다. 이 프로그램을 수료한 여성은 기업에서 일하거나 오래 지속할 수 있는 기업을 창업할 것이며, 생활 수준이 향상될 것으로 기대된다. 지난 수년 간 이 프로그램은 내용이 개선되고 범위가 확장되었으며, 코세라Coursera와 협력하여 온라인 교육도 진행하고 있다 (Goldman Sachs, 2018). 온라인 교육이 실시되면서 지리적인 한계 때문

에 프로그램에 참여할 수 없었던 벽지의 여성들도 교육을 받을 기회
가 생겼다.

　인도경영대학원은 커다란 사회적 임무를 띠고 설립되었으며, 동시
에 최고 수준의 전문 교육 서비스를 제공한다. 이 경영대학원은 남
아시아 최초로 세계경영대학협의회 인증을 획득했다. 2008년 이후
로는 글로벌 톱 경영대학원MBA 순위에 꾸준히 이름을 올리고 있다.
2017년에는 세계 우수 경영대학원 가운데 하나로 선정되기도 했다.
이 순위는 〈파이낸셜타임스〉가 매년 발표한다. 인도 최고의 학교 순
위에서는 1위를 차지했으며, 글로벌 순위에서는 27위에 올랐다(*India
Today*, 2017).

　인도경영대학원의 비즈니스 모델은, 단순히 고객의 요구를 만족
시키는 일에서 벗어나 가치 기반의 마케팅으로 더 나은 세상을 만드
는 방향으로 마케팅이 변화해야 한다는 마켓 3.0의 개념과 비슷하다
(Kotler, Kartajaya and Hooi, 2010). 인도경영대학원은 조직이 비즈니스
기술을 활용하여 존립하면서 동시에 어떻게 사회적 문제를 해결하
는지, 그 방법을 보여주는 좋은 예다.

참고 자료

- *Bee Bulletin* (January 2017). Issues and challenges of Indian education. https://beebulletin.com/issues-challenges-indian-education/[15 August 2018].

- Goldman Sachs (2018). *Goldman Sachs 10,000 Women Launches Online Education Partnership with Coursera*. https://www.goldmansachs.com/citizenship/10000women/news-and-events/coursera-launch.html [14 August 2018].

- Indian School of Business (n.d.[a]). *About ISB*. https://www.isb.edu/about-isb [14 August 2018].

- Indian School of Business (n.d.[b]). *Net Impact Club*. https://www.isb.edu/net-impact-club [14 August 2018].

- *India Today* (January 2017). FT Ranking 2017: World's best MBA institutes ranked, ISB leads from India. https://www.indiatoday.in/education-today/news/story/ft-ranking-2017-958065-2017-01-31 [14 August 2018].

- Kotler, P H Kartajaya and I Setiawan (2010). *Marketing 3.0: From Products to Customers to the Human Spirit*. Hoboken, NJ: Wiley.

- Owler, Inc. (2018). *ISB's Competitors, Revenue, Number of Employees, Funding and Acquisitions*. https://www.owler.com/company/isb [14 August 2018].

CHAPTER
4

디지털 시대에도 강력한 힘을 갖는
오프라인 마케팅

기술은 기업의 비즈니스 방식에 혁명을 가져왔을 뿐 아니라 소비자 의사 결정 과정의 패턴도 변화시켰다. 연결성의 시대가 도래하기 전에는 소비자가 물건이나 서비스를 구매하기까지의 과정이 상대적으로 간단하고, 걸리는 시간도 짧았다. 이는 인지Aware, 태도Attitude, 행동Act, 반복 행동Act Again이 이루어지는 4A 과정으로 설명할 수 있다. 깔때기 모양의 이 과정은 소비자가 구매를 결정하기까지의 여정 속에 나타나는 여러 지점을 표시한다. 소비자는 브랜드를 인지하고, 브랜드에 대한 태도를 갖게 된다. 구매를 결정하고 이후 반복 구매할 가치가 있는지 고려한다. 깔때기 모양은 한 단계에서 다음 단계로 이동하면서 소비자의 수가 줄어든다는 의미다. 특정 브랜드를 좋아하는 사람은 당연히 그 브랜드를 알고 있는 사람이다. 브랜드를 좋아하는 사람이 제품을 산다. 그리고 구매해본 사람이 재구매를 하게 된다.

오늘날과 같은 연결성의 시대에서는 소비자의 구매 여정이 더 이상 깔때기 모양처럼 간단하지 않다. 기술을 중심으로 한 연결성의 시대가 가져온 변화 때문에 소비자 여정을 재정의해야만 한다. 이제 소비자는 인지Aware, 호감Appeal, 질문Ask, 행동Act, 옹호Advocate의 5A 과정을 거쳐 구매에 이른다.

'인지' 단계에서 소비자는 과거의 경험이나 마케팅, 혹은 주변의 추천을 받아 많은 브랜드에 수동적으로 노출된다. 그러고 나서 여러 경로를 통해 받은 메시지를 처리한다. 이 과정에서 메시지가 단기 기억으로 남기도 하고, 확장되어 장기 기억으로 남기도 하면서 마침내 소비자는 소수의 몇 가지 브랜드에만 끌리게 된다. 이때가 바로 '호감' 단계다. 마침내 호기심이 동한 소비자는 친구나 가족, 미디어, 판매 회사를 직접 통해 브랜드에 대한 정보를 적극적으로 찾는다. 이때가 '질문' 단계다. 정보를 더 많이 수집한 소비자는 '행동'으로 옮긴다. 특정 브랜드의 제품을 구매한 뒤 사용하고 혹은 서비스를 받는 과정을 거치면서 브랜드와 더 깊이 소통한다. 기술이 발달하면서 이제 소비자는 온라인이나 모바일 기기를 통해 제품을 구매할 수 있으며, 굳이 판매하는 사람과 얼굴을 마주하지 않아도 된다. 시간이 지나면서 소비자는 강한 브랜드 충성도를 가질 수 있고, 그들은 제품을 보유, 재구매하고 마침내는 다른 사람에게 추천까지 한다. 여기가 브랜드를 '옹호'하는 단계다. 연결성의 시대에서 소비자의 구매 여정의 가장 큰 특징으로 기업이 주목해야 할 지점이 바로 옹호 단계다. 지인 또는 온라인을 통해 얻은 긍정적인 브랜드 옹호 의견이나 추천이 가장 믿을 수 있는 정보로 떠올랐기 때문이다.

이처럼 소비자의 구매 의사 결정 과정에서 나타나는 패턴이 변화함에 따라 기업은 전통적인 마케팅 방법을 다시 검토해야 한다. 디지털 경제로 이행하는 적응기인 지금은 마켓 3.0의 인간 중심 접근법을 유지하면서도 혁신을 가져올 파괴적인 기술을 예측하고 활용할 수 있도록 이끌어줄 새로운 접근법이 필요하다. 우리는 이 새로운 접근법을 4.0이라고 부른다. 마켓 4.0은 기업과 고객 사이에서 일어나는 온라인과 오프라인의 상호작용을 함께 다루는 마케팅 접근법이다. 디지털 경제 시대지만 디지털 상호작용만으로는 충분하지 않다. 사실 점점 더 온라인화되는 세상에서 오프라인상의 접촉이야말로 고객 참여를 늘리는 강력한 수단이 될 수 있다. 다음에 이어지는 인도네시아의 고젝, 중국의 알리바바, 싱가포르의 캐러셀의 사례를 통해 이런 접근법을 배울 수 있다.

고젝 GO-JEK

고젝은 애플리케이션 기반으로 배달 서비스를 제공하는 인도네시아의 작은 회사로 문을 열었다. 하지만 현재는 인도네시아의 몇 안 되는 유니콘 기술 스타트업 회사가 되어, 음식 배달부터 물류 서비스와 식재료 구매까지 여러 서비스 분야로 진출했다. 창업 후 처음 몇 년 동안은 사업이 엄청나게 성장했다. 이러한 성장세는 여러 온라인과 오프라인 회사의 눈길을 끌었고, 고젝의 고속 성장에 대응하여 인도네시아의 일부 온라인 배송 회사들이 합병을 실시했다. 경쟁적인 사업 환경을 생각하면 고젝은 온라인과 오프라인을 통합하여 참신한 사업 전략을 개발해야만 한다.

모든 고객의 니즈를 만족시키는 고젝의 성장

인도네시아의 고젝은 2010년 휴대전화로 호출하는 오토바이 택시 중개 업체로 설립되었다. 그리고 최첨단 애플리케이션을 장착한 온디맨드on-demand(이용자의 요구에 따라 네트워크를 통해 필요한 정보를 제공하는 방식-옮긴이) 모바일 플랫폼 업체로 발전하여 운수, 물류, 음식 배달을 비롯한 여러 서비스를 제공하고 있다. 엄청난 성장과 빠른 발전을 바탕으로 고젝은 애플리케이션 사용자를 대상으로 한 모바일 결제(전자화폐) 솔루션 개발을 진행하고 있다.

고젝은 인도네시아의 기업가 나디엠 마카림Nadiem Makarim이 설립한 회사다. 그는 하버드비즈니스스쿨 출신으로 창업을 위해 엄청난 연봉을 받던 다국적기업 컨설턴트 일을 그만두었다. 설립 당시 고젝은 한 무리의 오토바이 기사들과 함께 고객에게 탑승이나 심부름, 음식 배달 등을 제공했다. 이러한 서비스 아이디어가 즉시 반응을 얻었던 건 아니다. 2015년 애플리케이션을 출시하고 나서야 바라던 대로 사업이 활성화되기 시작했다. 고젝의 애플리케이션은 오토바이 택시 서비스를 사용하기 시작한 인도네시아의 사용자 사이에서 즉각 큰 인기를 끌었다. 그래서 고젝은 인도네시아 전역의 수십 개의 도시로 서비스를 확대했다. 그 이후로 고젝은 뒤를 돌아보지 않았다. 현재는 음식 배달, 물류 서비스, 식재료 구매에서부터 방문 마사지사와 피부미용관리사에 이르기까지 온갖 서비스 영역으로 사업을 확대하고 있다. 요즈음은 인도네시아의 거리 곳곳에서 세련된 녹색 조끼를 입은 고젝의 오토바이 군단이 손님을 내려주거나 음식, 물건, 식재료 등을 배달하는 모습을 쉽게 볼 수 있다.

투자자들은 늘어나는 고젝 애플리케이션 사용자와 오토바이 운전사, 그리고 성장하는 서비스의 모습을 놓치지 않았다. 2015년 10월 고젝은 미국의 벤처투자회사인 세쿼이아캐피탈Sequoia Capital 및 그 외 투자자들에게 금액이 공개되지 않은 투자를 받았다. 그 후 1년 동안 고젝은 중국의 거대 인터넷 기업 텐센트Tencent가 이끄는 투자 모금을 통해 12억 달러를 모으면서 공식적으로 유니콘 기업(기업 가치가 10억 달러(약 1조 원)를 넘는 비상장 스타트업 기업을 전설 속의 동물인 유니콘에 비유하여 일컫는 말-옮긴이)의 지위를 회득했다. 전하는 바에 따르면 구글, 싱가포르의 테마섹Temasek(싱가포르 정부가 100% 지분을 갖고 있는 국영 투자회사로 운용 자산이 62조 원에 달한다. 금융회사를 비롯한 외국의 주요 기업이나 부동산에 투자해 '큰손'으로 불린다-옮긴이), 중국의 온라인 플랫폼 메이투안디엔핑Meituan Dianping도 2018년 1월에 실시된 고젝의 신규 투자금 모금에 참여했다고 한다(CNBC, 2018). 회사 창립 이후부터 인도네시아에서 엄청난 성공을 거두기까지 고젝이 거둔 성과는 표 4-1에 정리되어 있다.

[표 4-1] 고젝 연표

연도	성과
2010	나디엠 마카림이 설립. 소속 오토바이 운전사 20명
2014	온라인 운송 업체 우버가 떠오르면서 고젝에 대한 투자자 관심 유발
2015. 1	• 안드로이드와 아이폰용 스마트폰 애플리케이션 출시. 자카르타와 인접 위성도시를 대상으로 운수, 배달, 구매 대행 등 기본적인 서비스 포트폴리오 제시 • 오토바이 운전사 800명으로 증가
2015. 3	오토바이 운전사 300명과 함께 발리로 서비스 지역 확대
2015. 4	• 고푸드 서비스 출시 • 자바섬 서부 반둥(Bandung)으로 서비스 지역 확대
2015. 5	• 말레이시아의 그랩(Grab), 인도네시아 진출 • 오토바이 운전사 3,000명으로 증가
2015. 6	자바섬 동쪽 수라바야(Surabaya)로 서비스 지역 확대
2015. 8	• 자카르타에서 대대적 채용 실시 • 오토바이 운전사 3만 명으로 증가 • 마카사르(Makassar)로 서비스 지역 확대
2015. 9	고마트 출시
2015. 10	• 세쿼이아캐피탈 및 그 외 투자자들에게 금액이 공개되지 않은 투자금 예치 • 고글램, 고박스, 고마사지, 고클린 서비스 출시
2015. 12	• 욕야카르타(Yogyakarta), 메단(Medan), 팔렘방(Palembang), 세마랑(Semarang), 발릭파판(Balikpapan)으로 서비스 지역 확대 • 이그나시우스 조난(Ignasius Jonan) 인도네시아 교통부 장관이 온라인 운수 서비스 전면 금지 • 하루 뒤 금지령이 해제되고, 고젝 정상 영업 재개 • 고틱스, 행사 티켓 예약 서비스 출시

2016. 1	라인 애플리케이션을 이용해 오토바이 탑승 예약 가능
2016. 2	• 인도의 엔지니어링 스타트업 C42와 코드이그니션(CodeIgnition) 인수 발표 • 오토바이 운전사 20만 명으로 증가
2016. 3	자카르타 택시 운전사들이 온라인 수송 서비스 업체를 상대로 대규모 항의 시위
2016. 4	고카 출시와 함께 우버 스타일의 자동차 서비스 소개
2016. 5	• 인도네시아의 주요 택시 회사인 블루버드(Blue Bird)와 협력 발표 • 말랑(Malang), 솔로(Solo), 사마린다(Samarinda)로 서비스 지역 확대
2016. 7	고오토 서비스 출시
2016. 8	5억 5,000만 달러 투자금을 추가로 유치하여 공식적인 유니콘 기업으로 등극
2017. 5	중국 기업 텐센트의 주도로 12억 달러의 투자금을 새로 유치
2017. 12	고페이 활성화 위해 국내 스타트업 카르투쿠(Kartuku), 미드트랜스(Midtrans), 마팬 (Mapan) 3곳 인수
2018. 1	구글, 테마섹, 메이투안디엔핑이 고젝의 신규 투자금 모금에 참여

출처: Pratama(2016), Reuters(2017), CNBC(2018).

투자금이 풍부하게 유입된 덕분에 고젝은 전략적 인수를 통해 사업 내용을 강화하고 서비스를 지원할 수 있었다. 2016년 2월 고젝은 인도의 엔지니어링 스타트업 C42와 코드이그니션을 인수한다고 발표했다. 2017년 12월에는 모바일 페이 서비스 고페이를 강화하기 위해서 국내 스타트업 카르투쿠, 미드트랜스, 마팬 3곳을 인수했다(*Reuters*, 2017). 이러한 전략적 인수는 백엔드 오퍼레이션을 강화하고 유기적 성장을 북돋아준다. 상당히 넓어진 사용자층을 바탕으로 고젝은 기존의 온라인 오토바이 택시업 이외의 다양한 서비스로 사업을 확대하는 데 성공했다. 다음 페이지에서 고젝의 다양한 서비스 포트폴리오를 볼 수 있다.

자카르타에 기반을 둔 고젝은 오늘날 인도네시아에서 가장 큰 유니콘 기업이다. 2018년 2월을 기준으로 고젝의 기업 가치는 약 50억 달러에 달한다. 구글, 테마섹, 텐센트와 같이 이름이 잘 알려진 투자자들이 추가 자금을 지원하면서 고젝은 경쟁이 치열한 동남아시아 시장에서 유리한 입장에 서게 되었다. 그리고 오토바이 운전수에게 혜택을 제공하고, 이용객은 충성도를 쌓게 되었다(Daga, 2018).

모든 니즈를 만족시키는 단 하나의 애플리케이션

고라이드(Go-Ride) ⟶ 쉽게 예약할 수 있는 오토바이 운수 솔루션. 최대 25km까지 이동

고카(Go-Car) ⟶ 개인과 단체가 편안하게 차를 타고 이동할 수 있는 서비스

고센드(Go-Send) ⟶ 고젝 운전수가 배달원이 되는 서비스로, 서류나 최대 20kg의 물건을 즉시 배달하는 서비스

고마트(Go-Mart) ⟶ 고젝 운전수의 도움을 받아 애플리케이션에서 찾을 수 있는 다양한 가게의 상품을 즉시 구매할 수 있는 서비스

고숍(Go-Shop) ⟶ 같은 지역 내에 있는 가게라면 고객이 어떤 제품도 쉽게 살 수 있는 쇼핑 서비스

고푸드(Go-Food) ⟶ 애플리케이션을 통해 등록된 식당의 음식과 음료를 주문할 수 있는 솔루션. 고젝 운전사가 배달

고메드(Go-Med) ⟶ 허가받은 약국에서 약이나 비타민 또는 기타 의료용 제품을 구매하려는 고객을 위한 서비스. 애플리케이션에서 약국 검색

고틱스(Go-Tix) ⟶ 재미있는 활동이나 콘서트를 찾는 솔루션. 영화 티켓도 구매가능

고박스(Go-Box) ⟶ 용달 트럭 이용 신청 서비스. 픽업트럭(pick-ups, 뚜껑 없는 사륜 소형 트럭-옮긴이)부터 단축 박스트럭까지 이용 가능하며, 제품을 산지부터 목적지까지 운반

고마사지 ⟶ 예약 시간과 마사지 소요 시간 등의 데이터를 입력하여 방문 마사지
(Go-Massage) 를 받을 수 있는 전문 마사지 서비스

고클린(Go-Clean) ⟶ 집, 아파트, 상점 등을 위한 청소 전문가 서비스

고글램(Go-Glam) ⟶ 최고의 전문가와 함께하는 높은 수준의 다양한 뷰티 서비스

고오토(Go-Auto) ⟶ 고객의 자동차 점검, 정비, 긴급 수리 서비스

고페이(Go-Pay) ⟶ 고젝 애플리케이션에서 이루어지는 모든 결제에 사용할 수 있는 전자화폐 솔루션. 고페이의 다음 단계는 청구서 납부를 포함하여 더 많은 거래의 결제 수단 희망

출처: Go-Jek(2018).

기존 디지털 기업과의 경쟁

고젝을 비롯한 온라인 차량 애플리케이션의 등장으로 인도네시아에서는 육상 교통 산업이 혼란에 빠진 게 분명하다. 고젝이 엄청난 기세로 성장하기 시작하자 많은 이가 반대하는 목소리를 냈고, 온라인 차량 애플리케이션을 비난했다. 다소 놀라웠던 건 '오젝ojek(오토바이 택시)' 운전사 일부도 무조건 반대하는 입장을 취한 일이었다. 이들은 고젝을 소득과 효율성을 높일 수 있는 돈 벌기 좋은 기회로 생각하지 않았다. 종래의 택시 운전사 입장에서는 고젝이 출시한 고카 서비스가 당연히 위협적이었다. 그래서 온라인 차량 서비스 애플리케이션, 특히 고젝이 부상하는 상황에 대응하기 위해 자카르타를 비롯한 여러 대도시에서 대규모 항의 시위를 벌였다. 다가오는 긴장 상태를 진정시키기 위해 인도네시아 정부가 여러 번 중재를 시도했고, 양측이 윈윈할 수 있는 해결책을 제시하려 법규를 개정했다. 새로 생긴 규정에서는 종래의 운수 업계와 온라인 차량 서비스 업체가 건강한 경쟁을 펼칠 수 있도록 운수 기업이 요금을 내릴 수 있도록 허용했다.

 고젝도 자체적으로 기존의 택시 업체와 힘을 합치려고 애쓰며, 고블루버드Go-BlueBird라는 신규 서비스를 출시했다. 블루버드는 인도네시아에서 가장 큰 택시 회사의 이름이다. 양측의 협력 속에서 이용자는 고젝의 애플리케이션을 통해 블루버드의 택시를 예약할 수 있게 되었고, 블루버드 택시 기사들은 승객을 얻을 수 있었다. 이러한 파트너십을 통해 블루버드와 고젝은 함께 혁신을 꾀하고, 지역 사회에 최고의 서비스를 제공할 뿐 아니라 기사들의 복지를 향상하기 위해

장기적인 노력을 기울이게 되었다(Marzuki, 2017). 블루버드와 고젝은
제휴 관계를 맺으면서 상호 혜택을 얻었다. 블루버드 택시 기사들은
신규 고객을 확보할 기회를 얻고, 고젝은 사용자에게 추가 운송 수단
을 제공할 수 있기 때문이다. 이러한 윈윈 솔루션 덕분에 택시 기사
측이 가지고 있던 신기술을 대하는 긴장감이 줄어들었다.

　고젝과 가장 가까운 경쟁자는 역시 애플리케이션을 기반으로 비슷
한 온라인 차량 서비스를 제공하는 업체들이다. 인도네시아의 온라
인 차량 서비스 산업에서 고젝과 경쟁을 벌이는 주요 기업은 그랩과
우버다. 그랩은 말레이시아를 기반으로 하는 기술 기업으로, 본국인
말레이시아를 비롯하여 싱가포르, 인도네시아, 필리핀, 베트남, 태국,
미얀마, 캄보디아 등 인접한 동남아시아 국가에서 애플리케이션을
통한 차량 탑승 및 물류 서비스를 제공한다. 그랩은 한 국가가 아닌,
동남아시아 지역 전체를 대상으로 사업을 펼치며, 지역 내 사업 확대
를 뒷받침할 풍부한 자금력이 있다. 우버는 개인 간 차량 공유, 음식
배달, 운수 네트워크를 제공하는 기업으로 미국 캘리포니아 샌프란
시스코에 본사를 두고 있으며 전 세계 633개 도시에 진출해 있다.

　2018년 3월 그랩은 우버의 동남아시아 사업을 인수한다고 발표했
다. 게임의 판도를 바꾸는 이 거래는 동남아시아 온라인 차량 서비스
업계에서 가장 큰 인수 거래였다. 인수 조건으로 우버의 차량 공유와
음식 배달 사업은 그랩의 기존 운수 및 결제 서비스 플랫폼으로 통
합되었다. 두 회사를 합친 그랩은 지역 최고의 온·오프라인 통합형
모바일 플랫폼을 제공하고, 동남아시아에서 주요 음식 배달 서비스
업체가 되는 것을 목표로 삼고 있다(Grab, 2018).

브랜드 인지도를 높이기 위한 온·오프라인 광고 통합

점점 치열해지는 경쟁에서 살아남기 위해 고젝은 고객에게 매우 다양한 서비스를 제공하고, 일상에서 고객의 요구를 만족시킬 방법을 찾는데 집중한다. 고젝의 모든 서비스(고라이드, 고카, 고센드, 고마트, 고숍, 고푸드, 고메드, 고박스, 고오토, 고버스웨이 등)는 주요 도시에 사는 인도네시아 사람들이 마주하는 문제를 해결하기 위한 방안이다. 고젝의 서비스 덕분에 사용자는 악명 높은 인도네시아의 교통 지옥을 헤치고 나갈 오젝을 쉽게 찾을 수 있고, 집 앞에 택시를 부를 수 있으며, 쉽고 안전하게 물건을 배달할 수 있고, 집에 앉아서 식재료를 살 수 있다. 하지만 안타깝게도 고젝이 제공하는 모든 서비스를 잘 파악하고 있는 사용자는 많지 않다.

사실 고객은 서비스를 '인지'해야 서비스가 주는 혜택에 '호감'을 보이고, 상품이나 서비스에 관한 정보를 더 많이 찾아서('질문') 애플리케이션을 다운받거나 서비스를 사용하기로 결정하는 등 '행동'으로 옮긴다. 서비스를 통해 뛰어난 경험을 하면 자발적으로 주변 사람들에게 이야기를 공유한다('옹호'). 이상의 과정이 디지털 시대를 사는 소비자가 보여주는 새로운 구매 선택 과정인 5A 모델이다(Kotler, Kartajaya and Hooi, 2016).

그래서 고젝은 기존 고객과 신규 고객의 호감을 얻기 위해 새로운 서비스를 소개하거나 기존의 서비스에 새로운 기능을 추가하는 일에 집중한다. 고젝의 애플리케이션을 다운받지 않은 사람들을 대상으로 브랜드 인지도를 높이기 위해 온라인과 오프라인의 다양한 미디어를 활용하여 엄청난 홍보 활동을 벌이며, 잠재 고객의 흥미를 불러일으키기 위해, 할인 등 눈길을 끄는 서비스를 제공한다. 여기에는 기존의 고젝 애플리케이션 사용자가 더 다양한 서비스를 이용하도록 서비스를 알리려는 목적도 있다.

기술 기업인 고젝은 자사의 서비스 내용과 그에 따른 혜택을 알리기 위해 디지털 미디어를 십분 활용한다. 하지만 고젝의 경쟁사(특히 그랩) 또한 디지털 세상과 소셜미디어를 광고에 적극적으로 활용하기 때문에 목표 시청자의 관심을 끌기 위해서는 입소문 전략WOM, word-of-mouth strategy의 중요성이 다시 강조된다. 여기서 주된 비결은 스토리story와 배치placement다.

고젝은 시청자들의 입소문을 끌어내기 위해 창의적인 광고를 하고 있는데, 고젝의 광고에는 두 종류의 스토리 기반 콘텐츠가 있다. 하나는 고젝의 운전수가 직접 전하는 진짜 스토리이고, 다른 하나는 재미와 감성이라는 요소를 포함한 스토리다. 예를 들어 고젝은 '우리나라를 위하여For My Country'라는 광고에서 7명의 고젝 운전수가 전하는 감동적인 이야기를 소개한다. 또한 고객이 소셜미디어를 통해 각자의 이야기를 만들어 공유하도록 장려한다(사용자 생성 콘텐츠). 고객은 고젝 운전수와 만나서 겪었던 재밌는 경험과 감동적이고 영감을 주는 일화를 다양한 소셜미디어 플랫폼에서 널리 공유한다. 이렇게 공유된 많은 이야기는 입소문을 타면서 고젝에 대한 사람들의 관심을 유지시킨다. 동시에 잠재 고객에게 고젝의 애플리케이션과 서비스를 알리는 역할도 한다. 디지털과 소셜미디어를 통한 광고가 성공하려면 스토리뿐만 아니라 어디에 광고를 낼 것인지, 광고의 배치도 핵심 결정 요인이다. 소셜미디어별로 다른 특징과 이용자가 있기 때문이다(Wulandari, 2016).

고젝은 디지털 미디어에서 다양한 광고를 진행하며 온라인에서 강력한 존재감을 내뿜고 있지만, 전통적인 미디어 또한 계속 활용하고 있다. 오프라인 광고를 강화하기 위해 옥외 광고판이나 지면 활용(대부분 기사 형태의 광고)에 막대한 투자를 하고 있다. 목표 고객의 관심을 끌기 위해 BTL 광고Below-the-line(미디어를 활용하지 않고 직접적인 활동을 통해 홍보하는 방식의 광고-옮긴이)도 진행하고 있으며, 특히 축제나 박람회, 음악 이벤트 등을 활용하고 있다.

광고와 관련하여 고젝은 디지털 미디어의 활용과 더불어 창의성도 특별히 중요시한다. 예를 들어 광고판에 광고를 낼 때 광고주들이 흔히 사용하는 경험의 법칙을 따르지 않는 경우가 있다. 눈길을 끄는 사진이나 현란한 문구 대신, 신문의 안내 광고란에서 쓰일 법한 문구를 사용한다. 전통적인 광고 수단을 창의적인 방법으로 활용한 광고를 본 사람들이 고젝의 독특한 광고판과 광고 메시지를 온라인에 게재하고, 소셜미디어에서 입소문이 난다. 이러한 온·오프라인 통합형 광고 덕분에 고젝은 새로운 고객을 끌어들일 수 있다. 기술 활용에 능통한 소비자가 있는 인도네시아의 수익성 높은 시장을 노리고 사업을 공격적으로 확대하는 경쟁사들 사이에서도 고젝은 흔들리지 않는 입지를 유지하고 있다.

참고 자료

- *CNBC* (January 2018). Google and Singapore's Temasek are coming in as new investors in Indonesia's Go-Jek, sources say. https://www.cnbc.com/2018/01/18/google-and-singapore-temasek-to-invest-in-go-jek-says-report.html [27 March 2018].

- Daga, A (February 2018). Go-Jek raises $1.5b as ride-hailing market heats. *Jakarta Globe*. http://jakartaglobe.id/business/go-jek-raises-1-5b-as-ride-hailing-market-heats-up-sources/ [27 March 2018].

- Go-Jek (2018). *About*. https://www.go-jek.com/about/ [27 March 2018].

- Grab (2018). Grab Merges with Uber in Southeast Asia. *Press Center*. https://www.grab.com/sg/press/business/grab-merges-with-uber-in-southeast-asia/ [27 March 2018].

- Kotler, P, H Kartajaya and I Setiawan (2016). *Marketing 4.0: Moving from Traditional to Digital*. New Jersey: John Wiley & Sons, Inc.

- Marzuki, Y (April 2017). Blue Bird, Go-Jek collaborate to launch Go-Blue Bird. *Digital News Asia*. https://www.digitalnewsasia.com/business/blue-bird-go-jek-collaborate-launch-go-blue-bird [27 March 2018].

- Pratama, AH (August 2016). Go-Jek: A unicorn's journey. *Tech in Asia*. https://www.techinasia.com/how-go-jek-became-unicorn [27 March 2018].

- *Reuters* (December 2017). Indonesia's Go-Jek acquires three companies to boost payment services. https://www.reuters.com/article/us-gojek-indonesia/indonesias-go-jek-acquires-three-companies-to-boost-payment-services-idUSKBN1E9088 [27 March 27, 2018].

- Russel, J (May 2017). Indonesia's Uber rival Go-Jek raises $1.2 billion led by Tencent at a $3 billion valuation. *Tech Crunch*. https://techcrunch.com/2017/05/03/go-jek-tencent-1-2-billion/ [27 March 2018].

- Wulandari, D (December 2016). Strategi WON Go-Jek. *Mix*. http://mix.co.id/marcomm/brand-insight/marketing-strategy/strategi-wom-go-jek [28 March 2018].

——— 알리바바 Alibaba

알리바바는 불과 몇 년 만에 세계적인 전자상거래 업체가 되었다. 알리바바의 사업은 전자상거래에 초점을 맞추어 시작했지만, 지금은 금융 기술, 물류, 교육 등 다양한 서비스로 확대했다. 창업자인 마윈의 계획이 없었다면 이런 발전이 이루어질 수 없었을 것이다. 마윈은 옴니채널 접근법을 활용하여 혁신을 위해 지속적인 노력을 기울인다.

중국의 알리바바그룹과 전자상거래

중국에서 전자상거래가 빠르게 확대되고 있는 현상은 세계적인 이슈가 되었고, 중국의 국내외 기업은 상당한 비즈니스 네트워크를 쌓았다. 세계에서 가장 큰 시장인 중국에서 전자상거래 시장은 2011년 이후 연 50%씩 성장했고, 2019년까지 계속해서 1조 달러(약 168조 원) 정도로 늘어날 전망이다(The Canadian Trade Commissioner Service, 2017). 중국의 전자상거래 시장이 빠르게 성장한 이유는 중국 경제의 규모와 성장세가 컸기 때문이다. 인터넷이 처음 소개되었을 때 중국의 전통적인 소매 유통 분야가 상대적으로 발달하지 못한 상태이기도 했고, 중국 정부가 전자상거래 및 관련 서비스 분야를 지원하여 투자, 기반 시설, 세제 혜택을 제공하는 정책을 펼친 덕분이기도 했다(International Trade Centre, 2016).

중국의 전자상거래 시장을 주도하는 업체는 알리바바닷컴이다. 현재는 사실상 세계에서 가장 큰 전자상거래 기업이 되었다. 알리바바 덕분에 많은 사람들이 거래를 쉽게 할 수 있게 되었다. 알리바바닷컴은 알리바바그룹의 핵심 사업이다. 2018년 기준 알리바바그룹의 사업은 다음과 같다.

1. 타오바오Taobao Marketplace: 중국 최대 모바일 상거래 사이트
2. 티몰Tmall: 브랜드 상품 및 소매 유통 업자를 위한 중국 최대 3자 플랫폼
3. 알리익스프레스Ali Express: 글로벌 소매 유통 사이트
4. 알리바바닷컴Alibaba.com: 글로벌 거래를 위한 도매 유통 사이트 선두 주자
5. 1688닷컴1688.com: 중국 온라인 도매 유통 사이트 선두 주자
6. 알리마마Alimama: 중국 온라인 도매 유통 사이트 선두 주자
7. 알리바바클라우드Alibaba Cloud: 세계 3대 서비스형인프라 제공 업체
8. 차이냐오네트워크Cainiao Network: 물류 데이터 플랫폼 운영 업체
9. 앤트파이낸셜서비스그룹Ant Financial Services Group: 소기업 및 소비자 대상 금융 서비스 업체

마윈Jack Ma이 이끄는 알리바바그룹은 1999년 항저우에서 설립되었다. 직원은 18명이었다. 회사를 창립한 마윈은 인터넷 덕분에 작은 기업이 성장에 도움이 되는 혁신과 기술을 얻을 수 있으며, 국내와 세계 경제 속에서 더 효과적으로 경쟁할 수 있는 공평한 경기장

이 생긴다는 믿음을 설파했다. 창립 후 몇 년이 지난 뒤 소프트뱅크 SoftBank를 포함한 많은 투자자가 알리바바그룹의 성장세에 눈독을 들이고 자본을 투자하기 시작했다. 이들의 투자금은 알리바바그룹 산하의 여러 계열사를 발전시키는 데 사용되었다.

알리바바의 끊임없는 혁신과 성장

알리바바의 혁신과 아이디어가 항상 지지를 받았던 건 아니다. 마윈이 현재 알리페이Alipay로 알려진 알리바바만의 온라인 결제 시스템을 만들려 했을 때 많은 사람이 사업성을 의심하고 그를 비웃었다. 하지만 마윈은 열정과 낙관주의의 화신으로, 마침내 자신이 옳았음을 증명했다. 마윈의 온라인 결제 시스템 사업은 성공을 거두었고, 세상에서 가장 큰 결제 플랫폼이 되었다. 2016년 알리페이는 중국 사람들이 가장 자주 사용하는 결제 플랫폼이 되었다(Ernest & Young & DBS, 2016). 2018년 5월에는 알리페이의 운영 업체인 앤트파이낸셜서비스그룹이 여러 해외 및 국내 투자자에게 100억 달러(약 11조 6,700억 원)의 투자금을 받았다(CNBC, 2018).

알리바바그룹이 계속 확대되면서 여러 다른 기업, 특히 아시아 기업에 투자를 시작했다. 알리바바그룹이 투자한 기업으로는 인도네시아의 토코피디아Tokopedia와 라자다Lazada, 인도의 빅바스켓BigBasket 그리고 중국의 어러머Ele.me와 챠이냐오Cainao 등이 있다(Milward, 2017). 표 4-2에는 알리바바그룹의 사업 발전 내용이 담겨 있다.

[표 4-2] 알리바바그룹 연표

연도	성과
1999	마윈이 알리바바그룹 창립. 항저우에서 알리바바닷컴 출범. 알리바바그룹은 후에 국내 도매 거래를 위한 1688닷컴 시작
2000	소프트뱅크가 이끄는 투자자 그룹에서 2,000만 달러(약 237억 5,000만 원) 투자금 유치
2003	타오바오 오픈
2004	3자 온라인 결제 플랫폼 알리페이 개시
2005	야후와 전략적 파트너십 체결
2006	판매자와 구매자에게 전자상거래 교육을 제공하는 타오바오대학 프로그램 시작
2007	알리마마 수익화 플랫폼 오픈
2008. 4	3자 브랜드와 소매상을 위한 플랫폼 티몰 오픈
2008. 9	알리바바그룹 연구 개발 센터 오픈
2009	알리바바클라우드컴퓨팅(Alibaba Cloud Computing) 설립
2010	플래시 세일(flash sale, 제한된 시간 동안 한정된 수량을 선착순으로 할인 판매하고 품절되면 자동으로 종료되는 판매 형태-옮긴이)용 세일즈 마케팅 플랫폼 쥐화수안(Juhuasuan), 알리익스프레스, 모바일 타오바오 출시
2011	알리바바재단(Alibaba Foundation) 설립
2012	모바일 SNS 애플리케이션 라이왕(Laiwang) 공식 출시. 현재의 디안디안총(DianDianChong)
2014. 10	• 알리페이를 운영하는 알리바바그룹의 관계사 앤트파이낸셜서비스그룹 정식 설립 • 타오바오여행(Taobao Travel)이 독립 플랫폼 알리트립(Alitrip)으로 변경. 현재의 플리기(Fliggy)

출처: Alibaba Group(2018b).

알리바바는 제품 개발, 가격 설정, 유통, 마케팅, 홍보와 같은 영역에서 창의적이고 효과적인 마케팅 전략(세분화, 표적 설정, 포지셔닝)을 세워 성공을 거두었다. 알리바바는 마케팅 활동으로 공급 업체나 구매자와 장기적인 관계를 쌓았고, 이러한 관계는 회사 운영에 도움이 되었다. 알리바바는 여기서 멈추지 않고 기술 발전이나 고객의 행동 양식 변화에서 나오는 기회를 놓치지 않도록 혁신을 계속하고 있다. 흥미로운 부분은 알리바바가 온라인 비즈니스에만 초점을 맞추는 게 아니라 전통적인 소매 유통 업체를 인수하기 시작했다는 점이다. 기업이 고객에게 온·오프라인 통합형 경험을 줄 수 있어야 한다는 점을 깨달았기 때문이다.

수익성을 높이는 옴니채널 마케팅 전략

전자상거래 사업은 계속해서 상당히 높은 성장세를 이어가고 있다. 2017년 전 세계에서 약 16억 6,000만 명이 온라인으로 제품을 구매했고, 이용자 수는 계속 증가하고 있다(Statista, 2017). 대중의 소비 양식이 역동적인 변화를 보이면서 소매 유통 기업 또한 도전을 맞이했고, 여러 돌파구를 찾았다. 그런 돌파구 가운데 하나가 온·오프라인 통합 마케팅을 실시하는 일이다. 온·오프라인 통합 마케팅을 실시한다는 건 소매 유통 기업이 온라인 유통 채널을 활용하여 소비자의 오프라인 유통 채널 방문을 유도한다는 의미다. 하지만 이 방법에는 여러 가지 어려움이 따른다. 채널에 투자한 금액 대비 수익률이나 증가 비용, 일관성 없는 고객 경험이 어느 정도 발생하는지 파악하기 힘들기 때문이다(PWC, 2017). 한편, 온라인 전략에만 집중하는 기업 또한 미래에 힘든 도전 과제를 맞이하게 될 것이다. 알리바바그룹의 창업자 마윈은 이렇게 말했다.

"미래에는 순전한 전자상거래가 전통적인 비즈니스가 되고,

새로운 소매 유통의 개념으로 대체될 것입니다. 미래에 나타 날 새로운 소매 유통은 온라인과 오프라인, 물류와 데이터가 하나의 가치 사슬 안에 통합되어 있는 형태입니다(Weinswig, 2017)."

이를 위해 마윈은 알리바바그룹이 옴니채널Omnichannel 마케팅을 이용하도록 하는 혁신을 추구한다. 온·오프라인 통합 마케팅을 실시할 뿐 아니라 한발 더 나아가 그 밖의 마케팅과 업무 프로세스까지 전부 다루려는 것이다. 예를 들어 제품 홍보, 유통 채널, 고객 서비스와 만족도까지 옴니채널 마케팅이 다루는 범위에 속한다. 옴니채널 전략을 사용하는 건 업무상의 효율성과 고객 경험, 그리고 전반적인 수익성을 높이기 위해서이다. 이러한 전략은 컨설팅 기업 PWC가 발행한 보고서(2017)의 내용과 일치한다. 보고서에서는 중국 내 소매 유통과 소비재 부문에서 나타나는 9가지 트렌드를 강조한다. 그 트렌드 가운데 하나가 '신유통'이다. 즉, 온라인과 오프라인 유통 채널 사이에서 고객이 막힘없이 매끄러운 소비 경험을 할 수 있도록 데이터 분석과 옴니채널 기술을 이용하는 기업이 점점 많아진다는 뜻이다.

알리바바에서 도입한 '신유통' 전략 가운데 하나는 티몰의 오프라인 고객 충성도 프로그램을 알리바바와 통합한 것이다. 덕분에 고객은 물건을 사는 곳 어디서든 고객 충성도 프로그램의 혜택을 이용할 수 있고, 기업은 소비자 데이터를 처음부터 끝까지 얻을 수 있다. '신유통' 모델을 향한 마윈의 바람을 실현시키기 위해 알리바바는 수많은 종류의 전통 소매 유통 업체들을 공격적으로 인수하고 있다. 알리바바가 인수한 중국의 전통 소매 유통 업체로는 바이렌그룹Bailian Group(중국 최대의 매장 수 보유), 선아트리테일그룹Sun Art Retail Group(중국 최고의 대형 마트 운영), 인타이그룹Yintai Group(고급 유통 업체), 수닝커머셜그룹Suning Commercial Group(전자 제품 유통 업체), 허마셴성Hema Xansheng(디지털 친화적 슈퍼마켓) 등이 있다(*The Straits Times*, 2017).

알리바바는 이러한 기업을 인수하여 고객에게 새로운 쇼핑 경험을 선사하고 있다. 예를 들면 허마셴성 이용 고객은 모바일 애플리케이션을 통해 매장에서 직접 물건을 살 수 있다. 그러면 2시간 안에 구매한 물건이 배송된다. 이런 종류의 편의 서비스 덕분에 해당 기업에 대한 고객 충성도가 높아진다.

디지털 시대에 계속 우수 기업으로 남으려면 다양한 혁신을 거듭해야 하며, 특히 온·오프라인 통합 전략이 필요하다. 다음은 알리바바가 찾은 또 다른 사업상의 돌파구다.

알리바바는 전자상거래 교육과 훈련을 하는 플랫폼으로 타오바오 대학을 세웠다. 타오바오의 목적은 구매자와 판매자를 충성심 있는 파트너로 삼으려는 것이다. 또한 알리바바는 견실한 평가 시스템을 매우 중요시한다. 평가 시스템을 통해 판매자와 구매자 모두 거래에 대한 피드백을 남길 수 있으며, 피드백은 각자 플랫폼(웹사이트)을 통해 확인할 수 있다. 덕분에 다음 거래자는 평가 내용을 읽어보고 더 분명하고 알찬 정보를 참조하여 거래에 임할 수 있다.

알리바바는 금융 기술이나 교육, 물류와 같은 다양한 서비스 분야로 사업을 확대했다. 이러한 서비스를 통합하는 다양한 프로그램은 고객에게 종합적인 토털 솔루션을 제공하게 될 것이다.

참고 자료

• Alibaba Group (2018a). *Our Business*. https://www.alibabagroup.com/en/about/ businesses [4 August 2018].

• Alibaba Group (2018b). *History and Milestone*. https://www.alibabagroup.com/en/about/ [4 August 2018].

• The Canadian Trade Commissioner Service (2017). *An Introduction to E-Commerce in China*. http://thegrinlabs.com/wp-content/uploads/2017/05/China-eCommerce-Guide2016.pdf [2 August 2018].

• CNBC (2018). China's ant financial raises 10 billion at 150 billion valuation. *CNBC*. https:// www.cnbc.com/2018/05/29/chinas-ant-financial-raises-10-billion-at-150-billion-valuation.html [4 August 2018].

• Ernst & Young & DBS (2016). *The Rise of FinTech in China*. https://www.ey.com/Publication/ vwLUAssets/ey-the-rise-of-fintech-in-china/$FILE/ey-the-rise-of-fintech-in-china.pdf [4 August 2018].

• International Trade Centre (ITC) (2016). *E-Commerce in China: Opportunities for Asian Firms*. Geneva: ITC.

• Millward, S. (December 2017) Alibaba's biggest investments in 2017. *Business Standard*. https://www.business-standard.com/article/companies/alibaba-s-biggest-investments-in-2017-117122600203_1.html [4 August 2018].

• PWC (2017). How retailers and brands are innovating to succeed in the most dynamic retail market in the world. *PWC*. https://www.pwccn.com/en/retail-and-consumer/ publications/total-retail-2017-china/total-retail-survey-2017-china-cut.pdf [2 August 2018].

• Statista (2017). Number of digital buyers worldwide. *Statista*. https://www.statista.com/ statistics/251666/number-of-digital-buyers-worldwide/ [4 August 2018].

• *The Straits Times* (November 2017). Alibaba invests $3.9b in china's top grocer. https:// www.straitstimes.com/business/companies-markets/alibaba-invests-39b-in-chinas-top-grocer [4 August 2018].

• Weinswig, D (2017). Alibaba's new retail integrates e-commerce, stores, & logistics: Is this the next gen of retail? *Forbes*. https://www.forbes.com/sites/deborahweinswig/2017/04/14/ alibabas-new-retail-integrates-e-commerce-stores-logistics-is-this-the-next-gen-of-retail/ [4 August 2018].

—— 캐러셀Carousell

캐러셀은 싱가포르를 기반으로 하는 전자상거래 회사로, 세계 시장으로 사업을 확장하는 데 성공했다. 특히 말레이시아, 인도네시아, 대만에 성공적으로 진출했다. 디지털 세상에서 아시아 소비자의 변화하는 구매 행동을 고려하면 이 분야에는 높은 시장 잠재력이 있다. 그렇지만 캐러셀이 마주하고 있는 경쟁도 점점 치열해지고 있다. 다른 온라인 마켓들이 아시아 시장, 특히 싱가포르에 진출하여 소비자는 많은 선택권을 가지게 되었다. 그뿐 아니라 전통적인 소매 업체들도 온라인 채널을 활용하며 시장에 뛰어들었다. 캐러셀은 뛰어난 고객 경험을 제공하고 고객 참여를 유도하기 위해서 혁신을 지속해야만 한다.

디지털 인재들의 나라, 싱가포르

싱가포르는 동남아시아에서 기술적, 경제적으로 가장 발전한 나라이다. 이동전화 보급률은 149.8%(Department of Statistics of Singapore, 2016), 인터넷 보급률은 81.3%(Internet World Stats, 2016)에 달하므로 대부분의 싱가포르 사람들은 디지털 소비자라는 결론을 내릴 수 있으며, 싱가포르는 당연히 디지털 인재들의 나라다. IMD세계국가경쟁력센터가 실시한 조사에서 싱가포르의 디지털 경쟁력이 세계 최고자리를 차지했다는 사실에서도 이를 확인할 수 있다. IMD에서 발표하는 이 순위는 각 국가에서 정부의 관행과 비즈니스 모델을 바꿀 수 있는 디지털 기술을 찾아 도입하는 능력을 측정한다(Leong, 2017).

그러므로 수많은 기술 기업이 디지털 사용자를 찾거나 디지털 자원을 이용하려 싱가포르로 몰려드는 것도 놀랍지는 않다. 일본의 라쿠텐과 중국의 타오바오를 비롯한 여러 글로벌 전자상거래 기업들이 지역 본사를 싱가포르에 두고 있다. 싱가포르는 높은 기술 보급률, 전략적 위치, 기업하기 좋은 환경, 탄탄한 IT 기반 시설을 갖추고 있기 때문에 새로운 전자상거래 서비스를 개발했을 때 타 지역에 앞서 시험대로 삼기에 이상적이다(Lu, 2015).

싱가포르에는 여러 전자상거래 기업이 있지만, 주를 이루는 것은 큐텐, 오미고, 라쿠텐, 라자다 등 기업과 소비자 간 거래가 이루어지는 B2C 플랫폼들이다. 캐러셀은 이와 대조적으로 소비자 간 거래가 이루어지는 C2C 전자상거래 기업이다. 이 외에도 싱가포르에서는 기업간 거래인 B2B나 기업과 정부간 거래인 B2G 또한 성장하고 있다. 하지만 성장 속도는 B2C나 C2C만큼 빠르지 않으며, 이는 대부분의 주요 전자상거래 시장에서 나타나는 추세다.

싱가포르에는 거래 자체나 결제 방법, 제품 및 서비스 배송을 위한 물류와 같은 제반 시설에 이르기까지 전자상거래 시스템이 잘 발달되어 있다. 표 4-3은 싱가포르의 인기 온라인 기업을 보여준다.

[표 4-3] 싱가포르 인기 온라인 기업

시장 진입 연도	기업명	산업군
2007	프로퍼티구루(Property Guru)	부동산
2009	리본즈(Reebonz)	명품
2010	스무치더라벨(Smooch the Label) 큐텐(Qoo10) 클로젯(Clozette) 룩솔라(Luxola) 그루폰(Groupon) 딜닷컴(Deal.com.sg)	패션 B2C 거래 사이트 C2C 거래 사이트 미용 및 화장품 오늘의 딜(deal) 거래 사이트 오늘의 딜 거래 사이트
2011	마이리퍼블릭(MyRepublic) 노큐스토어(NoQ Store) 벨라박스(Bellabox) 베니티트로브(Vanity Trove) 레드마트(RedMart)	전자통신 책 화장품, 식료품, 잡화 미용 식료품, 잡화
2012	아이카스클럽(iCarsclub) 퀄키(Kwerkee) 잘로라(Zalora) 캐러셀 푸드판다(Food Panda)	자동차 렌트 거래 사이트 홈 앤드 라이프스타일 패션 거래 사이트 C2C 거래 사이트 음식
2013	타오바오 힙밴(HipVan) 오미고(Omigo)	B2C, C2C 거래 사이트 가정용 가구와 패션 B2C 거래 사이트
2014	라쿠텐(Rakuten) 라자다(Lazada) 숍백(ShopBack)	B2C 거래 사이트 B2C 거래 사이트 오늘의 딜 거래 사이트
2015	어니스트비(Honestbee)	식료품, 잡화

출처: Lu *et al.*(2015), Tay(2015), Tegos(2015).

싱가포르에는 전자상거래를 위한 기반 시설이 발달해 있으며, 디지털에 능한 소비자가 있지만 온라인 거래량은 그렇게 높지 않은 편이다. 커니Kearney와 CARICIMB ASEAN Research Institute의 보고서(2015)에 따르면 싱가포르 전체 소매 판매량 가운데 온라인 판매가 차지하는 비율은 약 4% 정도다. 그럼에도 싱가포르에서 온라인 판매량이 늘어나고 전자상거래 산업이 발전할 것으로 기대할 수 있다. 애널리스트들은 싱가포르 소비자의 거래 방식이 2020년까지 대부분 온라인 거래로 전환될 것으로 예상한다(Choudhury, 2014). 기업 입장에서는 전자상거래의 등장이 싱가포르의 고질적인 문제점, 즉 비싼 임대료와 제한적인 노동력을 극복할 수 있는 영리한 해결책이다. 온라인 거래는 수요와 공급 양측에서 환영받기 때문에 싱가포르 전자상거래의 미래는 아주 밝다. 싱가포르 전자상거래 시장의 거대한 잠재력과 기회를 알아챈 싱가포르국립대학교NUS, National University of Singapore의 학생 3명이 있었다. 시우 루이 퀘Siu Rui Quek, 루카스 노Lucas Ngoo, 마커스 탄Marcus Tan은 스냅셀SnapSell을 설립하기로 결정했고, 이 회사는 나중에 캐러셀로 이름을 바꾼다.

스타트업으로 시작한 캐러셀의 사업 확장

캐러셀은 신제품과 중고품을 모두 사고팔 수 있는 C2C 온라인 거래 사이트이다. 3명의 창업자는 2012년 3월 싱가포르스타트업위크엔드Startup Weekend Singapore 행사장에서 발표를 하면서 처음 사업 아이디어를 떠올리게 되었다. 이들은 대회에서 우승을 했다. 그 덕분에 사업 아이디어를 더 발전시키게 되었지만 곧 딜레마에 빠졌다. 대학에서 공부를 더 할 것인지 아니면 스냅셀을 창업하는 위험을 택할 것인지 갈림길에 서게 된 것이다. 스냅셀을 택한다는 건 당분간은 직업도, 소득도 없어진다는 뜻이었다. 2012년 5월 마침내 세 사람은 안락 지대를 벗어나 사업을 발전시키기로 결심한다(Yin, 2016).

스타트업 회사인 스냅셀은 초기 자본 2만 싱가포르 달러(약 1,730만 원)로 운영을 시작했다. 창업자 세 사람이 그동안 저축한 돈이었다. 다음으로 주목할만한 사건은 모교인 싱가포르국립대학교와 싱가포르 정부에서 약간의 투자를 받은 일이었다. 창업 초기 창업자들은 회사명을 바꾸기로 결정한다. 소비자들에게 감성적인 어필을 더 많이 하겠다는 의도에서 캐러셀이라는 새 이름을 택했다.

사업 초창기 캐러셀은 성장 속도가 느렸다. 하루에 6건밖에 제품이 등록되지 않는 날도 있었다. 이 시기 실제 사용자층은 400명가량으로 캐러셀로서는 고무적인 숫자라고 볼 수 없었다. 캐러셀은 기술 스타트업 회사이고, 그런 회사들은 사업의 빠른 성장을 기대한다. 특히 사업을 막 시작한 단계에서는 더욱 그렇다. 그럼에도 캐러셀의 창업자들은 포기하지 않았고, 실제 사용자에게 자세한 평가를 들으려 애썼다. 사용자가 애플리케이션을 재방문하고, 주변 사람들에게 추천하도록 다양한 마케팅 홍보 활동과 고객 관리 프로그램을 개시했다. 속도는 느렸지만 사용자 수는 확실히 늘어나기 시작했다.

하지만 사용자 수가 늘어나도 회사의 이윤이 창출되는 건 아니었다. 캐러셀은 보다 다양한 사용자층을 구축하기 위해 무료 서비스 상품을 여럿 내놓기 시작했다. 이를 위해서는 다양한 협업, 특히 투자자와의 협업이 꼭 필요했다. 2013년 초 캐러셀은 싱가포르프레스홀딩스SPH, Singapore Press Holdings의 ST클래시파이드ST Classified와의 협업을 공식 발표했다. 양사의 협업은 서로에게 도움이 되는 일이었다. 캐러셀 애플리케이션에 판매가 등록된 제품은 ST클래시파이드 웹사이트에도 등록되었다. 덕분에 캐러셀은 잠재 고객층을 늘릴 수 있었고, ST

클래시파이드는 모바일 환경에 익숙한 젊은 세대에게 파고들 수 있었다(Yin, 2016). 다음으로는 SPH매거진SPH Magazine과 협업을 시작했다. 이 협업은 패션과 뷰티 용품을 판매하는 쉬숍스SheShops라는 이름의 모바일 애플리케이션을 개발하는 형태였다. 캐러셀의 사업 여정에서 SPH매거진과의 협업은 중요한 전환점이 되었다. 덕분에 캐러셀은 긍정적인 이미지를 강화하며 이름을 널리 알리게 되었고, 투자자들의 협력을 얻기가 쉬워졌다.

2013년 11월 캐러셀은 라쿠텐, 골든게이트벤처스Golden Gate Ventures, 500스타트업500 Startups, 그리고 여러 엔젤투자자에게 100만 달러(약 11억 6,700만 원)의 투자를 유치했다. 덕분에 캐러셀은 동남아시아 시장, 특히 말레이시아에서 사업을 더욱 확장할 수 있었다. 말레이시아가 지리적으로 싱가포르에서 가장 가까웠기 때문이다. 동남아시아 시장은 정말 유망한 곳이었다. 경쟁이 치열한 탓에 캐러셀은 사용자층을 국내 시장 밖으로 확대할 수밖에 없었고, 특히 해외 국가가 인구 측면에서 잠재성도 훨씬 컸다. 말레이시아에 스마트폰이 널리 보급되면서 말레이시아의 전자상거래 시장이 유망해졌다.

2014년 11월 캐러셀은 세쿼이아인디아Sequoia India에 600만 달러(약 70억 200만 원) 규모의 투자를 받았다고 발표했다. 캐러셀이 두 번째로 진출한 해외 국가는 대만이었다. 사실 캐러셀의 창업자들은 궁극적으로는 대만이 캐러셀의 최고 시장이 될 거라 생각했다. 대만은 싱가포르의 5배에 달하는 인구와 더불어 전자상거래 생태계가 아주 성숙한 상태였기 때문에 아주 매력적인 시장이었다. 게다가 대만 사람들은 세계에서 모바일 플랫폼을 이용한 소비를 가장 많이 한다고 알려져 있었다(Horwitx, 2014).

국내 시장을 벗어난 캐러셀이 2015년 1월을 시작으로 세 번째 진출 목표로 삼은 나라는 인도네시아였다(Yin, 2016). 인도네시아는 인구수는 많지만(중국, 인도, 미국에 이은 인구수 4위 국) 인터넷 사용률은 싱가포르만큼 높지 않았다. 게다가 인도네시아에는 은행 계좌가 없는 사람들이 수백만 명이었다. 또 다른 어려움은 군도 국가라는 지리적 상황이었다. 이 때문에 인도네시아는 말레이시아나 대만보다 제품 배송이 힘들었다. 여러 어려움은 있었지만 인도네시아에서는 인터넷과 휴대전화 보급률이 증가하고 있었고, 캐러셀과 같은 온라인 소매 유통 업체로서는 큰 기회가 있는 시장이었다.

디지털 고객의 경험 전달에 몰두하다

동남아시아 시장은 성장 가능성이 거대하지만 캐러셀은 다른 전자상거래 업체들이나 오프라인 소매 업체들과 치열한 경쟁을 펼쳐야 한다. 오프라인 소매 업체의 경우 소매 유통 업계에서 이미 존재감을 지니고 있는 회사들이다. 치열한 경쟁은 캐러셀이 서비스 품질과 고객 경험의 향상을 위한 혁신을 지속하는 강력한 동기가 되었다.

캐러셀은 소위 말하는 순수 접근법(특정 상품이나 활동에만 초점을 맞추는 기업-옮긴이)을 따르기 때문에 유일하게 오프라인 매장이 전혀 없는 온라인 회사다. 사업을 시작할 때부터 캐러셀은 뛰어난 디지털 고객 경험을 발전시키는 데만 몰두해왔다. 2012년 싱가포르 애플 앱스토어를 통해 애플리케이션을 출시한 이후 캐러셀은 계속해서 애플

172

리케이션을 개발하고 성능을 향상해왔다. 스마트폰 기술이 발전하여 캐러셀을 이용하려는 판매자는 제품을 등록하는 데 약간의 수고만 들이면 된다. 스마트폰을 이용해 제품 사진을 찍고, 편집 기능으로 사진에 원하는 효과를 넣은 뒤 제품 설명과 가격을 입력하면, 어느새 판매 등록이 되어 있을 정도로 상품 등록 과정은 매우 간단하다.

고객 경험을 한층 향상하기 위해 캐러셀은 판매자와 구매자 사이의 상호작용을 보다 효과적이고 적극적으로 만들려 노력한다. 이러한 노력은 애플리케이션 내의 기능에서 나타난다. 예를 들어 구매자가 마음에 드는 판매자를 팔로우할 수 있어, 판매자가 새로운 상품을 등록하면 알림을 받을 수 있다. 판매자의 포스트에 '좋아요'를 누를 수 있고 댓글도 달 수 있다. 흥미롭거나 유용해 보이는 제품이 있으면 페이스북, 트위터, 핀터레스트, 구글플러스 같은 소셜미디어를 통해 쉽게 정보를 공유할 수 있다(Yin, 2016).

캐러셀은 더 많은 사용자를 확보하기 위해서 2015년 말 웹 플랫폼을 출시했다. 새로 출시한 웹사이트 덕분에 판매자와 구매자는 데스크톱을 통해서도 거래할 수 있게 되었다. 스마트폰보다 큰 화면은 사용자에게 좋은 반응을 얻었다. 특히 구매자가 원하는 상품을 찾는 일이 쉬워졌다.

캐러셀은 전자상거래 장으로서의 역할뿐 아니라 구매자와 판매자가 사회적 관계를 쌓을 수 있도록 온라인 커뮤니티를 만들고 있다. 2016년 1월에 출시된 캐러셀그룹Carousell Group 기능을 통해 사용자는 자신의 흥미에 따라 여러 그룹에 가입할 수 있다. 이에 따라 여러 커뮤니티가 형성되었다. '애플팬즈Apple Fans'나 '나이키스포츠클럽Nike

173

Sports Club'처럼 특정 브랜드를 좋아하는 사람의 모임도 있고, '보드게임클럽Board Games Club'이나 주화및통화수집가Coins and Currency Collectors'처럼 취미를 공유하는 사람의 모임도 있다(Yin, 2016). 이처럼 커뮤니티를 만드는 전략을 통해 사용자의 충성도가 높아질 것으로 보이며, 사용자의 충성도가 높아지면 커뮤니티 회원 사이의 활동 과정에서 애플리케이션 추천이 많아질 가능성이 크다.

옴니채널 전략으로 나아갈 것인가?

캐러셀은 디지털 경험을 발전시켜 성공을 거두었지만 옴니채널 전략이 트렌드로 부상함에 따라 도전 과제를 안게 되었다. 옴니채널 또는 온·오프라인 통합 전략은 아시아 소매 유통 시장에서 현재 최고의 화두다. 새로운 기술과 혁신 덕분에 소매 유통 업체들이 더 많은 기회를 얻게 되면서 옴니채널을 향한 움직임은 한층 더 빨라지기만 하는 상황이다. 온·오프라인 통합형 상거래는 인터넷으로 연결된 기기를 통합하여 온라인 디지털 세상과 오프라인 세상을 연결한다. 이 상거래의 목적은 고객과의 접점이 생기는 곳이라면 모두, 온라인과 오프라인 양쪽에서 고객 경험을 최적화하는 것이다.

　온라인 유통 채널을 이용하면 거래가 쉽게 이루어지며, 구매 과정에서 다양한 제품 선택권과 실용성을 가질 수 있다. 오프라인 채널도 여전히 중요하다. 오프라인 채널을 통해 고객에게 한층 감성적으로 다가갈 수 있기 때문이다. 경영 컨설팅 기업 액센처Accenture는 〈고객 참여 속의 디지털 단절Digital Disconnect in Customer Engagement〉이라는 보고서에서 디지털 시대에서조차 고객 만족도를 높이기 위해서는 여전히 인간적인 교류가 필수적인 요소라고 주장했다. 이는 아시아 태평양 지역을 포함하여 세계 어느 지역에서나 유효하다(Hont et el., 2016).

이 주장을 뒷받침하는 사례로 아시아의 전자상거래 기업들은 구매 고객의 온라인과 오프라인 경험을 통합하는 일이 중요하다는 사실을 깨닫기 시작했다. 점점 전자상거래가 활발해지는 건 힘이 되는 일이지만 기업이 마주한 냉엄한 현실은 아주 많은 아시아 고객들이 여전히 온라인 결제 방식을 경계한다는 것이다. 싱가포르의 온라인 패션 유통업체 잘로라는 전통적인 현금상환지급cash-on-delivery 방식에서 벗어나 독특한 결제 방식을 제공한다. 현금상환수취cash-on-collection라는 이 방식은 이미 대만과 일본에서 인기를 끌고 있다. 잘로라는 편의점 체인과 협력하여 고객이 선택한 제품을 편의점 매장에서 수령하면서 대금을 지불할 수 있는 방법을 제공한다(Kotler, Kartajaya and Hooi, 2017).

서남아시아에 있는 유제품 기업 폰테라 브랜즈Fonterra Brands의 아치유트 카시레디Achyut Kasireddy 전 매니징 디렉터는 온라인과 오프라인 활동의 통합에 대해서 "온라인과 오프라인을 구분하는 건 정말 잘못된 일입니다. 온라인과 오프라인을 물 흐르듯 매끄럽게 연결하는 일이 훨씬 중요합니다"라고 견해를 밝혔다(The Economist Corporate Network, 2015).

캐러셀도 사용자의 관심을 끌기 위해 오프라인 홍보 프로그램을 사용하기 시작했다. 첫 해외 시장인 말레이시아에서 시장점유율을 높이기 위해 진행했던 활동들이 하나의 예라고 할 수 있다. 캐러셀

말레이시아 팀은 상점가와 벼룩시장 등을 방문해 목표 고객을 대상으로 모바일 마켓을 소개하는 다양한 로드쇼를 펼쳤다(Yin, 2016). 이러한 활동은 페이스북과 트위터 등 다양한 소셜미디어나 디지털 잡지를 통한 캐러셀의 온라인 마케팅 홍보 활동을 보완해주었다.

전자상거래 기업과 온라인 마케팅 활동을 시작한 전통 소매 유통업체들과의 경쟁이 치열해지면서 캐러셀은 항상 경계를 늦출 수 없게 되었다. 온라인과 오프라인, 양측의 고객에게 더 기억에 남을 경험을 선사하기 위해서는 혁신을 지속해야 한다. 캐러셀의 젊은 창업자들이 앞으로 어떤 놀라움을 안겨줄지 기다려보자.

참고 자료

• Choudhury, AR (September 2014). More Singaporeans turn to virtual stores for shopping. *The Business Time*. http://www.businesstimes.com.sg/top-stories/more-singaporeans-turn-to-virtual-stores-for-shopping [5 September 2017].

• Department of Statistics of Singapore (2016). *Latest Data*. http://www.singstat.gov.sg/statistics/latest-data#8 [5 September 2017].

• Horwitz, J (December 2014). Carousell's entry into Taiwan presents big opportunities and big challenges. *Tech in Asia*. https://www.techinasia.com/ carousells- taiwan-entry-means-islands-ecommerce-industry [5 September 2017].

• Hont, R, D Klimek and S Meyer (2016). Digital Disconnect in Customer Engagement. *Global Consumer Pulse Research*, Accenture.

• The Economist Corporate Network (2015). *Asia's Digital Disruption: How Technology is Driving Consumer Engagement in the World's Most Exciting Markets*. The Economist Intelligence Unit.

• Internet World Stats (2016). *Singapore: Internet Statistics and Telecommunications*. http://www.internetworldstats.com/asia/sg.htm [5 September 2017].

• Kearney, AT and CIMB ASEAN Research Institute (2015). *Lifting the Barriers to e-Commerce in ASEAN*. https://www.atkearney.com/documents/10192/5540871/Lifting+the+Barriers+to+ecommerce+in+ASEAN.pdf/d977df60-3a86-42a6-8d19-1efd92010d52 [5 September 2017].

• Kotler, P, H Kartajaya and DH Hooi (2017). *Marketing for Competitiveness: Asia to the World*. Singapore: World Scientific Publishing.

• Leong, G (May 2017). Singapore tops new ranking of digital competitiveness. *The Straits Times*. http://www.straitstimes.com/business/economy/singapore-tops-new-ranking-of-digital-competitiveness [5 September 2017].

• Lu, LW (2015). *E-Commerce in Singapore: How It Affects the Nature of Competition and What It Means for Competition Policy*. Singapore: Competition Commission of Singapore.

• Tay, D (February 2015). Here are the top 10 most well-funded internet companies in Singapore. *Tech in Asia*. https://www.techinasia.com/top-10-most-funded- internet-companies-singapore [5 September 2017].

• Tegos, M (October 2015). 14 Popular ecommerce sites in Singapore. *Tech in Asia*. https://www.techinasia.com/14-popular-ecommerce-sites-singapore [5 September 2017].

- Yap, J (November 2013). NUS Alumni Received Million Dollar Investment to Expand Carousell Mobile App. *Vulan Post*. https://vulcanpost.com/1832/nus-alumni-received-million-dollar-investment-expand-carousell-mobile-app/ [5 September 2017].

- Yin, WK (2016). *Carousell: How to Thrive Amid Fierce Competition*? Singapore: Nanyang Technopreneurship Case Center.

마케팅은 가치를 만들어 강화하고 소통하여 기업의 이해관계자에게 전달하는 일이다. 일관된 가치를 개발하기 위해서는 전략적 마케팅 개념이 실행되어야 한다. 이를 위해서는 내부 경쟁력 분석과 외부 환경 분석이 필요하다. 이해관계자의 마음속에 기업의 브랜드, 제품, 서비스를 새기는 전략을 만들기 위해서다. 이렇게 만들어진 전략은 일련의 전술로 이어져야 한다. 전술은 보다 현실적이고 실용적인 방법이다.

요약하자면 마케팅을 구성하는 3가지 요소는 전략, 전술, 그리고 가치다. 가장 먼저 우리는 반드시 시장을 세분화하여 분석해야 한다. 그러고 나서 세분화된 시장을 표적으로 삼는다. 경쟁 상황과 경쟁 우위에 따라 목표로 삼는 시장은 하나일 수도, 둘일 수도, 아니면 시장 전체일 수도 있다. 그 후 고객의 마음속에 기업이 자리 잡을 수 있도록 포지셔닝해야 한다. 고객에게 정확히 무엇을 제공하려 하는가?

포지셔닝 전략은 경쟁력 있는 차별화로 뒷받침되어야 한다. 그 후 차별화는 마케팅 믹스(제품, 가격, 유통, 판촉)로 해석해야 한다. 최종적으로 판매 전술이 나온다. 판매 전술은 시장에서 '가치를 포착'하는 유일한 요소이며, 거래 지향적이다. 브랜드는 제품이나 서비스의 가치가 드러나는 가치 지표(value indicator)로 만들어져야 하며, 브랜드의 가치는 서비스 전략을 통해 계속 강화해야 한다. 마지막으로 중요한 요소는 프로세스, 즉 가치를 실현하는 것(Volue enabler)이다. 다른 요소를 아무리 잘 갖추었다 해도 훌륭한 프로세스와 시스템이 없다면 효과적인 마케팅을 할 수 없다.

위에서 이야기한 모든 내용은 레거시 마케팅(Legacy Marketing)에서 이용하는 방법이다. 레거시 마케팅이라는 개념은 가치 창출 과정에 참여하는 다양한 이해관계자들 사이의 연결성이 오늘날처럼 강하지 않았던 시절에 발전했다. 하지만 지난 20년간 환경이 크게 변했다. 디지털 기술 혁명은 전 세계, 특히 아시아에서 빠르게 퍼지고 있다. 이 때문에 수직적인 레거시 마케팅은 이제 더 이상 적절한 접근법이 아니다. 오늘날 세상이 점점 더 연결되고 수평화되었다는 사실을 생각하면서, 마케팅의 전체 개념이 어떻게 근본적으로 변화하는지 마케터들이 이해해야 한다. 그래서 우리가 뉴웨이브 마케팅(New Wave Marketing)이라 부르는 새로운 마케팅이 탄생하게 되었다. 앞으로 이어질 장에서는 뉴웨이브 마케팅 전략, 전술, 가치를 구현하는 아시아 기업의 사례를 볼 수 있다.

PART 2

뉴웨이브 마케팅의
전략과 전술, 그리고 가치

CHAPTER

5

시대 변화에 따라 달라지는
새로운 비즈니스 전략

레거시 마케팅을 하던 시절에는 마케팅 전략이 세분화segmentation, 표적화targeting, 포지셔닝positioning의 3가지 요소로 이루어진다고 했다. 세분화는 기업이 제품과 서비스를 판매하기 위해 시장을 창의적으로 바라보는 방식이라고 정의할 수 있다. 세분화란 주로 분할된 구역을 정하기 위해 시장을 지도처럼 나누어 그리는 일이므로 '맵핑 전략 mapping strategy'이라고 부른다.

시장을 나누고 비슷한 성격과 행동별로 잠재 고객을 그룹으로 묶어 분할했다면, 기업은 효과적으로 표적 구역을 택할 수 있다. 이를 표적화라고 한다. 표적화는 알맞은 표적 시장을 선택함으로써 기업

182

의 자원을 효과적으로 분배할 수 있는 수단으로 정의한다. 표적화는 기업이 자원을 표적 시장에 맞춰 조정하는 일이므로 '맞춤 전략fitting strategy'이라고 부른다.

마케팅 전략의 마지막 요소는 포지셔닝이다. 포지셔닝은 고객의 마음속에 기업이 자리하는 방식이다. 포지셔닝은 고객 안에서 기업의 정체성을 쌓는 일이므로 '존재 전략being strategy'이라고도 한다. 시장 내의 구역을 분할하고, 표적 구역에 맞추어 자원을 조정해서 배분하고 나면, 기업은 표적 시장의 기준에서 신뢰도를 얻기 위해 어떤 이미지를 쌓아야 하는지 결정해야 한다.

이상의 내용은 정보 기술의 발전에서 비롯된 수평화의 물결이 세상에 찾아오기 전의 시대에 기업이 마케팅 전략을 개발하는 일반적인 방법이었다. 하지만 기술의 발전은 소비자의 행동 양식을 크게 변화시켰고, 이에 따라 새로운 비즈니스 접근법이 필요해졌다. 이번 장에서는 대만의 에이서, 일본의 테이블포투, 필리핀의 센추리퍼시픽푸드의 사례를 소개한다. 이 기업들은 마케팅 전략의 3요소가 디지털 시대에 어떻게 근본적인 변화를 겪었는지 보여준다. 세분화는 커뮤니티화로, 표적화는 고객의 확인으로, 그리고 포지셔닝은 명료화로 변화했다.

━━━━━ 에이서_{Acer}

에이서는 대만에 본사를 둔 다국적기업으로 전 세계 160여 개국에 진출해 있다. 지난 수년 간 에이서는 하드웨어 회사에서 고급 소프트웨어와 서비스 지향 회사로 변모했다. 디지털 시대에 고객 경험을 향상하고 고객 충성도를 얻으려는 노력으로 기업은 온라인과 오프라인 양쪽에서 커뮤니티화 전략을 최적화하려 애쓰고 있다. 에이서의 사명은 '사람과 기술 사이의 장벽을 허문다'이다. 이번 사례에서는 에이서에서 활용하는 커뮤니티의 종류에 대해 알아본다.

수평적 시대의 소비자는 왕이 아니다

선진국에서는 기술 기업이 경제의 중심에 자리잡고 있다. 기술 기업은 경제 성장을 견인하고, 생산성 향상을 촉발하며, 새로운 산업과 혁신적인 제품의 탄생을 불러온다. 보통 기술 기업은 기술 관련 활동을 강조한다는 점에서 다른 기업과 구별된다. 많은 기술 기업이 보유 기술을 발전시키기 위해 엄청난 금액을 계속 투자한다. 기술에 막대한 투자를 하는 가장 큰 이유는 경쟁력 있는 지위를 확보하고, 비용을 줄이며, 고객의 욕구에 부응하기 위해서다. 경쟁이 치열할 때는 반드시 표적 시장에서 판매 활동을 하기에 앞서 제품을 혁신해야 한다.

184

기술 기업은 제품을 효과적으로 홍보해야 할 뿐 아니라 시대에 걸맞은 수단과 방식을 사용하여 소비자와 소통할 수 있어야 한다. 수평적 시대인 오늘날 소비자를 더 이상 왕으로 여겨서는 안되며 '파트너'나 '친구'로 생각해야 한다. 고객은 더 이상 목표 대상이 아니라 기업의 가치 창출 과정에 활발하게 참여해야 할 주체다. 이런 이유로 세분화는 커뮤니티화로, 표적화는 고객의 확인으로, 그리고 포지셔닝은 명료화로 변화하게 되었다(Kotler, Kartajaya and Hooi, 2017).

에이서는 이 수평적 시대에 변화한 고객과의 상호작용 양식을 빠르게 받아들였다. 최고의 기술을 활용하여 제품을 혁신했을 뿐 아니라 커뮤니티화 전략을 사용했고, 이 전략은 고객이 브랜드 충성도를 유지하는 데 아주 효과가 있었다. 고객들이 사회 모임이나 인맥을 통해 정보를 공유하고, 그 정보가 구매 의사결정 과정에 영향을 주는 경향이 짙어지게 되었다. 이 가운데서 마케터는 온·오프라인에서 등장한 커뮤니티를 면밀히 관찰하고 활용해야 한다.

변화하는 시장의 요구에 따라 성장하는 에이서

스탠 시Stan Shih는 전자 공학을 전공한 대만의 기업가다. 1976년 그는 아내, 그리고 4명의 사업 파트너와 멀티테크Multitech라는 회사를 세웠다. 멀티테크는 에이서의 전신으로, 창립하는 데 자본금 2만 5,000달러(약 2,917만 원)가 들었다. 1980년 멀티테크는 드래곤중국어단말기를 출시했고, 이 제품으로 대만 최고 디자인상을 받았다. 1983년에는 애플 호환 기종과 IBM 호환용 PC를 출시했다. 1985년 마침내 멀

185

티테크는 대만의 첫 컴퓨터 프랜차이즈인 에이서랜드AcerLand를 세운다. 1987년에는 사명을 에이서로 변경했는데, 날카로움, 예리함, 능력 있음, 손쉬움을 의미하는 라틴어에서 유래된 이름이다. 다음 해인 1988년 에이서는 대만 주식시장에 상장되었다(Slob, 2005).

현재 에이서는 세상에서 가장 큰 기술 기업으로, 데스크톱, 노트북, 태블릿, 스마트폰, 디스플레이, 스마트 카메라 등을 판매한다. 에이서를 대표하는 제품은 프레데터Predator와 니트로Nitro라는 브랜드로 판매하는 게임용 PC와 액세서리들이다(Acer, Inc., 2018a). 에이서는 진화하는 시장의 요구를 계속 맞출 수 있는 기술 제품을 개발하기 위해서 더 이상 하드웨어에만 집중하지 않는다. 하드웨어 외에도 소프트웨어를 개발하고 있으며, 정보통신기술과 관련된 서비스도 제공한다(ICT, 표 5-1 참조).

[표 5-1] 에이서 연표

연도	성과
1976~1986	마이크로프로세서 기술 상용화
1987~2000	브랜드명을 만들고 세계화
2001~2007	제조 기업에서 서비스 기업으로 변신
2008~2013	멀티브랜드 전략을 새로 내세우며 세계 시장에서 존재감 강화
2014~	하드웨어+소프트웨어+서비스 기업으로 변신

출처: Acer Group(2018).

에이서의 커뮤니티화 전략

수평화되고 있는 세상 속에서 소비자와 마케터는 한층 동조하고 있다. 소비자는 더 이상 수동적인 마케팅 대상이나 수용자 취급을 받고 싶어 하지 않으며, 더 적극적인 역할을 맡고 싶어 한다. 이런 이유로 세분화는 커뮤니티화로, 표적화는 고객의 확인으로, 포지셔닝은 명료화로 변화하게 되었고, 에이서에서 이러한 현상이 나타났다.

에이서는 사용자들을 연결하고, 그들이 제품을 최대한 활용할 수 있도록 '에이서커뮤니티Acer Community'를 만들었다. 에이서커뮤니티는 사용자간 소셜 지원 플랫폼이다. 여기서 사용자는 정보와 후기, 제품 및 서비스 사용 방법에 대한 끝내주는 팁이나 요령을 공유한다. 에이서는 간간이 지식 자료나 조정 서비스를 제공하고, 주제와 관련된 지원을 한다. 고객의 입장에서 에이서커뮤니티는 쓸모 있는 온라인 정보 창고로, 에이서가 고객의 문제를 해결하기 위해 제공하는 저비용, 저유지 솔루션이다. 에이서커뮤니티는 오늘날의 디지털 시대에서 성공을 거두었다.

디지털 시대는 밀레니얼millenial(1980년대 초부터 2000년대 초 사이에 태어난 세대를 일컫는 말. 이들은 전 세대에 비해 개인적이며 SNS에 익숙하다는 평가를 받고 있음-옮긴이) 세대가 주도하고 있다. 이들은 문제에 대한 해결책을 즉각 얻고 싶어 하며, 기업이 실시하는 그 어떤 커뮤니케이션보다 친구의 말을 신뢰하는 경향이 있다. 그러므로 에이서에서 커뮤니티는 중요한 역할을 맡고 있다. 사실 2012년의 자료를 보면 에이서 커뮤니티 사용자 70%는 문제에 대한 답을 찾기 위해 플랫폼을 방문했으며, 나머지 사용자 30%는 다른 사람을 도우며 커뮤니티에서 시간을 보낸다. 에이서가 커뮤니티를 조사한 결과에 따르면 방문자의 40%가 문제의 해결책과 답을 구하는데 커뮤니티가 유용하게 쓰인다고 답했다. 10%가량의 사용자가 커뮤니티 내에서 문제의 해결책을 찾지 못해 에이서 공식 고객 지원 부서를 찾았다(Speyer, 2018).

오늘날 뉴웨이브 시대에는 세분화가 예전 방식대로 작동하지 않는다. 그러므로 기업은 '커뮤니티화'라는 대안을 사용해야 한다. 커뮤니티 내에서는 구성원이 서로 도움을 주고받으며, 공동의 목표를 공유하고, 일련의 공통 가치를 기준으로 살아가며, 정체성의 일부를 나눠 갖는다. 기업이 커뮤니티화를 이루기 위해서는 소비자를 커뮤니티의 일원으로 바라보아야 한다. 커뮤니티는 기업이 만들 수도 있고(계획이 따라 만들어진 커뮤니티) 소비자의 주도로 만들어지기도 한다(자연스럽게 생긴 커뮤니티)(Kotler, Kartajaya and Hooi, 2017). 커뮤니티를 만들려면 마케터는 커뮤니티의 일반적인 모델을 이해해야 한다. 마케팅을 가르치는 수전 포니어Susan Fournier와 리Lee 교수에 따르면(2009) 커뮤니티의 제휴 형태로는 풀, 허브, 웹의 3가지가 있다.

풀Pools

사람들이 공유하는 가치에 따라서 혹은 공동 활동을 하기 위해 모인 커뮤니티로, 가장 자연스러운 방식으로 만들어진 커뮤니티다. 하지만 구성원은 결속감이 그다지 강하지 않다. 학교와 대학을 예로 들 수 있다. 학생들은 비슷한 활동을 하면서 커다란 커뮤니티의 일부라고 느끼며, 에이서와 같은 기업이 이런 커뮤니티에 접근하여 활용할 수 있다. 그러나 이 유형에서는 구성원들이 느끼는 결속감이 표면적인 탓에 구성원의 관계가 항상 끈끈한 건 아니다. 그래서 마케팅 이벤트와 같은 커뮤니티 활성화 방안을 통해 커뮤니티를 보다 효과적으로 활용해야 한다. 에이서는 여러 학교와 대학에서 판촉 활동 이벤트를 개최했다. 예를 들어 에이서교육Acer Education은 교육 상품에 대한 흥미를 불러일으키기 위해 다양한 홍보 활동과 경진 대회를 연다. 2018년 8월에는 에이서스팀랩메이크오버Acer STEAM Lab Makeover라는 대회를 연다고 발표했다. 이 대회는 미국의 유치원부터 고등학교까지를 대상으로, 학교 교실을 기술 집중형으로 변모시키는 대회다. 우승한 학교는 1만 3,000달러(약 1,517만 원)에 해당하는 아스파이어7Aspire 7 노트북 10대와 윈도우 MRMixed Reality(혼합현실) 헤드셋 10개를 상품으로 받는다 (Vocus PRW Holding, 2018).

허브Hubs

구성원들이 특정 개인이나 그룹을 좋아하거나 이와 관련되어 있어서 서로 모여든 커뮤니티다. 이러한 허브 커뮤니티의 예가 에이서 게이머 커뮤니티다. 2015년 기준 전 세계에는 약 18억 명의 게이머가 있고, 이들 가운데 12억 명이 이미 개인용 컴퓨터와 노트북을 이용하고 있다(Entertainment Software Association, 2015). 이 숫자는 앞으로 더 커질 것으로 예상된다. 게이머와 이들이 사용하는 특정 소프트웨어 사이의 감정적 유대 관계를

189

활용하는 것을 보면 개인용 컴퓨터와 게임 애플리케이션 시장에서 기술 기업이 어떻게 허브 형태의 커뮤니티를 이용하는지, 그 방법을 알 수 있다.

게이머 시장을 노리는 에이서의 제품은 프레데터다. 프레데터는 게이머들에게 사랑받는 게임용 노트북이다. 하지만 제품에 대한 선호는 사라질 위험이 있다. 그리고 게임 커뮤니티도 풀 커뮤니티처럼 산발적인 활동만 할 가능성이 높다. 그래서 에이서는 자사 제품에 대한 커뮤니티의 관심을 붙잡기 위해 다양한 이벤트를 열고 있으며, 그런 이벤트 가운데 하나가 에이서프레데터모임Acer Predator Meetup이다. 이러한 활동을 통해 커뮤니티 구성원 사이 상호작용이 강화될 것으로 기대되며, 그렇게 되면 에이서의 게임용 하드웨어와 소프트웨어 제품에 대한 인기가 유지되고, 사용자의 흥미도 유발할 수 있다.

웹Webs

가장 강력하고 안정적이라고 여겨지는 또 다른 종류의 커뮤니티다. 웹 형태의 커뮤니티를 구성하는 회원들은 서로 강력한 유대 관계를 형성하며 폭넓은 논의와 정보 공유가 이루어진다. 웹 커뮤니티는 온라인과 오프라인, 양쪽에서 모두 발생할 수 있다. 페이스북, 링크드인과 같은 소셜미디어 플랫폼이나 인스턴트 메시지 그룹은 웹 커뮤니티를 발생시키는 플랫폼이다. 고객은 강력한 포지셔닝을 반영하는 브랜드, 제품, 또는 서비스와 연관된 웹 형태의 커뮤니티의 일원이 된다. 에이서

190

또한 이러한 형태의 커뮤니티, 예를 들어 에이서커뮤니티를 유지하기 위해 노력 중이다. 이 커뮤니티는 에이서의 고객들이 사용하는 특정 웹사이트를 통해 접근할 수 있다. 에이서는 사용자끼리 정보를 공유하고 플랫폼을 주고받을 수 있도록 에이서커뮤니티포럼Acer Community forum을 세심하게 관리하고 있다. 이 커뮤니티는 원래 고객과 기업 사이의 원활한 상호작용을 돕기 위해 만들었다. 예를 들어 고객이 Acer.com에 접속하여 일련번호를 입력하면, 보유한 제품에 대한 맞춤 관리를 받게된다. 또한, 에이서는 고객 커뮤니티를 그저 고객이 만든 모임으로만 보는 게 아니라 고객을 위해 회사가 관리하는 지식의 원천으로 여긴다. 에이서커뮤니티를 진짜 '웹' 커뮤니티로 발전시키기 위해 에이서는 고객이 다른 고객과 경험을 공유하고 상호작용을 하도록 권장한다(Acer, Inc., 2018b). 에이서 사용자들이 묻는 질문은 지원 부서 직원의 개입이 거의 없이 다른 고객이 대답하는 경우가 많다. 에이서커뮤니티는 에이서의 충성 고객을 키우는 데 중요한 역할을 했다. 충성 고객은 에이서의 제품을 좋아할 뿐 아니라 다른 고객에게 매우 유용한 정보를 제공함으로써 기업의 마케팅 프로세스를 도와준다.

참고 자료

• Acer Group (2018). *Milestones and Innovations*. https://www.acer-group.com/ag/en/TW/content/history [15 August 2018].

• Acer, Inc. (2018a). *Acer Gaming*. https://www.acer.com/ac/en/US/content/acer-gaming-products [15 August 2018].

• Acer, Inc. (2018b). *Acer Community*. https://community.acer.com/en/#_ga=2.204935638.715439811.1534317935-1663435118.1534317935 [15 August 2018].

• Entertainment Software Association (2015). *Essential Facts about the Computer and Video Game Industry*. http://www.theesa.com/wp-content/uploads/2015/04/ESA-Essential-Facts-2015.pdf [15 August 2018].

• Fournier, S and L Lee (April 2009). Getting brand community right. *Harvard Business Review*, 87(4), 105-111.

• Kotler, P, H Kartajaya and DH Hooi (2017). *Marketing for Competitiveness: Asia to the World*. Singapore: World Scientific.

• Slob, B (2005). *Acer Incorporated*. Amsterdam: Centre for Research on Multinational Corporations (SOMO). https://www.somo.nl/wp-content/uploads/2005/12/Acer-incorporated.pdf [15 August 2018].

• Speyer, A (2018). How Acer reduced costs and increased their community ROI by 500% using Vanilla Forum. *Vanilla Forum*. https://blog.vanillaforums.com/case-study-how-acer-reduced-costs-and-increased-their-community-roi-by-500-using-vanilla-forums [15 August 2018].

• Vocus PRW Holding (August 2018). *Acer Invites K-12 Schools to Apply for STEAM Lab Makeover*. https://www.prweb.com/releases/acer_invites_k_12_schools_to_apply_for_steam_lab_makeover/prweb15676225.htm [21 August 2018].

━━━━━ 테이블포투TFT, Table for Two

테이블포투는 전 세계에서 가장 빠르게 성장하고 있는 비영리단체다. 일본에 본사를 둔 사회적 공헌 단체로 단 몇 년 만에 유럽, 아메리카, 아시아 태평양, 아프리카와 중동의 22개국에서 지부를 창립하는 성공을 거두었다. 감명을 주는 테이블포투만의 남다른 프로그램 덕분에 학교 카페테리아에서부터 레스토랑과 행사장까지 여러 단체에서 기부를 시작했다. 여러 나라에서 다양한 기업과 사회 공동체를 참여시킨 커뮤니티화 전략이 바로 테이블포투가 거둔 성공 비결이다.

전 세계 건강한 식단을 위하여

테이블포투(이하 TFT)는 영양실조 상태인 개발도상국에 비해 선진국에서는 비만 또는 영양 과다 섭취가 일어나는 모순을 해결하고자 하는 비영리단체다. 개발도상국과 선진국은 서로 반대되는 영양 상태를 보이고 있지만, 함께 '글로벌 테이블'에 앉아 있으며, 양측 모두 건강 상태가 좋다고는 할 수 없다. 이 테이블 한 편에는 미국과 같은 선진국이 앉아 있다. 이쪽의 국민은 생활 습관에서 비롯되는 질병으로 점점 큰 고통을 받고 있다. 평균 소득이 증가하고 세계의 여러 음식을 접할 수 있게 되면서 선진국 국민은 건강에 좋지 못한 여러 식품을 섭취하고 있다. 그 결과 많은 사람이 생활 습관으로 인한 건강

193

문제에 시달린다. 한편 테이블의 반대편에는 개발도상국이 위치한다. 특히 사하라사막 이남의 아프리카 국가에서는 많은 국민이 매일 배고픔과 영양실조로 고통받는다. 소득이 제한적이고, 농업 생산성이 낮으며, 식품의 분배가 공평하게 이루어지지 않기 때문이다. TFT는 '칼로리 이전calorie transfer'이라는 독특한 프로그램을 통해 양측의 영양 불균형을 바로잡으려 한다. 이 프로그램은 테이블 양측의 국가 모두에 건강한 식사를 제공하는 프로그램이다.

이러한 아이디어는 2006년 다보스에서 열린 세계경제포럼에서 처음 나왔다. 다보스포럼의 영글로벌리더YGLs, Young Global Leaders 그룹에서 아이디어를 제시했는데, 이들은 비만과 생활 습관병이라는 하나의 퍼즐 조각과 영양실조라는 다른 하나의 퍼즐 조각을 함께 묶어 해결할 기회를 찾았다. 그리고 마사 코구레Masa Kogure가 2007년 일본에서 TFT를 세워 창립자이자 대표가 되었다(Chao, 2012).

TFT는 기업, 대학, 학교, 공공 기관과 협력하여 개발도상국의 기아 문제를 해결하고, 선진국의 생활 습관병을 척결하기 위한 아이디어를 실행한다. TFT가 진행하는 프로그램에 참여하는 기업, 카페테리아, 레스토랑, 이벤트 주최자들은 영양적으로 균형 잡힌 저열량, 건강식 메뉴를 제공한다. 이런 식단을 TFT 식단이라 부른다. 각 장소에서 TFT 식단을 선택한 사람들이나 단골손님, 직원이나 고객은 추가 비용을 지불한다. 예를 들어 일본에서는 20엔, 미국에서는 20센트 정도다. 이 금액은 아프리카와 같은 빈곤 지역 아이들의 학교 급식을 지원하는 기부금으로 쓰인다. 한 번에 기부하는 20엔은 개발도상국 아이의 한 끼 급식비와 동일한 금액이다. 그러므로 선진국에서

194

TFT 식단을 한 번 먹을 때마다 개발도상국에서 한 아이가 한 끼의 식사를 할 수 있는 금액이 기부된다(Yoneda, 2010).

2007년 말에는 TFT가 창립된 후 여러 달 지났을 때였지만 프로그램에 참여하는 기업과 단체는 겨우 11곳에 불과했다. 초기에는 사업 진행 속도가 느렸지만, TFT를 창립한 사람들은 선의로 이 비영리단체를 이어가고 있었다. 다음 해인 2008년 4월 일본에는 새로운 건강 관리 제도가 도입되었고, 이에 따라 기업은 40~74세 사이의 직원을 대상으로 특정한 건강검진을 실시하게 되었다(Yoneda, 2010). 일본은 인구 대비 비만율이 세계에서 가장 낮은 나라이기는 하지만, 비만 인구가 점점 늘어나는 상황을 우려하여 '신진대사법metabolic law'이라 부르는 법안을 제정했다. 이 법에 따르면 허리둘레가 남성은 33.5인치, 여성은 35.4인치가 넘는 직원이 10% 초과된 기업에는 벌금을 부과한다. 일본 정부는 또한 기업이나 단체에서 대사증후군을 앓고 있거나 심혈관질환, 당뇨 같은 생활 습관병으로 발전할 가능성이 있는 직원에게 의무적으로 건강 상담을 실시하도록 했다(Chao, 2012).

새로 시작된 건강검진 요구 법안 덕분에 직원 복지를 담당하거나 쉽게 달성할 수 있는 건강 측정법을 필요로 하는 기업 임원들이 TFT를 많이 찾았다. 그 결과 TFT의 프로그램에 참여하는 기업과 단체가 2008년 말 98곳에서 2009년 말에는 212곳으로 크게 증가했다. 2010년 3월이 되자 TFT 프로그램에 참여하는 단체는 241곳이 되었다(Yoneda, 2010). 참여 단체는 계속 늘어났다. 2012년에는 기업, 정부 기관, 대학, 호텔, 레스토랑을 포함하여 일본에서 530개의 단체가 TFT의 프로그램에 참여했다(Hollingworth, 2012).

2018년 3월을 기준으로 700곳 이상의 기업, 대학, 레스토랑 등의 단체에서 TFT 프로그램을 실시하면서 TFT는 '테이블' 양측에 5,600만 개 이상의 건강한 식사를 제공했다(Table for Two, 2018a).

일본을 넘어 세계 무대로 확대

매년 성장을 거듭하는 TFT는 일본에서 가장 빨리 성장하는 비영리 단체다. 더 나아가 TFT는 일본 밖으로 활동 영역을 넓히고 싶어 한다. 서구 선진국에서는 소아 비만이 점점 큰 문제로 떠오르고 있으며, TFT에게는 강력한 잠재 시장이 있다고 볼 수 있지만 이런 국가를 대상으로 사업을 시작하는 데에는 적지 않은 어려움이 따랐다. 무엇보다 해외의 음식 공급 업체들이 한 끼당 750~950칼로리라는 요구 사항을 맞추어 영양가가 충분한 메뉴를 제공하도록 보장하는 일이 가장 어려웠다.

또 다른 어려움은 TFT의 고객이라 할 수 있는 기부자의 기대에 부응하기 위해서 다양한 시장에서 맞춤형 프로그램을 제시하는 일이었다. 예를 들어 영국에서는 단 2개의 기업이 TFT의 프로그램에 참여했고, 영국 지부에서는 더 많은 기업과 공공 기관이 TFT의 프로그램에 참여할 수 있도록 영국에서 얻는 수익금의 일부를 아프리카 대신 지역 사회에 기부하고 싶어 했다(Hollingworth, 2012).

TFT가 선진국에서 아프리카의 개발도상국으로 '칼로리 이전'을 돕고 있기는 하지만 지역적인 문제도 여전히 다루어야 한다. 예를 들어 홍콩에서 얻은 기부금은 중국 본토 서부 빈곤 지역에 점심을 제공하는 데 쓰인다. 마찬가지로 베트남에서 얻은 기부금은 베트남 안에서 점심 제공 프로그램에 사용된다. 중동 지역은 상황이 달라서 이곳에서 얻은 기부금은 요르단의 시리아 난민 지원 프로그램에 이용된다(Table for Two, 2016a).

2018년 3월을 기준으로 TFT는 이미 전 세계 20개국 이상의 국가에 진출했다. 표 5-2는 TFT의 활동 지부 목록을 보여준다. 대부분의 지부는 일본 TFT와는 별개로 독립적으로 운영된다.

[표 5-2] TFT 글로벌 지부 현황

유럽	아메리카	아시아 태평양	아프리카와 중동
프랑스 이탈리아 노르웨이 스위스 영국	미국	중국 홍콩 일본 한국 몽골 미얀마 필리핀 베트남	에티오피아 케냐 말라위 르완다 사우디아라비아 남아프리카공화국 탄자니아 우간다

출처: Table for Two(2018b).

공동의 목표와 가치를 공유하는 커뮤니티화 전략

TFT는 비영리단체지만 표적 단체의 기부를 받기 위해서는 마케팅 전략이 필요하다. TFT는 활용할 수 있는 자원이 제한적이기 때문에 마케팅 대상으로 삼을 시장을 세분화해야 한다. 특정 기준에 따라 기부 가능성이 있는 파트너를 그룹별로 묶어 마케팅의 우선순위로 삼아야 한다. 이는 전통적인 마케팅 전략에서 사용하는 세분화 기법이다.

하지만 뉴웨이브 시대인 오늘날에는 옛날 방식인 시장 세분화 대신 커뮤니티화 전략을 사용해야 한다. 커뮤니티에서는 소비자를 서로 도움을 주고받으며 목표와 우려, 가치와 정체성을 공유하는 사람들의 무리로 바라본다. 이러한 커뮤니티는 기업의 노력으로 만들 수도 있고, 커뮤니티 자체가 주도해서 만들어질 수도 있다(Kotler, Kartajaya and Hooi, 2017). 커뮤니티에는 풀, 허브, 웹의 3가지 형태가 있고, 이는 TFT에도 적용된다(그림 5-1 참조).

[그림 5-1] 커뮤니티의 제휴 형태

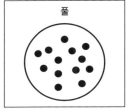 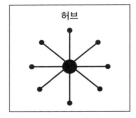 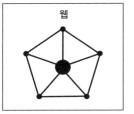

출처: Fournier and Lee(2009).

풀

가장 유기적이고 자연스러운 형태의 커뮤니티다. 풀은 구성원 사이에 공유하는 가치나 흥미가 있거나 구성원끼리 동일한 활동을 하기 위해 만들어진다. TFT가 활동하는 거의 모든 나라에서 표적으로 삼는 풀형 커뮤니티의 예로 학교를 들 수 있다. 세계 어디서나 학교에서 이루어지는 활동은 비슷한 속성이 있으므로 학교는 하나의 커뮤니티가 된다. 어느 지역에서든 TFT와 학교가 협력 관계를 맺으면 구성원인 교사와 학생 모두 쉽게 TFT의 프로그램에 참여할 수 있다. TFT가 학교 커뮤니티에 파고들기 위해서는 TFT를 대표하는 직원이 행사에 참여해야 한다. 예를 들면 2015년 미국 전역에서 1만 명의 학교 교직원이 참여하는 가톨릭교육협회NCEA, National Catholic Educational Association 콘퍼런스가 열렸는데, TFT는 이 자리에서 전시회를 열었다. 콘퍼런스 이후 50개의 학교에서 TFT 활동을 시작했다(Table For Two, 2016a).

풀형의 또 다른 예로 취미에 기반한 커뮤니티가 있다. 2016년 TFT와 일본 최대의 골프숍 포털인 골프다이제스트온라인GDO, Golf Digest Online은 '버디를 잡아 아프리카에 채소밭을 가꿉시다!'라는 독특한 캠페인을 벌였다. 골프 애호가들이 GDO가 제공하는 골프 스코어카드 애플리케이션을 쓰기만 하면, 버디가 1개 기록될 때마다 GDO가 10엔씩 기부하는 캠페인이었다 (Table for Two, 2016b).

허브

보통 구성원들이 특정 개인이나 그룹을 동경하는 마음에서 결성하는 모임이다. TFT는 이를 이용했다. 일본 본부로부터 독립적으로 운영되는 미국 TFT와 뉴욕일본인모임New York's Japan Society은 2015년 공동으로 제프리 삭스Jeffrey Sachs 교수를 초빙해 지속 가능한 개발이라는 목표를 주제로 강연회를 개최했다. 행사에는 100명이 넘는 사람들이 참석했고, TFT가 건강 메뉴의 식사를 제공했다(Table for Two, 2016a).

199

제프리 삭스 교수는 개발도상국의 빈곤 문제를 우려하는 것으로 알려져 있으며, 동일한 문제에 관심을 가진 기업이 펼치는 사회 활동에서는 우상으로 삼는 명사다. 이 커뮤니티를 구성하는 사람들 가운데 일부는 TFT의 행사에 참여하고 TFT가 진행하는 사회 활동에도 기부할 것으로 기대된다.

같은 해 미국에서 열렸던 또 다른 행사도 예로 들 수 있다. 《오니기리 레시피 101(Onigiri Recipe 101)》의 저자 야마다 레이코Yamada Reiko는 그해 시카고에서 오니기리(일종의 주먹밥) 만들기 콘테스트를 열었다. 이 행사에 참가한 사람들은 나만의 고유한 오니기리를 만들어볼 수 있었다. 이날의 대회는 TFT가 주최한 세계 식량의 날 축하행사World Food Day Celebration의 하나로, 야마다 레이코의 팬 커뮤니티를 표적으로 삼았다(Table for Two USA, 2015).

그러나 풀과 허브 커뮤니티는 구성원 간의 유대가 약하다는 속성이 단점으로 지적된다. 계속해서 노력을 기울이지 않으면 커뮤니티 구성원은 그저 모여 있는 군중에 지나지 않으며, 서로 아무런 유대나 소속감을 느끼지 못한다. 그렇기 때문에 TFT는 항상 단체 간에, 커뮤니티 내의 회원 간에, 그리고 커뮤니티 구성원 간에 상호작용이 더 활발히 이루어지도록 노력을 기울인다. 이러한 노력이 결실을 맺는다면 더 결속이 탄탄한 세 번째 유형의 커뮤니티, 웹으로 이어진다.

웹

가장 강력하고 안정적인 형태의 커뮤니티다. 커뮤니티를 구성하는 사람들이 가까운 관계를 맺거나 서로 활발한 상호작용을 펼치기 때문이다. 웹 커뮤니티는 온라인이나 오프라인 어느 쪽에서나 발생할 수 있으며, 온·오프라인이 결합한 형태로 나타나기도 한다.

TFT를 후원하거나 지지하는 사람들로 구성된 잠재적 커뮤니티로 해외에서 활동하는 일본 기업과 일본인 공동체가 있다. 그래서 해외에서 진행되는 TFT의 여러 활동은 일본 문화의 정체성을 보인다. 2015년 세계 식량의 날 축하행사에 TFT 미국 지부는 '100만 번의 잘 먹겠습니다One Million Itadakimasu' 캠페인을 벌였다. 캠페인은 '일본 음식으로 세상을 바꾼다'는 주제로 진행되었으며, 도움이 필요한 어린이들에게 100만 끼의 식사를 기부하는 것을 목표로 삼았다. 이 캠페인을 통해 사람들이 좋아하는 일본 음식인 오니기리가 제공되었으며, 주요 행사는 뉴욕, 워싱턴 D.C., 시카고, 캘리포니아에서 열렸다. TFT의 지지자와 팬들을 위한 양방향 웹사이트가 제작되었고, 사람들이 웹사이트를 방문하여 식사 비용을 기부했다.

TFT는 일본에 본부를 둔 비영리단체이므로 도움이 필요한 어린이들에게 수백만 끼의 식사를 제공하려 애쓰는 동시에 일본 음식 문화를 알리고 일본 음식을 맛있게 먹는 방법도 홍보한다. 예를 들어 TFT의 지지자나 기부자는 행사 활동으로 만든 나만의 오니기리 사진을 공유할 수 있다. TFT를 후원하는 기

201

업들, 산제이San-J, 조지루시아메리카Zojirushi America, 재팬블록페어Japan Block Fair, 벤톤BentOn, 오니길리Onigilly, 유데미Udemy는 제출된 사진 1장당 5끼의 식사 비용을 기부한다. 워싱턴 D.C.에서는 TFT 후원용 건강 상품을 하나Hana 일본 식료품점, 타코그릴Tako Grill, 스시익스프레스Sushi Express, 스시타로Sushi Taro, 라이스바Rice Bar에서 구할 수 있다. 세계 식량의 날에는 워싱턴 D.C.의 미일협회Japan-America Society가 개최한 행사에서 '브라운 백Brown Bag' 대담과 '색다른 오니기리 만들기' 행사가 열렸다. 캘리포니아에서는 스시셰프인스티튜트Sushi Chef Institute에서 식사를 하면서 기부할 수 있는 일식을 제공했고, 다양한 오니기리 행사가 열렸다(Table for Two USA, 2015).

해외에 거주하는 일본인들은 전형적인 '풀' 형태의 커뮤니티로, 동일한 문화 정체성을 바탕으로 연합한다. 하지만 온라인과 오프라인에서 이어지는 TFT의 활동 덕분에 커뮤니티 구성원들의 상호작용이 계속해서 한층 활발해지고, 결속이 단단한 '웹' 형태의 커뮤니티가 탄생하게 되었다. TFT는 이러한 커뮤니티화 전략으로 여러 나라에서 빠르게 프로그램을 확대하고 있으며, 목표로 삼고 있는 문제를 해결하는 데 큰 영향을 미치고 있다.

참고 자료

• Chao, R (April 2012). Table for two: How Japan is eating healthy to help children in Africa eat enough. *Asia Society*. https://asiasociety.org/blog/asia/table-two-how-japan-eating-healthy-help-children-africa-eat-enough [31 March 2018].

• Fournier, S and L Lee (April 2009). Getting brand community right. *Harvard Business Review*.

• Hollingworth, W (November 2012). Table for two NPO eyes larger overseas presence. Japan Times. https://www.japantimes.co.jp/news/2012/11/14/national/table-for-two-npo-eyes-larger-overseas-presence/#.Wr8O4hublU [31 March 2018].

• Kotler, P, H Kartajaya and DH Hooi (2017). *Marketing for Competitiveness: Asia to the World*. Singapore: World Scientific.

• Table for Two (2016a). *Annual Report 2015*. http://usa.tablefor2.org/documentdownload. axd?documentresourceid=71 [31 March 2018].

• Table for Two (May 2016b). *Global News Letter Vol*. 32: http://usa.tablefor2.org/documentdownload.axd?documentresourceid=65 [31 March 2018].

• Table for Two (2018a). The Solution. http://www.tablefor2.org/home [31 March 2018].

• Table for Two (2018b). *Where*. http://www.tablefor2.org/where [31 March 2018].

• Table for Two USA (October 2015). *Table for Two Celebrates World Food Day 2015 with "One Million Itadakimasu (or bBon appetit!)" Campaign*. http://usa.tablefor2.org/documentdownload.axd?documentresourceid=58 [31 March 2018].

• Yoneda, Y (April 2010). Table for two: Promoting healthier meals locally and school lunch donations internationally. *JFS Newsletter No. 92*. https://www.japanfs.org/en/news/archives/news_id029935.html [31 March 2018].

센추리퍼시픽푸드_{Century Pacific Food, INC.}

필리핀 남부 지역인 민다나오_{Mindanao}에서 시작된 조그마한 어류 통조림 회사의 사업 여정을 들여다보자. 2017년 아시아마케팅협회는 센추리퍼시픽푸드를 올해의 아시아마케팅기업으로 선정했다. 센추리퍼시픽푸드는 필리핀 최대의 통조림 식품 회사로, 40년 이상 사업을 지속하고 있다. 기업의 성공 비결로는 지속적인 제품 혁신과 함께 창의적이고 수평적인 마케팅 전략을 꼽을 수 있다. 센추리퍼시픽푸드는 기업이 다차원적이고, 고객 중심적이면서, 다양한 관계자가 활발히 참여하는 커뮤니케이션을 통해 마케팅 메시지를 전달하는 '명료화 전략'을 실행한다.

모든 고객의 니즈를 충족시키는 센추리퍼시픽푸드

센추리퍼시픽푸드는 통조림 식품을 생산 유통하는 필리핀 기업이다. 1978년 리카르도 포 시니어_{Ricardo S. Po, Sr.}가 센추리통조림_{Century Canning Corporation}이라는 이름으로 처음 회사를 설립했다. 이 회사는 주로 수출을 목적으로 필리핀 최초의 참치 통조림 시설을 세웠다. 1983년이 되자 센추리통조림은 필리핀 최대의 통조림 회사가 되었고, 통조림 참치와 정어리를 미국, 유럽, 그 밖의 세계 전역에 수출했다. 1986년에는 대표 상품인 참치 통조림을 필리핀 국내에 출시했고, 1995년에는 아르헨티나 콘비프_{Argentina Corned Beef}의 출시와 함께 육가공 시장에도 진입했다.

센추리퍼시픽푸드는 상품 포트폴리오를 다양화하기 시작했고, 2001년에는 분유 제조업에 뛰어들었다. 그리고 같은 해 일본의 패스트푸드 레스토랑 체인 요시노야Yoshinoya를 필리핀에 들여왔다. 상품 다양화를 위한 작업은 계속되어, 2003년에 설립한 스노우마운틴데어리Snow Mountain Dairy Corporation에서 제조한 인스턴트커피, 커피 크림, 즉석 수프로 이어졌다(표 5-3 참조).

센추리퍼시픽푸드가 성공을 거둔 주요 비결은 고객의 진화하는 니즈를 충족시키는 데 초점을 맞추고 제품의 혁신을 빠르게 진행했기 때문이다. 그래서 다양하고 폭넓은 제품 포트폴리오를 가질 수 있었으며, 상품의 종류와 크기도 다양하게 구성되어 있다. 제품은 다양한 브랜드로 판매되므로, 소비자의 여러 선호 사항과 가격대를 맞출 수 있다. 덕분에 센추리퍼시픽푸드는 소비자층이 아주 넓다.

제품 가격이 다양한 것도 센추리퍼시픽푸드가 가격에 민감한 소비자층과 프리미엄 제품을 찾는 고소득 소비자층, 양쪽을 모두 얻을 수 있었던 비결이다(Century Pacific Food, Inc., 2016). 예를 들어 센추리 참치는 고급 이미지의 제품인 반면, 555는 예산이 빠듯한 소비자층을 위한 양산 제품이다. 또한, 센추리퍼시픽푸드는 지역별 소비자의 입맛에 맞춘 제품을 내놓는다. 예를 들어 프레스카참치의 맛은 북부의 루손섬Luzon 주민의 입맛에 더 잘 맞고, 블루베이 참치와 정어리는 비사야 제도Visayas 주민이 좋아하는 맛이다(Flores, 2011).

[표 5-3] 센추리퍼시픽푸드의 사업 부문

상품 범주	매출 기여도 (2016년)	브랜드 또는 제품명
수산물 • 참치와 정어리 통조림 외 기타 해산물 제품 • 품질이 뛰어나고, 건강에 좋으며, 편리하면서도 적당한 가격으로 필리핀 소비자의 마음을 사로잡음	37%	• 센추리참치(Century Tuna) • 센추리퀄리티(Century Quality) • 555 • 블루베이(Blue Bay) • 프레스카참치(Fresca Tuna) • 럭키7(Lucky 7) • 카마얀(Kamayan)
육류 • 콘비프, 런천미트, 비엔나 소시지 • 맛있으면서도 적당한 가격의 제품	27%	• 스위프트(Swift) • 아르헨티나(Argentina) • 상하이(Shanghai) • 555 • 와우!울람(WoW! Ulam) • 럭키7 • 헌츠(Hunt's)
유제품 및 혼합 제품 • 연유, 무당 연유, 다목적 크림 • 가정 필수품	11%	• 버치트리풀크림(Birch Tree Full Cream) • 버치트리강화유제품(Birch Tree Fortified) • 엔젤(Angel) • 카페드오로(Kaffe de Oro) • 홈프라이드(Home Pride)
참치 OEM 전 세계 다수의 유명 참치 통조림 브랜드의 제품 생산	15%	• 냉동 덩어리 참치 • 봉지 참치 • 통조림 참치
코코넛 OEM 가치가 높고 유기농의 인증된 전통 코코넛 제품을 내수와 수출 시장 양쪽을 위해 생산	10%	• 아쿠아 코코(Aqua coco) • 코코넛 워터 • 말린 코코넛 • 버진 코코넛유 • 유기농 코코넛 가루

내수 시장 지배와 해외 시장으로의 확대

센추리퍼시픽푸드는 대중 시장부터 프리미엄 시장까지, 시장 내 모든 부문을 표적으로 삼은 다양한 제품군을 무기로 필리핀 최고이자 최대의 통조림 식품 회사라는 우위를 공고히 하는데 성공했다. 2017년 1분기 재무 자료를 보면 센추리퍼시픽푸드의 여러 브랜드가 다양한 부문의 시장에서 1위를 기록하고 있다. 통조림 및 보존 식품 부문에서 35%의 시장점유율을 보이고 있으며, 2위 경쟁 업체인 퓨어푸드Purefoods가 11%, 델몬테Del Monte가 9%, 리버티골드Liberty Gold가 8%를 기록하고 있다. 육류 통조림 부문에서도 센추리퍼시픽푸드는 시장점유율 37%로 1위 자리를 지키고 있으며, 30%의 시장점유율을 가진 퓨어푸드가 뒤를 쫓고 있다. 콘비프와 런천미트 부문에서도 센추리퍼시픽푸드는 시장 1위 업체이며, 각각 46%와 34%의 점유율을 기록했다. 하지만 센추리퍼시픽푸드는 무엇보다 참치 통조림 시장을 압도적으로 지배하고 있으며, 시장지배율이 82%에 달한다. 시장 2위 경쟁사인 CDO-푸드스피어CDO-Foodsphere는 겨우 16%의 시장밖에 차지하지 못한다(Century Pacific Food, Inc., 2017).

기업의 강력한 시장 지배력은 국내에만 국한된 게 아니다. 아시아와 해외 시장으로의 확대를 강력히 추진해온 덕분에 오늘날 59개 나라에서 센추리퍼시픽푸드의 브랜드를 찾을 수 있다(CNPF Corporate Presentation, 2017). 센추리퍼시픽푸드는 세계 시장에서의 판매 및 유통 기반 시설 확보를 위해 상당한 투자를 해왔고, 덕분에 엄청난 양을 수출하고 있으며, 해외 제조 시설도 갖추었다. 그들의 제품은 월마트나 까르푸 같은 대형 글로벌 슈퍼마켓 체인에서 살 수 있다.

센추리참치는 중국, 베트남, 중동 시장을 이끄는 통조림 브랜드다. 센추리퍼시픽푸드는 2016년 중국에서 센추리유통그룹을 확보한 덕분에 중국에서의 사업 발판을 한층 다지게 되었다. 현재 센추리참치는 중국 1위의 통조림 참치 브랜드로 인식되고 있다(Century Pacific Food, Inc., 2017). 센추리퍼시픽푸드가 중국에서 아성을 쌓은 점은 특히 흥미롭다. 중국의 주요 소매 유통 업체들과 강력한 관계를 쌓아왔기 때문인데, 그렇게 10억 소비자 시장을 두드려 좋은 결과를 낼 수 있었다.

센추리퍼시픽푸드는 북미, 중동, 유럽에서도 잘 알려진 브랜드다. 여러 해외 파트너사와 긴밀하게 협력하여 이들이 해외 판매용 자가 상표Private label와 브랜드 제품을 생산하고 있다. 센추리퍼시픽푸드의 해외 고객으로는 서브웨이Subway, 프린스Princes(영국 1위의 통조림 수입 업체), 비타코코Vita Coco(미국 월마켓에서 공급하는 세계 최대의 코코넛 워터 브랜드) 등이 있다. 센추리퍼시픽푸드의 카마얀 새우 페이스트는 수출용으로만 생산 및 판매하는 제품으로, 미국 시장에서 1위를 차지하고 있는 브랜드다. 필리핀에서 바고옹Bagoong으로 부르는 전통 필리핀 젓갈 소스는 1980년대에 미국 시장에서 판매하기 시작하여 입지를 다져왔다. 이 제품은 현재 미국 동서부를 넘나들며 주요 아시아 식품 가게를 통해 판매되고 있으며, 미국에서 규모가 아주 큰 필리핀 교포 커뮤니티를 주 판매 대상으로 삼고 있다.

명료성 전략의 대표 사례, 센추리참치

센추리퍼시픽푸드가 특히 내수 시장에서 성공을 거두는 데 가장 큰 공헌을 한 브랜드가 센추리참치다. 센추리퍼시픽푸드는 센추리참치를 '건강한 라이프스타일'을 위한 전통적인 상품으로 자리잡게 했다.

'건강을 생각하세요, 센추리참치를 생각하세요Think Healthy, Think Century Tuna'라는 센추리참치의 표어까지도 참치가 몸에 좋은 생선이라는 점에 초점을 맞추고 있다. 게다가 다양한 맛의 제품이 있어 서로 다른 입맛의 소비자들도 다 같이 즐길 수 있다. 지난 몇 년간 필리핀 국민의 1인당 소득이 늘어나면서 건강 문제에 신경을 쓰는 중산층이 확대되었다. 전에는 센추리퍼시픽푸드가 맛을 바탕으로 제품을 마케팅했지만, 소비자의 선호가 변화하자 센추리참치도 새로운 포지셔닝을 갖추게 되었다. 덕분에 센추리참치는 몸에 좋은 식품을 먹고 건강하게 생활하기를 원하는 중산층 소비자에게 어필했을 뿐 아니라 비슷한 경쟁 제품과 차별화할 수 있게 되었다. 센추리퍼시픽푸드 참치 부문 부사장 겸 총괄 매니저인 그레고리 반존Gregory Banzon은 다음과 같이 말했다.

> *"과거에는 그저 맛의 문제였습니다. 나중에 건강 문제가 대두되었고, 브랜드를 성장시키기 위한 메시지에 하나를 더하게 되었습니다(Century Pacific Food, Inc., 2017)."*

센추리퍼시픽푸드는 센추리참치의 브랜드를 쌓으려는 노력으로 새로운 형태의 포지셔닝 전략을 채택했다. 보다 수평적이고, 포괄적이며, 사회적인 전략이었다. 이 전략이 '명료화'를 나타낸다. 전략 콘셉트는 센추리참치 같은 메가브랜드의 다면적인 이야기 전부를 하나의 메시지에 담을 수 없다는 점을 기본 전제로 한다. 센추리참치의 다면성이란 다양한 지역에서, 다양한 니즈가 있는, 다양한 상황에서,

다양한 사람들이 소비하는 다양한 제품이라는 의미다. 그래서 브랜드 스토리를 간단히 만들 수 없고, 복잡한 브랜드 아이디어를 과도하게 단순화할 수도 없다(Kotler, Kartajaya and Hooi, 2017).

명료성은 포지셔닝이라는 전통적인 마케팅 개념을 벗어나 있다. 포지셔닝에서는 소비자의 마음이 떠나지 않도록 하나의 메시지를 끈질기게 반복하는 데 상당히 큰 초점을 둔다. 하지만 명료성에서는 다면적인 접근을 통해 마케팅을 실시하며, 여기서는 서로 다른 소비자를 염두에 둔 다양한 채널을 통해 메시지를 전달하는 방법을 사용한다. 편집자가 잡지를 만들 때, 다양한 흥미를 가진 독자를 대상으로 서로 다른 콘텐츠와 스토리를 배열하면서도 일관성 있는 편집 방향을 갖는 것과 같다(Light, 2014).

센추리퍼시픽푸드가 센추리참치 브랜드를 위해 채택한 명료성 전략에는 3가지 주요 특징이 있으며, 이 때문에 전통적인 포지셔닝 전략과는 구별된다. 그 내용은 표 5-4에서 확인할 수 있다(Kotler, Kartajaya and Hooi, 2017).

[표 5-4] 포지셔닝 vs. 명료성

포지셔닝	명료성
단일 메시지	다차원적 메시지
기업 중심 콘텐츠	소비자 중심 콘텐츠
일방적 소통	다자적 소통

다차원적 메시지

명료성 전략을 활용할 때는 단일 메시지를 담은 제품의 표어가 다양한 미디어에서 반복되도록 하지 않으며, 다양한 콘텐츠의 형태로 바꿀 수 있는 '커버스토리'를 이용한다. 센추리참치의 경우 상품이 제공하는 이점에 따라 서로 다른 명료성 테마를 활용한다. 센추리퍼시픽푸드는 센추리참치를 비슷한 다른 통조림 식품과 구별하기 위해 정기적으로 참치를 먹었을 때 얻을 수 있는 장점과 몸에 좋은 음식을 먹고 운동을 하는 건강한 라이프스타일을 유지했을 때 얻을 수 있는 일반적인 장점과 함께 소비자에게 알린다.

이러한 노력은 1년에 2번 열리는 필리핀 최대의 모델 찾기 무대인 센추리참치슈퍼바디선발대회Century Tuna Superbods Contest로 이어졌고, 대회는 2006년 이래 계속 진행되고 있다(Century Pacific Food, Inc., 2017). 대회는 또한 다양한 미디어를 통해 브랜드 홍보 대사를 소개한다. 그들은 건강한 생활과 신체 변화를 주제로 각자의 이야기를 전한다. 홍보 대사로는 필리핀에서 인기 있는 아티스트나 뮤지션, 운동선수를 선정한다.

이 캠페인 가운데 하나로 센추리참치는 TV 광고와 옥외 광고판을 통해 '복근으로 완벽한 여름 준비Be ABSolutely summer ready'라는 테마를 사용했다(Cruz, 2015). 광고에 등장하는 아티스트와 브랜드 홍보 대사는 여름 휴가를 위해 건강한 라이프스타일을 유지하는 일이 중요하다는 점을 이야기했다. 2017년에는 소비자가 새롭고 건강한 라이프스타일을 시작할 수 있도록 #센

211

추리참치변명금지CenturyTunaNoExcuses 캠페인을 진행하기도 했다. 센추리참치의 캠페인을 자세히 들여다보면 모든 메시지가 동일한 커버스토리, 즉 센추리참치는 '건강한 생활 습관을 위한 상품'이라는 점을 바탕으로 삼고 있다. 이것이 바로 브랜드에서 명료성 전략을 사용하면서 소비자에게 다차원적 메시지를 전하는 방법을 보여주는 예다.

소비자 중심 콘텐츠
명료성 전략은 소비자의 니즈에 맞춘 콘텐츠의 사용을 한층 중요시한다. 종종 콘텐츠가 판매 제품과 직접적인 연관 관계가 없는 경우도 있지만, 소비자는 콘텐츠를 통해 진짜 혜택을 얻는다(Kotler, Kartajaya and Hooi, 2017). 센추리퍼시픽푸드는 센추리참치를 위한 마케팅 전략을 구상하면서 제품을 소비할 때 얻을 수 있는 기능적, 감정적 장점을 효과적으로 전달했을 뿐 아니라 소비자가 건강한 라이프스타일을 유지하는 데 도움이 되는 실용적이고 유용한 정보 콘텐츠도 다양하게 준비했다.
하나의 예로 소비자들이 건강한 라이프스타일을 유지하는 방법에 대한 정보를 쉽게 얻을 수 있도록 센추리참치의 홈페이지(www.centurytuna.ph)에는 전문 트레이너가 제공하는 운동 영상으로 가득하다. 피트니스 영양 전문가와 다이어트 컨설턴트가 센추리참치를 이용해 만든 일일 식단도 볼 수 있다.
센추리참치는 체형 변화를 주제로 하는 책도 출간했다.《센추리 참치 슈퍼 복근Century Tuna Superbod Abs》에는 여러 피트니스 전문가가 엔도서endorser(광고의 핵심 메시지 전달자-옮긴이)로 등장하며, 센추리참치의 엔도서인 필리핀계 호주인 가수이자 배우 제임스 리드James Reid가 표지에 실렸다. 납작한 배를 만들어주는 식단과 운동 프로그램을 소개하는 이 책은 2015년에 출간되었고, 서점에서 구입할 수 있다(Cruz, 2015). 이런 종류의 콘텐츠는 기업 중심 콘텐츠처럼 단순히 기업을 홍보하는 내용을 담기보다는 소비자에게 직접 도움이 되는 정보를 소개하기 때문에 소비자 중심적이다.

다자적 소통

전통적으로 기업의 제품이나 브랜드 포지셔닝은 일방적 소통을 기본으로 기업에서 고객에게 정보를 전하며, 고객은 수동적으로 정보를 듣기만 했다. 그러나 기술의 발달 덕분에 기업과 고객 사이의 상호작용은 양방향으로 이루어지게 되었을 뿐 아니라 고객 사이에서도 다자적 커뮤니케이션이 이루어진다. 모바일 및 디지털 기술의 발전으로 고객은 주변 사람들(친구, 가족, 추종자)과 쉽게 정보를 공유할 수 있다. 고객이 구매 의사 결정을 내릴 때는 본인의 선호도를 반영하고 주변 친구 및 가족의 후기를 참고할 뿐 아니라 온라인에서도 열심히 후기를 찾고 소셜미디어와 온라인 게시판에 올라온 제품 평가도 읽는다(Kotler, Kartajaya and Hooi, 2017).

센추리참치는 창의적인 방법을 사용하여 브랜드 홍보 대사와 고객 사이에 대화가 이루어지도록 했다. 이러한 노력에는 분명 '브랜드 스토리'를 만들고 강화하려는 목적이 있다. 센추리 참치는 도전 캠페인을 열어 고객이 90일 동안 다이어트에 도전하는 경험을 선사했다. 고객은 소셜미디어를 통해 자신의 경험을 공유했고, 팔로워와 팬들 사이에 흥미를 불러일으켰다. 이런 스토리 가운데 금방 입소문이 나 호평을 받은 사례는 TV 쇼 진행자이자 필리핀의 유명 연예인인 레이몬드 구티에레즈 Raymond Gutierrez의 다이어트 프로그램이었다. 레이몬드는 센추리 참치변명금지 캠페인에 도전하여 90일 동안 프로그램의 내용을 전부 소화했고, 30kg 가까이 감량하는 데 성공했다. 레이몬드는 다이어트의 여정을 온라인 사이트인 래플러Rappler에 동영상으로 기록했고, 현재 그의 몸무게는 88kg 정도다. 소셜미디어상의 많은 사람이 그를 보고 영감을 얻는다고 이야기했으며, 자신도 팬들과 온라인상에서 소통한 덕분에 더 열심히 운동할 수 있었다고 말했다. 그의 다이어트 여정을 담은 동영상은 입소문을 타고 5일 만에 120만 건의 조회 수를 기록했다. 레이몬드의 노력을 칭찬하는 긍정적인 댓글이 동영상 게시물에 쏟아졌고, 이를 통해 레이몬드와 그의 새로운 '팬'들 사이에 수평적인 의사소통이 이루어졌다(Rappler.com, 2017). 센추리 참치는 그의 다이어트 동영상을 통해 고객과 브랜드 홍보 대사 사이의 다자적 커뮤니케이션을 활용하는 창의적 명료성 전략 사례를 보여주었으며, 이를 통해 브랜드가 어떤 장점을 누리는지 알렸다.

참고 자료

- Century Pacific Food, Inc. (2016). Five reasons to invest in CNPF. *Business Highlight*. http://www.centurypacific.com.ph/webinvestor.php?d=cD02JnBjPTAmYmQ9MTk5&cat=investment [9 January 2018].

- Century Pacific Food, Inc. (2017). *2016 Annual Report*. http://www.centurypacifi c.com.ph/investorpdf/Century%20Pacific%20Food%20Inc%202016%20Annual%20Report.pdf [8 January 2018].

- Century Pacific Food, Inc. (May 2017). *Corporate Presentation*. http://www. centurypacific.com.ph/investorpdf/Financial%20Reporting/CNPF%20Corporate%20Presentation_May%202017n.pdf [8 January 2018].

- Cruz, JAT (2015). Century Tuna's strategy: Selling a lifestyle with abs. *Business World Online*. http://www.bworldonline.com/content.php? section=Weekender&title=century-tunas-strategy-selling-a-lifestyle-with-abs&id=105806 [9 January 2018].

- Flores, WL (October 2011). Success strategies of Tuna King Ricardo Po Sr. *The Philippines Star*. http://www.philstar.com/business-life/740181/success-strategies-tuna-king-ricardo-po-sr [8 January 2018].

- Kotler P, H Kartajaya and DH Hooi (2017). *Marketing for Competitiveness: Asia to the World*. Singapore: World Scientific.

- Light, L (July 2014). Brand journalism is a modern marketing imperative. *Advertising Age*. http://adage.com/article/guest-columnists/brand-journalism-a-modern-marketing-imperative/294206/ [9 January 2018].

- Rappler.com (May 2017). *Raymond vs Raymond*. https://www.rappler. com/brandrap/health-and-self/l68281-raymond-gutierrez-no-excuses-century-tuna [11 January 2018].

CHAPTER
6

브랜드 DNA를 내면화해
차별화 전술을 펼쳐라

마케팅을 구성하는 두 번째 요소인 마케팅 전술은 차별화, 마케팅 믹스, 영업의 3가지 요소로 이루어져 있다. 차별화는 기업의 핵심 전술에 해당하며, 표적 시장에 전달하려는 기업의 독창성을 나타낸다. 이러한 독창성은 제품Product, 가격Price, 유통Place, 판촉Promotion의 4P(마케팅 믹스)를 통해 만들어진다. 더욱이 고객과 상호 이익을 바탕으로 장기적인 관계를 쌓고 유지하기 위해서는 영업이 효과적인 전술이다.

레거시 마케팅 시대의 아시아 기업들은 다양한 미디어에서 광고를 내보내 소비자에게 메시지를 퍼붓는 일이 흔했다. 심지어 일부 기업은 무리에서 뛰어나 보이기 위해 그다지 진짜라고 할 수 없는 차별화 요소를 만들어내기도 했다. 하지만 기술이 발달하면서 아시아를 비롯한 전 세계에서 기업과 고객 사이의 관계가 변화하여, 점점 포용적이고 수평적인 관계로 이어졌다. 기업과 고객의 지위는 점점 나란해졌다. 고객은 다양한 채널을 통해 기업에 대한 정보를 쉽게 얻을 수 있으므로 무엇이 옳은 선택인지 쉽게 알 수 있다. 오늘날 뉴웨이브 시대의 기업은 진정성 있는 독창성을 지녀야 하고, 그 독창성은 경쟁사가 쉽게 따라할 수 없는 것이어야 한다. 우리는 이를 내면화codification라 부른다.

이번 장에서는 마케팅 믹스를 구성하는 요소들이 어떻게 변했는지 살펴본다. 제품은 공동 생산co-creation으로, 가격은 통화currency로, 판촉은 대화conversation로, 유통은 공동체 활성화communal activation로 변했다. 뉴웨이브 시대에는 제품 개발 과정이 보다 '수평적'이다. 기업은 고객이 제품 개발의 여러 단계에 적극적으로 참여할 수 있도록 다양한 기회를 열심히 제공한다. 이 말은 최종적으로 개발된 상품이 기업과 소비자가 공동으로 생산해낸 결과물이라는 뜻이다. 또한, 기술의 발전으로 기업은 소비자에게 맞춤형 가격을 제시할 수 있는 자유를 주었다. 소비자 지불 가격은 소비자 스스로가 원하는 제품의 기능을 고려하고, 경쟁사 제품과 비교한 뒤 결정하게 된다. 우리는 이러한 유연한 가격 접근법을 통화라고 부른다.

신기술은 기업이 판촉 활동을 벌이는 방식도 바꾸었다. 사용자가 만드는 콘텐츠가 트렌드가 되면서 기업은 소비자 사이에 화제가 될 수 있는 창의적인 메시지를 전달하는 데 초점을 맞추고 있다. 이는 메시지가 기업에서 소비자로 일방적으로 흐르던 전통적인 광고 방식과 반대되는 현상이다. 소비자들이 대화를 나누는 동안 마케팅 메시지는 입소문을 타는 콘텐츠가 되고, 소비자들이 이 콘텐츠를 주변 사람들과 공유하면서 빠르게 널리 퍼져나간다.

마케팅 믹스의 마지막 요소는 유통이다. 유통은 일반적으로 기업과 고객을 이어주는 물리적인 플랫폼으로, 소비자는 유통망을 통해 제품을 구매하거나 서비스를 경험할 수 있다. 마케팅 믹스의 다른 요소들이 근본적인 변화를 겪었듯이, 인터넷의 발달로 유통에도 대체 채널이 생겨났다. 온라인 결제가 쉬워지면서 전 산업에 걸쳐 온라인 유통이 번성하고 있으며, 그 결과 많은 기업이 고객에게 직접 물건을 팔게 되었다. 하지만 뉴웨이브 시대의 기업은 온라인과 오프라인 유통 채널을 적절히 조화시키는 현명함이 있어야 한다는 점을 기억해야 한다. 특히, 세분화에서 커뮤니티화로 상황이 변화하면서 표적 고객들이 점점 공동체화 하고 있음을 생각하면 더욱 그렇다. 그러므로 기업은 (전술 단계에서도) 상황에 맞는 적절한 계획을 실행해야 한다. 그중 하나가 목표, 가치, 정체성 측면에서 기업의 유통 채널과 보조를 맞추고 있는 커뮤니티를 활용하는 일이다. 이를 공동체 활성화라고 부른다.

이번 장에서는 스리랑카의 딜마티, 홍콩의 캐세이퍼시픽, 인도네시아의 블루버드라는 기업의 사례를 소개한다. 이 사례를 통해 아시아 기업들이 디지털 사업 환경 속에서 뉴웨이브 마케팅 전술을 어떻게 구사하는지 알 수 있다.

──── 딜마티_{Dilmah Tea}

스리랑카는 세계 최고의 차 산지이다. 차 생산 업체와 수출 업체
들은 시장에서 극심한 경쟁을 마주하고 있으며, 세계적인 인기를
누리는 차를 더 많이 판매하기 위해 이국적인 원료를 앞다투어 구
한다. 이처럼 치열한 경쟁 속에서 딜마티는 다른 업체에서는 찾아
볼 수 없는 뛰어난 품질로 스리랑카의 고유한 브랜드로 떠올랐다.
창업자의 개인적인 노력에서 출발한 딜마티에 내재된 고유성은
결국 기업의 브랜드 DNA가 되었다.

정통 방식으로 차를 생산하는 딜마티

1972년까지 실론_{Ceylon}이라는 이름으로 알려져 있던 스리랑카는 남
아시아에 있는 아름다운 열대 섬나라다. 스리랑카는 종종 남아시아
의 관문으로 여겨지는데, 동서양을 연결하는 다리로서 전략적인 위
치를 확보하고 있기 때문이다. 스리랑카는 아름다운 자연, 생물 다
양성, 향신료, 보석, 광활하게 펼쳐진 무성한 차밭을 뽐내는 나라다
(Herath, 2004). 스리랑카에는 차 산업이 활발히 발전하고 있으며, 차
는 스리랑카의 외환 보유고를 늘리는 주요 수단으로 GDP의 2%를
차지한다(Sri Lanka Export Development Board, 2014). 2016년 기준 차는
섬유 제품과 더불어 스리랑카의 주요 수출 품목이다(Hong Kong Trade
Development Center, 2017).

219

스리랑카의 차 산업은 오늘날의 모습이 될 때까지 점진적으로 발전해왔다. 처음에는 아무런 가공을 하지 않은 상태의 차를 여러 나라로 수출했다. 하지만 나중에는 실론티를 가공해 포장을 거친 뒤 생산 회사의 브랜드로 비싼 가격에 판매하게 되었다. 뒤이어 스리랑카 지역에서 점점 많은 생산 업체가 차를 수출하기 전에 가공과 포장을 거쳐 제품 가치를 키워 공급하기 시작했다. 이처럼 이제는 부가 가치를 지닌 차가 실론티 산업의 주요 강점이다(Herath, 2004).

하지만 차 브랜드가 많이 생겨나면서 스리랑카의 차 생산 업체와 수출 업체에는 제품의 품질 문제가 해결 과제로 떠올랐다. 이제는 여러 회사가 '실론티'라는 이름을 사용하여 제품을 홍보한다. 소비자는 실론이 실제 어디에서 만들어졌는지보다 '실론티'라는 브랜드를 더 크게 인지하게 되었다(Herath, 2004). 하지만 일부 업체에서는 제품을 보다 싼 가격에 판매하기 위해 진짜 실론티 잎에 다른 품종의 싸구려 찻잎을 섞는 방식으로 서슴없이 품질을 타협했다. 이는 결국 혼합차라는 이름으로 스리랑카의 차 생산 업자 사이에서 점점 인기를 끌게 되었다.

하지만 일부 생산 업자들은 상황의 심각성을 깨닫고 진짜 실론티의 전설적인 매력을 되살리기로 했다. 이들의 이상주의는 블렌딩 기술(다른 찻잎을 섞는 것)을 전혀 사용하지 않고 실론티를 생산하는 방식으로 현실화하였다. 이 '정통' 방식으로 차를 생산한 덕분에 실론티 특유의 향기를 보존할 수 있었다. 그런 노력을 처음 기울이기 시작한 개척자가 바로 딜마티다.

제5부

실론티만을 담은 차를 다시 내놓다

대기업에서 생산한 소위 실론티라고 불리던 제품이 시장에 쏟아져 나와 엄청난 광고와 활발한 판촉 활동을 벌이던 시절에는 온갖 혼합차가 판치며 차의 품질은 점점 떨어지고 있었다. 그래서 전통차의 귀환이 정말 필요했다. 메릴 페르난도Merrill J. Fernando는 1988년 딜마티를 세워 전통차를 부활시키는 노력의 선봉에 섰다. 딜마라는 브랜드 이름은 메릴 페르난도의 어린 두 아들의 이름, 딜한Dilhan과 말릭Malik의 첫음절을 따서 합한 것이었다(Dilmah Ceylon Tea Company, 2017a).

창업자 메릴 페르난도는 1930년 네곰보Negombo 인근의 마을 팔란세나Pallansena에서 태어났다. 스리랑카의 수도 콜롬보로 이사 온 뒤에는 실론티 품질 감정원으로 일했다. 립톤Lipton과 테틀리Tetley를 포함하여 차를 생산하는 대기업에서도 일했다. 1950년대의 어느 날 메릴 페르난도는 회사 연수로 런던을 방문하게 되었고, 그곳에서 실론티가 가격 경쟁력 확보를 위해 다른 찻잎과 일상적으로 어떻게 혼합되는지 알게 되었다. 메릴 페르난도가 스리랑카 차 산업의 얼굴을 바꾸겠다는 목표를 세우게 된 결정적 순간이었다(Hicks, 2015).

스리랑카의 차 산업을 바꾸겠다는 페르난도의 결심은 점점 강해졌다. 여러 대기업에서 혼합차를 선호하며 순수 실론티를 생산하는 방식을 버렸다는 증거를 찾았기 때문이다. 혼합차를 생산하는 편이 순수 실론티를 생산하는 것보다 수익 면에서 더 뛰어났다. 하지만 그 여파도 명확했다. 스리랑카의 차가 세계적으로 인기를 얻은 1950년대부터 실론티는 다른 나라에서 생산된 저렴한 찻잎으로 교체되고 있었다. 게다가 미국이나 유럽, 호주에서는 그런 혼합차를 더 선호했다. 혼합차를 만드는 기업은 더 많은 수익을 낼 수 있었지만 스리랑카의 차 생산 업자나 교역 업자는 이윤적으로 엄청난 타격을 입었다(Bajaj, 2010).

이 때문에 메릴 페르난도는 딜마티를 세우게 되었다. 딜마티에서 생산하는 차는 100% 오리지널, 순수, 단일 실론 찻잎만을 사용했다. 딜마티를 처음 세웠을 무렵에는 딜마티가 유명 브랜드의 차 회사와 경쟁할 능력이 있는지 의심하는 부정적인 시각을 가진 사람이 많았다. 유명 브랜드를 가진 차 회사들은 차 산업에 훨씬 오래 발 담그고 있었으며, 한층 힘 있는 기업으로 성장했고, 자금력도 훨씬 강했다. 하지만 시간이 흐르면서 시장은 딜마티에서 판매하는 100% 단일 차라는 콘셉트의 제품을 받아들였고, 차를 좋아하는 사람들은 혼합차보다 딜마티에서 생산하는 차를 더 선호하게 되었다. 이제 딜마는 세계적으로 가장 유명한 스리랑카의 차 브랜드이다(Rosenfeld, 2015). 딜마티는 에스토니아, 영국, 터키, 폴란드, 헝가리, 칠레에서부터 미국, 남아프리카공화국, 뉴질랜드, 호주와 파키스탄, 인도네시아, 일본에 이르기까지 전 세계 100개 이상의 나라에서 판매되고 있다. 2009년에 딜마티는 세계 6위의 차 브랜드였다(Bajaj, 2010).

딜마티는 차 농장을 개조해서 럭셔리 부티크 방갈로 리조트인 실론티트레일스Ceylon Tea Trails를 세워 관광 산업에도 뛰어들었다. 5성급 리조트인 이곳은 특별한 경험을 선사하는데, 투숙객들은 우거진 차밭과 산속에서 맛있는 음식과 버틀러butler 서비스를 즐길 수 있다. 딜마티는 이런 방갈로 리조트를 2개 더 오픈할 예정이며, 10개의 타임

세어timeshare(숙박 시설을 1주일 단위로 나누어 휴가철에 자신의 집처럼 사용하는 시스템-옮긴이) 빌라도 선보일 예정이다. 딜마티는 '티 바tea bar'도 세웠는데, 차를 맛보거나 차와 관련한 수업을 들을 수 있다. 차를 좋아하는 사람이라면 기억에 오래 남을 경험을 할 수 있는 곳이다. 이런 노력은 기업의 브랜드 스토리에 잘 짜여 있으며, 딜마티가 다른 브랜드의 차보다 더 비싼 가격으로 판매되는 이유를 알려준다(Bajaj, 2010).

DNA 내면화 이끄는 진정성

딜마티는 국내외 소비자들이 선택하는 차 브랜드가 되었다. 딜마티의 성공은 그들의 브랜드가 상징하는 진정성과 따로 떼어 생각할 수가 없다. 오늘날 뉴웨이브 시대의 기업은 경쟁 회사가 쉽게 따라할 수 없는 진정한 독창성이 있어야 한다. 길모어Gilmore와 파인Pine 교수(2007)는 진정성을 향한 요구에는 3가지 동인이 있다고 주장했다. 첫째, 상업적인 경험이 넘쳐난다. 오늘날 소비자들은 진짜 경험과 가짜 경험을 잘 구별해낸다. 억지로 만든 듯한 경험을 보면 소비자들은 기업이 그저 '애쓰고 있다'고 생각할 뿐 감동받지 않는다. 소비자들은 '가짜' 경험은 시간 낭비라고 여기는 반면 진정한 진짜 경험, 진실한 경험은 일생 동안 소중히 여긴다.

둘째, 주변에서 기계 사용이 늘어나면서 사회생활에는 점점 인간미가 사라졌고, 사람들은 진정성이 느껴지는 무언가를 더 원하게 되었다. 이것이 바로 이 시대의 역설적인 상황이다. 하이테크high-tech(기계 대 기계) 메커니즘 때문에 사람들은 하이터치high-touch(사람 대 사람)의 상호작용을 원하고 있다.

마지막으로 근래 몇몇 대형 스캔들이 터지면서 소비자들이 기업에 대한 신뢰를 잃었다. 이 때문에 소비자들은 진실되고 진정성을 가진 기업을 원하게 되었다. 사회적, 환경적으로 책임감 있는 모습을 보이는 기업일수록 기업의 사명, 비전, 가치를 실제로 믿을 뿐더러 이를 얻기 위해 일한다.

딜마티는 하나의 원산지를 가진 싱글 오리진 티라는 콘셉트로 사업을 시작한 가족 기업이다. 딜마티는 진정성을 대표한다는 기업 이미지를 공고히 하기 위해 업계 트렌드에 따른 사업 운영 방식을 거부했다. 싱글 오리진 티를 대표한다는 점 이외에도 밭에서 막 딴 듯 신선하고 혼합되지 않은 차를 판매한다. 왜 소비자들이 딜마티를 좋아하고 충성하는지 딜마티에 진정성을 부여하는 다음 요소를 알아보자.

딜마티의 진정성

1. 순수 실론 찻잎

실론티라는 이름은 차나무가 자라는 지역의 이름을 따랐다. 실론티는 스리랑카 고유의 차이며, 스리랑카의 지형과 환경의 산물이다. 딜마티는 최고급 찻잎을 수확하는 방식에도 특별히 신경을 쓴다. 따라서 차의 맛만을 보존하는 게 아니라 차 산업의 유산을 보호하고 장인의 스타일을 따르는 공정거래를 한다.

2. 혼합하지 않은 차

딜마티는 차에 어떠한 혼합도 하지 않는다. 오리지널에서 전혀 타협하지 않은 품질의 차를 제공한다. 혼합차는 저렴한 가격으로 인기를 얻었지만, 딜마티는 혼합차를 반대하며, 비록 가격이 비싸져 진출 가능한 시장이 좁아지더라도 찻잎을 혼합하여 차의 신선함과 진품성을 잃는 건 거부한다.

3. 신선함

차의 풍미, 향기, 특성은 찻잎이 얼마나 신선한지에 따라 크게 달라진다. 차가 오래되면 수분을 흡수하면서 독소를 내놓는다. 그러면 차의 풍미가 나빠질 뿐 아니라 차 속의 산화 방지 물질의 양도 줄어든다. 그래서 딜마는 생산한 차의 신선함을 유지하기 위해 극도로 까다로운 생산 공정과 공급망을 갖추고 있다.

4. 싱글 오리진 티

찻잎을 고를 때는 차의 원산지가 매우 중요하다. 차의 맛과 향기를 결정하는 요인이기 때문이다. 딜마티가 원산지가 하나인 차를 생산한다는 건 혼합차를 거부한다는 신념을 보여주는 또 하나의 증거다. 딜마티는 여러 원산지에서 온 찻잎을 섞는 혼합차 방식을 단호히 반대한다. 이것이 바로 딜마티가 고객에게 최고급 품질의 차를 제공하고 실론티의 진정한 가치를 유지한다는 약속을 지키는 방법이다.

5. 열정을 가진 티 메이커

토양부터 기후와 재배 기술에 이르기까지 차의 품질에 영향을 미치는 변수는 다양하다. 이 때문에 차의 품질을 표준화하는 건 꽤 어려운 일이며, 차 만들기는 과학이라기보다 예술에 가깝다고 여겨진다. 이러한 점에서 차를 재배하고 수확하는 사람의 열정과 성실함은 상당히 중요하다. 딜마의 경우 창업자인 메릴 페르난도가 차를 재배하는 일의 예술성에 큰 열정을 가지고 있었고, 차를 농작하는 사람들을 섬기려 노력하는 모습이 다른 경쟁 업체와는 달랐다.

6. 윤리 경영

창업자는 회사를 경영하는 데 있어 '휴먼 서비스(human service)로서의 비즈니스'라는 철학을 키워왔기 때문에 윤리, 청렴, 지속 가능성을 특히 강조한다. 딜마티는 MJF자선재단(MJF Charitable Foundation)을 통해 활발한 사회 환원을 실시하고 있다. 사회 정의를 실현한다는 원칙에 입각하여 2015년까지 스리랑카의 사회적 소외 계층 10만 명 이상에게 도움을 주었다. MJF자선재단은 여러 사회 및 환경 프로젝트를 통해 영세기업, 시골 마을, 공동체 복지, 어린이 프로그램, 요리 학교 등을 지원하고 있다. 한편, 딜마보호구역(Dilmah Conservation)에서는 MJF자선재단의 업무를 환경 및 야생동물 보존 노력과 결부하고 있다.

7. 전통 제조 방식

최고급 찻잎을 따는 장인의 방식은 딜마티의 품질을 유지하기 위한 알맞은 방법이다. 차를 만드는 과정에서 어떤 실수가 생기면 차의 풍미와 향기에 큰 영향을 미친다. 찻잎 2장과 어린 새순만을 손으로 따는 전통 방식을 유지하려면 재배하는 사람의 진정한 연습과 참을성이 필요하다. 딜마티는 지역의 차 재배 농가들이 이 방식을 지키도록 독려한다. 비전통 제다법인 CTC 방식(crush tear curl, 기계에서 찻잎을 파쇄하고 모양을 만드는 홍차 제조 방식-옮긴이)을 이용하면 전통 방식을 대체하여 저렴한 비용으로 빠르게 생산할 수 있지만 차의 품질과 풍미는 떨어진다.

8. 최고급 품질

차밭에서 갓 딴 듯 신선한 찻잎을 제공하겠다는 약속으로 보나, 싱글 오리진과 비혼합차를 추구하는 신념으로 보나 찻잎의 품질에 집중하는 딜마티의 노력에는 한 치의 오차도 없다. 딜마티에서는 찻잎을 손으로 따서 수확하는 일부터 장인의 방식으로 차를 제조하기까지, 생산 공정의 매 단계에서 최고의 품질을 추구한다.

9. 자연의 미덕

자연 그대로의 차는 남다르다. 찻잎의 모양부터 향기와 풍미까지 딜마티의 차를 진짜 차라고 느껴지게 하는 건 자연의 미덕이다. 전통 장인의 생산 방식을 고수하기 때문에 딜마티의 차는 마실 때마다 자연 그대로의 신선하고, 좋은 향기를 분명히 느낄 수 있다.

10. 차 산업의 개척자

딜마티에 진정성을 부여하는 데 가장 큰 역할을 한 것은 바로 이 마지막 요소다. 딜마티는 국내외 차 애호가에게 비혼합 싱글 오리진 티를 가져다준 개척자이기 때문이다. 그리하여 전 세계에 실론티의 진짜 풍미를 다시 알리게 되었다. 딜마티가 추구하는 사업 방식은 패러다임의 전환을 가져왔고, 딜마티는 차 재배 농가에서 직접 공수한 순수하고 신선한 차를 소비자의 식탁에 올리는

225

가족 소유의 차 회사로 떠올랐다. 딜마티는 혁신적인 이벤트를 통해 시장 개척을 위한 노력을 계속하고 있다. 딜마티가 진행하는 이벤트로는 딜마티 요리(Dilmah Thé Culinaire), 딜마티 소믈리에(Dilmah Tea Sommelier), 쉐프앤드티메이커(Chefs and the Teamaker), 오감으로 느끼는 차(Tea in Five Senses), 믹솔로지스트(음료에 관한 전문 지식을 갖추고 새롭고 다양한 칵테일을 만드는 일을 전문으로 하는 사람-옮긴이)와 티메이커(Mixologists and the Teamaker), 리얼하이티(Real High Tea) 등이 있으며, 딜마티학교(Dilmah School of Tea)도 빼놓을 수 없다. 딜마티학교는 접객 업계 직원과 차 감정가(tea connoisseurs)를 대상으로 장인의 시각으로 보는 차 지식을 전하는 곳이다.

출처: Dilmah Ceylon Tea Company(2017b).

기업이 진정한 독창성을 지니기 위해서는 회사의 DNA를 마케팅 부서뿐만 아니라 회사 전체로 확대하여 내재화할 수 있어야 한다. 무엇이 브랜드 DNA를 구성하는가? 여기에는 브랜드의 독창적인 모든 면이 포함된다. 브랜드 DNA는 고객과 직접 대면하는 일선 직원을 비롯해 회사의 모든 구성원에게 통용되는 공통의 언어로 브랜드의 독특한 특성을 담고 있어야 한다(Barlow and Stewart, 2004). 사실 브랜드 DNA는 리더십, 채용, 성과 평가, 기업 문화 구축부터 시작하여 기업의 모든 중요 업무 프로세스에서 작동해야 한다. 우리는 이를 내면화라고 부른다(Kotler, Kartajaya and Hooi, 2017).

딜마티의 내면화 과정에서는 창업자의 리더십이 중요한 역할을 했다. 다양한 진정성 요소를 유지하려 애쓰는 브랜드의 불멸의 집념은 창업자에게서 비롯된 것이다. 이 내용은 딜마티 홈페이지에 실려 있는 메릴 페르난도의 말에서도 알 수 있다.

"나의 비전은 최고급 차를 여러분에게 제공하는 것입니다. 신선한 차, 그래서 풍부한 맛을 내고 자연의 미덕을 느낄 수 있는 차를 여러분에게 제공하면서 동시에 우리나라 스리랑카에

게, 그리고 차를 재배하고 생산하는 노동자에게 공정한 거래를 하는 것입니다. 저는 휴먼 서비스로 사업을 운영할 것을 서약합니다(Dilmah Ceylon Tea Company, 2017a)."

이러한 약속은 그의 두 자녀에게 전해졌을 뿐 아니라 딜마티 전 직원의 마음에도 새겨져 있다. 딜마티는 기업 문화를 통해 구성원에게 이러한 생각을 심었다. 딜마티의 기업 문화는 12개의 독특한 원칙을 바탕으로 삼는다. 회사와 관계된 모든 사람이 창업자의 열정과 약속을 깨달으면서 강력한 기업 DNA를 심을 수 있었다. 덕분에 딜마는 외부에서 발생하는 어려움에 잘 대처할 수 있다.

딜마티를 흔드는 가장 큰 유혹은 변화하는 환경에 적응해야 한다는 압박감이다. 이러한 유혹 때문에 많은 경쟁사에서 원산지가 다른 여러 찻잎을 섞어서 판매한다. 가격 측면에서는 이러한 방법을 쓰는 게 좋겠지만, 그렇게 생산된 차는 진짜 실론티가 아니다. 30년 동안 이어진 딜마티의 여정은 브랜드 DNA를 유지하기 위한 불멸의 노력이 세월의 시험을 견뎌냈음을 보여준다.

참고 자료

• Bajaj, V (January 2010). A Sri Lankan underdog battles global tea giants. *New York Times*. http://www.nytimes.com/2010/01/09/business/global/09tea.html [14 February 2018].

• Barlow, J and P Stewart (2004). *Branded Customer Service: The New Competitive Advantage*. San Fransisco: Berrett-Koehler Publisher, Inc.

• Dilmah Ceylon Tea Company (2017a). *The Story Begins*. https://www.dilmahtea.com/dilmah-tea-company/founders-message.html [13 February 2018].

• Dilmah Ceylon Tea Company (2017b). *Our Values*. https://www.dilmahtea.com/dilmah-tea-company/corporate-values.html [12 February 2018].

• Gilmore, JH and BJ Pine ll (2007). *Authenticity: What Consumers Really Want*. Boston: Harvard Business Review Press.

• Herath, SK (January-June 2004). Tea industry in Sri Lanka and the role of Dilmah tea. *Delhi Business Review* 5(1), 1-15.

• Hicks, MW (September 2015). Founder interview: Merryl J. Fernando of Dilmah tea. *Destinations of the World News*. http://www.dotwnews.com/interviews/founder-interview-merrill-j-fernando-of-dilmah-tea# [14 February 2018].

• Hong Kong Trade Development Center (2017). *Sri Lanka: Market Profile*. http://emerging-markets-research.hktdc.com/business-news/article/Asia/Sri-Lanka-Market-Profile/mp/en/1/1X000000/1X09X08S.htm [13 February 2018].

• Kotler, P, H Kartajaya and DH Hooi (2017). *Marketing for Competitiveness: Asia to the World*. Singapore: World Scientific.

• Rosenfeld, C (February 2015). Tea in Sri Lanka: Travelers take sips steeped history. *CNN*. http://edition.cnn.com/travel/article/sri-lanka-tea-experiences/index.html [14 February 2018].

• Sri Lanka Export Development Board (2014). *Industry Capability Report: Tea Sector*. http://www.srilankabusiness.com/pdf/industrycapabilityreport_tea_sector.pdf [13 February 2018].

───── 캐세이퍼시픽Cathay Pacific

캐세이퍼시픽은 아시아 최대의 국제선 항공사로, 업무 또는 관광을 위한 여행객을 아우르는 프리미엄 서비스를 제공한다. 약 70년 전 설립된 이래로 빠르게 발전해왔지만 지금은 늘어나는 경쟁사와 소비자의 행동 양식 변화로 새로운 도전 과제를 맞이하고 있다. 캐세이퍼시픽은 이러한 어려움을 극복하고 상황을 유리하게 이용하기 위해 새로운 마케팅 전략과 전술을 실행하고 있으며, 이를 가능하게 하는 주요 동인은 디지털 기술이다.

홍콩을 대표하는 항공사

홍콩 국적 항공사인 캐세이퍼시픽은 홍콩 공항에 본사를 두고 있다. 캐세이퍼시픽은 1946년에 설립되었으며, 스와이어퍼시픽Swire Pacific과 에어차이나가 주요 주주다. 200대에 달하는 항공기를 보유하고 있으며, 아시아, 북미, 호주, 유럽, 아프리카 52개국 206곳 이상의 도시에 취항한다. 캐세이퍼시픽은 홍콩에서 1만 9,900명을 고용하고 있으며, 전 세계 그룹의 직원은 약 3만 3,000명에 달한다. 이는 캐세이드래곤Cathay Dragon과 AHK에어홍콩리미티드AHK Air Hong Kong Limited의 직원도 포함한 숫자다. 캐세이드래곤은 캐세이퍼시픽의 100% 자회사로 아시아 지역에서만 운항하는 항공사이며, 주로 중국 본토에서 20개의 도시를 연결한다. AHK에어홍콩리미티드는 화물 전문 항공사

229

로 아시아 지역에서 화물 운송 서비스를 제공한다. 캐세이퍼시픽은 현재 AHK에어홍콩리미티드를 100% 자회사로 편입시키는 작업을 진행 중이다(Cathay Pacific Fact Sheet, March 2018). 또한 캐세이퍼시픽은 AHK에어홍콩리미티드의 대주주이기도 하다(Cathay Pacific Airways Limited, March 2017).

아시아 항공 시장에서 입지를 탄탄히 다지다

캐세이퍼시픽은 1946년 9월 24일 홍콩에서 설립되었다. 설립자는 미국인 로이 파렐Roy C. Farrell과 호주인 시드니 드 칸초우Sydney H. de Kantzow다. 두 사람은 처음에 상하이에 있었지만, 홍콩으로 옮겨와 항공사를 설립했다(Cathay Pacific Airways Limited, 2018a). 홍콩이라는 새로운 근거지에서 캐세이퍼시픽은 점점 사업을 성장시켜나갔고 마침내 항공 업계, 특히 아시아의 항공 업계를 선도하는 기업으로 떠올랐다. 캐세이퍼시픽은 처음에 마닐라, 방콕, 싱가포르, 상하이로 취항하는 여객 항공 서비스를 제공했다. 이후 빠르게 사업을 확대했다. 1948년에는 버터플라이앤드스와이어Butterfly and Swire라고 알려져 있던 홍콩의 주요 무역상사인 스와이어Swire가 캐세이퍼시픽의 주식을 거의 45% 가까이 매수했다. 그리하여 스와이어의 대표였던 존 키드슨John Kidston이 캐세이퍼시픽의 경영을 완전히 책임지게 되었다(Cathay Pacific Airways Limited, 2018a).

마침내 캐세이퍼시픽은 1962년과 1967년 사이에 연평균 20%에 달하는 강력한 성장세를 보여주었다. 또한 일본의 오사카, 나고야,

230

후쿠오카에 취항하여 국제선 서비스를 시작했다. 기업은 1970년대에 이미 컴퓨터를 활용한 예약 시스템과 모의 비행 장치를 활용하고 있었다. 1979년 중반 무렵 캐세이퍼시픽의 첫 번째 보잉 747-200편이 홍콩에 착륙했고, 같은 해 말에는 이미 런던 공항 신규 취항 허가를 요청한 상태였다(Cathay Pacific Airways Limited, 2018a). 보잉 B747편을 점점 더 많이 보유하게 되면서 유럽과 북미로 국제선 서비스를 늘려나갔다.

캐세이퍼시픽은 1980년대에 엄청난 성장을 기록한다. 이 시기는 전반적으로 항공 업계의 호시절이었다. 글로벌 경제 호황 덕분에, 특히 아시아 경제는 활기가 넘쳤기 때문에 출장자와 여행자를 실어나르는 비행기와 화물 운송기가 점점 늘어났다. 캐세이퍼시픽은 1980년대에 런던, 브리즈번, 프랑크푸르트, 밴쿠버, 암스테르담, 로마, 샌프란시스코, 파리, 취리히, 맨체스터 등 국제선 취항지를 더욱 늘렸다. 새로운 밀레니엄을 시작했던 2000년도에 캐세이퍼시픽은 50억 홍콩 달러(약 7,568억 원)라는 엄청난 수익을 거두었다. 하지만 그 이후 9.11테러와 제2차 걸프전쟁, 사스 여파로 경영상의 어려움을 겪어야 했다. 캐세이퍼시픽은 '세상에서 가장 큰 환영World's Biggest Welcome'이라는 행사로 대대적인 실적 회복에 나섰다. 이 행사에서 캐세이퍼시픽은 제비뽑기를 통해 홍콩행 항공권 1만 장을 무료로 배포했다. 또한 '우리는 홍콩을 사랑합니다We Love Hong Kong'라는 캠페인도 벌였는데, 이 캠페인은 사스 발병 이후 홍콩이 상황을 회복하는데 도움이 되었다(*The Sunday Times Sri Lanka*, 2002; Loh, 2004). 이와 별도로 캐세이퍼시픽은 런던, 로스앤젤레스, 뉴욕, 시드니로 하루에 여러 번 취항하면서 홍콩과 글로벌 허브 공항 사이의 연결 관계를 강화했다. 주요 장거리 취항지와 아시아 지역 내의 목적지로 향하는 비행편의 취항 빈도도 확대했다.

　캐세이퍼시픽은 2002년 글로벌 운송 회사인 DHL과 에어홍콩의 합작회사를 설립하며 제휴 관계를 맺었다. 덕분에 화물을 익일에 배달하는 빠른 배송 서비스 능력을 확대할 수 있었다. DHL과 에어홍콩이 서로 협력하면서 캐세이퍼시픽은 에어홍콩의 아시아 지역 네트워크를 확대할 수 있었고, DHL은 페덱스FedEx와 UPS 등의 경쟁사와 정면 승부할 수 있게 되었다(2002). DHL과 캐세이퍼시픽이 제휴해 계속 협력하면서 양사 모두가 전략적 우위를 얻었다. 2017년 11월 캐세이퍼시픽은 DHL이 가진 에어홍콩의 지분 40%를 사들이기로 합의했다. 그렇게 되면 에어홍콩은 캐세이퍼시픽의 100% 자회사가 된다. 계약서에 따르면 양사는 2019년 1월 1일부터 발효되는 최초 기간 15년의 새로운 블록스페이스협정Block Space Agreement을 맺어 협력을 계속하게 된다(Cathay Pacific Airways Limited, 2018b).

　캐세이퍼시픽은 또한 2003년부터 베이징행 여객 서비스를 재개하면서 중국 본토를 비행하는 주요 항공사라는 입지를 다졌다. 뒤에 중국 샤먼Xiamen이 여객 서비스 기항지로 추가되었고, 상하이로 가는 화물 운송 서비스도 시작했다(Cathay Pacific Airways Limited, 2018). 중국 본토에서 비행 연결편을 늘리는 결단을 내리면서 아시아 항공 시장에서 캐세이퍼시픽의 입지는 한층 탄탄해졌다. 게다가 홍콩은 위치적 장점이 많은 곳이기 때문에 기업은 지리적 혜택을 누리고 있다. 이는 다른 여러 도시나 나라에서는 가질 수 없는 장점이다.

캐세이퍼시픽은 고객 만족도를 높이기 위한 노력을 끊임없이 기울였으며, 덕분에 항공 업계의 서비스 기준을 세웠다는 평가를 받는다. 이런 점은 주요 수상 기록을 통해서도 알 수 있다. 2005년에는 스카이트랙스가 실시하는 비행 승객 대상 세계 최대의 설문 조사를 바탕으로 '올해의 항공사'로 선정되기도 했다. 2009년과 2014년에도 같은 상을 수상했다(Skytrax, 2018).

캐세이퍼시픽의 여객 서비스 부문이 계속해서 성장하고 뛰어난 서비스 품질로 인정받게 되면서 화물 운송 부문 또한 회사의 끊임없는 성장과 비즈니스 확대를 위해 한층 노력을 경주했다. 2010년 캐세이퍼시픽은 세계 최대의 국제선 화물 운송 항공사가 되었고, 캐세이퍼시픽이 주 허브 공항으로 삼는 홍콩국제공항은 화물 물동량 기준으로 세계에서 가장 붐비는 공항이 되었다(Denslow, 2011). 현재 화물 운송 부문은 캐세이퍼시픽그룹 전체 매출의 30% 가까이 차지하고 있다(Cathay Pacific Airways Limited, 2018).

새로운 항공사들과 대접전을 벌이다

캐세이퍼시픽은 선호 고객 프로그램Preferred Account Program을 이용하여 비즈니스 여행객을 주 목표 대상으로 삼는다. 그리고 진심에서 우러나온 우수한 서비스를 제공하는 항공사라고 포지셔닝하고 있다. 이런 점을 생각하면 캐세이퍼시픽의 최대 경쟁사는 싱가포르항공Singapore Airline이다. 싱가포르항공은 싱가포르창이공항Singapore Changi Airport을 허브로 삼고 있는 싱가포르 국적 항공사로, 세계에서 가장 상을 많이 받은 항공사다. 싱가포르항공은 언제나 캐세이퍼시픽과 대접전을 벌이는 상대였다. 싱가포르항공도 스카이트랙스의 고객 설문 조사에서 꾸준히 인정받았기 때문이다. 2018년 스카이트랙스는 싱가포르항공을 세계 최고의 항공사World's Best Airline로 선정하며, 별점 5개를 수여했다. 싱가포르항공은 국제선 여객 수 기준 세계 10위 안에 포함되며, 킬로미터당 수익 기준 세계 15위 안에 드는 항공사다(McCaffrey, 2014).

캐세이퍼시픽은 싱가포르항공 이외에도 중동 지역 항공사와 경쟁을 벌이고 있다. 카타르항공Qatar Airways, 에티하드항공Etihad Airways, 에미레이트항공Emirates과 같은 대형 항공사들이 고급 좌석을 구매하는 여행객을 위해 아시아 안팎의 목적지를 잇는 풀 서비스 항공편을 여럿 제공하고 있다. 중동 지역을 대표하는 메가 항공사인 이들은 최근 빠르게 기세를 확장하고 있다. 예를 들어 이 세 항공사가 속한 나라의 정부와 미국 정부가 항공자유화협정Open Skies Agreement(전 항공 노선에 대한 진입 개방, 운임 설정 자유화, 전세기 운항 자유화, 코드 공유 운항 기회 개방 등 국제 항로상 존재하는 각종 제한을 철폐하여 항공에 대한 수요와 공급을 시장 기능에 맡기는 것을 내용으로 한 협정-옮긴이)을 마무리하면서 세 항공사의 미국행 항공편 좌석 수는 도합 1,500% 가까이 늘어났다. 중동 지역 항공사들의 설명에 따르면 아시아 및 기타 여러 나라의 국민소득이 증가하면서 항공편에 대한 시장 수요가 늘어났고, 그 결과 큰 성장을 이룰 수 있었다고 한다.

저가 항공 시장을 노리는 새로운 경쟁사가 나타나면서 캐세이퍼시픽이 마주한 경쟁 구도는 한층 더 복잡해졌다. 새로운 경쟁이 등장한 원인으로 2가지 추세가 있었다. 첫째, 일부 국가에서 경기가 나빠지면서 많은 고객이 항공권 가격에 민감하게 반응하게 되었고, 결국 저가 항공사를 선택하는 여행객이 늘어났다. 그래서 비즈니스석에 대한 수요는 줄어든 반면, 저가 항공을 이용하는 여행이 인기를 끌고 있다. 둘째, 중국에서 해외의 많은 도시를 연결하는 직항편이 빠르게 늘어나면서, 제3의 목적지로 향하기 전 경유지에 들러야 할 필요가 없어졌다. 여행객 수로 보면 해외로 나가는 중국인 여행객의 수가 이미 세계에서 가장 많기 때문에 이는 특히 큰 타격이 되었다(Juca, 2017).

이러한 추세가 이어지면서 아시아 지역에는 저가 항공사, 중국에는 국영 항공사가 등장하여 핵심 노선에 여객 편이 쏟아지게 되었고, 항공권 가격이 떨어지는 동인이 되었다. 저가 항공 부문이 번창하고 있기 때문에 이 시장에 진출하는 방식으로 사업을 다각화하면 이런 어려움을 어느 정도 극복할 수 있다. 예를 들면 싱가포르항공은 자회사인 실크에어Silk Air와 저가 항공사 스쿠트를 통해 영업이익을 늘리는 데 성공했다. 비록 이들이 차지하는 영업이익 비율이 전체의 30% 미만이기는 하지만 말이다. 하지만 저가 항공 부문을 현명하게 관리하지 않고 지나치게 의존하면 주된 항공 사업을 위험에 빠뜨릴 수 있다(Juca, 2017).

디지털 플랫폼을 활용한 고객 참여 마케팅

점점 격화되는 경쟁 속에서 살아남기 위해 캐세이퍼시픽은 '승리의 시간Time to Win'이라는 새로운 비즈니스 전략을 내놓았다. 이 전략은

235

'좋은 여행Life Well Travelled'이라는 슬로건을 내걸며, 뛰어난 여행 경험으로 고객의 삶을 풍부하게 만들겠다는 목표에 사업의 모든 측면을 맞추려 한다. 캐세이퍼시픽의 비즈니스 전략을 지지하는 4개의 기둥은 고객 중심, 뛰어난 업무 처리, 생산성, 그리고 가치에 집중하고 높은 성과를 내는 기업 문화다. 이 4개의 기둥이 비즈니스 전략과 회사에 필요한 변화를 가져다줄 주요 업무 프로그램을 연결한다. '승리의 시간'은 캐세이퍼시픽이 지난 20년간 택해온 전략적 행동에 비추어볼 때 아주 이례적인 접근법을 택했다. 이 전략은 고객에 초점을 맞추고 있으며, 비즈니스의 모든 측면에서 경쟁력과 효율성을 높이고자 한다. 그리고 주로 디지털 기술을 사용하여 전략적 목표를 달성하려 한다(Cathay Pacific Airways Limited, February 2017).

'승리의 시간'이라는 전략을 택하기 전에도 캐세이퍼시픽은 이미 마케팅 홍보 활동에 디지털 기술을 사용하는 데 큰 관심을 기울이고 있었다. 캐세이퍼시픽은 디지털 기술을 대충 사용하는 게 아니었다. 2015년 초 캐세이퍼시픽은 마케팅 캠페인의 50% 이상을 디지털 플랫폼을 통해 진행했다. '좋은 여행'이라는 슬로건에도 소셜미디어와 동영상, 광고를 활용한다는 내용이 담겨 있다.

캐세이퍼시픽은 '인플루언서 커뮤니티'도 활용하고 있다. 인플루언서 커뮤니티에는 캐세이퍼시픽을 좋아하는 고객과 관광 및 여행 업계의 유명인이 포함되어 있다. 캐세이퍼시픽은 인플루언서 커뮤니티를 통해 고객이 경험한 여행의 순간을 페이스북, 인스타그램, 링크드인, 트위터 등의 소셜미디어 플랫폼에서 공유하도록 권장한다. 유튜브도 짧은 동영상을 공유하는 플랫폼으로 사용한다. 소셜미디어에서 #LifeWellTravelled라는 해시태그를 검색하면 캐세이퍼시픽을 이용한 여행자들이 게시한 기억에 남는 순간을 살펴볼 수 있다(Loras, 2015). 소셜미디어 활용은 고객들 사이에서 '대화'를 불러일으키는 마케팅 홍보 활동의 새로운 형태이며, 기업이 실시하는 평범한 광고보다 눈에 띄는 판촉 활동이다. 마케팅 전문가 로이스 켈리Lois Kelly는 대화를 잇는 주제로 각자가 가진 이야기를 꼽았다(Kelly, 2007). 캐세이퍼시픽의 캠페인이 바로 고객의 이야기를 활용하고 있다.

또한 캐세이퍼시픽은 디지털 기술을 활용하여 고객이 회사의 제품과 서비스를 개발하는 과정에 참여하도록 하고 있다. 이 기업의 서비스 향상과 제품 개발 과정은 고객의 활발한 참여를 바탕으로 이루어진다. 뉴웨이브 마케팅에서는 이를 '공동 생산'이라 부른다(Kotler, Kartajaya and Hooi, 2017).

이런 공동 생산을 실시하는 플랫폼이 캐세이인사이트Cathay Insight다. 이 커뮤니티 플랫폼을 이용하는 고객은 1만 명이 넘는다. 캐세이인사이트 온라인 커뮤니티에서는 17개국에서 모인 수천 명의 고객이 대화를 나누며, 이를 통해 항공사가 '고객을 위해 개발된 제품과 서비스를 구현'하도록 돕는다. 커뮤니티 회원은 정기적으로 제품 및 서비스 개발 활동에 참여하며, 캐세이퍼시픽 이용 경험을 바탕으로 회사에 피드백을 제공한다. 예를 들면 캐세이퍼시픽과 캐세이인사이트 커뮤니티는 고객의 기내 경험을 만드는 과정에서 공동 생산을 이루었다. 어메니티키트amenity kits와 같은 신제품을 도입하도록 제안했고, 공항 라운지의 디자인이나 마케팅 및 광고 캠페인, 웹사이트 이용법에 대한 피드백을 제공했다. 캐세이인사이트 커뮤니티는 회원 유지율이 87%가 넘고, 질문에 대한 응답률은 47%를 기록하고 있다. 캐세이퍼시픽에 따르면 캐세이인사이트 커뮤니티 덕분에 기업의 이해관계자와 고객 사이의 협력 활동이 늘어났을 뿐 아니라 사업상 도전 과제가 드러나기도 했다(Vision Critical Communication, 2018).

　새로운 전략의 도입과 함께 이미 실시하고 있던 모든 뉴웨이브 마케팅 전략(대화와 공동 생산)이 한층 통합된 많은 지원 속에서 계속 이어지고 있다. 캐세이퍼시픽은 새로운 비즈니스 전략에 사업의 초점을 맞출 수 있도록 조직을 개편했고, 덕분에 뉴웨이브 마케팅을 실시하기 쉬워졌다. 하지만 캐세이퍼시픽 브랜드가 약속하듯 고객에게 '좋은 여행'을 제공하겠다는 핵심 전략은 변하지 않는다.

참고 자료

- *BBC News* (October 2002). DHL and Cathay in cargo venture. http://news.bbc.co.uk/2/hi/business/2311821.stm [24 March 2018].

- Britton, R (May 2015). The big three: U.S. Airlines versus Persian Gulf Carriers. *Forbes*. https://www.forbes.com/sites/realspin/2015/05/12/the-big-three-u-s-airlines-versus-persian-gulf-carriers/#2808b9135aad [25 March 2018].

- Cathay Pacific Airways Limited (February 2017). Introducing our new strategy. *CX World*, Issue 249.

- Cathay Pacific Airways Limited (March 2017). *Annual Report 2016*. https://www.cathaypacific.com/content/dam/cx/about-us/investor-relations/interim-annual-reports/en/CX16-Final_en.pdf [24 March 2018].

- Cathay Pacific Airways Limited (March 2018). Cathay Pacific Airways Limited Announces 2017 Annual Results. https://news.cathaypacific.com/cathay-pacific-airways-limited-announces-2017-annual-results-153103 [31 October 2018].

- Cathay Pacific Airways Limited (2018b). *History*. https://www.cathaypacific.com/cx/en_ID/about-us/about-our-airline/history.html [24 March 2018].

- Cathay Pacific Fact Sheet (March 2018). http://downloads.cathaypacific.com/cx/press/cxw/CX_Fact%20Sheet_en.pdf [31 October 2018].

- Denslow, N (January 2011). Cathay Pacific, Hong Kong Airport become biggest for freight. *Bloomberg Businessweek*. https://web.archive.org/web/20110417033044/ http://www.businessweek.com/news/2011-01-26/cathay-pacific-hong-kong-airport-become-biggest-for-freight.html [25 March 2018].

- Juca, L (May 2017). Singapore Airlines and Cathay fight same headwinds. *Reuters*. https://www.reuters.com/article/uk-singapore-airlines-results-breakingvi/ singapore-airlines-and-cathay-fight-same-headwinds-idUSKCN18F0UP [25 March 2018].

- Kelly, L (2007). *Beyond Buzz: The Next Generation of Word-of-Mouth Marketing*. New York: AMACOM.

- Kotler, P, H Kartajaya and DH Hooi (2017). *Marketing for Competitiveness: Asia to the World*. Singapore: World Scientific.

- Loh, C (2004). *At the Epicentre: Hong Kong and the SARS Outbreak*, p. 88. Hong Kong: Hong Kong University Press.

- Loras, S (February 2015). #LifeWellTravelled in first major digital push. *Clickz*. https://www.clickz.com/cathay-pacific-asks-what-is-lifewelltravelled-in-first-major-digital-push/27395/ [26 March 2018].

- McCaffrey, C (2014). Airline spotlight: Singapore Airlines. *Flight Network*. https://www.flightnetwork.com/blog/spotlight-singapore-airlines/ [25 March 2018].

- Skytrax (2018). *Airline of the Year Winners*. http://www.worldairlineawards.com/Awards/airline_year_winners.html [25 March 2018].

- *The Sunday Times Sri Lanka* (February 2002). Cathay Pacific Airways launches "The World's Biggest Welcome." http://www.sundaytimes.lk/020217/bus6.html [24 March 2018].

- Vision Critical Communication (2018). *Change Is in the Air: How International Airline Customers Shape Their Experience*. https://www.visioncritical.com/customer-stories/cathay-pacific/ [26 March 2018].

─────── 블루버드 Blue Bird

블루버드는 인도네시아 육상 운송 업계의 선두 주자다. 세월이 흐르면서 다른 형태의 운송 서비스 사업도 시작했다. 하지만 고젝, 그랩, 우버 같은 기술 기업이 등장해 인기를 끌면서 새로운 도전을 맞이하게 되었다. 새로 등장한 기술 기업들은 상대적으로 저렴한 가격으로 집 앞까지 찾아가는 서비스를 제공하기 때문에 블루버드는 한층 치열하고 복잡한 경쟁 속에 놓이게 되었다. 블루버드는 가격 전쟁을 피하면서 서비스의 독창성을 보이기 위해 브랜드 DNA를 내면화하는 방법을 마케팅의 주요 전술로 삼았다.

인도네시아 운송 업계의 선두 주자

인도네시아 택시 업계의 선구자이자 가장 큰 택시 회사인 블루버드는 2001년 3월 29일에 설립되었다. 창립 12년 뒤 블루버드는 일련의 구조 조정을 실시했다. 여객 수송과 국내 운송 사업에 초점을 맞춘 15개의 사업체와 함께 대기업으로서 성장을 지속하기 위함이었다. 버스나 자동차의 렌트나 택시(일반 택시, 고급 택시) 사업 이외에도 워크숍이나 모임 시설 운영 등 주 사업을 지원할 수 있는 관련 사업도 함께 하고 있다(Blue Bird, 2016).

　인도네시아 운송 업계의 거물인 블루버드는 고객 만족을 언제나 최우선 순위에 둔다. 승객이 안전함과 편안함을 느낄 수 있도록 택시

안에 미터기, 라디오, GPS 장치를 갖추고 있다. 기업은 사업 부문을 택시 사업과 비택시 사업으로 나누어 관리한다(Blue Bird, 2017).

택시 사업

1. 일반 택시

블루버드는 '블루버드'와 '푸사카Pusaka'라는 2개의 브랜드로 인도네시아의 여러 도시에서 일반 택시 서비스를 제공하고 있다. 블루버드의 일반 택시를 이용할 수 있는 지역은 자카르타, 보고르Bogor, 데폭Depok, 땅그랑Tangerang, 브카시Bekasi, 반둥, 반텐Banten, 바탐Batam, 세마랑, 마나도Manado, 메단, 파당Padang, 팔렘방, 페칸바루Pekanbaru, 수라바야, 마카사르, 방카 벨리퉁Bangka Belitung 등이다. 또한 '롬복딱시Lombok Taksi'라는 브랜드로 롬복에서, '발리택시Bali Taxi'라는 브랜드로 발리에서 일반 택시 서비스를 제공한다. 2016년 말 기준으로 블루버드는 2만 4,873대의 택시를 보유 및 운행하는 인도네시아 최대의 택시 회사다.

2. 고급 택시

블루버드는 '실버버드Silver Bird'라는 브랜드로 자카르타와 수라바야에서 고급 택시를 운행한다. 넓고 편안한 실내의 럭셔리 차량을 이용하여 고급 소비자 시장을 목표로 삼는다. 2016년 말까지 블루버드가 운행하는 고급 택시는 1,114대였다.

비택시 사업

1. 리무진 및 렌터카 사업

블루버드는 푸사카프리마운송Pusaka Prima Transport을 통해 인도네시아 14개 지역에서 일일 또는 장기 렌터카 사업을 운영하고 있다. 기사를 제공하는 렌터카 사업은 개인 및 기업 고객을 대상으로 한다. 블루버드는 기업을 대상으로 장기 계약을 통한 차량 대여 사업도 운영하고 있으며, 장기 계약에서는 기사 서비스를 넣을 수도, 넣지 않을 수도 있다. 2016년 말 기준 블루버드가 렌탈용으로 보유 및 운행하는 차량은 5,169대였다.

2. 버스 대여 사업

블루버드는 빅버드푸사카Big Bird Pusaka를 통해 인도네시아 9개 지역에서 버스 대여 서비스를 제공하고 있다. 이 사업은 일반적으로 국내외 기업을 대상으로 삼고 있으며, 국제 학교나 다국적기업도 포함된다. 2016년 말 기준 버스 560대를 보유 및 운행하고 있다. 2014년 10월 29일 블루버드는 종목명 'BIRD'로 기업공개를 실시했다. 운송 서비스 분야, 특히 여객과 육상 운송 부문에서 시장 선도 기업이라는 지위를 유지하려는 블루버드의 발전 계획을 지지하기 위해서였다. 매일 수천 명의 승객을 수송하는 동안 블루버드는 비즈니스 센터에서나 관광지에서나 인도네시아 전역의 주요 도시에서 널리 알려진, 믿을 수 있는 택시 회사로 자리잡았다.

'전통' 택시와 '온라인' 택시의 대립

블루버드는 여러 해에 걸쳐 육상 운송 부문, 특히 택시 업계에서 시장 선도 기업이라는 지위를 성공적으로 지켜왔다. 폭넓은 네트워크와 뛰어난 서비스를 제공한 덕분에 편안하고 안전한 택시를 원하는 소비자가 궁극적으로 선택하는 브랜드였다. 하지만 블루버드의 시장 지배력은 2016년부터 외부 도전자로 말미암아 위협받게 되었다.

아시아 안팎에서 거시 경제의 흐름이 좋아지기 시작했다. 미국과 중국의 경제가 강한 성장세를 보였고, 세계 경제도 계속 번성하고 있었다. 2016년 인도네시아 경제는 5.02% 성장했는데, 2015년과 비교하면 4.88% 향상된 모습이었다(Amianti, 2017). 인도네시아의 경제가 성장한 것은 가계 소비가 증가하고, 투자의 성과가 나아졌으며, 수출이 늘어난 덕분이었다.

2016년 이후로 인도네시아의 운송 업계, 특히 육상 대중교통 업계에서는 신생 운송 서비스 업체가 등장하면서 시장이 분열하기 시작했다. 인도네시아의 고젝이나 말레이시아의 그랩과 미국의 우버 같은 기술 기업들은 사실 수년 전부터 시장에 진출해 있었지만(고젝이 설립된 건 2010년이었다) 이즈음 비로소 인도네시아에서, 특히 대도시를 중심으로 널리 받아들여지기 시작했다. 인도네시아 소비자들이 마침내 업계의 '신인'들을 받아들이기 시작한 이유는 기술 기업들이 시장 침투 전략의 하나로 저렴한 이용료를 내세웠기 때문이었다. 그 결과 블루버드의 일반 택시와 고급 택시 부문에서 사업 실적이 약화되었다. 블루버드는 새로 등장한 경쟁자의 존재가 미치는 영향을 느끼게 되었다(Blue Bird, 2017).

새로 등장한 기술 기업은 업계의 격변을 불러왔다. 특히 전통적인 택시 기사와 온라인 택시 기사 사이에 긴장이 고조되었다. 2016년 3월 수천 명에 달하는 인도네시아의 택시 기사들이 여객 수송 애플리케이션 회사의 영업을 반대하는 시위를 벌여 수도 자카르타를 부분적으로 마비시켰다. 고젝, 그랩, 우버 같은 온라인 차량 예약 애플리케이션 서비스 때문에 교통 체증이 극심한 자카르타의 택시 기사들이 생계를 유지하기 어려워졌기 때문이었다(BBC News, 2016). 택시 기사들의 시위는 오토바이 택시인 오젝 기사들의 반발을 불러일으켰다. 오젝 기사들이 정부에 오토바이 택시 업계에도 관심을 가져달라고 요구하며 대규모 시위를 벌였기 때문이다(The Jakarta Post, 2017). 이러한 사회적 갈등 때문에 결국 인도네시아 정부가 개입하여 애플리케이션을 기반으로 하는 운송 서비스 업체에 새로운 규제를 적용하게 되었다.

'브랜드 DNA'의 내면화

이러한 상황 속에서 블루버드와 고젝은 서로를 비난하는 대신 고블루버드Go-Blue Bird라는 공유 플랫폼을 출시하는 새로운 전략을 택했다. 양사의 협력은 회사를 혁신하고, 지역 사회에 최고의 서비스를 제공하며, 기사의 복지를 위한 장기 계약이었다(Marzuki, 2017). 양사의 협력을 통해 블루버드의 택시 기사들이 고블루버드 플랫폼을 사용하게 되었고, 덕분에 고젝 애플리케이션을 사용하는 승객을 새로 얻을

수 있었으며, 고객은 애플리케이션 사용자에게 추가 운송 수단을 제
공할 수 있게 되었다.

하지만 블루버드는 온라인 운송 서비스 회사와 협력 관계를 맺는
것만으로는 앞으로의 사업 지속 가능성을 확신할 수 없음을 알고 있
었다. 블루버드 택시와 애플리케이션 기반 차량 서비스 사이에 특별
한 차이가 없다면 소비자들이 구매 결정을 내릴 때 '가격'을 고려하
게 될 것이다. 블루버드는 가격 전쟁에 휘말릴 수밖에 없고, 그건 결
국 회사를 망치는 길이다. 이러한 상황을 분석한 블루버드는 회사의
서비스 문화가 사실상 강력한 차별화를 가져다주는 원천이며, 고객
에게 편안하고 안전한 이동 서비스를 제공하기 위해서는 회사의 서
비스 문화를 최대한 활용해야 한다는 사실을 곧 깨달았다. 애플리케
이션을 기반으로 하는 차량 기사들과 달리 블루버드의 택시 기사들
은 '회사가 정식으로 채용한 직원'이며, 이들은 회사의 조직 문화를
위해 상대적으로 많은 노력을 기울인다. 그러므로 강력한 서비스 문
화는 블루버드라는 브랜드를 시장에 새로 진입한 경쟁 업체와 다르
게 만드는 요소가 된다.

블루버드의 강력한 차별화 전략은 마케팅 부서를 넘어 회사 전체
에 내재화된 브랜드 DNA, 즉 진정한 독창성이 있었기 때문에 탄생
할 수 있었다. 브랜드 DNA는 브랜드의 독창적인 모든 면으로 구성
된다. 고객을 직접 만나는 기사들뿐 아니라 회사 전체 구성원에게 통
용되는 공통의 언어여야 한다. 사실 브랜드 DNA는 리더십, 채용, 업
무 고과 평가, 기업 문화 구축까지 기업의 모든 중요 업무 프로세스
안에서 작동해야 한다(Barlow & Stewart, 2004). 이것이 바로 내면화다.

246

[그림 6-1] 내면화의 양파 모델

'브랜드 DNA의 내면화'는 상호 연결된 3개의 층을 통해 이루어
진다(그림 6-1 참조). 첫 번째 층은 상징과 스타일로 구성되어 있으며,
3개의 층 가운데 가장 유형적인 요소들이라 쉽게 '내면화'할 수 있다.
두 번째 층인 '시스템과 리더십', 세 번째 층인 '가치와 본질의 공유'
는 다소 무형적인 요소들이며 내면화하는 데 시간과 노력이 더욱 많
이 든다. 안쪽에 위치한 층일수록 근본적인 역할을 맡고 있다(Kotler,
Kartajaya and Hooi, 2017).

다음으로 블루버드가 내면화 과정을 통해 어떻게 진정한 브랜드
DNA를 쌓았는지 소개한다.

'상징과 스타일'을 통해 인간의 오감을 브랜드에 담다

기업이 조직 밖의 이해관계자들에게 어떻게 '보이는지', 그리고 조직 안 구성원들이 기업의 브랜드 DNA를 반영하는 여러 상징과 스타일을 어떻게 사용하는지에 대한 내용을 담고 있다. 브랜드 DNA에는 실제로 인간의 오감이 전부 담겨 있어야 한다. 청각(음악과 광고 문구), 시각(공간 배치와 색), 심지어 후각(적절한 냄새)까지 포함된다. 브랜드 DNA와 일치하는 상징과 스타일을 배치함으로써 직원들은 회사가 기대하는 행동을 이해하고 그에 맞춰 행동할 수 있다.

블루버드의 경우 고객에게 편리함과 안전함을 느끼게 하는 일이 얼마나 중요한지 잘 알리기 위해 기사들이 항상 회사의 트레이드 마크인 푸른색 바틱batik(인도네시아의 전통 직물-옮긴이) 유니폼을 단정하게 입도록 한다. 승객이 기사의 불쾌한 냄새나 모습 때문에 블루버드 택시를 타는 것을 피하지 않도록 하기 위해서다. 이를 위해 기사 휴게실마다 훌륭한 샤워 시설을 충분히 제공한다. 그리고 손님을 우선시하는 서비스가 중요하다는 메시지를 강조하기 위해 스티커 형태의 슬로건을 택시 안에 부착한다.

기사의 일터뿐 아니라 블루버드 임원진의 사무실에도 회사의 서비스 문화를 따르는 일이 얼마나 중요한지 강조하는 다양한 슬로건이 가득 붙어 있다. 구성원에게 회사의 브랜드 DNA를 알리기 위해 다양한 시각 자료가 사용되고 있으며, 이는 블루버드의 경쟁 우위가 되었다. 그 결과 고객은 택시를 타는 동안 블루버드만의 독창적인 서비스 스타일을 느낄 수 있다.

248

'시스템과 리더십'을 통한 브랜드 내면화 작업

브랜드 DNA 내면화 작업을 통해 최적의 결과를 얻으려면 기업은 그 노력이 다양한 조직 프로세스와 시스템의 표면에서 내부로 스며들도록 해야 한다. 여기에는 경영진이 의사 결정을 하는 방식도 포함된다. 여기서 말하는 시스템은 새로운 직원을 채용하는 과정에서부터 직원 교육, 성과 평가, 승진 결정 과정까지 전부 포함한다. 블루버드에서는 다음과 같이 내면화 작업을 실시한다

채용

블루버드 인사 채용 프로세스는 대상자의 객관적 조건뿐 아니라 주관적 조건도 고려한다. 채용 대상자는 블루버드의 인사팀이 세운 기준에 부합해야 하며, 여기에는 기술적인 기준과 비기술적인 기술이 있다. 운전기사는 차량을 운전할 수 있는 능력과 경험을 바탕으로 채용되지만, 이 외에도 회사의 서비스 문화에 맞는 성격의 소유자인지도 확인한다. 2016년에 블루버드는 조직의 발전을 위해, 그리고 퇴사하는 직원을 대체하기 위해 285명의 직원을 채용했다(Blue Bird, 2017).

교육

블루버드에는 전용 교육 센터가 있다. 이곳에서는 임원진부터 기사까지, 전 직원을 위한 교육을 정기적으로 실시하고 있다. 블루버드의 교육은 기술적인 능력뿐 아니라 사내 서비스 문화

의 일부인 비기술성 소프트 스킬soft skills(협력 능력, 문제 해결 능력, 감정을 조절하는 자기 제어 능력, 의사소통 능력, 리더십, 회복 탄력성 등-옮긴이)에 관한 교육도 한다.

성과 평가

블루버드는 미스터리쇼퍼Mystery Shopper(전문 모니터링 요원이 일반 고객을 가장해 다양한 시나리오를 통해 고객의 관점에서 서비스를 평가-옮긴이) 방식을 이용해 기사, 특히 손님과 교류를 많이 하는 기사의 서비스를 평가한다. 또한, 오프라인과 온라인의 다양한 미디어 플랫폼을 통해 블루버드 택시를 이용한 고객에게 서비스 경험 피드백을 받는다.

보상

블루버드가 회사 차원에서 제공하는 보수와 복지 내역을 살펴보면 기본급, 수당, 보너스, 건강보험, 대출, 교육비 지원, 하즈Hajj(이슬람력 12월 7일부터 12일까지 진행되는 성지순례 의식-옮긴이)와 움라Umrah(메카를 방문하는 이슬람 성지순례 의식. 연중 언제나 가능하며 하루 안에 절차가 끝난다-옮긴이)를 다녀올 수 있는 기회 등이 있다. 블루버드는 물질적인 보상 이외에도 고객에게 뛰어난 서비스를 제공한 기사를 인정해준다. 일례로 정기적으로 발행하는 사내 잡지를 통해 그런 기사들을 칭찬하고 감사를 표한다.

'가치와 본질을 공유'하는 진정성 있는 브랜드

조직 내부에서 공유하는 가치와 회사 생활의 기본적인 전제들은 무형의 존재이기는 하지만 구성원의 행동과 소통에 큰 영향을 미친다. 블루버드의 경우 첫 번째 층과 두 번째 층을 거친 브랜드 DNA의 내면화 작업이 시간이 흐르면서 서비스 가치의 창출이라는 결과로 나타났다. 이렇게 나타난 결과는 사실상 모든 구성원, 특히 고객과 소통하는 직원들의 행동을 지배하는 소프트 컨트롤 시스템이 되었다. 블루버드의 궁극적인 사업 목표는 고객이 편안함과 안전함을 느끼는 서비스를 제공하는 것이다. 이 목표를 위해 회사의 모든 구성원이 공동의 노력을 기울이게 되었다.

　내면화가 이루어지기까지는 많은 시간이 걸린다. 하지만 원하는 브랜드 DNA를 내면화하게 되면 경쟁사에서 따라할 수 없는 진짜 차별화가 이루어진다. 시장이 온통 혼란스러운 새로운 시대에는 진정성이 필요하며, 진정성이 있어야 블루버드는 가격 전쟁에 휘말리지 않을 수 있다. 특히 서비스 가격을 내릴 여유가 있는 새로운 경쟁 업체들과 가격으로 싸울 수는 없다.

참고 자료

- Amianti, GD (February 2017). Indonesian economic growth accelerates to 5.02%. *The Jakarta Post*. http://www.thejakartapost.com/news/2017/02/06/indonesian-economic-growth-accelerates-to-5-02.html [27 March 2018].

- Barlow, J and P Stewart (2004). *Branded Customer Service: The New Competitive Advantage*. San Fransisco: Berrett-Koehler Publisher, Inc.

- *BBC News* (March 2016). Jakarta taxi drivers protest against Uber and Grab. http://www.bbc.com/news/world-asia-35868396 [27 March 2018].

- Blue Bird (2016). *2015 Annual Report*. http://www.bluebirdgroup.com/wp-content/uploads/2015/10/Annual-Report-Blue-Bird-2015-1.pdf [27 March 27, 2018].

- Blue Bird (2017). *2016 Annual Report*. http://www.bluebirdgroup.com/wp-content/uploads/2015/10/AR-2016-PT-Blue-Bird-e-reporting1.pdf [27 March 2018].

- *The Jakarta Post* (November 2017). Online Ojek drivers to protest, ask for regulation. http://www.thejakartapost.com/news/2017/11/22/online-ojek-drivers-to-protest-ask-for-regulation.html [27 March 2018].

- Kotler, P, H Kartajaya and DH Hooi (2017). *Marketing for Competitiveness: Asia to the World*. Singapore: World Scientific.

- Marzuki, Y (April 2017). Blue Bird, Go-Jek collaborate to launch Go-Blue Bird. *Digital News Asia*. https://www.digitalnewsasia.com/business/blue-bird-go-jek-collaborate-launch-go-blue-bird [27 March 2018].

CHAPTER

7

디지털 마케팅을 효과적으로
실행하는 특별한 가치

마케팅을 구성하는 3가지 요소 가운데 '전략'과 '전술'을 제외하면
마지막으로 '가치'가 남는다. 가치를 구성하는 3가지 하위 요소로는
브랜드brand, 서비스service, 그리고 프로세스process가 있다. 수평적 마케
팅의 시대를 맞이하여 '가치'의 핵심이라 할 수 있는 브랜드는 보다
인간적인 특성을 살리는 방향으로 변화하게 되었다. 서비스와 프로
세스도 뉴웨이브 시대에 접어들면서 변화를 맞이하여, 서비스는 '케
어care'로 재정의되고, 프로세스는 '협력collaboration'으로 바뀌었다.

새로운 시대에 들어 마케팅은 더 수평화되었고, 브랜드와 고객의
관계는 점점 나란해졌다. 그러므로 우리는 기업이 브랜드의 정체성

을 알릴 때 제품이나 조직의 모습보다는 인간적인 면을 강조해야 한다고 주장한다. 이러한 접근법에서는 브랜드를 그저 고객 '사이'에 위치한 기관이 아니라 '인간'으로 설정한다. 이제는 브랜드가 '캐릭터'인 시대이다. 기업이 이러한 철학을 지녀야 새로운 시대의 브랜드 리더십을 쌓을 수 있다.

마케팅 가치를 이루는 두 번째 요소는 서비스다. 서비스는 그저 제품 판매 후의 지원이나 고객 서비스 센터를 제공하는 일에만 연관된 게 아니다. 서비스는 기업이 고객을 위해 끊임없이 가치를 만드는 패러다임이다. 기술이 발전하고, 비즈니스를 둘러싼 환경이 진화하면서 마케팅의 개념도 근본적인 변화를 겪었다. 이제 우리는 '레거시 마케팅 시대처럼 전통적인 서비스의 패러다임이 여전히 유효한가?'라는 질문을 던진다. 우리는 디지털 시대에도 인간적인 교류가 고객을 만족시키는 데 필수적이라고 생각한다. 다시 말하면, 인간 대 인간의 소통이 여전히 고객에게 중요하다는 뜻이다. 이러한 현상은 이 시대의 역설이다. 기술은 점점 수준 높게 발전하는데, 고객은 한층 인간미를 원하는 것이다. 종래의 서비스 개념은 보살핌을 내세우는 모델로 변화해야 한다. 전통적으로 고객은 언제나 왕으로 대접받았고, 왕이 원하는 바가 최선이든 아니든 모두 거기에 따라야 했다. 보살핌을 바탕으로 하는 서비스 개념에서는 고객을 친구라고 생각하고, 기업과 동등한 위치에 둔다.

서비스 다음으로 가치를 창출하기 위해 고려해야 할 측면은 프로세스이며, 이는 마케팅에 중요한 요소다. 원재료 구매와 생산에서부터 사용자에게 제품이나 서비스를 배송하는 데 이르기까지 회사 내부에 효과적이고 효율적인 프로세스가 존재하는지 여부에 따라 제품의 품질, 기업 지불 비용, 제품과 서비스가 전달되는 속도가 달라진다. 이상적인 상황에서라면 기업은 품질이 좋은 제품을 생산하고, 비용을 줄이며, 고객에게 제때 제품이나 서비스를 전달할 수 있도록 가치 사슬 안에서 가능한 많은 프로세스를 관리해야 한다.

다행히 정보 기술이 발전하면서 기업이 공급망을 효과적으로 관리할 방법이 많이 생겼다. 인터넷 덕분에 주문, 청구, 결제, 구매와 같은 거래가 쉬워졌을 뿐 아니라 회사 내부에서, 그리고 회사 전체에 걸쳐 업무를 조정하고 협력하는 일도 편해졌다. 그러자 성공적이고 지속 가능한 사업을 위한 방법으로, 협력을 통해 공급망을 관리하는 형태의 새로운 트렌드가 생겨났다.

결론적으로 디지털 시대가 되면서 더 수평화된 마케팅 가치의 형태로 인간성, 보살핌, 협력이 등장하게 되었다. 이번 장에서는 몽골의 고비몽골리안캐시미어, 싱가포르의 반얀트리, 캄보디아의 암루라이스, 미얀마의 미얀마우정통신의 사례를 통해 뉴웨이브 시대의 마케팅 가치가 어떻게 전달되는지 살펴보자.

——————— 고비몽골리안캐시미어Gobi Mongolian Cashmere

몽골은 세계 캐시미어 시장의 수도가 될 수 있는 잠재력을 지녔다. 몽골의 캐시미어는 세계적인 최고급 럭셔리 섬유다. 패스트 패션 업체들이 몽골 외의 국가에서 생산한 상대적으로 저렴한 캐시미어를 사용하면서, 몽골산 순수 캐시미어는 럭셔리 제품으로 세계적인 인기를 얻게 되었다. 몽골의 기업들은 일본에서 전수받은 기술을 이용해 시장의 잠재력을 활용하려 하지만 세계 시장에서 몽골 캐시미어의 평판을 높이는 일에는 어려움을 겪고 있다. 몽골의 캐시미어 기업들은 해외 시장에서 몽골산 캐시미어의 브랜드를 쌓았고, 자신의 역할을 원재료 공급 업체로만 국한하지 않게 되었다. 이처럼 기업의 브랜드와 캐릭터를 구축한 몽골의 캐시미어 회사 가운데 하나가 고비몽골리안캐시미어다.

세계 2위 캐시미어 생산국, 몽골

캐시미어는 캐시미어 염소 털에 있는 극세모에서 얻는 고급 섬유다. 가장 비싸고 호화로운 섬유로, 가볍고, 부드럽고, 따뜻하다고 알려져 있다. 캐시미어는 대부분 고산지대(세계의 '지붕')에서 생산된다. 이 지역은 겨울에 살을 에는 듯한 바람이 불고, 기온이 낮기 때문에 세계에서 가장 질이 좋은 섬유가 자란다(Ng and Berger, 2017). 캐시미어 염소를 기르기에 적합한 장소 가운데 한 곳이 몽골이다. 몽골은 연중 기온이 극심하게 변화하는 독특한 기후를 지녔다. 여름에는 기온이 40도까지 치솟는 반면, 겨울에는 영하 40도까지 떨어진다. 덕분에 캐시미어 염소의 보송보송한 속 털이 자연스럽게 자란다(Gobi Mongolian Cashmere, 2018a).

'캐시미어'라는 단어는 '카슈미르Kashmir'에서 유래되었다. 카슈미르는 인도의 북쪽 끝 히말라야 산악 지대에 위치한 주의 이름이다. 캐시미어 섬유가 처음 유래된 이 지방의 기후는 캐시미어 염소를 기르기에 이상적이었다. 이 지역의 캐시미어 염소가 몽골로 수출되었고, 몽골 유목민들이 방목장에서 이 염소를 키우기 시작했다. 몽골의 방목장은 캐시미어 염소를 키우기에 적합한 기온과 기후 조건을 지니고 있다. 캐시미어 모직이 점점 인기를 얻어 수요가 많아지자 몽골 유목민들은 캐시미어 염소를 주로 키우게 되었고, 이들이 키우는 염소의 수도 점점 많아졌다. 캐시미어 염소라는 품종이 따로 있는 것은 아니고 부드럽고 고운 속 털, 사람의 머리카락보다 6배나 가느다란 독특한 속 털을 가진 염소를 전부 캐시미어 염소라고 한다. 이런 속 털이 있으면 바람이 많이 불고 가혹한, 극한의 기후를 보이는 지역에서 살아남을 수 있다(World Intellectual Property Organization, 2012). 호주에서도 몽골의 염소를 이용하여 캐시미어를 생산하려 했지만, 그 시도는 실패로 돌아갔다(Lawrence, 2009).

현재 몽골은 중국의 뒤를 이어 세계 2위의 캐시미어 생산국이다. 여러 추정치에 따르면 중국이 캐시미어 물량의 70%, 몽골이 20% 정도 생산하고 있다. 나머지는 그 외의 지역, 아프가니스탄, 이란, 인도, 파키스탄, 중앙아시아에서 나온다(Lawrence, 2009; Ng and Berger, 2017).

몽골의 고비사막에서는 전 세계 마지막으로 유목 문화를 지키고 있는 전통 유목민이 인구의 대다수를 차지한다. 몽골 전체 인구의 40%가 유목으로 생계를 잇고 있다. 수 세대 동안 유목 전통을 이어 오고 있는 유목민은 가축을 키우며 지내는데, 이 가축 가운데 하나가 캐시미어 염소다. 캐시미어 염소를 키우는 건 주로 유목민이 쓸 캐시미어 모를 얻기 위해서였다. 하지만 세계적으로 캐시미어 모직 수요가 늘어나면서 유목민 사회에서도 관심을 기울이기 시작했고, 캐시미어 염소를 더 많이 키우게 되었다. 이로 말미암아 몽골 캐시미어 모직의 생산과 수출량이 늘어났다. 몽골리아인터내셔널캐피털Mongolia International Capital Corp.의 자료에 따르면 2015년에는 가공하지 않은 캐시미어와 가공한 캐시미어를 합한 수출량이 9,000톤에 달했다. 2006년 이후 연평균 성장률이 36.3%에 달한다(Nikkei Asian Review, September 2017). 캐시미어 털을 깎는 비법은 세대를 전해 내려오고 있으며, 이를 통해 지역의 기후와 환경, 염소 떼의 습성, 캐시미어 추출 기술 등을 잘 알 수 있다(World Intellectual Property Organization, 2012).

글로벌 럭셔리 브랜드를 향한 여정

몽골의 캐시미어 섬유는 1980년대에 들어서서야 겨우 인기를 얻기 시작했다. 그전까지는 세계 캐시미어 시장에서 몽골을 주요 생산국으로 보지 않았다. 1977년 몽골 정부가 울란바토르에 캐시미어 공장을 세우면서 몽골의 캐시미어가 상업화를 향해 나아가게 되었다. 몽골 정부가 캐시미어 공장을 세운 이유는 캐시미어가 점점 인기를 얻고 있다는 점을 확인하고, 나라 경제를 살리고, 국민에게 일자리를 제공하며, 부가 소득을 얻을 수 있는 수단이라고 생각했기 때문이었다. 이 공장은 일본 정부의 도움으로 설립되었다. 일본 정부는 공장을 건설할 때 기술적인 지원을 했고, 유엔산업개발기구UNIDO, United Nations Industrial Development Organization가 이 프로젝트를 지원했다. 현재 고비몽골리안캐시미어(이하 고비)는 섬유 및 니트 제품을 생산하는데 필요한 캐시미어와 낙타모를 가공하는 공장을 4개 운영하고 있다. 일본 정부와의 제휴 관계 덕분에 몽골은 일본으로부터 연구 개발, 기술, 현대 장비, 새로운 경영 기법까지 전수받을 수 있었다. 이 모든 것이 당시의 몽골로서는 처음 접하는 내용이었다(World Intellectual Property Organization, 2012).

이 기회를 효과적으로 활용하기 위해 78명의 몽골 엔지니어가 1979년에서 1981년 사이에 일본으로 건너가 모직 가공 공정과 기계 작동에 관한 교육을 받았다. 1981년이 되자 10헥타르(약 3만 평)에 달하는 고비의 공장이 들어서 가동을 시작했고, 고비는 공식적으로 사업을 시작했다.

얼마 지나지 않아 고비는 품질이 좋은 제품을 생산하게 되었다. 고비가 생산한 제품은 국내외로 팔려 나갔는데, 주로 동유럽 국가들이 많이 구매했다. 덕분에 고비는 유럽에서 몽골 기업으로서는 처음으로 이름을 알리게 되었다. 현재 고비JSC는 몽골 최대의 수직통합vertical integration(원재료 생산에서 최종 제품의 판매까지 모든 경영 활동 단계에 관련된 회사를 체계적으로 매입하는 것-옮긴이)형 캐시미어 및 낙타모 가공과 의류 제작 회사로 알려져 있다(World Intellectual Property Organization,

2012). 몽골 캐시미어가 잘 팔리고, 수요가 늘어나자 몽골 정부는 세계에서 가장 곱고, 부드러운 최고급 모직인 캐시미어의 생산을 늘려 그 높은 가치를 활용하려는 중요한 기회를 포착했다. 일본 파트너 기업의 도움으로 고비는 단시간에 세계 5대 캐시미어 생산 업체의 자리에 올라섰다.

1990년대 초반 소련의 붕괴에 이어 몽골 경제는 또 다른 이행기로 접어들었다. 몽골 정부가 아시아 금융 위기에 따른 경기 침체에서 벗어나려 애쓰면서 캐시미어 산업이 한층 중요해졌고, 덕분에 사업 전망도 더욱 밝아졌다. 1990년대까지도 몽골은 소련과 긴밀한 관계를 유지했다. 이 관계도 캐시미어의 생산과 거래에 영향을 주었다. 캐시미어를 키우는 유목민은 공무원으로 지명되어 연금 등의 혜택을 받게 되었고, 염소 떼는 집산화되었다. 집산화가 이루어졌다는 건 한 사람이 관리할 수 있는 동물의 숫자에 한도가 생겼다는 뜻이다. 캐시미어의 털과 염소 고기는 주로 소련 시장으로 보내졌고, 국영 기업인 고비는 독점기업이었다(*The Economist*, 1999). 하지만 뒤이어 시장 개혁이 이루어졌고, 민간 기업은 경제 성장과 캐시미어 생산을 자극했다. 몽골에서 캐시미어 생산은 경제 성장의 동인이었다. 이러한 흐름 속에서 결국 고비는 민영화 수순을 밟는다. 1993년 몽골 정부는 고비를 부분적으로 민영화하기로 결정했다. 마침내 2007년 타방복드그룹Tavan Bogd Group이 일본 파트너사와 함께 고비의 지분 73.45%를 인수했다. 몽골과 일본의 합작으로 이루어진 고비의 새 주인은 지배주주가 된 후 얼마 지나지 않아 현대적인 하이테크 기술을 이용하여 생산 공장을 크게 업그레이드하겠다는 경영 5개년 계획을 시작했다. 여기에는 자동편물기와 세척기, 수축기, 탈수기를 새로 설치한다는 계획이 포함되어 있었고, 이 기계들은 이탈리아의 유명 회사 오피시네가우디노Officine Gaudino를 통해 공급받았다(World Intellectual Property Organization, 2012).

2012년부터 2014년까지 고비는 해외 시장을 뚫기 위해 점점 더 노력을 기울였다. 국제 행사를 후원하기도 하고, 세계 무역 박람회에도 참가하고, 유럽에 신규 지점도 열었다(Wikipedia, 2018). 해외, 특히 일본 디자이너들과의 협업을 통해 고비는 프리미엄 브랜드 출시를 향해 한 걸음 더 나아가고 있었다. 고비가 내세운 프리미엄 브랜드 가운데 하나로 '야마Yama'가 있다. 야마는 2016년에 출시한 신규 컬렉션이며, 100% 몽골 캐시미어를 이용해 만들어진다. 야마에 사용되는 캐시미어 털은 전통적인 방법과 윤리적인 방식으로 채취되며, 자연적인 생산 공정을 거쳐 만들어진다(Gobi Mongolian Cashmere, 2018b) (표 7-1).

[표 7-1] 고비 연표

연도	성과
1977	몽골과 일본 정부가 울란바토르에서 캐시미어와 낙타모 가공 공장 건립 조약 서명
1978	고비 공장 토대 마련
1979~1981	78명의 몽골 엔지니어가 일본에서 캐시미어와 낙타모 가공과 기계 작동 교육 받음
1981	캐시미어와 낙타모 가공 기계 설치 후 고비 공식 오픈
1986~1992	운동 시설, 병원, 리조트, 유치원, 152 가구를 위한 사택 새로 건축
1987~1989	일본산 SET-092 기계 도입

1991	• 고비 공장이 몽골 최초로 국제 품질 인증 획득 • 국제표준 ISO-9000 실시 • 생산 제품 98% 수출
1994	• 몽골 최초로 ISO-9001 품질 관리 시스템 실시 • 일본 시마세이키(Shima Seiki)의 컴퓨터 편물기 첫 도입
1995~1996	800만 달러(약 93억 3,600만 원)의 투자금으로 이탈리아산 기계와 기술 수입
1997	고비 제2공장 설립. 우븐(wooven) 직물 제품 생산 시작
1998	• 해외 매출이 늘어나고 30개국 이상의 고객과 협력 계약 체결 • 캐시미어 제품 4만 5,000개 미국으로 첫 수출
1999	'5S(정리,정돈,청소,청결,습관-옮긴이)'와 품질관리 완전 시스템 실시
2000	염색 기계와 기술에 대한 국제 품질 표준 시스템 ISO-1004 실시
2007	국영 기업 고비를 민영화
2009	민영화 이후 지속적인 기술 업그레이드
2010	• 몽골 최초로 캐시미어 제품 위에 문양 프린팅 기술 도입 • 이탈리아 유명 디자이너 사베리오 팔라텔라(Saverio Palatella)와 계약 체결
2011	• 몽골에 6개의 신규 브랜드점 오픈 • 300명의 직원을 새로 채용하며 생산 능력 2배 향상 • 100% 캐시미어 섬유로 사베리오 팔라텔라가 디자인한 럭셔리 컬렉션 출시
2012	• 칭기즈칸 2012 세계 유도 챔피언십 후원 • 2012 IJF 칭기즈칸 유도 월드컵 토너먼트 후원 • 유엔총회 개회식에서 연극 〈몽골 복식의 비밀 역사(Secret History of Mongolian Clothing)〉 펼치며 전통 의상 컬렉션 선보임
2013	일본, 독일, 러시아, 한국, 중국 등에서 IFF-JFF 파노라마, 페스티벌모드, 수입품 전시회, 월드 캐시미어쇼에 성공적으로 참여
2014	• 벨기에 브뤼셀과 스위스 제네바에 신규 매장 오픈. 해외 매장 수 총 47개 • 러시아 소치 2014년 동계올림픽에서 몽골 국가대표팀 후원
2015	• 일본 1위 여성 의류 제조 업체인 알파인(Alpine Co. Ltd.)과 협력 • 100% 캐시미어로 만든 200수 숄 출시
2016	이탈리아에서 디자인한 프리미엄 럭셔리 브랜드 '야마' 출시

출처: Wikipedia(2018), World Intellectual Property Organization(2012).

범용품에서 브랜드로, 브랜드에서 캐릭터로

이전에 공산주의의 영향권에 있던 많은 국가가 경제 자유화를 선택했다. 그중에 세계 최대의 캐시미어 생산국인 몽골과 중국도 있다. 새로 도입된 경제 체제는 국영으로 운영되던 많은 산업의 규제를 풀었다. 고비는 오랫동안 몽골에서 유일한 캐시미어 생산 기업이었지만 1990년대 이후로 몽골에는 고비와 경쟁하는 기업이 18개나 새로 들어섰다.

시장 경제가 도입되면서 몽골의 유목민이 기르는 염소 떼가 상당히 많이 늘었다. 하지만 캐시미어 모의 품질이 낮아졌다. 캐시미어 생산을 늘리기 위해 털이 거친 앙고라염소와 이종교배를 하기도 했다. 1990년대 러시아군이 먹을 수컷 염소 고기가 더는 필요 없어지면서 유목민들은 수컷 염소를 그대로 살려둔 채 이종교배를 더 많이 시켰다. 그 결과 털이 거친 캐시미어가 시장에 넘쳐나게 되었다. 유목민들은 캐시미어 판매량에 따라 금액을 받고 있었기 때문에 양보다 질에 초점을 맞추도록 독려하는 일은 쉽지 않았다(Mead, 1999).

캐시미어 수요가 많아지면서 중국의 캐시미어 생산량도 늘어났다. 중국의 캐시미어 생산량은 1990년 9,000톤에서 1998년에는 1만 2,000톤으로 늘어났고, 캐시미어 원모 가격이 1990년대 초반의 3분의 1 수준으로 떨어졌다.

고비는 캐시미어 원모를 공급하는 '공급 업체'에 불과하다는 평판에서 벗어나기 위해(이 때문에 좋은 가격을 받고 물건을 팔 수가 없었다) 몽골이 세계 최고의 캐시미어 제품 생산국이라는 평판을 얻고자 노력을 기울였다. 이러한 목적을 이루기 위해, 그리고 캐시미어에는 여러 종류가 있다는 사실을 소비자에게 알리기 위해서 고비는 유엔국제개발기구의 도움을 받아 몽골의 다른 캐시미어 업체 3곳인 고요Goyo, 알타이캐시미어Altai Cashmere, 몽골네크멜Mongol Nekhmel과 협력하여 몽골섬유상표협회Mongolian Fiber Mark Society를 만들었다. 몽골섬유상표협회는 비영리단체이며, 몽골 캐시미어 산업의 경쟁력을 높이고, 해외 시장에서 몽골산 캐시미어 제품 판매를 촉진하기 위해 노력한다. 그리고 세계 시장에서 몽골 캐시미어 제품의 평판을 높이기 위한 마케팅 활동을 실시한다(World Intellectual Property Organization, 2012).

몽골섬유상표협회는 '순수몽골산캐시미어Pure Mongolian Cashmere'와 '몽골캐시미어이용Made with Mongolian Cashmere'(50% 이상 순수 몽골 캐시미어)이라는 이름의 인증 마크를 발행하는 방식으로 원하는 바를 이루기 위해 열심히 활동해왔다. 이러한 인증 덕분에 고비와 같은 기업은 더 경쟁력을 갖출 수 있었고, 수출량과 이윤이 늘어났으며, 생산 방식이 개선되었다.

다음 단계는 고비라는 브랜드 자체를 알리는 일이었다. 제품이 '범용화의 덫Commodity Trap'에서 벗어나려면 브랜드가 꼭 필요하다(Kotler, 2003). 2007년 민영화된 후 고비를 맡은 새 주인은 럭셔리 캐시미어 섬유 기업이라는 새로운 브랜드 이미지를 쌓기 위해 노력했다. 고비는 캐시미어가 몽골에서 계속 생산되어왔다는 자부심을 강조하면서 회사의 브랜드 이미지를 고무시킬 종합 계획을 마련했다.

고비의 평판을 높이는 작업은 국내에서도 계속 이루어졌다. 2008년 고비는 울란바토르의 생산 기지 옆에 공장 직판 아웃렛 매장을 열었다. 이 매장은 일본인 건축가 케이치로 사코Keiichiro Sako가 설계했으며, 고비 제품의 고급스러운 면을 강조하고 있다. 이곳에서 고객들은 최고급 몽골 캐시미어를 경험하고, 만져보고, 느낄 수 있다. 고비의 이미지가 럭셔리 캐시미어 섬유 브랜드로 자리 잡아 인기를 얻게 되면서, 고비는 젊은 소비자층과 고소득 소비자층을 겨냥한 신규 제품과 디자인을 내놓았다(World Intellectual Property Organization, 2012).

비즈니스를 둘러싼 환경이 점점 수평화되면서 이제 브랜드는 새로운 시대를 맞이하고 있다. 산업화 시대는 종말을 맞이했고, 인간의 시대가 도래하고 있다. 이에 따라 기업은 인간적인 특성을 보이려 애쓰게 되었고, 사람처럼 행동한다. 기업에 대한 소비자의 신뢰가 떨어졌다는 점을 고려하여 각 기업에서는 브랜드 정체성의 인간적인 측면을 보다 강조하고 있다. 이러한 마케팅 접근법에서는 브랜드를 고객 '사이'에 있는 기업이 아니라 마치 사람인 듯 대한다. 이것이 바로 우리가 '브랜드'에서 '캐릭터'로의 전환이라고 부르는 현상이다(Kotler, Kartajaya and Hooi, 2017).

고비는 유명 디자이너들과 공동브랜딩co-branding(한 제품에 둘 이상의 브랜드를 사용하는 것-옮긴이)을 하면서 '캐릭터'를 지닌, 더 수평적인 브랜드를 쌓으려는 노력을 계속하고 있다. 기업의 브랜드는 디자이너 개인의 브랜드와 나란해졌고, 덕분에 소비자에게 더 큰 신뢰를 기대할 수 있게 되었다. 예를 들어 고비는 2011년 니트 의류 디자인으로 유명한 이탈리아의 디자이너 사베리오 팔라텔라와 협업하여 고비 브랜드만을 위한 특별한 디자인을 담은 의류를 새로 만들었다(Pyrkalo, 2013). 그밖에도 고비는 이미 세계적으로 유명한 해외 의류 브랜드와도 협업하고 있다. 고비는 이러한 노력을 통해 탄탄한 캐릭터를 유지하고, 새로운 시대의 소비자 마음을 사로잡고 싶어 한다. 또한, 몽골이 세계 최고급 캐시미어 생산국으로 자리 잡기를 원하며, 가축 방목장으로 쓰이는 초원의 열화를 줄이기 위한 노력도 하고 있다.

2017년 고비는 유럽부흥개발은행EBRD, European Bank for Reconstruction and Development에서 사업 확대를 지원하는 1,600만 달러(약 186억 7,200만 원) 규모의 투자를 받았다. 계약의 일부 조건으로 기술제휴TC, Technical Cooperation 프로젝트도 포함되어 있는데, 지속 가능한 캐시미어 공급을 위해서다. 캐시미어 원모 공급 업자와 도시에서 떨어진 곳에 사는 유목민에게 캐시미어 섬유의 질과 생산의 지속 가능성을 높이는 방법을 교육하겠다는 계획이다.

참고 자료

- *The Economist* (August 1999). The cashmere crash. https://www.economist.com/node/232048 [29 March 2018].

- Gobi Mongolian Cashmere (2018a). *In the Heartland of the Most Valuable Cashmere Fiber*. https://www.gobicashmere.com/pages/gobi [29 March 2018].

- Gobi Mongolian Cashmere (2018b). *Yama: Rich Heritage of Mongolian Cashmere*. https://www.gobicashmere.com/pages/yama-cashmere [29 March 2018].

- Kotler, P (2003). *Rethinking Marketing Sustainable Marketing Enterprise in Asia*. Singapore: Prentice Hall.

- Kotler, P, H Kartajaya and DH Hooi (2017). *Marketing for Competitiveness: Asia to the World*. Singapore: World Scientific.

- Lawrence, D (2009). Mongolian cashmere: Softer than a baby's bottom. *The World Bank*. http://blogs.worldbank.org/psd/mongolian-cashmere-softer-than-a-baby-s-bottom [29 March 2018].

- Mead, R (February 1999). The crisis in cashmere. *The New Yorker*. https://www.newyorker.com/magazine/1999/02/01-/the-crisis-in-cashmere [31 March 2018].

- Nikkei Asian Review (September 2017). Pasture Degradation Threatens Mongolia's Cashmere Industry. https://asia.nikkei.com/Economy/Pasture-degradation-threatens-Mongolia-s-cashmere-industry [31 October 2018].

- Ng, D and J Berger (2017). The hidden cost of cashmere. *Forbes*. https://www.forbes.com/sites/insideasia/2017/02/16/cashmere-cost-environment/#210276682bc8 [29 March 2018].

- Pyrkalo, S (August 2013). Mongolia's cashmere success. *European Bank for Reconstruction and Development*. http://www.ebrd.com/news/2013/mongolias-cashmere-fashion-success.html [29 March 2018].

- Wikipedia (2018). *Gobi Cashmere*. https://en.wikipedia.org/wiki/Gobi_Cashmere [29 March 2018].

- World Intellectual Property Organization (2012). *Protecting Tradition and Revitalizing a National Brand*. http://www.wipo.int/ipadvantage/en/details.jsp?id=3109 [29 March 2018].

━━━━ 반얀트리_{Banyan Tree}

반얀트리는 싱가포르에 본사를 둔 국제적인 호텔 브랜드다. 고급
리조트, 호텔, 스파 브랜드이기 때문에 로맨틱한 경험을 원하는 럭
셔리 여행객을 겨냥한다. 지난 20년간 아시아에는 간헐적으로 경
제 위기가 찾아왔지만 여행 업계 전체에 타격을 준 기간은 길지 않
았다. 반얀트리는 보살핌이라는 콘셉트를 이용해 성장을 지속할
수 있었고, 심지어 경기가 어려운 시절에도 성장할 수 있었다. 그러
나 디지털 시대는 호텔 업계에 나름의 어려움을 안겨주었다. 빠른
성장을 목표로 디지털 플랫폼의 힘을 이용하여 시장을 분열하는
신규 업체들이 등장했고, 이들은 현재 호텔 업계의 여러 분야에서
━━━━ 경쟁의 모습을 바꾸었다.

위기와 혼란 속에서 성장하는 아시아의 관광 산업

아시아 태평양 지역은 세계에서 관광 산업이 가장 빠르게 성장하고
있는 곳이다. 이 지역에는 세계적으로 유명한 여행지가 여럿 있으며,
관광은 지역 GDP 성장에 있어서 많은 부분을 담당하는 중요한 산업
이다. 이 지역에서 관광 산업이 발전하게 된 것은 경제 성장이 지속
되고, 정치적으로 안정되어 있으며, 공격적으로 영업하는 업체들이
있었기 때문이다(Singh, 1997).

그러나 1997년에 발생한 아시아 금융 위기는 아시아의 전 산업

268

분야에 큰 충격을 안겼고, 여기에는 관광 산업도 포함되었다. 특히 태국, 인도네시아, 한국, 말레이시아, 라오스, 싱가포르, 필리핀의 피해가 컸다. 일부 아시아 통화의 달러화 대비 가치가 크게 떨어지면서 여러 기업이 큰 손실을 보았다. 그래서 일부 아시아 기업은 할 수 없이 사업을 접거나 대규모로 인원을 감축해야 했다. 금융 위기로 큰 피해를 본 국가에서는 수년간의 호황 뒤에 찾아온 위기로 방문 여행객 수도, 수입도 크게 줄어 관광 산업에서 어려움을 겪었다.

2003~2004년 아시아 지역이 금융 위기의 여파로 아직 힘들어하고 있던 때, 관광 업계에는 사스라는 또 다른 태풍이 휘몰아쳤다. 이 증후군이 발병하면서 아시아는 부정적인 영향을 광범위하게 받았다. 심지어 사스의 직접적인 영향을 받지 않은 인도네시아, 일본, 한국, 필리핀, 태국를 찾은 여행객의 수도 10~50% 사이에서 상당히 감소했다(Wilks and Moore, 2004). 그다음으로 2004년 12월에는 쓰나미가 찾아와 엄청난 충격을 주었다. 쓰나미는 많은 생명과 재산을 앗아갔다. 2005년에 들어 처음 몇 달간은 태국의 푸켓처럼 쓰나미의 영향을 받은 지역에서 관광객 수가 크게 줄었다.

다행히 1997년부터 2005년까지 여행 및 관광 업계가 마주했던 재난과 어려움은 오래가지 않았다. 업계는 곧 실적을 회복했고 해외에서 오는 관광객 수도 금방 늘어났다. 관광 산업은 회복성을 증명했고, 여러 국가에서 경제성장의 중추 산업이라는 지위를 확고히 하게 되었다. 하지만 관광 산업은 재난과 격동이 찾아왔을 때 단기적으로는 크게 취약하다는 점도 드러냈다(Enz and Farhoomand, 2008).

디지털 시대에 접어든 후 관광 산업의 이해관계자, 특히 여행 대리점과 호텔리어는 상황이 점점 어려워졌다. 새로운 형태의 경쟁과 고객 행동이 나타나면서 시장이 분열하고 있기 때문이다. 에어비앤비Airbnb와 카우치서핑Couch Surfing 같은 인터넷 기업이 일부 호텔에는 실제적인 위협이 되었다. 2015년의 자료를 보면 이런 기업이 호텔 업계에 위협이 된다는 실제적인 증거를 찾을 수 있다. 2015년을 기준으로 미국 관광객 셋 중 하나가 어떤 종류든 개인간 공유 형태의 숙박 시설을 찾았기 때문이다(Quinby, 2016). 디지털 시대에도 관광 산업은 성장을 계속할 것으로 보이지만 성장 패턴은 다른 업계와는 다를 것이다. 온라인에서 운영되는 여행 상품 포털이나 여행 대리점OTAs, Online-Travel Agents이 등장하여 기존 업체들을 대부분 대체하고 있기 때문이다. 이러한 상황은 반얀트리를 포함하여 호텔들이 현재 마주하고 있는 엄청난 변화이다.

국제적으로 인정받은 브랜드의 힘

반얀트리호텔앤드리조트BTHR, Banyan Tree Hotels and Resorts(이하 반얀트리)는 아시아 럭셔리 리조트와 스파 시장의 선두 주자다. 또한, 틈새시장을 노리는 리조트와 호텔도 소유, 관리하고 있다. 2015년 12월 31일을 기준으로 반얀트리그룹은 리조트와 호텔 37개, 스파 68개, 갤러리 81개, 골프장 3개를 갖추고 고객들에게 다면적인 여행 및 레저 경험을 제공한다(Banyan Tree Hotel and Resorts, 2016).

반얀트리는 싱가포르를 기반으로 하는 반얀트리홀딩스Banyan Tree Holdings Limited의 자회사로, 1992년에 설립되었다. 설립자는 반얀트리홀딩스의 회장 호권핑Ho Kwon Ping과 소매 머천다이징retail merchandising 부문 수석 부사장이자 호권핑의 부인인 클레어 치앙Claire Chiang, 그리고 호권핑의 남동생인 수석 건축가 호권짠Ho Kwon Cjan이다(Enz and Farhoomand, 2008).

반얀트리는 1994년 태국 푸켓에 첫 럭셔리 리조트를 열었다. 그후 다른 지역으로 빠르게 사업을 확장하면서 호텔 업계에서 존경받는 기업으로 입지를 강화했다. 2000년에는 반얀트리의 자매 브랜드 호텔인 앙사나Angsana를 열었다. 앙사나는 상대적으로 젊은 가족 단위 고객이 현대적인 분위기를 경험할 수 있는 곳이다. 반얀트리 브랜드가 점점 유명해지면서 싱가포르, 상하이, 인도, 두바이 등에서는 호텔과 분리된 독립형 반얀트리스파가 문을 열었다(Wirtz, 2010).

반얀트리가 사업을 확장해온 여정은 표 7-2에 나타나 있다. 반얀트리는 서비스 부문의 우수성과 환경보호 노력을 인정하는 국제적인 상을 여러 단체에서 받으면서 브랜드의 힘을 입증하기도 했다.

[표 7-2] 반얀트리 연표

연도	성과
1994	• 반얀트리그룹 대표 리조트인 반얀트리푸켓을 태국에 설립 • 반얀트리 최초의 반얀트리스파와 반얀트리갤러리 포함
1995	• 몰디브에 반얀트리바빈파루(Banyan Tree Vabbinfaru) 오픈 • 인도네시아에 반얀트리빈탄(Banyan Tree Bintan) 오픈
1999	두짓라구나(Dusit Laguna)에 반얀트리보다 현대적이고 적당한 가격의 브랜드인 앙사나스파 오픈
2000	• 인도네시아에 앙사나빈탄 오픈과 앙사나리조트앤드스파 출시 • 호주에 앙사나그레이트배리어리프(Angsana Great Barrier Reef) 오픈

2001	· 푸켓에 스파아카데미(Spa Academy) 오픈 · 몰디브에 앙사나이후루(Angsana Ihuru), 인도에 앙사나방갈로르(Angsana Bangalore) 오픈 · 리조트가 위치한 지역의 커뮤니티와 환경을 보호하기 위한 환경보호기금(GIF, Green Imperative Fund) 조성
2002	· 반얀트리세이셸(Banyan Tree Seychelles) 오픈 · 웨스틴호텔(Westin Hotel)의 도시형 호텔을 인수하여 반얀트리방콕(Banyan Tree Bangkok)으로 브랜드 개명
2005	· 중국 윈난성에 첫 리조트 반얀트리링하(Banyan Tree Ringha) 오픈 · 라오스에 메종수완나품호텔(Maison Souvannaphoum Hotel) 오픈 · 태국에서 반얀트리방콕이 들어서 있는 타이와플라자(Thai Wah Plaza) 인수
2006	· 반얀트리홀딩스 싱가포르 주식시장 상장 · 중국 리장(Lijiang)에 새 리조트 오픈 · 몰디브에 앙사나벨라바루(Angsana Velavaru) 오픈 · 아시아 최초 자산 유동화 멤버십 클럽 반얀트리프라이빗컬렉션(Banyan Tree Private Collection) 출시. 영구 회원권과 양도 가능 회원권 제공
2007	· 리조트 2곳 오픈. 몰디브의 반얀트리마디바루(Banyan Tree Madivaru)와 모로코의 앙사나리아즈컬렉션(Angsana Riads Collection) · 중국 리장과 태국 방콕에 스파 아카데미 2곳 오픈
2008	· 반얀트리인도차이나호텔펀드(Banyan Tree Indochina Hospitality Fund) 출시 주로 베트남, 캄보디아, 라오스의 호텔 부문에 초점을 두는 부동산 개발 펀드 · 중국에 반얀트리산야(Banyan Tree Sanya) 오픈
2009	멕시코 마야코바(Mayakoba), 중국 항저우, 인도네시아 웅가산(Ungasan)과 발리, 아랍에미레이트 알와디(Al Wadi)에 리조트 오픈
2010	멕시코 반얀트리카보마르케스(Banyan Tree Cabo Marqués), 한국 반얀트리클럽앤드스파서울(Banyan Tree Club and Spa Seoul), 태국 반얀트리사무이(Banyan Tree Samui), 중국 앙사나푸시안레이크(Angsana Fuxian Lake) 오픈
2011	· 싱가포르에서 첫 반얀트리 스파인 반얀트리스파마리나베이샌즈(Banyan Tree Spa Marina Bay Sands) 오픈 · 중국 마카오에 신규 리조트 오픈 · 중국 항저우와 모리셔스 발라클라바(Balaclava)에 신규 앙사나리조트 오픈 · 쉐라톤그란데라구나푸켓(Sheraton Grande Laguna Phuket)이 앙사나라구나푸켓(Angsana Laguna Phuket)으로 브랜드 개명
2012	중국 반얀트리상하이온더번드(Banyan Tree Shanghai On The Bund), 베트남 반얀트리랑코(Banyan Tree Lăng Cô, Central), 앙사나랑코(Angsana Lăng Cô, Central) 오픈.

2013	중국 반얀트리텐진리버사이드(Banyan Tree Tianjin Riverside), 반얀트리충칭베이베이(Banyan Tree Chongqing Beibei), 앙사나텅충핫스프링스빌리지(Angsana Tengchong Hot Spring Village) 오픈
2014	• 반얀트리 20주년 기념 • 중국 양쉬(Yangshuo)에 반얀트리 리조트, 시안 린퉁(Xi'an Lintong)에 앙사나 리조트 오픈 • 그룹의 세 번째 브랜드, 카시아(Cassia) 출시
2015	• 태국 푸켓에 첫 카시아 호텔 오픈 • 그룹의 네 번째 브랜드, 다와(Dhawa) 출시. 캐주얼하고 현대적인 느낌의 풀서비스 호텔 브랜드로 중산층 여행객 겨냥
2016	'상대적으로 오래 지속되는' 글로벌 경기 침체에 대비하기 위해 직원 구조 조정

출처: Banyan Tree Hotels and Resorts(2016), Leong(2016), Wirtz(2010).

어려운 환경에서도 성공을 이어가는 비결

반얀트리가 럭셔리 리조트 부문으로 진출한 것은 힐튼이나 샹그릴라 같은 거대 호텔 체인에서 손대지 않은 분야를 공략하려는 시도였다. 반얀트리는 호텔에 머무는 동안 보다 사적이고, 친근한 경험을 하고 싶어 하는 고객을 목표로 삼았다. 럭셔리 리조트 시장에서는 최고급 아만리조트Aman Resort와 그 외 다른 리조트들 사이에 상당한 가격 차가 있었다. 반얀트리의 창립자 호권핑과 클레어 치앙은 이런 기회를 잡았다. 그들은 개별 빌라가 있는 리조트를 짓고 싶어 했다. 각 리조트에 지역 문화가 살아 있는 빌라를 짓고, 사적이고 로맨틱한 분위기 속에서 고객이 일상 탈출을 경험할 수 있는 이미지로 반얀트리가 자리매김하기를 바랐다. 이들의 아이디어는 시장에 통했고, 반얀트리는 성장했다. 1997~1998년 아시아 경제 위기, 2001년 9.11 세계무역센터 테러, 2003년 사스 발병, 2004년 12월 26일 쓰나미 발생 등

273

여행 및 관광 업계에 주기적으로 위기가 찾아왔을 때도 반얀트리는 단 한 사람의 직원도 해고하지 않았다.

반얀트리가 성공할 수 있었던 비결, 특히 거시적으로 어려운 환경 속에서 성공을 이어갈 수 있었던 비결은 무엇이었을까? 호권핑은 어느 인터뷰에서 답을 했는데 "반얀트리를 키워나가면서 브랜드를 구축하는 일이 가장 중요하고 반드시 필요한 일임을 분명히 알고 있었기 때문"이라고 했다. 그는 반얀트리가 '브랜드 이미지를 희석시키지 않고' 기업 문화를 정의하는 핵심 가치를 잃지 않으면서 혁신적인 상품을 어떻게 내놓을지 계속 몰두했다. 반얀트리의 핵심 가치 또는 가치 기반 원칙VBPs, value-based principles은 기본적으로 첫째, 고객을 위한 친밀한 경험 제공과 둘째, 자연 및 인간 환경 보호로 구성되어 있다. 반얀트리의 사회적 책임CSR 프로그램을 보면 이 2가지 원칙을 실제로 어떻게 실행하는지 알 수 있다. 반얀트리의 사회적 책임(CSR, 기업 활동에 영향을 받거나 영향을 주는 직간접적 이해관계자에 대해 법적, 경제적, 윤리적 책임을 지는 경영 기법-옮긴이) 프로그램은 환경과 사회에 긍정적인 공헌을 하는 일뿐 아니라 고객에게 기억에 남는 경험을 선사하는 일을 목표로 삼고 있다. 일부 프로그램은 환경 보존과 생태계 복원을 지원하고 있다. 반얀트리는 환경문제를 보다 널리 알리기 위해 이 문제에 관심을 보이는 고객들을 대상으로 반얀트리의 환경문제 조사와 환경보호 업무에 참여하도록 권한다. 예를 들어 한번은 반얀트리몰디브의 투숙객에게 회사가 진행하는 산호 이식 프로그램에 참여할 수 있는 기회를 주었다. 멋진 해양 생물과 그 보존 방법을 알리는 해양 생물학 세션도 무료로 열었다. 투숙객은 녹색 바다거북이 방생 프로젝트에 참여할 기회도 얻었다. 리조트 투숙객은 이러한 활동에 대해 엄청나게 긍정적이고, 흥미롭다는 반응을 보였다. 직원이 손님을 보살필 때에도 회사의 핵심 가치를 따른다. 반얀트리의 직원은 진심에서 우러나는 세심함과 독창성을 지니고 손님을 대한다. 반얀트리는 직원에게 회사의 기준을 넘어서는 서비스를 손님에게 제공할 수 있는 권한을 부여한다. 예를 들어 객실청소팀 직원들은 프리미엄 리조트의 기준에 따른 일반적인 객실 정돈 가이드라인을 따라야 하지만, 동시에 창의성을 발휘해 객실을 마음대로 장식할 수 있는 자유도 있다. 또한 손님을 친구처럼 대하며, 각자의 개성 있는 성격을 드러내는 걸 주저하지 말라고 교육받는다. 반얀트리는 이러한 콘셉트를 잘 활용하고 있으며, 덕분에 손님들이 로맨틱하고 친밀한 경험을 할 수 있는 숙소로 자리매김했다(Wirtz, 2010). 심지어 반얀트리의 우수 직원들은 '서비스 제공자service provider'가 아닌 '케어기버caregiver'로 불린다.

가치 기반 원칙의 준수와 내재화

직원들이 '케어기버'로 활약하기 위해서는 표준작업규정SOPs, Standard Operating Procedure를 따르는 것만으로는 부족하다. 표준작업규정에는 정해져 있는 사항이 너무 많아서 이를 따르면 직원이 고객을 대할 때 뻣뻣해 보일 수 있다. 게다가 손님 개인별로 지니는 독특한 특징에 맞춘 서비스를 제공할 수도 없다. 호권핑에 따르면 정확한 업무 기준 이상으로 반얀트리에 필요한 건 모두가 우호적이고 서로 도움을 주려는 기업 문화며, 기업 문화에서 가장 중요한 부분은 가치다. 그리

275

고 그 가치는 반드시 모든 구성원에게 내재되어 있어야 한다. 반얀트리는 여러 기법을 활용해 회사의 핵심 가치를 구성원들에게 심는다. 다음은 반얀트리가 회사의 핵심 가치를 구성원에게 내재화하는 방법이다.

멋진 비전

반얀트리의 비전은 고객에게 영감을 불어넣는 특별한 경험을 선사하는 글로벌 브랜드를 쌓는 일과 호텔이 진출한 지역의 물리적, 인간적 환경을 보호하는 일이다. 결론적으로 창립자는 반얀트리를 동경의 대상이 되는 브랜드로 그리고 있다(Enz and Farhoomand, 2008). 이러한 비전이 있기에 반얀트리는 고객에게 잊지 못할 경험을 선사하기 위해 노력할 뿐 아니라 지역사회와 환경에도 좋은 영향을 미치도록 매진한다.

직원 채용

반얀트리는 리조트 부근에 사는 주민을 회사에서 주최하는 지역사회 역량강화 프로그램에 참여시키려 애쓴다. 그리고 반얀트리는 리조트 인근 지역 주민 가운데 우수한 사람을 고용한다. 리조트 근처에 사는 직원이 상당히 많기 때문에 그들은 그 지역의 환경이나 사회 문제에 높은 관심을 보일 가능성이 높다. 이에 더해 리조트는 지역 장인이 만든 토착 예술품이나 수공예품을 전시하는 특별 갤러리를 운영한다.

서비스 오리엔테이션

일반적으로 오리엔테이션은 신입 직원이 회사 문화에 익숙해
질 수 있도록 돕기 위해 실시한다. 모든 직원은 인사부터 시작
해서 손님의 다양한 니즈를 예측할 수 있도록 이름을 기억하
는 일까지 5성급 서비스의 기본적인 방법을 배운다. 일부 직
원을 선발하여 반얀트리에 투숙할 수 있는 기회를 주기도 한
다. 이를 통해 해당 직원은 전설적인 반얀트리의 리조트 서비
스를 손님 입장에서 느껴보는 경험을 한다(Wirts, 2010).

환경 및 지역사회 보호와 관련된 가치를 강화하기 위해 직원
들은 반얀트리의 사회적 책임 프로그램에 적극 참여한다. 일
부 프로그램, 특히 환경보호 활동과 관련된 프로그램에서는
호텔의 직원과 손님이 함께 참여해야 하는 경우도 있다. 2002
년 반얀트리는 지역사회 및 환경보호 프로그램을 지원하는 활
동을 공식화하기 위해 환경보호기금을 모으기 시작했다.

인정과 보상

반얀트리는 직원 복지에 아낌없이 투자한다. 회사의 인정과
보상은 해당 직원이 반얀트리의 가치를 반영한 가운데 손님에
게 제공한 돌봄 수준에 따라 제공된다. 적절한 인정과 보상을
받은 직원들은 손님에게 최적의 서비스를 제공하고, 주인의식
도 높아진다. 반얀트리의 직원들은 회사에서 제공하는 에어컨
이 달린 버스를 타고 통근하며, 간식거리가 잘 갖추어진 휴게
실, 의료 및 육아 서비스 등의 혜택도 누린다. 직원 기숙사에

277

는 욕실이 갖추어져 있으며, 텔레비전, 전화기, 냉장고도 이용할 수 있다.

디지털 시대를 겨냥한 '인간미' 넘치는 서비스

반얀트리는 디지털 기술이 정교하게 발달하고 있어도 여전히 인간적인 손길의 힘이 중요하다는 불변의 믿음을 가지고 있다. 이러한 기업 철학은 특히 반얀트리 부지 안에 있는 스파센터에서 두드러지게 나타난다. 반얀트리 스파센터는 '인간의 손길'을 특히 강조하는 곳이며, 하이테크 장비의 사용을 자제한다. 손님들은 행복하고 친밀한 경험을 얻기 위해 이곳을 방문하며, 몸과 마음, 영혼의 활기를 되찾는다. 반얀트리 스파센터는 개인적인 시간을 원하는 커플 손님을 주 대상으로 운영된다.

고객을 중심에 두지 않는 기술을 이용하는 것은 사실 자원 낭비일 뿐이다. 손님들이 그 기술에서 아무런 부가가치를 느끼지 못하기 때문이다. 예를 들어 여러 호텔에서 수백만 달러의 자금을 들여 태블릿이 달린 키오스크라는 기술 적용 제품을 도입했다. 투숙객들이 셀프체크인을 하면서 발전된 디지털 기술을 경험할 수 있도록 하기 위해서였다. 태블릿 키오스크가 유용하게 쓰일 수 있다는 건 공항에서 이미 증명된 사실이다. 공항에서는 승객들이 항공사에서 설치한 키오스크를 편리하게 이용하고 있다. 하지만 호텔에서는 대부분의 손님이 키오스크를 잘 이용하지 않는다. 호텔은 찾는 손님들은 여전히 체크인을 하는 동안 직원과 인사를 나누고 소통하고 싶어 한다. 이 점에서 키오스크는 '인간미'를 갖추지 못하고 실패했다. 그렇기는 하지만 호텔 업계에서도 고객 케어를 강화하는 데 발전된 디지털 기술을 사용할 수 있다. 만일 고객과의 접점을 정확히 빠짐없이 파악할 수 있다면 호텔과 리조트에서는 디지털 기술이 최적의 역할을 맡을 수 있는 고객 경험이 무엇인지 알아낼 수 있다. 중요한 점은 그저 정교한 기술을 선보이기보다는 고객 중심의, 즉 고객의 니즈에 초점을 맞춘 기술을 사용해야 한다는 것이다. 예를 들어 많은 나라와 지방 정부에서 관광객들이 여행지를 정하고, 활동 사항을 계획하며, 음식 메뉴를 살펴보는 데 사용할 수 있는 스마트폰 여행 애플리케이션을 개발한다. 2017년 버진호텔Virgin's Hotel은 '루시Lucy'라는 애플리케이션을 출시했는데, 호텔 투숙객들은 이 애플리케이션을 사용하여 객실 온도를 조절하거나 룸서비스와 스파서비스를 예약하고, 호텔 직원과 대화를 나눌 수도 있다(Deloitte, 2017).

디지털 혁명으로 호텔 업계에도 새로운 업체가 생겨났다. 에어비앤비나 카우치서핑처럼 예약을 통해 개인의 집을 빌리는 포털 서비스가 등장하면서 전통적인 서비스를 제공하는 일부 호텔은 큰 타격을 입었다. 현재는 그런 포털 서비스가 주로 겨냥하는 시장이 반얀트리의 표적 시장과 겹치지는 않지만, 앞으로 보다 고급 주택을 활용하여 반얀트리와 비슷한 서비스를 제공하게 될 가능성도 없지는 않다.

참고 자료

• Banyan Tree Hotel and Resorts (2016). Banyan tree investor relations. http://investors. banyantree.com/Milestones.html [7 September 2017].

• Deloitte (2017). *2017 Travel and Hospitality Industry Outlook*. Deloitte Center for Industry Insights. https://www2.deloitte.com/content/dam/Deloitte/us/Documents/consumer-business/us-cb-2017-travel-hospitality-industry-outlook.pdf [29 November 2018]

• Enz, C and A Farhoomand (2008). *Banyan Tree: Sustainability of a Brand During Rapid Global Expansion*. Hongkong: Asia Case Research Centre.

• Leong, G (February 2016). Workforce to be cut by 12%, including about 20 S'pore jobs; three top executives quit. *The Strait Times*. http://www.straitstimes.com/business/companies-markets/banyan-tree-to-slash-staff-ahead-of-coming-recession [7 September 2017].

• Quinby, D (August 2016). The end of alternative accommodation: Airbnb is now the third-largest online accommodation seller worldwide. *Phocuswright*. http://www.phocuswright.com/Travel-Research/Research-Updates/2016/The-End-of-Alternative-Accommodation?cid=external_email [8 September 2017].

• Singh, A (January 1997). Asia Pacific tourism industry: Current trends and future outlook. *Asia Pacific Journal of Tourism Research*, 2, 89-99. http://dx.doi.org/10.1080/10941669808721988

• Wilks, J and S Moore (2004). *Tourism Risk Management for the Asia Pacific Region: An Authoritative Guide for Managing Crises and Disasters*, p. 9. APEC International Center for Sustainable Tourism. Gold Coast MC, Queensland: Asia Pacific Economic Cooperation.

• Wirtz, J (2010). Banyan tree hotels & resorts. In *Services Marketing: People, Technology, Strategy*, C Lovelock and J Wirtz (eds.), 7th ed. New York: Prentice Hall.

——— 암루라이스 Amru Rice Co., Ltd.

2011년 캄보디아의 젊은 기업가가 세운 암루라이스는 단시간에 캄보디아 미곡 업계의 챔피언이 되었다. 하지만 다른 개발도상국과 마찬가지로 캄보디아의 농업, 특히 쌀 생산 업계는 계속되는 어려움을 마주하고 있다. 생산능력이 낮고, 종자의 품질이 떨어지기 때문이다. 효과적이고 효율적인 생산 및 유통 프로세스가 없다면 암루라이스는 글로벌 시장에서 경쟁할 기회를 얻지 못할 것이다. 하지만 기술의 발전 덕분에 암루라이스와 같은 기업도 외부와 쉽게 협력할 수 있게 되었고 덕분에 최종 소비자에게 더 큰 가치를 줄 수 있게 되었다. 암루라이스가 어떤 방법으로 회사와 농가에 더 많은 혜택을 가져와 협력을 성공적으로 이루었는지 살펴보자.

'하얀 금'으로 불리는 캄보디아의 쌀

캄보디아에서 농업은 GDP의 25% 이상을 차지하는 핵심 경제 부문이다. 농업 이외에는 산업 32%, 서비스 41% 부문이 중요한 위치를 차지하고 있다(CIA World Factbook, 2017). 농업 부문은 평균적으로 산업이나 서비스 부문에 비해 성장률이 낮지만, 지난 10년간 4~5%의 연평균 성장률을 유지했다. 캄보디아에서는 여러 농산물이 경작되지만 가장 중요한 상품은 쌀이다(FAO, 2014). 캄보디아 인구의 거의 50%가 쌀 생산업에 종사하고 있다. 2015년에는 920만 톤의 쌀을 수확했고, 농산품 중에서는 최고 수익률을 기록했다. 쌀 다음으로는 카사바manioc(말피기목 대극과에 속하는 식물로 길쭉한 덩이줄기 모양의 뿌리를 식용으로 사용. 껍질은 갈색이고 속살은 흰색이며 일반 채소로 소비되거나 타피오카를 만드는 데 쓰임-옮긴이)와 옥수수가 뒤를 이었다(ResponsAbility, 2017).

쌀은 캄보디아의 주요 식량이기도 하다. 캄보디아 사람들은 1인당 연간 150kg의 쌀을 소비하며, 쌀에 애정을 담아 '하얀 금'이라 부른다. 많은 농민이 조상의 땅에서 쌀을 재배한 뒤, 먹을 만큼의 쌀을 남기고 나머지는 추가 소득을 얻기 위해 지역 시장에 내다 판다(ResponsAbility, 2017). 쌀의 생산과 가공, 마케팅과 관련된 일에 약 300만 명 이상이 종사하고 있으며, 이는 캄보디아 전체 노동 가능 인구의 20% 이상에 해당한다(International Finance Corporation, 2015).

캄보디아의 농업은 1960년대와 1970년대에 내전을 겪는 동안 크게 후퇴했으며, 쌀 수출도 유예되었다. 캄보디아는 2009년부터 쌀을 수출하기 시작했다. 농업과 관개 기술이 좋아지고, 산지 가격이 높아진 결과 캄보디아의 쌀 생산과 수출량은 계속 늘어났다. 새로운 상황 덕분에 농민들도 혜택을 얻었다. 농민들은 더 전문적인 생산 기술을 도입했고, 농업을 더 잘 관리하기 위해서 협동조합을 조직했다. 캄보디아에서 생산된 쌀은 태국이나 베트남으로 많이 수출된다. 태국과 베트남에서는 캄보디아에서 수입한 쌀을 도정하여 국내에 유통하거나 백미 상태로 다른 나라에 수출하기도 한다(International Finance Corporation, 2015). 그렇다는 건 캄보디아의 도정 업체나 무역업자에게도 큰 잠재 시장이 있음을 나타낸다. 이들이 투자하여 제품에 부가가치를 더하면 직접 수출을 할 수 있고, 국내 일자리도 늘릴 수 있다.

쌀 산업의 주요 문제

다른 개발도상국과 마찬가지로 캄보디아의 농업, 특히 쌀 생산 업계에는 어려움이 지속되고 있다. 싱Singh 등이 조사한 결과에 따르면 (Singh et al., 2007) 캄보디아의 쌀 생산 업체는 아래위로 많은 어려움을 겪고 있으며, 그 내용은 다음과 같다.

낮은 생산능력과 열악한 종자 품질

캄보디아에서 쌀 생산능력을 높이지 못하는 2가지 주요 원인은 적절한 관개시설이 부족하고, 충분한 비료를 사용하지 못한다는 점이다. 캄보디아산 쌀은 대부분 품질 기준 미달이며, 쌀알이 작고 부서져 있다. 그래서 수출에 적합하지 않다. 이 문제를 해결하려면 농가에 품질이 좋은 종자를 제공해야 한다. 그래야 캄보디아에서 생산되는 쌀 대부분이 수출 기준을 충족할 수 있게 될 것이다.

쌀 도정 기술 부족과 수확 후 손실

캄보디아는 쌀 생산능력이 부족할 뿐 아니라 대부분의 업자가 사용하는 도정 기술도 옛날 방식이라서 전환비가 비효율적이다. 또한 관리비가 비싸고 가공, 저장, 운송, 마케팅에도 일련의 문제가 있어 쌀을 수확한 후의 손실도 크다.

판매 기반 시설과 정보 부족

판매 기반 시설이 약한 점이 캄보디아 쌀 생산 업계의 실패로 이어지고 있다. 이 때문에 수출 시장에서 쌀의 품질이 악화될 뿐 아니라 농민들이 생산한 쌀을 소비자에게 판매하는 것도 어렵다. 시골의 상황은 더욱 열악하다. 농민들은 판매 비용과 회계 관련 서비스에 대한 정보도 충분히 얻을 수 없다.

거래 제약

캄보디아산 쌀 품질을 국제 기준에 맞추지 못하는 무능력도 경쟁력의 걸림돌이다. 캄보디아산 쌀을 계속해서 성공적으로 수출하고 싶다면 상품의 품질을 글로벌 시장 기준에 맞추려는 엄청난 노력을 기울여야 한다.

부가가치 상품을 만드는 기술과 지식 부족

잉여 수량이 있다면 수출하거나 국내 시장에서 소비할 수 있는 부가가치 상품을 만드는 데 사용해야 한다. 쌀을 이용한 부가가치 상품으로는 쌀국수, 쌀빵, 쌀쿠키, 쌀주스 등이 있다. 하지만 쌀을 가공하는 데 필요한 지식이나 기술 장비가 부족하기 때문에 부가가치 공정이 그다지 많이 이루어지지 않는다.

글로벌 경쟁력의 비결은 제품의 품질 유지

이처럼 힘든 환경 속에서 젊은 기업가 사란 송Saran Song은 2011년 자신의 서른 번째 생일에 암루라이스를 등록했다. 암루라이스는 쌀 무역을 하는 회사였지만, 결국에는 수직통합을 통해 반가공 설비를 갖추게 되었다. 그러다 생산 단계까지 점점 거슬러 올라가 일부 지역의 협동조합과 계약 생산 거래를 하게 되었다. 2013년에 처음으로 계약 농가에서 쌀을 수확했고, 그 이후 암루라이스는 결코 뒤돌아보는 법 없이 앞으로 나아갔다.

현재 암루라이스는 6,000명 이상의 농민과 네트워크로 연결되어 있으며, 직원 수는 약 250명으로 다양한 종류의 안남미 백미와 유기농 쌀을 생산한다. 제조 공장은 ISO, HACCP, GMP 인증을 받았으며, 소매 시장에 진출하기 위해 BRC 등의 인증을 획득하려 하고 있다. 암루라이스는 단기간에 캄보디아 쌀 업계 챔피언 자리에 등극했다. 2016년 기준 암루라이스의 백미 총생산량은 연간 8만 톤에 달했고, 라이스페이퍼와 쌀국수의 총생산량은 2016년에 1,000톤으로 증가했다(Amru Rice Co., Ltd., 2017a)(표 7-3 참조).

암루라이스는 '훌륭한 기업 시민'이 되겠다는 비전을 가지고, 캄보디아 북부의 빈곤한 농민들과 함께하고 있다. 암루라이스에는 윤리적인 사업 방식을 통해 빈곤한 지역 농민들에게 경제적 기회를 제공하겠다는 목표가 있기 때문이다. 암루라이스와 함께 일하는 농민들은 경작과 수확 후 처리, 논 관리 기술에 대한 교육을 받는다. 암루라이스의 주력 제품은 유기농 쌀이다. 유기농 쌀은 일반 쌀보다 가격이 비싸다. 그래서 이윤을 더 많이 남길 수 있고, 그렇게 남은 이윤은 농민들에게 흘러간다.

[표 7-3] 암루라이스 연표

연도	성과
2011	• 도정 공장 설립 • 상무부(Ministry of Commerce)에 쌀 가공 및 수출 업체 등록
2012	• 프놈펜(Phnom Penh)에 도정한 쌀과 껍질을 벗긴 쌀을 깨끗이 씻어 가공하는 처리 공장 설립 • 캄보디아 상위 5위 쌀 수출 업체
2013	• 프레아비헤아르(Preah Vihear) 지역에서 GIZ와 유기농 쌀 프로젝트 시작. 협동조합(200가구) 2곳과 계약 생산 비즈니스 모델 이용 • 캄보디아 2대 쌀 수출 업체
2014	• 쌀 세척과 가공 라인의 수율을 시간당 15~20톤으로 늘림. 연간 생산량 5만 톤 • 프레아비헤아르주의 유기농 쌀 프로젝트 확대. 8개의 협동조합을 통해 1,000명의 농민과 계약 • 유기농 쌀 생산, 가공, 수출 업체로 유기농생산물 국제감시단체 에코서트(Ecocert) 인증 획득 • 캄보디아 2대 쌀 수출 업체 지위 유지
2015	• 바탐방(Battambang)에 쌀 도정 공장 투자. 연간 생산능력 3만 톤 • 프레아비헤아르주에서 협동조합 12곳과 계약 생산을 진행하기 위해 아그로앙코르(Agro Angkor Co. Ltd.)와 제휴 • 독일의 국제공인기관 TUV라인란드(TUV Rheinland)의 HACCP 인증 획득 • 캄보디아 최대 쌀 수출 업체

출처: Amru Rice Co., Ltd.(2015), Amru Rice Co., Ltd.(2017b).

암루라이스는 소비자에게 최고 품질의 제품을 판매하는데 초점을 맞추고 있기 때문에 수확한 쌀로 유기농 인증을 받았고, 이를 위해 그 어떤 살충제나 유전자변형생물GMO, Genetically Modified Organism을 쓰지 않는 농민과 함께했다. 이는 농민의 입장에서도 이로운 거래였다. 농민들은 이미 화학비료나 살충제를 쓰지 않은 땅에서 농사를 짓고 있었기 때문에 기존 방식대로 생산한 쌀이 유기농으로 분류되어 더 많은 이윤을 남기게 되었기 때문이다(ResponsAbility, 2017).

캄보디아의 다른 쌀 생산 업체들이 인접한 태국이나 베트남으로 수출하는 걸 선호하는 반면, 암루라이스가 주력하는 해외 시장은 유럽이다. 암루라이스가 생산한 유기농 쌀의 품질은 글로벌 시장 기준에 부합하기 때문에 폴란드, 루마니아, 러시아, 프랑스, 라트비아, 벨기에, 포르투갈 등으로 수출된다. 암루라이스는 미국 농무부USDA와 에코서트의 인증을 받았다. 또한 국제금융공사IFC, International Finance Corporation(개발도상국 민간 기업에 대한 투자를 목적으로 설립한 국제금융기구-옮긴이)와 협력하여 3년간 지속 가능한 쌀 생산 방침SRP, Sustainable Rice Platform 기준을 공급망에 적용, 시행하기로 했다. 국제금융공사는 암루라이스와 계약한 농민 2,000명 이상을 교육했다. 이들은 캄퐁참Kampong Cham의 농민들로, 지속 가능한 쌀 생산 방침에 따라 쌀을 재배하고, 암루라이스와 협력한다(International Finance Corporation, 2017).

지속 가능한 쌀 생산 방침을 실시한 지 1년이 지난 2013년에는 암루라이스의 쌀 수출량이 극적으로 늘어나 전년 대비 260% 증가를 기록했다. 아시아에서 신규 시장, 특히 중국과 말레이시아를 개척했고, 유럽 시장에서도 프리미엄 재스민쌀jasmine rice의 판매가 늘어났기 때문이었다. 암루라이스는 2015년에 캄보디아 최대의 쌀 수출 업체 자리로 올라섰다.

암루라이스는 글로벌 시장 경쟁력을 유지하기 위한 비결은 제품 품질을 유지하는 것임을 알고 있다. 그렇기 때문에 쌀의 생산부터 유통까지 모든 단계에 걸쳐 표준 규칙을 적용한다. 종자 선택, 논 마련, 곡물 재배, 멸균 처리에서부터 수출 절차에 이르기까지 쌀의 영양과 제품 가치를 지키기 위해 공정을 엄격하게 관리한다. 그림 7-1은 암루라이스의 생산 및 유통 공정 전체를 보여준다.

[그림 7-1] 암루라이스의 생산 및 유통 공정

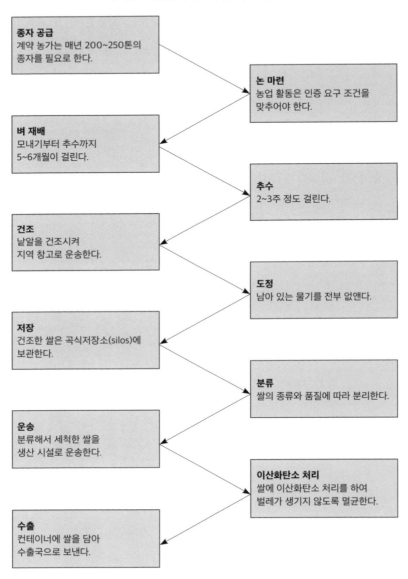

종자 공급
계약 농가는 매년 200~250톤의
종자를 필요로 한다.

논 마련
농업 활동은 인증 요구 조건을
맞추어야 한다.

벼 재배
모내기부터 추수까지
5~6개월이 걸린다.

추수
2~3주 정도 걸린다.

건조
낟알을 건조시켜
지역 창고로 운송한다.

도정
남아 있는 물기를 전부 없앤다.

저장
건조한 쌀은 곡식저장소(silos)에
보관한다.

분류
쌀의 종류와 품질에 따라 분리한다.

운송
분류해서 세척한 쌀을
생산 시설로 운송한다.

이산화탄소 처리
쌀에 이산화탄소 처리를 하여
벌레가 생기지 않도록 멸균한다.

수출
컨테이너에 쌀을 담아
수출국으로 보낸다.

출처: ResponsAbility(2017) 각색.

사업 가속화를 위한 업스트림 협력

생산이건 유통이건 프로세스는 제품의 핵심 결정 요인이며, 그래서 마케팅에서 중요한 역할을 한다. 원재료 구매부터 생산과 저장까지, 생산 프로세스가 효과적이고 효율적이면 제품의 품질, 생산 비용, 납기QCD, Quality, Cost, Delivery에까지 영향을 미친다. 품질, 비용, 납기는 기업 프로세스의 성공을 측정하는 3가지 핵심 단어다. 좋은 품질의 제품을 생산하고, 비용을 낮게 유지하며, 적기에 납품하고 싶다면 기업은 가치 사슬 안의 다양한 프로세스를 잘 관리해야 한다.

암루라이스도 마찬가지였다. 효과적이고 효율적인 생산 및 유통 프로세스가 없다면 기업이 생산한 유기농 쌀이 글로벌 시장에서 경쟁력을 가질 확률은 높지 않을 것이다. 좋은 소식이 있다면 수평화된 지금 시대에 이 모든 프로세스를 기업이 혼자 관리하지 않아도 된다는 점이다. 기술 발전 덕분에 기업은 외부와 쉽게 협력할 수 있게 되었고 덕분에 최종 소비자에게 더 큰 가치를 줄 수 있게 되었다. GCIGlobal Commerce Initiative(국가나 지역 간 유통 업무상의 장벽을 제거하고, 유통 표준의 개발을 지원하기 위해 국제적 제조 업체와 소매 업체들이 조직한 단체-옮긴이)가 가치 사슬의 미래에 관해 작성한 보고서에 따르면 "고객의 니즈에 잘 대응할 수 있는 보다 효율적이고 효과적인 가치 사슬을 만들기 위해 가치 사슬 내 모든 구성원은 반드시 협력을 강화해야 한다 (Global Commerce Initiative and Capgemini, 2008)"고 한다

가치 사슬 내 구성원이 협력하는 모습은 업스트림upstream(생산) 협력과 다운스트림downstream(판매) 협력의 2가지 형태로 나타난다(그림

7-2 참조). 업스트림 협력은 보통 공급 업체와 제조 업체 사이에서 일어난다. 생산 일정을 동기화하거나 제품 개발 단계에서 협력하는 등 상호 프로세스 형태로 협력이 이루어진다. 이와 달리 다운스트림 협력은 제조 업체와 소매 또는 도매 유통 채널 사이에서 일어난다 (Kotler, Kartajaya and Hooi, 2017).

[그림 7-2] 협력의 종류

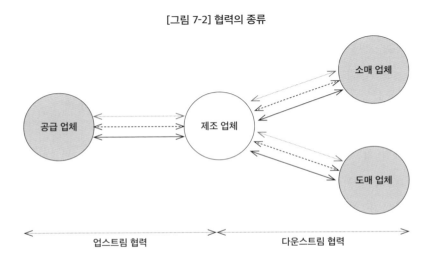

암루라이스는 업스트림 협력의 아주 좋은 예를 보여준다. 품질이 보증된 충분한 양의 유기농 쌀을 확보하기 위해 회사에서 관리하는 농지에만 의존하지 않고, 캄보디아의 농민 커뮤니티와 제휴를 맺는다. 제휴 프로젝트는 프레아비헤아르 지역 중심으로 이루어져 있으며, 지역의 농업 협동조합을 통해 약 3,000개의 농가가 참여하고 있다.

이러한 협력은 회사와, 농민 모두에게 큰 도움이 된다. 농가와 협력한 암루라이스는 품질 좋은 유기농 쌀을 안정적인 수량으로 꾸준히 공급받을 수 있다. 이를 바탕으로 국내 및 해외 시장에서 늘어나는 제품 수요에 대응할 수 있다. 마찬가지로 농민들은 암루라이스의 제휴사 리스폰시빌리티인베스트먼트ResponsAbility Investment AG가 실시하는 전문 농업 기술 지원과 교육을 받을 수 있다. 리스폰시빌리티인베스트먼트는 부채와 자본 조달 서비스를 제공하며, 대부분 신흥 개발도상국의 비상장 기업을 대상으로 한다. 암루라이스는 리스폰시빌리티인베스트먼트의 아시아 제휴사 가운데 하나다.

농민들은 교육을 통해 유기농 비료를 만드는 방법과 적절하게 사용하는 법을 배운다. 리스폰시빌리티인베스트먼트의 기술지원팀이 도움을 제공하며, 이들은 농민들에게 금융 정보를 제공하고, 물류 서비스를 지원하며, 농민들이 유기농 인증을 받고 전문적인 방식으로 농사를 지어 재정 상태를 향상할 수 있도록 힘을 보탠다. 암루라이스는 농민들에게 직접 금전적인 혜택을 돌려주기도 한다. 첫해에는 형편이 어려운 이들에게 무료로 모를 제공하고, 다음 해에는 50%의 보조금을 지원한 가격으로 모를 제공하는 방식이다. 나머지 금액은 농민들이 첫해에 벌어들인 수입으로 지불한다. 3년째가 되면 대부분의 농민이 스스로 비용 전액을 감당할 수 있게 된다(ResponsAbility, 2017).

암루라이스가 외부와 협력한 사례가 또 있다. 2017년 암루라이스는 SNV오거나이제이션SNV Organisation과 팀을 이루어 창고증권시스템Warehouse Receipt System(창고에 보관을 위해 보존된 재화와 상품을 목록하는 문서를 이용하는 시스템-옮긴이)을 활용해 영세 농민들이 수확한 쌀이나 캐슈너트, 카사바를 저장할 수 있도록 도와주었다. 이 지원 프로그램 덕분에 캄퐁톰Kampong Thom과 프레아비헤아르 지역에서 1,500명 이상의 농민이 5,000톤 이상의 농작물을 저장할 수 있었다. 지원은 여기서 그치지 않고 농산품 판매를 돕거나 융자를 해주기도 했다. 이 프로그램을 통해 영세 농가구에서 시장 가격보다 3% 비싼 가격에 2,000톤이 넘는 쌀을 수매했다(Manet, 2018).

암루라이스가 농민과 협력하거나 여러 종류의 지원을 통해 그들의 재정 상황을 나아지게 하려고 애쓰는 모습을 보면 암루라이스의 우선순위가 농민 복지라는 점을 분명히 알 수 있다. 암루라이스는 농민이 경작하는 쌀의 품질과 수량을 높일 수 있도록 도움을 줄 뿐 아니라 시장 가격보다 높은 가격에 쌀을 수매해주기도 한다. 암루라이스를 위해 작물을 재배하는 농민은 일반적으로 15~75%정도 높은 수입을 얻게 된다(ResponsAbility, 2017). 이 외에도 암루라이스는 환경 문제를 중요하게 생각한다. 그래서 환경 친화적인 경작 방법을 사용하여 농지의 지속 가능성과 농지를 둘러싼 마을의 환경을 보호한다.

암루라이스는 농민과 폭넓은 업스트림 협력을 지속하고('주의 깊게 만든' 계약 재배 방식을 따른다), 기술 및 물류를 지원할 수 있는 적절한 제휴사와 함께, 사업 성과를 상당히 향상시켰을 뿐 아니라 캄보디아의 유기농 쌀을 세계 시장에 내놓았다. 그뿐 아니라 수천에 이르는 농민의 삶의 질을 향상시켰고, 지속 가능한 경작 기법을 홍보했다.

- Amru Rice Co., Ltd. (2015). Company profile. http://www.amrurice.com.kh/company-profile/ [23 January 2018].

- Amru Rice Co., Ltd. (2017a). Corporate profile. http://www.amrurice.com.kh/wp-content/uploads/2017/05/AMRU-CORPORATE-PROFILE-10012017_visitor-Last-updated.pdf [1 February 2018].

- Amru Rice Co., Ltd. (2017b). Amru rice catalogue: Serving the finest cambodian rice. http://www.amrurice.com.kh/wp-content/uploads/2017/05/Amru-Rice-Catalogue.pdf [28 January 2018].

- FAO (2014). Cambodia: Country fact sheet on food and agriculture policy trends. http://www.fao.org/docrep/field/009/i3761e/i3761e.pdf [28 January 2018].

- Global Commerce Initiative (GCI) and Capgemini (2008). *2016 The Future Value Chain*. Paris: Global Commerce Initiative.

- International Finance Corporation (2015). *Cambodia Rice: Export Potential and Strategies*. Phnom Penh: International Finance Corporation (World Bank Group).

- International Finance Corporation (2017). IFC partners with AMRU Rice to promote sustainable rice production in Cambodia. https://ifcextapps.ifc.org/ifcext/pressroom/IFCPressRoom.nsf/0/BE48FC1647210D4285258145001A1AD7?OpenDocument [1 February 2018].

- Kotler, P, H Kartajaya and DH Hooi (2017). *Marketing for Competitiveness: Asia to the World*. Singapore: World Scientific.

- Manet, S (January 2018). Agricultural partnership hits its initial targets. *Khmer Times*. http://www.khmertimeskh.com/50104176/agricultural-partnership-hits-its-initial-targets/ [1 February 2018].

- ResponsAbility (2017). Organic rice from Cambodia. https://www.responsability.com/sites/default/files/2017-04/Investment_Case_AMRU_ Rice_Cambodia_EN.pdf [28 January 2018].

- Singh, SP *et al*. (2007). The rice industry in Cambodia: Production, marketing systems and impediments to improvements. *Journal of Food Distribution Research*, 38(1), 141-147. http://dx.doi.org/10.1016/s0308-8146(99)00237-x

─────── 미얀마우정통신MPT, Myanma Posts and Telecommunications

미얀마의 전자통신 업계는 최근 몇 년간 강한 성장세를 기록하고 있다. 이 점을 고려하면 미얀마 전자통신 업계의 선두 주자인 미얀마우정통신은 좋은 기회를 맞이하고 있다. 하지만 해결이 쉽지 않은 문제도 안고 있다. 그중 하나는 해외에서 새로운 경쟁 업체가 등장하는 일이다. 이런 상황에서 미얀마우정통신이 경쟁에 맞서는 방법과 고객의 눈높이에서 제품과 서비스의 가치를 향상시키는 방법을 알아본다. 특히 디지털 생태계 속에서 다양한 이해관계자와 협력하는 모습을 잘 살펴보자.

미얀마 통신 업계 중 시장점유율이 가장 높은 기업

현재 미얀마의 전자통신 시장은 동남아시아에서 가장 활기차다. 경쟁은 치열하고, 서비스 종류와 소비자층은 확대되고 있다. 미얀마의 전자통신 부문은 2013년 자유화되었고, 그 이후 몇몇 해외 통신 업체들이 미얀마 시장에 진출하여 2013년 7%였던 시장점유율은 2015년 54%로 확대되었다. 이들의 모바일 시장점유율은 그 어느 곳에서보다 빠르게 늘어났다. 비슷한 시장을 가진 태국이나 필리핀에서는 동일한 점유율에 도달할 때까지 4년이 걸렸지만, 미얀마에서는 훨씬 빠른 속도로 진행되고 있다(Dujacquier, 2015).

2017년 1월 기준, 미얀마의 공식 인구수는 5,300만 명이며, 미얀마에서 휴대전화 서비스를 실제로 이용하고 있는 사람은 최소 3,300만 명이다(Digital in Asia, 2017). 휴대전화 이용자층이 늘어나는 현상은 스마트폰의 보급과 긴밀히 관련되어 있다. 현재 미얀마의 스마트폰 이용자는 국가 전체 휴대전화 이용자의 70%를 차지하고 있다. 이는 아시아 태평양 지역의 평균 53%보다 높은 수치며, 심지어 68% 수준인 유럽보다도 높다(Peel, 2017). 미얀마 정부는 시장을 한층 더 자유화할 것으로 보이며, 현재 남아 있는 장애물도 계속해서 제거하려 하고 있다. 미얀마 정부는 2020년까지 미얀마 인구의 90% 이상이 휴대전화를 이용할 수 있으며, 85%가 인터넷을 이용하고, 50%가 고속 인터넷을 이용할 수 있게 되기를 바란다(Dujacquier, 2015).

미얀마 전자통신 업계의 새로운 시대는 2013년부터 시작되었다. 그때부터 미얀마 정부는 전자통신 시장을 개방하기 시작했고, 새로운 서비스 제공 업체에 사업 허가를 내주었다. 카타르의 통신 업체 오레두Ooredoo와 노르웨이 국영 텔레노어Telenor가 자유화된 미얀마 시장에 먼저 뛰어들었다. 그 결과 소비자가 부담하는 통신비는 줄어들었고, 휴대전화 가입자 수가 빠르게 늘어났으며, 미얀마의 통신 기반 시설도 확대되었다(Dujacquier, 2015). 이전에 카타르통신Qatar Telecom으로 불렸던 오레두는 카타르의 국영 통신 기업이며, 카타르 모바일 시장의 선두 주자다. 오레두는 중동 지역의 다른 국가에서도 모바일 서비스 업체를 운영한다. 여기에는 오만의 나우라스Nawras, 튀니지의 튀니지아나Tunisiana, 팔레스타인의 와타니아Wataniya, 몰디브의 오레두, 이라크의 아시아셀Asiacell 등이 포함된다. 아시아에서는 인도샛Indosat을 통해 인도네시아에서 활발히 영업하고 있다. 오레두의 누적 고객층은 1억 명이 넘는다(Ooredoo, 2018). 한편 텔레노어 그룹은 스칸디나비아와 아시아에서 영업하는 모바일 서비스 업체로, 사용자층은 약 1억 7,200만 명이다(Telenor Group, 2018).

미얀마의 전자통신 업계는 해외 기업에 개방된 후 빠르게 성장했다. 2015년 11월 스웨덴의 통신장비 제조 업체 에릭슨Ericsson은 미얀마를 세계에서 네 번째로 빠르게 성장하는 모바일 시장으로 선정했다(Trautwein, 2015). 미얀마 4위의 통신 서비스 업체 마이텔MyTel은 2018년 6월 공식 출범했다. 마이텔을 후원하는 기업은 텔레콤인터내셔널미얀마컴퍼니Telecom International Myanmar Co. Ltd.다. 이 회사는 미얀마 정부 소유의 스타하이퍼블릭Star High Public Co. Ltd.과 비엣텔Viettel이라는 베트남 통신 회사, 그리고 11개의 미얀마 기업으로 이루어진 컨소시움 MTNH가 함께 만든 합작회사다(Gaung, 2018).

시장이 점점 개방되면서 업계의 경쟁도 점점 치열해지고 있다. 그렇지만 미얀마우정통신(이하 MPT)의 시장점유율이 여전히 가장 높다. MPT는 미얀마 교통통신부 산하 국영기업으로 이용자 2,300만 명을 보유한 시장의 선두 주자이며 개인과 기업을 대상으로 유무선 통신 서비스를 제공한다.

미얀마의 전자통신 업계를 개척하다

우편통신회사Posts and Telecommunications Corporation라는 이름으로 알려져 있던 MPT는 미얀마 전자통신 업계를 개척했다고 할 수 있다. MPT는 미얀마의 수도 네피도Nay Pyi Taw에 자리하고 있으며, 미얀마 전역의

96%에 해당하는 가장 넓은 이동 통신망을 구축하여 전국적인 네트워크 인프라를 운영하고 있다. 또한 전화 등 통신 서비스를 제공하며, 광범위한 소매점과 판매처를 보유하고 있다. 이는 미얀마에서 전자통신 서비스를 쉽게 이용할 수 있도록 만든다는 회사의 목표에 부합하는 모습이다(MPT, 2016a).

2014년부터 MPT에는 새 시대가 열렸다. KSGMKDDI Summit Global Myanmar과 10년 공동 운영 계약을 맺은 것이다. KSGM은 일본의 KDDI 텔코Telco와 스미토모Sumitomo Corporation의 합작회사다. 이 계약의 목적은 MPT의 통신 네트워크를 업데이트하고 일본 기준에 부합하는 서비스를 제공하기 위해서다. 일본 정부의 지원에 힘입어 두 일본 회사는 마침내 MPT의 해외 제휴사가 되었다(Shin, 2014). 이 협력을 통해 MPT는 전자통신 부문의 발전을 계속 주도하고, 미얀마 경제 발전을 위해 노력한다.

MPT는 고객을 성장시키고 사업을 확대하는 과정에서 디지털 리터러시digital literacy(디지털 시대에 필수적으로 요구되는 정보 이해 및 표현 능력. 디지털 기기를 활용하여 원하는 작업을 실행하고 필요한 정보를 얻을 수 있는 지식과 능력-옮긴이)가 얼마나 중요한지 잘 알고 있다. 그래서 '텔레센터telecenters'라 부르는 매장을 오픈하여 소비자들이 다양한 디지털 기기 및 서비스에 익숙해지도록 돕고 있다. 2018년 3월에 40곳의 텔레센터가 오픈했고, 2019년까지 거의 150곳을 열어 3배 이상 늘릴 계획이다. 텔레센터 방문 고객은 무료로 와이파이와 노트북, 태블릿을 사용할 수 있다. 상주하는 직원은 방문객에게 다양한 부가가치 서비스VASs, Value-Added Service를 이용하는 방법을 알려준다. 또한 만화, 소설, 영화, 영어 수업, 건강관리 등 다양한 종류의 교육 및 엔터테인먼트 콘텐츠를 제공한다(MPT, 2018).

고객에게 제공하는 가치 향상을 위한 협력 사업

디지털 시대가 도래한 덕분에 고객에게 향상된 가치를 제공할 수 있는 새로운 길이 열렸다. 인터넷 기술이 발전하면서 기업은 편리하고 새로운 방식으로 가치 사슬을 관리하게 되었다. 인터넷은 음식 주문, 결제, 물건 구매와 같은 거래를 포함하여 소비자의 행동 방식을 빠르게 바꾸어놓았을 뿐 아니라, 기업에도 인터넷 기술을 활용하여 업무를 조정하고 협력을 이룰 수 있다는 장점을 안겨주었다. 인터넷 덕분에 기업은 가치 사슬 관리 과정에서 더 많이 협력할 수 있으며, 비즈니스 프로세스는 더 효율적이고 지속 가능해진다(Kotler, Kartajaya and Hooi, 2017). MPT는 고객에게 이동통신과 인터넷 서비스를 제공하기 위해서는 미얀마의 디지털 생태계 안에서 다양한 정부 및 민간 부문 이해관계자들과 협력하는 일이 중요하다는 점을 알게 되었다(그림 7-3 참조).

MPT는 업스트림과 다운스트림 협력을 통해 품질 좋은 제품과 서비스를 제공하기 위해 다양한 노력을 기울인다. 업스트림 협력은 보통 제조 업체와 공급 업체 사이에서 이루어진다(Kotler, Kartajaya and Hooi, 2017). 전자통신 업계에서 중요한 공급 업체는 인프라 및 지원 서비스와 관련된 곳들이다. MPT는 국영기업이기 때문에 외곽 지역에 통신 인프라를 제공하는 사업에 있어 미얀마 정부와 협력하기 좋

[그림 7-3] 디지털 생태계

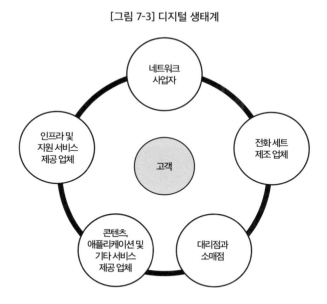

네트워크
사업자

인프라 및
지원 서비스
제공 업체

고객

전화 세트
제조 업체

콘텐츠,
애플리케이션 및
기타 서비스
제공 업체

대리점과
소매점

출처: Kotler, Kartajaya and Hooi(2017).

은 위치에 있다. 이 협력 관계는 미얀마 정부에도 중요한 의미를 지
닌다. 2020년까지 전국 휴대전화 이용률 90% 이상을 달성하겠다는
정부의 목표와 일치하는 사업이기 때문이다.

MPT는 제품 번들링bundling이라는 형태로 전화 세트 제조 업체와도
활발히 협력하고 있다. 이 분야에서 MPT의 주 파트너사는 화웨이와
소니이다. 소니의 경우 소니엑스페리아Sony Xperia 기기와 묶어 서비스
제품을 출시했고, 화웨이는 노바Nova 시리즈의 제품과 묶은 서비스를
내놓았다. 또한, 미얀마의 스마트폰 브랜드 맥스콜MaxxCall과 공동브랜
딩을 통해 고객에게 부담 없는 가격대의 스마트폰 제품을 선보이고
있다(MPT, 2016b).

고객에게 제공하는 가치를 향상하기 위해 MPT가 진행하는 협력 사업은 또 있다. 콘텐츠 제공 업체 및 애플리케이션 업체와 함께하는 협력이다. 이 협력을 통해 MPT는 고객에 더 많은 혜택을 제공할 수 있고, 그것은 결국 회사에 대한 고객 충성도를 높이는 결과를 가져온다. 콘텐츠나 애플리케이션 업체와의 협력은 고객 경험을 향상할 수 있는 특정 콘텐츠나 서비스를 제공하는 형태로 이루어진다. MPT는 또한 수백만에 달하는 이용자를 위한 로열티 프로그램을 출시하기 위해 제품 및 서비스 브랜드 여러 곳과도 제휴했다. MPT를 이용하는 고객은 전화료나 제품 구매로 사용한 금액 200짜트(약 117원)마다 1포인트를 쌓을 수 있다(Kyodo, 2018).

2015년에는 미얀마 사람들에게 인기 인스턴트 메시지 애플리케이션을 경험할 기회를 주기 위해 라인과 손을 잡았다. 라인은 세계에서 가장 인기 있는 소셜네트워크 애플리케이션이다. 특히 아시아의 젊은이 사이에서 큰 인기를 끌고 있으며 일본, 태국을 비롯한 여러 나라에서 인기 1위의 메시지 애플리케이션이다. 라인과의 협력을 위해 MPT는 사용자들이 라인 애플리케이션을 무료로 다운로드받을 수 있도록 하고, 2개월간 데이터 요금을 부과하지 않고 사용할 수 있도록 했다(MPT, 2015). 이와 별도로 MPT는 에어아시아와 함께 '에어아시아 온세일AirAsia on Sale'이라는 이름의 모바일 캠페인을 진행하고 있다. 에어아시아의 애플리케이션을 통해 항공권을 구매하는 MPT 사용자는 20% 할인된 가격으로 구매할 수 있다(MPT, 2016c).

MPT가 진행하는 여러 협력 사업은 소비자에게 좋은 반응을 얻었다. 브랜드 가치 평가 기관 밀워드브라운Millward Brown이 미얀마에서 실

시한 브랜드 조사 결과 2016년 42개의 핵심 브랜드 가운데 MPT가
가장 사랑받는 브랜드 1위에 올랐다. 이 사실에서도 소비자들의 반
응을 잘 알 수 있다(MPT, 2016a).

참고 자료

- Bloomberg (2018). Company overview of Myanma Posts and Telecommunications. https://www.bloomberg.com/research/stocks/private/snapshot.asp?privcapid=39653336 [4 August 2018].

- Digital in Asia (January 2017). Myanmar 33 million mobile users, smartphone usage 80%. https://digitalinasia.com/2017/01/09/myanmar-33-million-mobile-users-smartphone-usage-80/ [1 August 2018].

- D Dujacquier (September 2015). Advancing Myanmart's telecom infrastructure. *My anmar Times*. https://www.mmtimes.com/opinion/16415-advancing-myanmar-s-telecom-infrastructure.html [1 August 2018].

- Gaung, JS (June 2018). Military-backed Mytel becomes fourth telecom operator to launch services in Myanmar. *Deal Street Asia*. https://www.dealstreetasia.com/stories/myanmar-telco-mytel-launch-99492/ [4 August 2018].

- Kotler, P, H Kartajaya and DH Hooi (2017). *Marketing for Competitiveness: Asia to the World*. Singapore: World Scientific.

- Kyodo (June 2018). MPT mobile launches point reward programme. *Myanmar Times*. https://www.mmtimes.com/news/mpt-mobile-launches-point-reward-programme.html [7 August 2018].

- MPT (2015). *MPT Announces Collaboration with Line*. http://mpt.com.mm/en/mpt-announces-collaboration-with-line/ [4 August 2018].

- MPT (2016a). *Who Is MPT?* http://mpt.com.mm/en/about-home-en/who-is-mpt/ [1 August 2018].

- MPT (2016b). *What Is Good with MPT Devices*. http://mpt.com.mm/en/home/mobile-services/devices/#1 [4 August 2018].

- MPT (2016c). *AirAsia on Sale*. http://mpt.com.mm/en/airasia-sale-launch-en/ [4 August 2018].

- MPT (2018). *MPT Expands Technology Information Centers Operations Across the Country to Fill the Digital Skilk Gap*. http://mpt.com.mm/en/mpt-expands-technology-information-centers-operations-across-country-fill-digital-skills-gap/ [7 August 2018].

- Ooredoo (2018). *About Ooredoo*. https://www.ooredoo.qa/portal/OoredooQatar/about-ooredoo [4 August 2018].

- Peel, M (December 2017). Tech start-up tackles maternal mortality rates in Myanmar. *Financial Times*. https://www.ft.com/content/28217d56-8655-11e7-bf50-e1c239b45787 [1 August 2018].

- Shin, A (2014). MPT promises a new era with KDDI. *Myanmar Times*. https://www.mmtimes.com/business/11072-mpt-promises-a-new-era-with-kddi.html [4 August 2018].

- Telenor Group (2018). *Telenor Group at a Glance*. https://www.telenor.com/about-us/telenor-at-a-glance/ [4 August 2018].

- Trautwein, C (November 2015). Myanmar named fourth fastest growing mobile market in the world by Ericsson. *Myanmar Times*. https://www.mmtimes.com/business/technology/17727-myanmar-named-fourth-fastest-growing-mobile-market-in-the-world-by-ericsson.html [1 August 2018].

아시아 기업, 특히 지역 시장을 벗어나 사업을 확대하려는 기업이라면 우리가 글로리컬라이제이션 마인드세트glorecalization mindset라고 부르는 3C 공식을 받아들여야 한다. 점점 디지털화하는 소비자의 마음을 얻으려면 수평적인 새로운 마케팅 방법을 통한 공식을 적용해야 한다.

첫 번째 'C'는 일관된 글로벌 가치Consistent global value를 나타낸다. 기업이 고객에 제공하는 이 가치는 캐릭터(Character, 새로운 브랜드), 케어(Care, 새로운 서비스), 협업(Collaboration, 새로운 프로세스)이라는 3가지 뉴웨이브 요소로 구성되어 있다. 마케터에게는 이 3가지 요소를 통합하는 일이 중요하다. 하지만 이런 요소를 개발하는 데에는 많은 비용이 들어가므로 비용 문제도 고려해야 한다.

두 번째 'C'는 통합된 지역 전략Coordinated regional strategy이다. 이를 위한 뉴웨이브 마케팅 전략은 커뮤니티화(Communitization, 새로운 세분화), 확인(Confirmation, 새로운 표적화), 명료화(Clarification, 새로운 포지셔닝)로 구성된다. 아시아에는 다양한 문화 커뮤니티가 존재한다. 통합된 지역 전략을 구사하는 기업이 가장 좋은 서비스를 제공할 수 있을 것이다. 아시아 시장 역학에 주로 영향을 미치는 3가지 커뮤니티(하위문화)는 청년, 여성, 네티즌 문화다.

세 번째 'C'는 맞춤형 현지 전술Customized local tactic이다. 이를 위한 뉴웨이브 전술로는 내면화(codification, 새로운 차별화), 뉴웨이브 마케팅 믹스(new wave marketing mix), 상업화(commercialization, 새로운 영업)가 있다. 내면화는 경쟁 업체와 차별화되는 나만의 독창성을 나타낸다. 이런 내면화는 지역 수준에서 맞춤형으로 이루어져야 한다. 그러고 나서 마찬가지로 지역에서 맞춤형으로 실시되는 뉴웨이브 마케팅 믹스와 상업화에 반영되어야 한다.

요약하자면 아시아 기업이 국내 시장을 벗어나 해외 진출을 노린다면 3가지 C, 즉 일관된 글로벌 가치, 통합된 지역 전략, 맞춤형 현지 전술 사이에 균형을 맞추어야 한다. 이번에 소개할 장에서는 이 공식을 효과적으로 사용해 크게 성공한 아시아 기업의 사례가 나온다. 진출한 시장의 범위에 따라 로컬 챔피언, 지역 플레이어, 다국적기업으로 나누어 살펴본다.

PART 3.
글로리컬라이제이션 마인드세트의 성공 방식

CHAPTER

8

아시아 로컬 챔피언의
승리 비결

어떤 시장에서든 지역의 토착 기업은 틈새시장을 공략하는, 가장 상대하기 어려운 기업이다. 오늘날 다국적기업은 비슷한 사업 모델로 유사한 사업 전략을 택한 다른 기업에게는 더 이상 예전처럼 크게 신경 쓰지 않는다. 정교한 시스템과 표준화된 제품을 생산하는 글로벌 대기업들은 현지의 새로운 틈새시장에 진입할 경우 문화 충격을 받고, 진입 장벽 앞에서 어려움을 겪는다. 지역 고객의 니즈를 맞추는 데 극도로 민첩하게 반응하는 현지의 소규모 기업은 행보를 예측하기 어렵다. 그렇기 때문에 이러한 로컬 챔피언이 자리 잡은 시장에서 승부를 벌이면 이기기 무척 어렵다.

그렇다면 로컬 챔피언의 승리 비결은 도대체 무엇일까? 소비자가 선택할 수 있는 제품과 서비스가 널려 있는 시장에서 고객의 존경과 충성심을 얻는 비결 말이다. 시장이 세계화되고 경쟁이 매우 치열해졌는데, 어떻게 계속 승승장구할 수 있는 것일까?

로컬 챔피언이 되겠다고 애국심에만 호소하는 건 당연히 지속 가능한 전략이 아니다. 지역 소비자의 불편과 욕구를 해결할 수 있는 제품과 서비스를 내놓으려면 현지 시장을 잘 이해해야 한다. 이러한 접근법을 사용하려면 현지 문화에 정통한 전문가가 있는 강력한 마케팅 조직의 도움을 적절히 얻어야 한다. 더욱이 아시아를 휩쓴 디지털 기술 혁명 덕분에 현지 기업들은 저비용 고효율의 마케팅 전략과 전술을 개발할 기회를 얻었다.

아시아의 로컬 챔피언, 특히 개발도상국의 로컬 챔피언들은 정부 규제로 인한 독점적 지위를 누린 덕분에 크게 성장하게 된 경우가 많다. 하지만 아시아 시장도 점점 개방되기 시작했고, 시장 내 경쟁이 치열해지고 있다. 이러한 상황에서 로컬 챔피언 기업이 시장에서 우월한 지위를 유지하려면 적절한 전략, 전술, 가치를 사용하는 일이 무척 중요하다. 이번 장에서 소개할 기업들은 국내 시장 개방으로 글로벌 기업과의 경쟁이 점점 치열해지는 상황에서, 경쟁에 맞서 살아남기 위해 어떤 노력을 하는지 보여준다. 이에 더해 경쟁에서 이기기 위한 노력이 어떻게 현지 디지털 소비자층에 어필하는 가치로 발전했는지도 알아본다.

———— UFC그룹UFC Group

여느 나라에서나 현지 기업은 지역의 시장 상황을 잘 이해하기 때문에 로컬 챔피언이 될 좋은 기회를 가진다. 로컬 챔피언 기업이 현지 시장을 개척하는 것은 해외 진출을 위한 디딤돌이 될 수 있다. UFC그룹은 몽골의 천연자원을 이용한 제품을 생산하는 기업으로, 몽골 소비자의 마음을 사로잡았다. UFC그룹의 제품은 해외의 많은 나라로도 수출된다. 하지만 기업은 지금까지 이룬 성과를 최적화할 디지털 기술을 활용하는 일에 어려움을 겪고 있다.

성장세에 올라타는 몽골의 디지털 기술

몽골은 내륙에 위치한 국가다. 남으로는 중국과 이웃하고, 북으로는 러시아에 닿아 있다. 몽골의 경제 활동은 전통적으로 농업과 가축 사육을 바탕으로 해왔다. 최근 들어 채광 산업에 외국인 직접투자가 이루어지기 시작하면서 경제 활동의 초점이 농업과 가축 사육에서 원자재 채광으로 옮겨갔다(몽골에는 구리, 금, 석탄, 몰리브덴, 형석, 우라늄, 주석, 텅스텐이 많이 매장되어 있다). 2016년에는 채광 산업이 GDP의 20%와 총수출의 86.2%를 차지했다(EITI, 2017). 2017년 기준으로 농업 부문이 몽골 GDP에서 차지하는 비중은 약 13.2%였다(Central Intelligence Agency, 2018).

　　2016년 몽골에 경제 위기가 찾아왔다. 원자재 시황이 나빠지고 중국의 주요 수출 시장 성장이 둔화한 탓에 몽골의 수출량도 줄었다. 경제성장률은 1%로 주저앉았다(The World Bank, 2017). 다행히 2017년에는 광물 부문의 성장을 바탕으로 경제가 회복되기 시작했다. 아시아개발은행Asian Development Bank에 따르면 2017년 상반기 몽골의 경제성장률은 약 5.3%다(Asia Development Bank, 2017).

한편 몽골에서 기술, 특히 정보통신기술의 발전은 흔치 않은 상황을 보여주었다. 몽골은 인구밀도가 낮은 나라 가운데 하나다. 그리고 몽골 인구의 거의 절반가량이 수도인 울란바토르에 모여 산다. 이 때문에 울란바토르는 기술 발전의 중심지가 되었다. 몽골의 전자통신 시장은 1990년대 초반 자유화된 이후 급속하게 성장했다.

몽골에는 모비콤MobiCom, 유니텔Unitel, 스카이텔Skytel, 지모바일G-Mobile 이라는 4개의 주요 통신 회사가 있다. 이 회사들이 거의 430만 명에 달하는 몽골 이용자에게 통신 서비스를 제공하고 있다. 통신 서비스 이용자 수는 몽골방송통신규제위원회CRC, Communications Regulatory Commission of Mongolia의 2014년 추산치다. 아이러니하게도 이 숫자는 2014년 몽골의 인구수, 약 300만 명보다 많다. 당시 몽골통계청의 기록을 보면 수십만 명의 몽골 사람들이 하나 이상의 SIM카드나 휴대전화를 가지고 있었다(Oxford Business Group, 2018).

하지만 몽골에서 인터넷 보급률은 휴대전화 사용자가 늘어나는 것만큼 성장하지 못했다. 2016년 6월의 자료에 따르면 몽골의 인터넷 사용자 수는 150만 명으로, 전체 인구의 48% 정도다(Internet World Stats, 2018). 즉, 몽골에는 인터넷을 사용하지 않고 휴대전화만 사용하는 사람이 많다는 뜻이다. 통신 사업자 입장에서는 스마트폰을 홍보할 기회였다. 그 결과 스마트폰의 데이터 서비스는 몽골에서 점점 인기를 얻게 되었다. 휴대전화와 인터넷 서비스의 사용률은 계속 늘어날 것으로 예상되며, 통신 사업자는 몽골에 새로운 기술을 도입하는 데 계속 투자할 가능성이 높다(Oxford Business Group, 2018).

여러 사업이 활발하게 펼쳐지는 민간 부문과 별도로 몽골 정부도 전자정부 개발과 공공 서비스 디지털화와 관련된 다양한 프로그램을 실시한다. 현재 몽골에는 국가 데이터 센터에서 제공하는 시설들, 광섬유 네트워크, 국가 정보교환 시스템, 온라인 민원 센터, 온라인 공공 서비스 기기 등이 있다. 이 모든 사업은 IT와 디지털 기술을 폭넓게 이용하여 하나의 창구를 통해 공공 서비스를 제공함으로써 몽골 국민에게 더 나은 서비스를 제공할 수 있는 토대가 된다. 전자정부 서비스가 발전하면 국민이 시간과 거리에 상관없이 공공 서비스를 쉽게 받을 수 있게 된다. 게다가 공공 서비스가 디지털화하면 정부 시스템이 투명해지고, 관료주의나 부패가 사라지도록 도우며, 시간과 노동력을 아낄 수 있다(Purevsuren, 2018).

몽골의 경제적 상황과 꾸준한 기술 발전 모습을 생각하면 현지 기업들이 이런 흐름을 잘 이용할 수 있을 듯 보인다. 이런 트렌드를 잘 이용하여 특히 국내 시장에서 높은 경쟁력을 나타내는 몽골 기업이 바로 UFC그룹이다.

산자나무 열매 주스부터 병원 사업까지

몽골의 UFC그룹은 국영기업으로 설립되었다. 처음에는 종합 식품이라는 의미의 이데시테지린콤비나트 Idesh Tejeeliin Kombinat라는 이름을 사용했다. 1997년에 마침내 민간에 매각되었고 '우브스훈스 Uvs Hüns (우브스의 음식)'로 사명을 변경했다. 사업을 확장하면서 2006년부터 지금의 이름인 UFC그룹을 사용하기 시작했다. 2011년 몽골상공회의소는 UFC그룹을 몽골 10대 기업의 하나로 선정했다(LinkedIn, 2017).

UFC그룹은 6개의 회사를 운영한다. 여기에는 식품과 음료를 다루는 UFC무역, UFC부동산, UFC건설, UFC농업, UFC병원 및 관광, UFC건설 및 엔지니어링이 있다.

UFC그룹은 보드카, 탄산음료, 산자나무 열매 주스, 순수 미네랄워터, 요오드 첨가 소금 등 다양한 100% 천연 제품을 생산 유통한다. 음료 이외에도 천연 재료를 사용한 빵과 비스킷도 생산한다. UFC그룹의 실험실은 2009년 ISO9001 국제 인증을 받았다. 기업에서 생산하는 모든 제품은 매장으로 나가기 전에 인증 과정을 거치게 된다.

UFC그룹의 프리미엄 보드카 브랜드는 '칭기스실버 Chinggis Silver'다. 이 브랜드는 몽골 국내 시장 뿐 아니라 세계적으로 인정받는 고급 제품으로 알려져 있다. 칭기스 보드카는 한국, 독일, 벨기에, 영국, 스웨덴 등 다양한 국가로 수출된다. UFC그룹에서 생산하는 또 다른 보드카 브랜드인 '모리토이칭기스 Moritoi Chinggis (말 위의 칭기즈칸)'는 2010년과 2011년 브뤼셀 국제주류품평회 Monde Selection에서 최우수금상을 받았다(Wikipedia, 2018)(표 8-1).

[표 8-1] UFC 연표

연도	성과
1942	이데시테지린콤비나트라는 이름의 몽골 국영기업으로 설립
1997	민간으로 매각되어 우브스훈스로 사명 변경
2005	UFC그룹이 우브스훈스의 주식 과반 매입. 사업 확장을 위한 추가 자본 투자를 조달한 새 경영진 조직
2006	UFC그룹이라는 현재의 사명을 사용하기 시작하고, 몽골 전국으로 사업 확대
2009	UFC그룹 실험실 ISO9001 국제 인증 획득
2010~2011	보드카 브랜드 모리토이칭기스가 브뤼셀 국제주류품평회에서 최우수금상 수상
2011	몽골상공회의소 선정 몽골 10대 기업
2012	몽골의 1위 보드카 생산 업체가 되겠다는 목표로 병 주입 공정을 위한 신규 공장 설립에 1,060만 달러 투자

출처: Wikipedia(2018), UFC Group LinkedIn(2017).

UFC그룹이 생산하는 또 다른 고급 제품으로 산자나무 열매 기름으로 만든 천연 주스가 있다. 산자나무는 낙엽성 야생 관목으로 해발 1만 5,000미터의 초원에서 자란다. 산자나무 열매에는 비타민 A, B1, B2, C, E, P, 카로티노이드carotenoids, 플라보노이드flavonoids, 피토스테롤phytosterols과 같은 영양소가 풍부하게 들어 있다. 그래서 그 열매는 영양가가 높고 의약적인 가치도 크다.

몽골에서는 오랫동안 전통적으로 산자나무 열매를 약으로 사용했다. 산자나무는 현재 화장품과 의약품 등 200여 종의 공산품에 쓰이고 있으며 암, 심장병, 간질환, 항문질환, 뇌질환을 앓는 환자가 허브로 사용하기도 한다. 산자나무 열매 기름에는 항산화 물질이 매우 풍부하게 들어 있기 때문에 소염제, 항균제, 노화방지제, 진통제로도 널리 사용되며 조직 재생 촉진제로도 쓰인다.

새로운 기회와 자원을 최적화하는 방법

천연 음료 제조 업체인 UFC그룹은 음료 업계가 다 그렇듯이 원재료 확보에 사업의 지속 가능성이 크게 좌우된다. 제품 수요가 계속 늘어나자 UFC그룹은 더 이상 회사의 농장만으로는 필요한 원재료를 충분히 얻을 수 없었다. 회사 소유의 농장이 있다는 건 사업이 성장하는데 경쟁 우위 요소이긴 했다. 좋은 소식은 연결성의 시대인 오늘날에는 정부, 기업, 공급 업체 등 다른 이해관계자들과 협력을 통해서도 경쟁 우위를 얻을 수 있다는 점이다.

천연 산자나무 열매 주스나 오일과 같은 대표 상품을 생산하려면 원재료의 공급이 보장되어야 하는데 천연 산자나무 열매는 쉽게 구하기 어려운 재료다. 그렇기 때문에 적절한 공급 업자와의 협력이 꼭 필요하다. 다행히 몽골 정부가 원예작물 재배에 큰 가치를 부여하고 특별한 관심을 보이고 있다. 그래서 정부가 주도하는 '산자나무'와 '녹색 벽Green Wall' 프로그램을 통해 산자나무 재배가 늘어나고 있다. 전국 산자나무 재배 프로그램이 실시되기 전에는 원예작물 재배에 쓰이는 1,200헥타르의 경지 가운데 약 80%가 산자나무 재배에 할당되었다. 2010년 3월 정부가 이 프로그램을 승인한 이후 산자나무를 재배하는 경지가 거의 2배에 가까운 2,210헥타르로 늘어났다. 정부가 산자나무 재배를 어느 정도 지원하고 있지만 개인과 기업 차원의 민간 부문에서도 투자를 늘리고 있다. 2011년 산자나무 재배에 사용되는 총면적은 4,000헥타르에 달했고, 여기서 더욱 늘어나 2012년 초에는 6,000헥타르가 되었다(Batmunkh, 2013).

몽골 정부와 UFC그룹이 산자나무 재배 산업에서 가장 두드러지는 행보를 보이고 있지만, 우브스시벅톤 Uvs Seabuckthorn LLC, 엔텀 Entum LLC, 강가르인베스트 Gangar Invest LLC, 칸짐스 Khaan Jims LLC, 토브콘짐스 Tovkhon Jims LLC 등 산자나무를 재배하고 가공하는 다른 업체도 있다. 이에 더해 산자나무를 재배하고 주스를 생산하는 영세 기업이나 일반 가정도 많이 있다(Batmunkh, 2013).

몽골에서는 여러 기업이 산자나무를 공동으로 재배하는 협력 관계를 맺었다. 하지만 성공적으로 이어진 관계는 그리 많지 않았다. 협력 기업들의 공급망 내에 피드백 시스템이 부족했을 뿐 아니라 활동 결과를 서로 활발하게 공유하지 않았기 때문이다. 그러면 협업에서 나온 혜택이 모두에게 돌아가지 않는다. 재배와 추수에 사용하는 현대적 농기계와 기술도 부족해 재배 후 수확으로 이어지는 비율이 50~70%에 그친다. 이러한 상황을 보면 가지고 있는 내부 자원을 최적으로 활용하지 못한다는 것을 알 수 있다.

연결의 시대를 맞아 UFC그룹은 정보 기술을 효과적으로 사용하여 산자나무 열매를 취급하는 다른 기업과 제휴 관계를 관리해야 한다. 정확한 날씨 정보와 재배와 수확을 위한 기술을 제공하면 제휴 관계가 발전할 수 있다. 시장 가격, 원재료 이용 가능성, 해외 시장에서의 수요와 같은 정보를 교환하면 산자나무 열매 주스와 오일 생산 업체들이 시장 수요에 맞게 생산능력을 조절할 수 있다. 공급과 수요 곡선의 정보를 더 많이 공유하여 생산량을 최적화하면 생산 과정에 참여하는 모든 기업이 큰 혜택을 얻는다.

UFC그룹은 순수 산자나무 열매로 만든 천연 제품의 시장 인지도,

314

특히 해외 시장에서의 인지도를 높이기 위해 디지털 채널을 활용하려 하고 있다. 이를 통해 UFC그룹은 자사 제품이 가진 여러 장점을 알리려 애쓴다. 그런데 문제는 UFC의 웹사이트가 여전히 몽골어로 쓰여 있다는 점이다. 웹사이트에 담긴 내용을 누구에게나 알리려면 영어로 번역하는 작업이 필요하다.

국내 시장을 위해서도 디지털 기술을 사용해야 한다. 몽골의 인터넷 보급률이 높아질 것으로 예상하기 때문이다. 특히 소셜미디어가 소비자에게 제품을 홍보할 수 있는 새로운 수단이 될 수 있다. 2017년 6월 기준 페이스북을 사용하는 몽골인은 약 150만 명에 달했다. 전체 인구의 49.1% 수준이다(Internet World Stats, 2018). 몽골의 통신 사업자들이 적극적으로 정보통신 인프라를 구축하고, 모바일 데이터 서비스를 제공하고 있으므로 스마트폰과 모바일 서비스의 보급률은 점점 높아질 것이다. UFC그룹과 같은 로컬 챔피언 기업은 새로운 기회를 최적화하여 이용해야 한다.

참고 자료

- Asian Development Bank (2017). *Mongolia: Economy*. https://www.adb.org/countries/mongolia/economy [8 March 2018].

- Batmunkh, D (November 2013). Some ways to develop sea buckthorn cluster aimed at improving the National Competitiveness of Mongolia, ERINA Report, No. 114.

- Central Intelligence Agency (2018). Mongolia. *The World Factbook*. https://www.cia.gov/library/publications/the-world-factbook/geos/mg.html [8 March 2018].

- EITI (2017). *Mongolia* 2016 EITI Report. https://eiti.org/document/mongolia-2016-eiti-report [8 March 2018].

- Internet World Stats (2018). *Asia Marketing Research, Internet Usage, Population Statistics and Facebook Subscribers*. https://www.internetworldstats.com/asia.htm [8 March 2018].

- Linkedin (2017). *UFC Group*. https://www.linkedin.com/company/ufc-group [8 March 2018].

- Oxford Business Group (2018). *Rapid Mobile Phone Uptake in Recent Years Has Set the Scene for Growth in Data Services for Mongolia's Telecoms Sector*. https://oxfordbusinessgroup.com/overview/rapid-mobile-phone-uptake-recent-years-has-set-scene-growth-data-services-mongolias-telecoms-sector [8 March 2018].

- Purevsuren (January 2018). Mongolia to intensify digitalization of public services. Voice of Mongolia. http://vom.mn/index.php/en/p/38703 [8 March 2018].

- Wikipedia (2018). *UFC Group*. https://en.wikipedia.org/wiki/UFC_Group [8 March 2018].

- The World Bank (2017). *The World Bank in Mongolia*. http://www.worldbank.org/en/country/mongolia/overview [8 March 2018].

━━━━━ 국영미얀마항공Myanmar National Airline

치열한 경쟁의 시대, 서비스 기업은 사람, 프로세스, 물리적 장비,
기업 구조와 관련된 혁신적인 전략을 가지고 경쟁 업체의 서비스
와 차별화할 수 있어야 살아남아 성공을 거둘 수 있다. 국영미얀마
항공은 어느 때보다 경쟁이 치열해 앞을 내다볼 수 없는 불확실한
━━━━━ 상황에서조차 흔들리지 않는 항공사다.

미얀마 국내 항공 시장의 잠재력

미얀마의 항공 업계는 세월이 흐르는 동안 부침을 겪었다. 미얀마의
금융 허브로 알려진 수도 양곤Yangon은 1950년대 동남아시아의 주요
무역 중심지였다. 하지만 미얀마의 민간 항공 부문은 1960년대에 긴
침체기를 겪었다(British Chamber of Commerce Myanmar, 2017). 항공 업
계에 다시 서광이 비춘 때는 2011년 미얀마에 마침내 선거를 통한
민주 정부가 들어서고 나서부터였다. 정치가 발전하고 문호를 개방
하자 외국 자본의 투자가 늘어났다. 뒤이어 여러 기업이 항공 시장에
진출했고, 미얀마의 경제 발전에 힘입어 항공 수요가 붐을 이루었다
(Nitta and Shiga, 2018).

최근 미얀마 정부는 경기를 부양하고 늘어나는 항공 수요를 충족
하기 위해 항공 업계에 주목하고 있다. 빠르게 성장하고 있는 항공
부문을 이용해 미얀마를 아시아의 주요 항공 허브로 만들기 위해 정

317

부는 4가지 전략을 개발했다. 바로 경제 규제를 완화할 것, 항공편을 통해 여러 국제 도시와 새로 연결할 것, 국적 항공사를 홍보할 것, 그리고 항공 산업의 기반 시설을 향상하는 것이다(British Chamber of Commerce Myanmar, 2017). 현재 미얀마에는 3개의 국제공항과 30개의 국내 공항이 있으며, 국내선과 국제선 편수가 모두 빠르게 늘어나고 있다. 미얀마 민간항공국DCA, Department of Civil Aviation의 자료에 따르면 2010년에서 2016년 사이에 국제선 승객 수가 폭발적으로 늘어났다. 2016년 미얀마에서 국제선에 탑승한 승객은 665만 명이었으며, 이 숫자는 2030년까지 3,000만 명으로 늘어날 것으로 예상된다. 국내선 탑승객 숫자도 마찬가지로 2010년 120만 명에서 2015년 460만 명으로 증가했다(ITA, 2017).

이처럼 높은 성장률을 보이는 미얀마의 국내 항공 시장에는 커다란 잠재성이 있다. 하지만 동시에 시장이 점점 개방되면서 많은 기업이 항공 시장에 진출하는 바람에 과잉 공급 상황이 벌어지기도 했다. 미얀마 항공 업계가 겪고 있는 어려움이다. 현재 미얀마 국내 시장에서는 300만 명 미만의 승객을 두고 7개의 항공사가 경쟁을 벌인다. 2017년에 한 항공사가 운항을 중지했고, 추가로 업계 안에서 기업 간 통합이 이루어질 것으로 보인다(CAPA, 2018).

미얀마 최대 항공 네트워크 보유 업체

국영미얀마항공은 미얀마에서 가장 폭넓은 항공 네트워크를 보유한 미얀마 국적 항공사다. 아시아에서 가장 오래된 항공사로 양곤국제

318

공항Yangon International Airport을 기지로 70여 년 전에 설립되었다. 이 항공사는 아시아의 주요 도시에 대부분 취항한다.

국영미얀마항공은 1948년 버마유니온항공UBA, Union of Burma Airways이라는 이름으로 처음 운항을 시작했다. 미얀마(당시 버마)가 영국에서 독립한 때였다. 사명은 1972년 버마항공Burma Airways으로, 1989년 미얀마항공Myanmar Airways으로 변경되었다. 국영미얀마항공이라는 지금의 이름은 2014년 브랜드를 새로 단장하면서부터 사용하기 시작했다(Myanmar National Airlines, 2018).

국영미얀마항공은 1972년 이전에는 19개의 국내 공항에만 취항했으며, 영국 비행기 드하빌랜드도브De Havilland Dove를 이용했다. 그리고 여전히 19개 공항에 그대로 취항하고 있다. 지난 세월 쌓아 올린 폭넓은 비행 경험을 알 수 있는 대목이다. 1950년에는 당시 버마유니온항공이 방콕(태국), 콜카타(인도), 치타공(방글라데시) 등 여러 해외 도시로 국제선을 운항하기 시작했다. 1995년 이후에는 해외 취항지를 늘려 싱가포르, 카트만두(네팔), 다카(방글라데시), 홍콩, 자카르타(인도네시아)에도 취항하게 되었다.

하지만 국영미얀마항공은 1993년 국제선 운항을 중단한다. 2014년에는 국내선 서비스를 업그레이드했고(표 8-2), 2015년 8월부터 국제선 운항을 재개하여 싱가포르에 다시 취항하기 시작했다(Trautwein, 2015). 신규 취항한 싱가포르 노선은 국영미얀마항공이 2016년까지 취항할 계획을 세웠던 5개 공항 중 하나였다. 현재는 국내 28개, 해외 4개 공항에 취항하고 있으며 여기에는 싱가포르, 홍콩, 방콕, 치앙마이 공항이 포함되어 있다(Airlinepros, 2018). 또한 국영

미얀마항공은 미얀마 최다 비행기 보유 업체이며, 4대의 보잉 747S 편을 포함, 총 16대의 현대적인 비행기를 보유하고 있다(Thu, 2018).

[표 8-2] 국영미얀마항공 연표

연도	성과
1948	• 미얀마 정부 버마유니온항공 설립 • 드하빌랜드도브 항공기로 국내 19개 공항 취항
1950	랑군(Rangoon, 미얀마 수도 양곤의 옛 이름-옮긴이)과 방콕, 콜카타, 치타공을 잇는 국제선 서비스 시작
1972	버마항공으로 사명 변경
1989	회사 이미지와 로고를 새로 선보이며 미얀마항공으로 사명 변경. 상징적인 의미를 지니는 두 글자의 항공사 코드 UB는 그대로 유지
1989~1993	싱가포르, 카트만두, 방콕, 홍콩, 자카르타 등 해외 취항지 추가
1993	국제선 서비스 중단
2014	• 국영미얀마항공으로 사명 변경하고 브랜드 새 단장 • 국내선 확대를 위해 새 ATR72-600편 6대 주문 • 국제선 확대를 위해 GE캐피탈에이비에이션서비스(GECAS, 세계에서 가장 큰 민간 항공사 리스, 파이낸싱 회사. GE캐피탈의 계열사-옮긴이)와 보잉 737-800편 10대 리스 계약 체결
2015	GFCAS와 리스 계약 통해 보잉 넥스트제너레이션 737-800첫 도입
2015. 8. 17	국제선 서비스 재개. 첫 번째 노선 싱가포르
2015. 12. 4	국제선 두 번째 노선 양곤-홍콩
2016. 2. 15	국제선 세 번째 노선 양곤-방콕
2016. 11. 4	국제선 네 번째 노선 양곤-치앙마이
2017. 6. 4	만달레이-홍콩 노선 추가
2018. 8.25	태국에 신규 취항지 개설 예정. 양곤-푸켓 노선 예약 접수 시작

출처: Myanmar National Airlines (2018), ITA(2017).

앞으로 해결해야 할 과제들

현재 미얀마의 항공사들은 자금 부족과 저수익에 시달리는 데다 국내외 항공사와 치열한 경쟁을 벌이고 있다. 미얀마 항공 업계에는 몇 가지 호재가 있다. 경제 성장이 빠르게 이루어지고 있으며 유가가 낮고 외국인 여행객 수가 증가하고 있다는 점 등이다. 하지만 시장 내 경쟁이 너무 치열하여 사업의 수익성은 좋지 않다. 미얀마에는 비슷한 도시를 연결하는 항공사가 10개나 있다. 양곤, 만달레이, 네피도 등 대도시 3곳과 바간Bagan, 헤호Heho 같은 몇몇 관광 도시가 목적지이다. 게다가 손익분기점인 여객수송률(실제 탑승 승객 수를 가용 좌석 수로 나눈 비율-옮긴이) 60~70% 수준에도 못 미치는 상태로 운영되는 항공사도 많다(Nitta and Shiga, 2018). 항공 업계의 수익성이 좋지 못한 원인 중 하나는 중산층의 구매력이 제한적이라는 점이다. 비행기를 타는 건 여전히 버스나 기차를 타는 것보다 훨씬 비싸다고 여긴다.

자본 집약이 고도화된 항공 산업의 특성상 자금 확충도 문제다. 미얀마에서는 1~2명의 개인이 항공사를 세우는데, 이들이 항상 자본 시장이나 은행 대출을 이용할 수 있는 게 아니므로 개인적으로 가진 돈에 의존해 경영한다. 국영미얀마항공의 경우 다행히 정부의 자금을 조달할 수 있으며(Gilmore, 2016), 향후에는 기업을 공개할 방침이다.

국영미얀마항공의 마케팅 믹스 전략

마케팅의 기본 개념은 제품, 가격, 유통, 판촉의 4P로 구성되는 마케

321

팅 믹스다. 어떤 마케팅 믹스 전략을 사용하느냐에 따라 기업의 성패가 달려 있다. 하지만 서비스 산업의 경우 이 전략을 조금 다르게 적용해야 한다. 서비스는 보통 생산과 소비가 동시에 이루어지기 때문이다. 서비스를 이용하는 고객은 서비스 생산 프로세스의 일부를 구성한다. 게다가 서비스는 무형의 것이기 때문에 고객은 서비스 경험의 본질을 평가할 수 있는 유형의 표시를 찾는다. 국영미얀마항공은 마케팅 믹스 전략 덕분에 치열한 경쟁을 뚫고 성공을 거두었다.

국영미얀마항공은 마케팅 믹스 전략의 일환으로 2015년 브랜드를 새 단장하기 시작하여 신규 노선을 홍보하고, 비행기를 추가로 인도했다는 사실을 알렸다. 기업 구조적인 측면에서는 국영기업이긴 하지만 '정부 감독하에 운영되는 상업 조직'이라는 입장으로 운용한다. 전자 예매와 결제가 가능하도록 웹사이트를 단장하는 등 새로운 기술을 계속 도입한다. 국영미얀마항공에서는 비즈니스, 프리미엄 이코노미, 이코노미로 나누어진 등급별 좌석제가 시행되고 있다.

또한 국영미얀마항공이 국제선 서비스를 늘리면서 미얀마 전체가 중요한 국면에 접어들었다. 〈미얀마타임스Myanmar Times〉의 보도에 따르면 미얀마 호텔관광부The Ministry of Hotels and Tourism는 2017년 450~500만 명의 관광객이 미얀마를 찾을 것으로 보고 있으며, 2020년까지 750만 명의 방문객을 예상한다. 국영미얀마항공은 경쟁가격을 제시하고 있으며, 항공권의 예매와 판촉을 위해 여러 온라인 여행 대리점과 협력한다. 이 기업은 미얀마의 항공 부문이 통합되고 있는 상황도 잘 이용하고 있다. 2018년 4월 국영미얀마항공은 미얀마 국내선 항공사 만야다나폰Mann Yadanarpon Airlines과 손을 잡고 '미얀마스카이얼라이언스_{Myanmar Sky Alliance}'를 조직했다. 이 상업 동맹은 양사의 항공 네트워크를 함께 이용하려는 목적이며, 그 결과 승객에게 도합 13개의 국내선 노선 서비스를 제공한다(Ross, 2018).

참고 자료

• Airlinepros (2018). Myanmar National Airlines. http://www.airlinepros.com/portfolio/myanmar-national-airlines/ [5 August 2018].

• British Chamber of Commerce Myanmar (2017). *Myanmar Aviation Sector: Market Snapshot*. http://www.ukabc.org.uk/wp-content/uploads/2017/05/Myanmar-Aviation-April-2017.pdf [7 August 2018].

• CAPA (2018). Myanmar Domestic aviation: Big growth potential but too many airlines. https://centreforaviation.com/analysis/reports/myanmar-domestic-aviation-big-growth-potential-but-too-many-airlines-406466 [5 August 2018].

• Gilmore, S (2016). Myanmar's Airlines face pressure at home and abroad. *Myanmar Times*. https://www.mmtimes.com/business/19504-myanmar-s-airlines-face-pressure-at-home-and-abroad.html [5 August 2018].

• International Trade Administration (2017). *Burma: Aerospace & Defense*. https://www.export.gov/apex/article2?id=Burma-Aerospace-Defense [6 August 2018].

• Myanmar National Airlines (2018). *About MNA*. https://www.flymna.com/about#heritage [5 August 2018].

• Nitta, Y and Y Shiga (July 2018). Myanmar's aviation industry stalls as third airline suspends operations. *Nikkei Asian Review*. https://asia.nikkei.com/Business/Business-Trends/Myanmar-s-aviation-industry-stalls-as-third-airline-suspends-operations [7 August 2018].

• Ross, D (August 2018). Myanmar loses airlines. *TR Weekly*. http://www.ttrweekly.com/site/2018/08/myanmar-loses-airlines/ [20 August 2018].

• Thu, EE (2018). Fuel Prices, Protectionism Hobble Myanmar Airline Industry. *Myanmar Times*. https://www.mmtimes.com/news/fuel-prices-protectionism-hobble-myanmar-airline-industry.html [5 August 2018].

• Trautwein, C (August 2015). Myanmar National Airlines takes wing again in foreign skies. *Myanmar Times*. https://www.mmtimes.com/business/16038-myanmar-national-airways-takes-wing-again-in-foreign-skies.html [20 August 2018].

데이터소프트시스템스방글라데시

DataSoft Systems Bangladesh Limited

기술 발전 덕분에 기업은 지속 가능한 성장을 할 새로운 기회를 얻었다. 데이터소프트시스템스방글라데시는 다른 나라의 기업을 벤치마킹하여 이러한 흐름을 성공적으로 활용한 로컬 챔피언이다. 이 기업은 혁신을 통해 글로벌 기준에 부합하는 제품과 서비스를 개발했다.

방글라데시 정보통신기술 산업의 창의와 혁신 플랫폼

데이터소프트시스템스방글라데시(이하 데이터소프트)는 방글라데시 정보통신기술 산업에서 창의와 혁신의 플랫폼으로 자리매김했다. 개척 정신을 지닌 기업가이자 이 기업의 매니징 디렉터인 마흐붑 자만 Mahboob Zaman은 국내외 시장에서 회사의 성공을 설계한 사람이다. 방글라데시 동남부 도시 치타공세관CCH, Chittagong Customer House 자동화 사업과 수동으로 진행하던 소액대출 프로그램을 위한 디지털 솔루션을 개발하면서 데이터소프트는 업계 핵심 기업으로 자리를 잡았다.

 이 기업은 모바일 애플리케이션 개발과 가상현실 시뮬레이션 외에도 은행 서비스, 토지 등기 시스템, 항만과 물류 시설 자동화 솔루션을 개발했다(DataSoft, 2018b). 또한 방글라데시황마연구소BJRI, Bangladesh Jute Research Institute와 협력하여 황마의 게놈 순서를 해독하는 큰

325

과학 프로젝트에 참여해왔다. 이번 사례에서는 기업이 거둔 성공과 함께 기업이 업계 최고로 자리 잡기 위해 겪고 있는 어려움에 대해서도 이야기한다.

방글라데시의 소프트웨어 시장을 개척하다

2008년 8월 8일 치타공세관은 '자동화 소프트웨어'를 시범적으로 테스트했다. 이 소프트웨어는 데이터소프트가 개발한 것으로, BOOT1Build Own Operate and Transfer 모델을 사용했다. 소프트웨어 개발 외주 회사인 데이터소프트는 방글라데시 소프트웨어 시장의 개척자가 되었다. 당시에는 이 자동화 전략의 의도를 의심하는 사람들이 많았다. 그래서 광섬유 케이블을 자른다거나 불을 지르는 등 자동화 노력을 방해하려는 시도도 여러 번 있었다. 데이터소프트도 자동화에 반대하는 사람들에게 위협을 받기도 했다. 마흐붑 자만은 "그때는 힘든 시기였고, 사람들은 자동화를 오해하고 있었다"고 말했다. 하지만 치타공세관의 자동화는 성공을 거두었고, 당시 이 사업에 반대하던 사람들도 자동화의 혜택을 받고 있다. 치타공세관은 시스템을 자동화한 덕분에 비용과 수익 구조 측면에서 상당한 변화를 얻었다. 업무 처리 시간이 줄어들었고 비용도 아낄 수 있게 되었다. 이를 바탕으로 마흐붑 자만은 '서비스로서의 소프트웨어SaaS, Software as a Service'개발 아이디어를 내세웠다.

마흐붑 자만은 방글라데시 소프트웨어 업계를 개척한 기업가다. 그는 다카대학교Dhaka University에서 통계학을 전공했으며 IT 분야와 관런된 학위는 전혀 가지고 있지 않다. 마흐붑 자만은 자신이 정보통신 기술 분야, 특히 소프트웨어 업계에서 경력을 쌓게 될 거라고는 전혀 생각하지 않았다. 하지만 통계학을 공부하면서 소프트웨어 사용에 맛을 들였고, 소프트웨어 개발과 컴퓨터 기술을 향한 호기심과 열정을 키우게 되었다. 그는 다음과 같이 회상한다.

> "당시 방글라데시에는 컴퓨터가 딱 3대 있었습니다. 1대는 아담지코트Adamjee Court에 있는 방글라데시개발연구소에, 또 1대는 원자력위원회에, 나머지 1대는 방글라데시공과대학교에 있었습니다. 한번은 컴퓨터를 보러 방글라데시개발연구소에 갈 기회가 있었습니다. 당시의 컴퓨터는 정말 컸어요. 소프트웨어 프로그램은 펀치카드에 저장되었습니다. 소프트웨어가 담긴 펀치카드를 삽입하면 컴퓨터가 그 내용을 읽는 방식이었죠. 컴퓨터실에는 들어갈 수 없었지만 우리는 펀치카드만 보고도 즐거웠어요. 다행히 통계학을 공부했기 때문에 저는 커다란 수동 계산기를 사용했습니다. 당시 물리학이나 화학을 공부하던 친구들은 우리를 보고 현대적이라고 했죠."

1997년에 마흐붑 자만은 소프트웨어 회사를 세워야겠다고 생각한다. 그는 미국에서 스승 압둘라Mr. Abdullah를 만났다. 압둘라는 IBM의 부사장으로 해당 기업에서 일하는 유일한 방글라데시 사람이었다. 압둘라의 추천을 받고 마흐붑 자만은 샤잘랄공과대학교Shahjalal University of Science and Technology의 무함마드 자파르 이크발Muhammed Zafar Iqbal 교수에

327

게 함께 일하자는 제안을 했다. 이크발 교수는 IT 분야에서 이미 알려진 사람이기는 했지만 자만은 업계를 이끌기 위해서는 더 많은 지식을 쌓아야 한다고 생각했다. 따라서 당시 IT 기업들의 허브였던 인도 방갈로르(벵갈루루의 옛 이름—옮긴이)로 가서 IT 분야의 우수 사례를 배우겠다고 마음먹었다. 그래서 인도 CS(Computer Society) 방갈로르 지부의 대표인 M. L. 라비(Ravi)에게 연락을 했다. 그동안 이크발 교수는 IT 기업의 성공과 실패 사례, 서로 다른 유형의 기업을 설립하는 법, 인증 과정, 방문하고 싶은 대학, 참석하고 싶은 세미나 등과 관련된 23개의 대화 주제를 정했다.

여행 기간은 이틀이었지만, 그들은 매 순간을 알차게 사용했다. 자파르 이크발 교수와 마흐붑 자만은 인도경영대학원(IIM), 인도공과대학교(IIT)와 다른 2곳의 대학을 둘러보았다. 또한 인도의 IT 기업 인포시스를 방문하는 시간도 가졌다. 그곳에서 인포시스의 공동 창업자인 나라야나 무르티를 만났다. 나라야나 무르티는 이들의 이야기에 큰 관심을 보였고, 새로 기업을 세우라는 조언을 해주었다. 그리고 인포시스의 전체 시스템에 대해 설명해주었다. 인포시스는 소프트웨어 개발이라는 핵심 사업 영역에만 집중하고 나머지 부분은 전부 외주로 맡기는 구조였다. 이러한 구조 덕분에 인포시스는 소프트웨어 개발에만 집중하고 100%의 노력을 쏟아붓고 있었다.

나라야나 무르티는 이크발 교수와 마흐붑 자만을 인포시스와 해외 고객사 간의 실제 비즈니스 회의에도 초대했다. 인포시스의 부서별 핵심 직원과 해외 고객사가 화상 회의를 하는 자리였다. 마흐붑 자만과 이크발 교수는 회의에서 사용하는 비즈니스 용어와 매너 등

을 자세히 살필 수 있었다. 그들은 또한 회의가 시작되었을 때 인포
시스에서는 하루 업무가 끝나는 시간이었지만 고객사에게는 하루가
시작되는 순간이라는 점을 알아차렸다. 마흐붑 자만은 다음과 같이
말했다.

> *"그게 바로 제가 이 업계를 택한 중요한 이유입니다. 이 비즈*
> *니스는 우리의 삶과 연관되어 있다고 생각하거든요. 소프트*
> *웨어는 우리의 라이프스타일 어디에나 필요하죠. 전 세계에*
> *서 24시간 동안 항상 필요한 비즈니스는 소프트웨어가 유일*
> *합니다."*

비즈니스 확장을 위한 새로운 아이디어

마흐붑 자만과 자파르 이크발 교수는 수많은 아이디어를 품고 인도
여행에서 돌아왔다. 두 사람은 IT 기업을 세우는 데 필요한 필수 구
성 요소를 알게 되었을 뿐 아니라 전문성과 훌륭한 기업 문화를 대
체할 수 있는 건 아무것도 없다는 사실도 받아들였다. 다음은 두 사
람이 여행을 통해 얻은 주요 내용이다.

- 첫째, 방문했던 대학 어디서나 업계의 요구 사항에 따른 교육
  을 하고 있었다(Java, C++, HTML 등). 모든 길이 IT로 통한다.
- 둘째, 규모가 크건 작건 성공한 기업에는 기술이나 기술 노
  하우를 전수해주거나 제품이나 서비스의 마케팅에 참여한

329

해외 거주 인도인_{NRIs, non-resident Indians}의 직간접 도움이 있었다.

- 셋째, 기업이 성공하려면 금융에 대한 접근이 매우 중요하다. 인도에서는 은행과 비은행 금융기관, 기업에서 많은 프로젝트의 자금을 지원하고 있었다. 좋은 사업 아이디어가 있으면 여러 기관에서 즉시 금융 지원을 받았다.

인도에서 돌아온 후 마흐붑 자만과 이크발 교수는 ICT나 IT 분야에서 창업에 성공하려면 컴퓨터 공학을 전공한 사람만으로는 부족하다고 생각했다. 다른 학문을 공부한 사람도 반드시 필요했다. 마흐붑 자만은 이렇게 말했다.

> "논리와 수학을 잘 이해한다면 입사할 기회를 주어야 합니다. 컴퓨터 공학을 전공한 사람만 채용하면 비즈니스 확장의 범위가 좁아집니다."

두 사람은 과학, 응용과학, 공학을 전공한 사람도 채용했다. 소프트웨어 업계에서 직원을 채용하는 일반적인 방법은 아니었지만 위험을 감수했다. 두 사람에게는 이러한 기준이 성공을 향한 중요한 요소였기 때문에 컴퓨터 공학을 전공하지 않은 사람도 프로그래밍을 할 수 있도록 해주었다. 1998년 데이터소프트는 다음과 같이 프로그래머를 모집하는 신문광고를 냈다.

> "이 광고는 도전을 받아들일 수 있는 사람, 열정이 있는 사람,

월드 클래스 프로그래머가 되고 싶은 사람을 위한 것입니다.
채용된 사람에게는 수당과 함께 6개월간 교육 프로그램이 제
공됩니다."

이는 구직자에게 매력적인 제안이었고 당시의 방글라데시에서 새
로운 아이디어였기 때문에 엄청난 지원자가 몰렸다. 국립정보기술연
구소NIIT, Natonal Institute of Information and Technology 나 APTECH과 같은 일반적인
IT 교육기관에서 훈련을 받으려면 교육비를 지불해야 했지만 데이
터소프트는 무료로 교육해줄 뿐 아니라 수당까지 지급했다. 약 1,200
명이 이 자리에 지원했고, 376명이 필기시험을 본 후 면접 대상자가
추려졌다. 결국 25명이 채용되었고, 데이터소프트의 여정이 시작되
었다.

컴퓨터에 생명을 부여하는 소프트웨어 개발

데이터소프트는 새로운 슬로건 '당신의 컴퓨터를 의미 있게 만들어
드립니다We want to make your computer meaningful'를 내걸고 사업을 시작했다.
소프트웨어가 없는 컴퓨터란 그저 상자에 불과하며, 소프트웨어가
컴퓨터에 생명을 부여하기 때문이다. 데이터소프트는 소프트웨어가
기업 활동을 편리하게 해주는 도구라고 생각했다. 그래서 기술에 투
자하려는 사업 분야가 어디인지 파악하기 시작했다. 그 조사 결과를
바탕으로 의류 산업, 병원, 도서관, 국회의원을 위한 6가지 일반적 솔
루션을 개발했다.

자파르 이크발 교수가 참여한 공저《100가지 흥미로운 과학 게임 Biggyaner Eksho Mojar Khela》에 따르면 데이터소프트는 게임 솔루션도 개발했다. 데이터소프트가 개발한 솔루션은 표준화된 소프트웨어였기 때문에 여러 조직에서 사용할 수 있었다. 하지만 고객사의 니즈에 따라 맞춤형 솔루션도 개발했다. 경우에 따라서는 맞춤형 개발 프로세스를 통해 완전히 새로운 시스템을 만들기도 했다. 새로운 소프트웨어를 개발하는 기업의 노력은 계속되고 있다. 현재 데이터소프트는 세계적인 수준의 여러 기본 소프트웨어를 제공하고 있다(표 8-3 참조).

[표 8-3] 데이터소프트의 제품과 서비스

제품	서비스
금융 생태계 솔루션	소프트웨어 개발 솔루션
항만 및 물류 솔루션	시스템 관리와 실행
가상현실	교육과 훈련
마켓플레이스	데이터 자문 서비스
모바일 애플리케이션	서비스형 인프라
스마트 ERP 프로그램	—

출처: DataSoft(2018b, 2018c).

11단계 프레임 워크의 강점

데이터소프트는 2009년 이후 CMMICapability Maturity Model Integration(소프트웨어 품질 보증 기준으로 널리 사용되고 있는 업무 능력 및 성숙도 평가 기준. CMM의 후속 모델-옮긴이) 레벨3 기업으로 인정받고 있으며, 방글라데시 국내의 다른 기업을 항상 앞서 왔다. 2014년 4월 24일 데이터소프트는

CMMI 레벨5 기업이 되어 방글라데시 IT 산업의 새 시대를 열었다. 방글라데시 최초로 CMMI 레벨5를 획득한 것인데 레벨5를 획득한 기업은 전 세계에 377개 정도뿐이다(DataSoft, 2018a).

데이터소프트는 방글라데시에서 슈퍼 브랜드로 수상하기도 했으며, 상업과 정부 부문 양쪽 고객에게 혁신적이고 비용 효율적인 기술 서비스를 성공적으로 제공하고 있다. 데이터소프트는 업계에서 경쟁력을 유지하고 고객에게 더 좋은 서비스를 제공하기 위해 지속적으로 직원을 훈련하며, 인적 자원 개발에 힘쓰고 있다.

데이터소프트가 지닌 강점은 품질관리 프레임워크framework(소프트웨어 애플리케이션이나 솔루션의 개발을 수월히 하기 위해 소프트웨어의 구체적 기능에 해당하는 부분의 설계와 구현을 재사용하도록 협업화된 형태로 제공하는 소프트웨어 환경-옮긴이)에 있다. 제품의 품질 보증을 위해 요구사항 개발, 기술 솔루션, 제품 통합, 입증, 확인, 조직 프로세스 중점 관리, 조직 프로세스 정의, 조직 훈련, 통합 프로젝트 관리, 위험 관리, 의사 결정 분석과 해결의 11단계 프레임워크를 사용한다.

브랜드와 고객 관리로 글로벌 시장의 경쟁력을 쌓다

방글라데시는 IT 업계에 늦게 진출했기 때문에(인도는 1980년대 초반부터 진출했다) 마흐붑 자만은 시장에 일찍 진출한 기업과 동일한 전략을 쓸 수는 없었다. 예를 들어 인도에서는 타타자동차Tata Motors Limited 나 아디트야비를라그룹Aditya Birla Group, 릴라이언스인더스트리Reliance Industries Limited과 같은 대기업에 IT 부서가 있다. 이와 달리 방글라데시

333

의 대기업에는 보통 IT 부서가 없다. 청년들이 경영하는 소규모 IT 회사에서는 게임이나 모바일 애플리케이션 같은 IT 프로젝트에만 초점을 맞춘다.

방글라데시에서 IT 업계 프리랜서 숫자는 빠르게 늘어나고 있다. 방글라데시 정부도 IT 분야의 벤처기업 설립을 독려한다. 필요한 기술을 통해 프리랜서들의 노하우가 쌓인다면 방글라데시 경제에도 큰 변화가 일어날 수 있다. 하지만 능력 있는 전문 인재만으로는 충분하지 않다. 개발한 제품과 서비스가 일정 기준을 통과해야 한다. 특히 글로벌 시장에 진출하고 싶은 기업이라면 ISO 인증이나 CMMI 레벨3 이상의 국제적인 인증이 있어야 한다.

데이터소프트는 방글라데시 IT 산업의 로컬 챔피언으로, 아시아 시장으로 진출할 수 있는 자격을 충분히 갖추었다. 품질 좋은 제품과 서비스를 개발하는 일은 이 기업에게 큰 문제가 되지 않는다. 이미 글로벌 기준에 맞는 품질관리 시스템을 갖추고 있기 때문이다. 데이터소프트의 과제는 브랜드 관리다. 개발도상국의 기업들이 그렇듯 데이터소프트가 다음 단계에 올라서 다른 기업, 특히 IT 산업이 훨씬 발전한 선진국 기업과 아시아 시장에서 경쟁하기 위해서는 반드시 브랜드를 쌓고 고객을 관리하는 노력을 기울여야 한다.

데이터소프트는 이미 아시아 시장에서 성과를 내고 있으며, 방글라데시 밖의 해외 시장에 눈독을 들이고 있다. 예를 들어 데이터소프트는 사우디아라비아의 메카에서 450달러짜리 사물인터넷 기기를 개발했다. 가정의 휴대용 물탱크에서 수량이 10% 이하로 떨어지면 탱크를 교환하거나 추가로 급수하라는 알림을 해준다(Islam, 2018). 또한 일본 기업 스마트라이프Smart Life와 전력 사용량을 조절하고, 가스 누출과 폐수를 방지하며, 실내 온도를 조절할 수 있는 사물인터넷 기반 가정용 솔루션을 1만 개 이상 아파트에 공급하는 계약을 체결했다. 데이터소프트는 국내를 넘어선 아시아 지역 브랜드로 자리매김하기 위해서만이 아니라 방글라데시가 아시아의 디지털 혁명 발전에 중요한 역할을 하는 나라라는 사실을 알리기 위해 아시아 시장에 진출하고 있다.

이 사례 작성에는 방글라데시 인사이트학습연구소의 사이드 페르하트 안와르, 에나물 하크, 파흐미나 초두리(Fahmina Chowdhury)가 도움을 주었다. 책의 주제와 맞추기 위해 정보를 추가하고 내용을 업데이트하였다.

참고 자료

- Anwar, SF, AKE Haque and F Chowdhury (2014). *DataSoft System Bangladesh Ltd*. Dhaka: Insight Institute of Learning.

- Datasoft (2018a). *About Us*. http://datasoft-bd.com/about-datasoft/ [1 August 2018].

- Datasoft (2018b). *Products*. http://datasoft-bd.com/products/ [31 July 2018].

- Datasoft (2018c). *Services*. http://datasoft-bd.com/services/ [1 August 2018].

- Islam, MZ (July 2018). Giant stride by local tech firm. *The Daily Star*. https://www.thedailystar.net/business/giant-stride-local-tech-firm-1612807 [1 August 2018].

파우지비료 FFC, Fauji Fertilizer Company Limited

농업이 경제의 중추를 이루는 나라들이 있다. 파키스탄도 그런 나라 가운데 하나다. 하지만 파키스탄은 농업 국가임에도 낮은 농업 생산성, 식품 불안, 비효율적 관리 등 복잡한 문제를 많이 안고 있다. 이는 나라 전체 경제에도 부정적인 영향을 미친다. 농업 부문의 문제를 해결하는 데 도움이 되는 요인 중 하나가 바로 비료 회사들이다. 수요와 공급 사이의 균형을 맞추기 위해 비료 회사는 지속적으로 혁신해야 한다. 파키스탄에서 가장 큰 비료 회사, 파우지비료는 파키스탄의 농업 문제를 해결할 방법을 제시해왔으며, 덕분에 국내 비료 업계에서 최고가 되었다.

파키스탄 경제의 중추, 농업

파키스탄 같은 최빈개발도상 국가 LDCs, Least Developing Countries의 경제에서는 농업이 중요한 역할을 하는 경우가 많다. 파키스탄은 세계 10대 밀 생산국으로, 수확 철마다 평균 2,400만 톤을 생산한다. 파키스탄의 GDP에서 농업이 차지하는 비중은 26%이다(Farooq et al., 2013). 파키스탄의 경제에 농업이 얼마나 중요한 자리를 차지하는지는 다음 3가지 관점을 통해 알 수 있다.

• 국민에게 먹을거리를 제공한다.

- 외화 획득 수단이다.
- 관련 국내 산업 및 해외시장 진출을 지원한다.

파키스탄에서는 인구가 빠르게 증가하고 있어서 먹거리에 대한 수요도 매년 늘어나고 있다. 어느 나라에서나 음식과 집은 중요하고 필수적인 요소이다. 그러므로 인구가 늘어나는 만큼 식량 공급량도 매년 꾸준히 늘어나야 한다.

파키스탄의 산업과 농업 발전에 기여하다

파우지비료는 1978년 파우지재단Fauji Foundation과 할도톱소Haldor Topsoe 가 합작하여 설립되었다. 파우지비료의 본사는 라왈핀디사영Rawalpindi Cantonment의 몰로드Mall Road에 있다. 공장은 2곳으로, 마치고스Machi Goth 와 미르푸르마텔로Mirpur Mathelo에 있다. 파우지비료는 처음 연 생산능력 57만 메트릭톤(metric ton, 1,000kg을 1메트릭톤으로 하는 질량 단위-옮긴이)으로 문을 열었다.

오늘날 파키스탄 최대의 요소 생산 업체가 된 파우지비료는 설립 후 지금까지 농가에 5,400만 톤의 요소를 공급했다(Fauji Fertilizer Company Limited, 2018a). 또한 파키스탄 최대의 요소 생산 시설을 보유하고 있으며, 공장에는 3개의 암모니아·요소 처리 구역이 있다. 이 기업은 고객에게 품질 좋은 비료와 관련 서비스를 공급함으로써 파키스탄의 산업과 농업 발전에 중요한 역할을 해왔다(표 8-4).

[표 8-4] 파우지비료 연표

연도	성과
1978	회사 설립
1982	연 생산능력 57만 메트릭톤으로 요소 생산 시작
1993	제2공장을 건설하여 요소의 연 생산능력이 63만 5,000메트릭톤으로 확대
2002	전 팍사우디비료(PSFL, Pak Saudi Fertilizers Limited) 요소 공장 인수
2013	파키스탄에서 SAP BPC(Business Planning and Consolidation) 프로그램 첫 정식 도입
2016	가스 공급이 회복되고 공정 효율성이 높아짐에 따라 요소 생산의 기준점을 역대 최대치인 252만 3,000톤으로 설정
2018	파우지비료와 허브파워컴퍼니(Hubco, Hub Power Company)가 중국 국영기업과 손잡고 파키스탄 국내 석탄을 이용하여 전력 부족 문제를 해결할 수 있도록 330-MW 석탄 화력 발전 프로젝트 시작

출처: Abacus Consulting(2013), Fauji Fertilizer Company Limited(2018c), *The Express Tribune*(2018).

국내 시장 성공 비결은 고객지향 전략

1978년 파우지비료는 기획, 판매, 유통, 농업 서비스, 수탁 창고, 광고, 홍보, 시장조사, 금융, 행정 등 비료 마케팅 활동을 담당할 마케팅 팀을 신설했다. 상업용 요소를 생산하기 시작하면서 마케팅 팀은 '소나Sona'라는 브랜드 이름을 가진 요소 제품의 판매를 지원했다. 나중에는 소나 요소 외에도 질소, 인산염, 칼륨 등 다른 비료의 마케팅도 담당하게 되었다. 파우지비료는 13개의 판매 지역을 파악하고, 63개의 판매 구역을 설정하는 방법으로 표적 마케팅을 펼쳐 판매 활동을 강화했고, 탄탄한 대리점 네트워크와 광범위한 창고를 활용할 수 있었던 점도 큰 도움이 되었다(Fauji Fertilizer Company Limited, 2018b).

파우지비료는 파우지비료빈카심Fauji Fertilizer Bin Qasim을 비롯한 여러

339

자매 기업의 제품, 550Kt 소나요소과립과 750Kt 소나DAP 등의 판매도 지원한다. 이 상품들을 출시했을 때 시장에는 엔그로Engro, 다우드허큘리스DaWood Hercules, 내셔널퍼틸라이저National Fertilizer Corporation 등 다른 요소 제조 업체에서 내놓은 제품으로 가득했다. 그중에서도 엔그로와 바버셰르Babber Sher가 만드는 제품은 각각 남부 신드Sindh와 북부 편자브Punjab 지역에서 프리미엄 브랜드로 자리잡고 있었다. 치열한 경쟁으로 파키스탄 국내 시장에 요소가 남아도는 상황이 된 탓에 파우지비료는 시작부터 순탄치 않았다. 하지만 기업은 자신만의 시장을 창출해냄으로써 어려움을 오히려 기회로 삼았다. 그때 이후로 소나는 파키스탄 1위 요소 비료라는 자리를 내주지 않고 있다.

파우지비료가 파키스탄 시장에서 성공을 거둘 수 있었던 건 고객 지향 전략을 사용했기 때문이다. 파우지비료는 제품과 서비스 프로그램은 함께 내놓아야 한다고 믿는다. 그래서 제품을 뒷받침하는 효율적이고 효과적인 지원 서비스를 제공하고 있으며, 특히 농부들에게 실용적이고 혁신적인 농업 기술을 알리는 데 힘쓰고 있다. 비료 회사일 뿐 아니라 파키스탄의 농업 발전에서 핵심적인 역할을 맡고 있는 파우지비료는 프리미엄 품질의 비료를 제공하고, 농부들이 농작물의 수율과 소득을 높여 삶의 질을 향상시킬 수 있는 방법을 알려주는 존재다.

시장의 잠재력과 문제점을 빠르게 파악하라

비즈니스의 세계에서도 경쟁을 피할 수 있는 부분이 있다. 경쟁 업체는 때를 가리지 않고 다양한 방법으로 시장에 진입한다. 시장에서 우월한 지위를 얻거나 유지하려면 기업은 적절한 혁신과 마케팅 전략을 실행해야 한다. 파우지비료는 이러한 방법을 잘 따랐고, 시장 선도자로 떠올랐다. 시장이 지닌 잠재성과 문제점을 재빨리 알아내 혁신적인 솔루션을 제시했다.

2013년 11월 4일 파우지비료는 파키스탄 최초로 SAP 프로그램을 도입했다(Abacus Consulting, 2013). SAP 도입은 회사의 역량을 강화하고 시장 선두 주자라는 지위를 유지하며, 여러 장소에서 더 어려운 과제에 도전하기 위해서였다. SAP은 데이터 처리용 시스템, 애플리케이션, 제품을 나타낸다. 이 프로그램을 사용하면 기업의 모든 비즈니스 프로세스와 활동을 처음부터 끝까지 연결할 수 있다(Dawn, 2009). SAP 프로그램은 파키스탄 요소 제조와 판매 분야에서 60% 넘는 시장을 점유하고 있는 파우지비료의 업무를 간소화하여 효율성을 크게 높였다.

파키스탄은 농업 국가로 분류되지만 이 나라가 지닌 농업 부문의 성장 가능성은 아직도 매우 크다. 그러나 농업 부문의 성과가 여전히 낮은 이유는 기술 부족, 경영 능력 부족, 생산 투자 부족, 해충과 가축 질병 문제, 자금 문제 때문이다. 이러한 문제점들이 농업 경제에 영향을 준다. 파키스탄의 먹거리 시스템은 안전하지 않으며, 음식도 부족하다. 국가는 농업 부문의 거대한 잠재력을 생각하여 '비전2025'를 수립했다. 비전2025는 파키스탄의 평균 농업 생산율과 생산성의 격차를 낮추고 농업 선진국이 설정한 기준치를 높이기 위한 계획이다.

341

파키스탄의 GDP에서 농업이 차지하는 비율을 늘리려면 비전2025가 필요하다는 점을 알리기 위해 파우지비료는 실시간 분석과 같은 디지털 기술을 도입했다. 파우지비료는 SAP S/4HANA 차세대 비즈니스 소프트웨어를 성공적으로 구축했다(*ProPakistani Newspaper*, 2018). 이는 완전히 새로운 차세대 SAP 비즈니스 소프트웨어로서 단순화, 크게 향상된 효율성, 여러 기능에서 플래닝과 시뮬레이션이 구동되는 유용성 등이 특징이다. SAP S/4HANA는 그저 데이터를 기록만 하는 거래 시스템에서 한발 더 나아가 최종 사용자가 내외부에서 수집한 데이터를 바탕으로 의사 결정을 내릴 수 있도록 실시간으로 도움을 준다(SAP, 2015).

참고 자료

• Abacus Consulting (2013). *Abacus Implements First SAP Business Planning & Consolidation Solution at Fauji Fertilizer Company Limited*. http://abacus-global. com/?q=mediacenter/news/Abacusi%20Implements%20First% 20SAP%20 Business%20at%20Fauji%20Fertilizer [14 August 2018].

• Dawn (2009). FFC adopts SAP to raise productivity. *Dawn*. https://www.dawn.com/ news/500724 [4 August 2018].

• Farooq, MU, *et al*. (2013). Key factor affecting GDP in Pakistan over the period 1975-2011. *Journal of Economics and Sustainable Development*, 4(1), 142-149. ISSN: 2222-1700 (Paper) ISSN 2222-2855 (Online).

• Fauji Fertilizer Company Limited (2018a). *About Us*. http://www.ffc.com.pk/ [14 August 2018].

• Fauji Fertilizer Company Limited (2018b). *Marketing Group*. http://www.ffc.com.pk/ marketing-group/ [14 August 2018].

• Fauji Fertilizer Company Limited (2018c). *Our Manufacturing Plants*. http://www.ffc. com.pk/manufacturing-plants/ [14 August 2018].

• *ProPakistani Newspaper* (2018). Fauji Fertilizer Company modernizes its business management system. https://propakistani.pk/2018/01/26/fauji-fertilizer-company-modernizes-business-management-system/ [14 August 2018].

• *SAP* (2015). What is SAPS/4HANA? https://news.sap.com/2015/03/what-is-sap-s4hana-13-questions-answered/ [14 August 2018].

• *The Express Tribune* (March 2018). Hubco, Fauji Fertilizer to set up coal-fired power plant. https://tribune.com.pk/story/1661205/2-joint-venture-hubco-fauji-fertilizer-set-coal-fired-power-plant/ [14 August 2018].

CHAPTER
9

국내를 넘어 아시아로,
지역별 맞춤 전략 마케팅

인구수나 경제성장률 측면에서 아시아는 다양한 산업군의 가장 큰 잠재 시장이라 할 수 있다. 아시아 지역은 세계 경제의 엔진이라 불린다. 아시아 경제가 성장하는 이유는 중산층의 부가 증가하고 있기 때문이며, 각국 정부도 구조 개혁을 단행하고 거시경제 정책 프레임을 강화하여 경제 성장을 지원하고 있다.

그러나 아시아는 정복하기 쉬운 시장이 아니다. 아시아를 깊이 이해하지 못하는 서구 글로벌 기업에게는 특히 어려운 시장이다. 일부 다국적기업이 아시아 시장에서 철수한 것도 놀랄 일이 아니다.

출신 국가에서 사업의 기반을 탄탄하게 다져온 아시아의 로컬 챔

344

피언들은 더 넓은 지역 시장으로 진출할 기회를 얻는다. 이러한 기업은 국내를 벗어나 아시아 시장을, 궁극적으로는 세계 시장을 바라보는 큰 비전이 있다. 하지만 지역화로 소비자가 얻는 글로벌 가치를 전부 표준화할 수 없게 되었다. 지역별로 특징이 다르기 때문에 통합된 지역 전략을 사용해야 한다. 이와 동시에 아시아 기업은 지역별 취향에 맞추어 마케팅 전술을 효과적으로 수정해야 한다.

이번 장에서는 국내 시장 너머로 사업을 성공적으로 확장한 아시아 기업을 소개한다. 캄보디아의 아클레다은행, 말레이시아의 악시아타, 필리핀의 유니버설로비나코퍼레이션, 그리고 베트남의 비나밀크이다. 이 기업들은 국내용 마케팅 전술과 아시아 지역용 마케팅 전략을 성공적으로 통합했다. 또한 디지털 시대라는 점을 고려하여 기업들이 만든 수평적 속성의 마케팅 프로그램도 살펴본다.

────── 아클레다은행ACLEDA Bank

아클레다은행은 1993년 1월에 처음 설립되었다. 지금은 총자산
기준으로 캄보디아에서 가장 큰 상업은행 중 하나다. 캄보디아의
로컬 챔피언으로서 이제 아시아 지역 시장, 특히 이웃한 동남아시
아 시장으로 날개를 펼치려 한다. 캄보디아와 동남아시아 양쪽에
서 디지털 기술이 발전하면서 아클레다은행은 서비스 품질과 보
안성을 높일 기회를 얻었다. 아클레다은행이 캄보디아 국내에서
온·오프라인 전략을 통합하여 성공을 거둔 경험이 아시아 지역
시장을 뚫는데 어떤 큰 도움이 되었는지 알아보자.

캄보디아를 대표하는 상업은행

글로벌 금융 위기의 여파로 아시아 은행의 선두 주자들은 이전보다
회복성이 커지고, 높은 성과를 올리게 되었다. 일부 은행은 글로벌
뱅킹 부문의 평균 성장률을 상회하기까지 한다. 아시아 전역에서 '로
컬 챔피언' 은행을 볼 수 있다. 이들은 소매은행업, 투자은행업, 융자
와 보험 등의 제품 포트폴리오에서 많은 수익을 내고 있다. 새로운
은행이 등장하지만 시장 내 경쟁은 이미 치열하다. 그래서 은행 부문
내에서 통합이 이루어질 것으로 보이며, 특히 아세안 시장의 은행들
이 통합될 가능성이 높다. 아세안경제공동체가 추진하는 지역 내 상
품과 서비스의 자유로운 이동에서 비롯된 결과다. 아세안은행통합프

346

레임워크ASEAN Banking Integration Framework에서는 특정 기준 '적격아세안은행QABs, Qualified ASEAN Banks'을 충족시킨 은행은 아세안 내 다른 시장에 진출하여 그 나라에서 영업할 수 있도록 허가한다. 국경을 넘어 영업할 수 있게 되자 은행들은 규모의 경제를 활용하여 비용을 줄이고 효율성을 높이게 되었다(EY, 2015).

그런 로컬 챔피언 가운데 하나가 아클레다은행으로, 이 은행은 아시아 지역 시장에서 빠르게 자리잡고 있다. 아클레다은행은 유한책임회사로 캄보디아 은행 및 금융기관에 관한 법률Banking and Financial Institutions Law of the Kingdom of Cambodia에 따라 설립되었다. 1993년 1월 처음 설립 시 아클레다은행은 영세 기업에게 융자를 해주는 비정부기구였다. 하지만 은행의 네트워크가 캄보디아 전국 곳곳으로 늘어나고 조직의 지속 가능성을 보장할 수 있을 만큼 계속 수익을 거두게 되자 이사회와 해외투자자들이 아클레다은행을 상업은행으로 전환하겠다는 결론을 내렸다. 현재 아클레다은행은 총자산 기준으로 캄보디아에서 가장 큰 상업은행 중 하나다(표 9-1 참조).

[표 9-1] 아클레다은행 연표

연도	성과
1993	영세 기업 발전과 융자를 돕는 비정부기구로 설립
1997	인가받은 마이크로파이낸스(microfinance, 저소득층에게 대출, 저축 또는 보험 등의 금융 서비스를 소액 규모로 제공하는 사업-옮긴이) 기관으로 전환 계획
1998~1999	캄보디아중앙은행(NBC, National Bank of Cambodia)이 정한 특별 은행 허가 기준 충족에 집중
2000	캄보디아중앙은행의 특별 은행 허가를 받아 유한회사 아클레다은행으로 전환

2002	• 예금자 수가 3,636명에서 1만 9,070명으로 증가 • 캄보디아 1위 소매은행 서비스 제공 업체
2003	자본금이 3배로 늘어나 1,300만 달러(약 151억 7,100만 원)에 이르자 상업은행 허가를 받아 주식회사 아클레다은행으로 사명 변경
2008	이웃 국가 라오스에 새 지점 개설
2009	마이크로파이낸스 서비스 교육을 제공하는 아클레다트레이닝센터(ACLEDA Training Center) 설립
2010	모바일 뱅킹 서비스 아클레다유니티(ACLEDA Unity) 출시. 크메르어와 영어로 금융 서비스 제공
2013	납입 자본금 1,000만 달러(약 116억 7,000만 원)로 미얀마 진출
2014	• 세계경제포럼글로벌성장기업(World Economic Forum Global Growth Companies) 후보자 선정 • 세계경제포럼 회원
2017	261개로 지점 확대. 캄보디아의 모든 도시와 마을에 위치

출처: ACLEDA Bank(2017b), Asian Institute of Finance(2015).

미얀마에 이어 라오스까지 진출하다

국내 시장에서의 지위를 확고히 한 후 아클레다은행은 동남아시아의 이웃 국가로 눈을 돌리기 시작했다. 2008년 아클레다은행은 라오스로 진출하여, 라오스에서 영업하는 첫 캄보디아 은행이 되었다. 첫 해외 지점을 라오스에 개설한 것은 라오스의 경제 상황, 그리고 라오스와 캄보디아 사이의 문화적 유사성을 고려했기 때문이었다.

그렇기는 하지만 아클레다은행이 이웃 국가로 사업을 확대하는 과정은 결코 쉽지 않았다. 아클레다은행은 새로 진출한 시장에서 치열한 경쟁에 맞서야 했다. 라오스의 은행 부문은 규제에서 자유로운 환경 속에서(점점 제한이 늘어나고 있기는 하다) 지난 5년간 상당히 발전해왔다. 라오스에는 민간 은행과 국영 은행을 합쳐 총 42개의 은행이 있다. 그중 5개는 라오스 은행이며, 나머지는 해외 은행이다. 이들을 합해 라오스에 약 500개의 서비스 부서와 1,000대의 자동입출금기기ATM가 있다. 마이크로파이낸스 기관들도 라오스에서 존재감을 확대하고 있다. 허가받은 마이크로파이낸스 기관은 142개가 넘는다. 그럼에도 아클레다은행은 라오스에서 소매은행 부문 1위 업체로 올라섰다. 지점 수, 라오스 기업가 대상으로 하는 소기업 대출 실적도 1위를 달린다. 아클레다은행은 라오스 전국 18개 주와 도시 가운데 15개에서 영업을 하고 있다(ACLEDA Bank Lao Ltd., 2017).

아클레다은행은 라오스에서의 입지를 향상하기 위해 사업을 확대했다. 2016년 연차보고서에 따르면 라오스 아클레다은행은 4년 연속 29%의 수입 증가를 기록했다. 그동안 대출은 70%, 예금은 1% 늘어났으며, 자산은 11% 증가했다. 늘어난 대출은 대부분 소기업 대출에서 비롯된 금액이었다(ACLEDA Bank Lao Ltd., 2017).

라오스 아클레다은행은 실적을 강화하기 위해 여러 가지 전략을 준비했다. 최우선 순위는 소매은행업 서비스를 라오스 전국으로 확대하는 것이었다. 이를 위해 소기업을 표적으로 삼아 맞춤형 금융 솔루션을 제공했다. 또한 캄보디아 본점의 모범 서비스 사례를 본떠 서비스 문화를 강화하고, 고객에게 보다 세련된 서비스를 제공했다. 고객이 자산을 축적함에 따라 진화한 욕구를 충족시키려면 금융 서비스의 혁신도 중요했다.

아클레다은행은 2013년 미얀마에 첫 지점을 개설했다. 2012년 초 미얀마에 대한 국제사회의 제재가 철회되었기 때문이다(Becker,

2013). 미얀마는 강성 사회주의자들이 국가를 통제하면서 지난 20년 간 국제사회의 제재를 받아왔다. 하지만 제재 철회 이후 경제 성장 을 위해 수많은 개혁을 단행했다. 미얀마의 성장 가능성을 보고 미 얀마마이크로파이낸스아클레다_ACLEDA MFI Myanmar_는 사무소 6곳을 새로 열었다. 1개의 지점과 4개의 출장소는 양곤 지역에 들어섰고, 나머 지 1개 지점은 바고_Bago_ 지역에 위치했다(ACLEDA Bank, 2017a).

2015년 3월 말까지 아클레다은행은 미얀마의 마이크로파이낸스 감독위원회_Microfinance Business Supervisory Committee_로부터 양곤 지역 45개 마 을과 바고 지역 28개 마을에서 영업 허가를 받았다. 이 지역에 있는 소규모 기업가 커뮤니티가 아클레다은행의 주요 표적 시장이다. 아 클레다은행의 마이크로비즈니스 대출 부서가 이 사업을 담당한다. 미얀마마이크로파이낸스아클레다는 2016년을 기준으로 대단한 대 출 실적을 내고 있다. 2016년 말까지 4만 8,500건 이상의 대출이 실 행되었다. 추가 실적을 지원하기 위해 양곤 본사 및 지점에서는 캄보 디아 아클레다은행에서 개발한 인하우스시스템을 사용한다(ACLEDA MFI Myanmar Co. Ltd., 2017).

미얀마에서 아클레다은행은 미얀마 국내외 은행과 경쟁해왔다. 미 얀마에는 4개의 국영 은행, 24개의 민간 은행, 13개의 해외 은행 지 점이 있으며, 48개의 은행 연락사무소, 170개의 허가받은 마이크로 파이낸스 기관이 있다. 이 안에는 5개의 비정부간국제조직, 24개의 비정부기구, 29개의 해외 기업, 4개의 제휴 회사, 그리고 107개의 미 얀마 기업이 포함되어 있다. 이렇게 치열한 경쟁 속에서 아클레다 은행은 어떻게 입지를 고수할 수 있었을까? 아클레다은행의 차별화 요소는 저소득층을 표적으로 삼았다는 점이었다. 아클레다은행의 CEO인 챈니In Channy는 다음과 같이 말한다.

> "우리는 저소득층을 영업 대상으로 삼고 있으며, 대기업보다는 지역의 저소득 커뮤니티가 비즈니스 영역입니다. 우리는 풀뿌리 수준에서 시작한 고객을 점점 키워 큰 고객으로 만드는 사업 모델을 따릅니다(Becker, 2013)."

디지털 기술 발전으로 아시아 은행 업계 지형이 변화하다

디지털 기술의 발전은 글로벌 비즈니스 환경을 크게 바꿔놓았다. 아시아 내 선진국의 주요 은행들은 모바일 머니, P2P 대출, 온라인 전용 은행 등 새로이 등장한 문제들과 씨름하고 있다. 인터넷과 휴대전화 보급이 늘어나면서 캄보디아에서도 비슷한 현상이 생기고 있다. 국제개발처USAID, United States Agency for International Development와 아시아재단이 2016년 9월에 수집한 자료에 따르면 캄보디아의 전화 시장은 포화 상태로, 96% 이상의 사람들이 전화를 가지고 있으며, 99% 이상이 어떤 종류든 전화를 사용하고 있다(Phong et al., 2016). 현금 없는 거래도 점점 치열해지는 캄보디아의 전자 결제 시장을 휘젓고 있다. 현금 없는 거래 서비스를 제공하는 회사로는 캄보디아 국내 기업으로 일찍이 이 시장에 진출한 윙Wing, 메트폰Metfone의 이머니e-Money와 해외 업체인 말레이시아의 스마트루이SmartLuy, 태국의 트루머니True Money가 있다. 이들은 전통 은행 업계에 새로운 어려움을 던져주고 있다.

351

캄보디아에서 휴대전화 보급률은 매우 높지만, 미얀마와 라오스 등 캄보디아와 비슷한 개발도상국이 그렇듯 인터넷 보급률은 아직도 상당히 낮다. 2015년 캄보디아의 인터넷 사용 인구는 전체의 31.8%에 불과했다. 미얀마는 12.6%, 라오스는 14.3%였다. 인터넷 사용률도 마찬가지로, 아시아 지역 내 다른 국가보다 상대적으로 낮은 편이다(GSMA Intelligence, 2015).

그렇지만 아시아 정부들은 정보통신기술 기반 시설을 확대하기 위한 노력을 계속하고 있으며, 이에 발맞추어 인터넷 보급률이 높아질 것으로 예상된다. 예를 들어 2016년의 자료를 보면 캄보디아인 절반가량인 48%가 인터넷을 사용할 수 있다고 응답했는데, 이는 전년 대비 16% 늘어난 수치다. 2016년의 또 다른 자료에서도 캄보디아인이 정보를 얻는 가장 중요한 채널은 인터넷으로 30%였다. 이 수치는 29%인 TV를 넘어섰고, 15%인 라디오의 2배에 달했다. 앞으로도 인터넷의 시장점유율은 점점 높아질 것이다(Phong et al., 2016). 이러한 상황은 캄보디아와 아시아의 은행 업계에 기회가 될 수도, 어려움이 될 수도 있다.

디지털 시대에 맞는 수평화된 뉴웨이브 접근법

글로벌 보험, 세금, 거래 및 컨설팅 서비스 기관인 EY는 아시아 시장에서 기회를 잡으려는 은행은 다음 활동을 해야 한다고 제안했다.

• 디지털 채널에 투자하라. 단, 고객과의 인간적인 소통 관계

를 전부 없애서는 안 된다. 가치가 높은 상품이나 서비스를 판매하려면 고객의 셀프서비스와 은행이 제공하는 '사람의 손길' 사이에서 적절한 균형을 찾아야 한다. 아클레다은행은 영세 기업 고객을 위해 그다지 고급 기술이 필요하지 않은 문자메시지를 이용하여 모바일 서비스를 향상할 수 있다.

• 기술 주도 모델에 투자하라. 비용을 줄이고 효율성을 높이기 위해서만이 아니라 고객에게 빠르고 저렴한 솔루션을 제공하는 핀테크fin-tech 부문의 신규 기술 업체에 대응하기 위해서다. 아시아의 일부 은행은 고객에게 새로운 서비스를 제공하기 위해 통신 회사와 협력하기도 한다.

아클레다은행은 이러한 내용을 이미 알고 있는 듯하다. 기업은 국가 경제 발전에 기여하고, 서비스와 보안 품질 발전에 기술을 활용하기 위해 2010년에 아클레다유니티ACLEDA Unity를 출시했다.

아클레다유니티의 목적은 캄보디아 국민이 사용하는 모바일 네트워크나, 거주 지역과 무관하게 금융 서비스를 이용할 수 있도록 하는 것이다. 고객은 휴대전화의 모바일 뱅킹 서비스인 아클레다유니티를 통해 잔고 조회, 이용 내역 확인, 이체, 공과금 납부, 입금, 카드 없는 ATM 현금 인출 등 일상적인 은행 거래 서비스를 이용할 수 있다. 사용자는 영업 시간에 제한이 있는 은행 지점을 방문할 필요가 없다. 카드 없이 예금을 인출할 때에는 보안 강화를 위해 휴대전화 번호나 M-PIN, OTP를 이용한다. 아클레다유니티의 기본 전제는 고객이 언제 어디서나 은행 서비스를 이용할 수 있도록 하는 것이다.

모바일 뱅킹 서비스가 처음 출시되었을 때는 기존의 아클레다은행 고객들만 휴대전화로 추가 서비스를 이용할 수 있는 정도였다. 그러나 2012년부터 아클레다유니티는 아직 고객이 아닌 소비자까지 서비스 대상을 확대했다. 이를 위해 파이서브Fiserv와 협력하여 개발한 모빌리티리치Mobiliti Reach라는 소프트웨어를 사용했다. 이 소프트웨어를 통해 아클레다은행의 고객이 아니거나 계좌를 가지고 있지 않은 사람도 애플리케이션을 이용할 수 있게 되었다. 이 서비스를 시작한 이유는 일반적인 은행 서비스를 이용할 수 없는 고객으로까지 서비스를 확대하기 위해서다. 아클레다유니티의 새 버전을 출시하면서 인 챈니는 다음과 같이 설명했다.

> "아클레다은행은 2010년 모바일 뱅킹, 알림, 결제 기능이 있는 애플리케이션을 고객에게 제공하면서 모바일 여정을 시작했습니다. 얼마 지나지 않아 은행 계좌가 없는 캄보디아의 많은 소비자 사이에 모바일 금융 서비스가 성장할 수 있는 엄청난 잠재력이 있다는 걸 알게 되었습니다. 아클레다유니티와 모빌리티리치를 통해 이러한 소비자에게 다가가면 섬유 공장 노동자, 시골 벽지의 농부 등 캄보디아 국민 누구에게나 금융 서비스를 제공하는 업계의 선두 주자가 될 수 있습니다 (Business Wire, 2012)."

새로 단장한 아클레다유니티 서비스를 통해 전통 방식의 채널로는 은행 서비스를 이용할 수 없었던 고객도 은행을 이용할 수 있게 되었다. 이 소비자들은 저축이나 대출을 할 수 있는 정보나 능력이 거의 없어서 정식 경제에 편입되지 못했던 사람들이다. 하지만 아클레다유니티와 모빌리티리치를 통해 모바일 지갑, P2P 결제, 공과금 납부, 거래 알림, 통합 고객 서비스 센터 이용까지 모든 은행 서비스를 이용할 수 있다. 이처럼 대중 시장에 접근한 결과 아클레다은행은 새로운 수익 창출의 흐름을 만들 수 있었다. 모바일 채널을 개설한 덕분에 아클레다은행은 안전한 하이테크 은행 서비스를 찾던 캄보디아인 사이에서 인기 은행으로 떠올랐다.

아클레다은행은 서비스에 상당히 많은 기술을 접목하고 있기는 하지만 오늘날의 디지털 시대에도 고객은 여전히 사람의 손길을 원한다는 사실을 잘 알고 있다. 고객과 깊이 있는 관계를 형성하려면 오프라인의 대면 만남이 여전히 필요하다. 그래서 이들은 사회 계층 피라미드의 가장 아래에 있는 사람들의 마음을 얻기 위해 더욱 수평화된 뉴웨이브 접근법을 사용한다. 아클레다은행은 고객의 위가 아니라 나란히 서 있는 존재로 자리를 잡았다. 은행 판매 직원은 고객이 얻은 수입을 어떻게 활용할지 상담해주는 컨설턴트처럼 행동하도록 교육받는다. 온라인과 오프라인 양쪽을 활용하는 쌍방향 커뮤니케이션의 결과 소비자들은 아클레다은행의 서비스에서 큰 가치를 느끼고 있다. 이는 공동 생산의 예라고 할 수 있으며, 여기서 고객과 적극적인 파트너 관계를 형성하기 위해서는 정보의 투명성이 꼭 필요하다. 이 부분과 관련하여 인 챈니는 다음과 같이 말했다.

"우리는 고객에게 정보를 공유해달라고 부탁하고, 우리가 가진 정보도 고객과 공유합니다. 고객이 사실을 얘기해주면 우리는 금융 서비스를 제공하죠. 고객과 대화를 시작할 때는 우리가 정보를 얼마나 투명하게 취급하는지부터 이야기합니다. 우리는 정보를 바탕으로 대출을 해줍니다. 다른 은행에서는 담보를 기준으로 판단하죠. 이것이 바로 우리가 다른 은행과 차별화되는 부분입니다(Becker, 2013)."

아클레다은행은 온라인과 오프라인을 통합하는 전략으로 성공을 거두었다. 이 경험은 아클레다은행이 아시아 지역 시장으로 사업을 확대하는 데 큰 도움이 되었다. 이 은행은 라오스와 미얀마에 이어 태국과 중국 시장에 진출할 채비를 하고 있다. 새로운 시장에는 새로운 어려움이 있을 것이다. 아클레다은행은 발전된 디지털 기술과 사람의 손길을 담은 서비스를 모두 사용하면서, 적절한 성공 방정식을 찾아내기 위한 혁신을 지속할 것이다.

참고 자료

- ACLEDA Bank (2017a). *2016 Annual Report*. https://www.acledabank.com.kh/kh/eng/bp_annualreport [19 January 2018].

- ACLEDA Bank (2017b). *Brief Overview*. https://www.acledabank.com.kh/kh/eng/ff_overview [21 January 2018].]

- ACLEDA Bank Lao Ltd. (2017). *2016 Annual Report*. http://www.acledabank.com.la/la/assets/pdf_zip/ACLEDA_AnnRept2016.pdf [21 January 2018].

- ACLEDA MFI Myanmar Co. Ltd. (2017). *2016-2017 Annual Report*. http://www.acledamfi.com.mm/mm/eng/pr_annualreport [21 January 2018].

- Asian Institute of Finance (2015). *A Case Study on ACLEDA Bank Plc.: Making Commercial Microfinance Work in Cambodia*. Kuala Lumpur: Asian Institute of Finance.

- Becket, SA (March 2013). ACLEDA opens in Myanmar, expands in Laos. *The Phnom Penh Post*. http://www.phnompenhpost.com/post-plus/acleda-opens-myanmar-expands-laos [21 January 2018].

- Business Wire (2012). *ACLEDA Bank Plc. Extends Mobile Financial Services to New Segments with Mobiliti Reach from Fiserv*. https://www.businesswire.com/news/home/20121028005020/en/ACLEDA-Bank-Plc.-Extends-Mobile-Financial-Services [21 January 2018].

- EY (2015). *Banking in Asia Pacific: Size Matters and Digital Drives Competition*. Asia Pacific: EYGM Limited.

- GSMA Intelligence (2015). *The Mobile Economy: Asia Pacific 2015*. London: GSM Association.

- Phong, K, L Srou and J Solá (2016). *Mobile Phones and Internet Use in Cambodia* 2016. 2 113 https://asiafoundation.org/wp-content/uploads/2016/12/Mobile-Phones-and-Internet-Use-in-Cambodia-2016.pdf [21 January 2018].

━━━━━━ 악시아타_{Axiata}

악시아타는 아시아를 선도하는 통신 회사로 10개국에서 3억 2,000만 명이 넘는 이용자를 보유하고 있다. 악시아타는 6개의 모바일 통신 회사를 운영하고 있으며, 각 브랜드명은 말레이시아의 '셀콤', 인도네시아의 'XL', 스리랑카의 '다이얼로그', 방글라데시의 '로비', 캄보디아의 '스마트', 네팔의 '엔셀'이다. 인도의 '아이디어'와 싱가포르의 'M1'에도 전략 지분을 가지고 있다. 악시아타는 여러 지역에서 3대 통신사에 포함된다. 이번 사례에서는 통신 업체들이 디지털화의 장점을 핵심 비즈니스 전략에 충분히 반영하지 못하던 때 악시아타가 강력한 지역적 기반에서 어떤 도움을 받았는지 살펴본다.

급격히 발달하는 말레이시아의 디지털 경제

말레이시아의 전자통신 산업을 통제하는 기관은 말레이시아통신·멀티미디어위원회_{MCMC}다. 이 위원회는 멀티미디어위원회법이 제정됨에 따라 탄생한 규제 기관이다. 말레이시아의 전자통신 부문은 지난 20년간 크게 성장했다. 여러 규제가 자리 잡은 덕분으로, 특히 1987년 국영 통신 회사를 민영화하고, 시장 자유화를 실시한 것이 큰 역할을 했다. 당시 민영화가 이루어졌던 통신 회사는 1990년에 사명을 텔레콤말레이시아_{Telekom Malaysia}로 변경했다. 그리고 현재까지 말레이시아 유선 전화 시장 1위 기업 자리를 유지하고 있다. 하지만 이동통신 서비스 부문에서는 1990년과 2000년 사이에 여러 기업이 사업 허가를 받았다. 그래서 2007년 3개 회사로 시장 통합이 이루어지기 전까지 많은 서비스 업체가 있었다. 2007년 시장이 통합되면서 남은 3개의 회사가 악시아타가 소유한 셀콤Celcom, 그리고 디지Digi와 맥시스Maxis다.

셀콤악시아타버해드Celcom Axiata Berhad는 말레이시아에서 제일 오래된 전자통신 업체다. 악시아타그룹의 계열사인 셀콤은 2017년 1분기를 기준으로 말레이시아에 약 1,060만 명의 이용자를 보유하고 있다. 디지는 글로벌 전자통신 기업 텔레노어그룹Telenor Group에 속하는 회사로 말레이시아에서 모바일 서비스를 제공하고 있으며, 1,230만 명의 사용자가 있다. 맥시스는 종합 통신 서비스 업체로 사용자층은 2017년 1분기 기준 1,067만 명이 넘는다.

세계경제포럼의 〈글로벌정보기술보고서 2016〉에 따르면 말레이시아는 아시아의 신흥개발국의 순위를 이끌고 있었으며, 전년 대비 한 단계 상승한 31위를 기록했다. 말레이시아 정부가 디지털 정책을 확고히 실행한 덕분이었다. 네트워크준비지수Networked Readiness Index를 보면 말레이시아는 4.9점을 기록해 32위를 차지했다(2015). 참고로 1위를 기록한 싱가포르의 점수는 6점이었다.

말레이시아의 인구 3,100만 명 가운데 약 3분의 2가 인터넷을 사용하고 있다. 그래서 말레이시아의 소비자는 소셜미디어와 채팅 애플리케이션을 활발히 사용한다. 세계경제포럼의 개인별 인터넷 사용량에 관한 보고서에 따르면 2016년 말레이시아 사람들의 인터넷 사용량이 크게 늘어나 순위가 10계단 상승한 47위를 기록했다. 특히 모바일 브로드밴드 사용량이 60%에 육박했다. 말레이시아에서는 네트워크가 좋아지고, 인터넷 접근성이 개선되었으며, 멀티미디어 서비스를 이용할 수 있는 기기를 사용하고, 애플리케이션 개발 생태계가 조성되어 디지털 미디어 사용이 늘어났다.

말레이시아의 기업들도 모바일과 인터넷 사용량이 급격히 늘어나는 상황을 잘 이용하고 있다. 이제 기업은 고객과 온라인에서 소통할 수 있으며, 일부 기업은 디지털 환경에 맞추어 비즈니스 모델과 조직 구조까지 최적화한다. 국제 인터넷대역폭이 늘어나고(2016년 기준 81위), 인터넷 이용료가 저렴해지면서(110위) 말레이시아의 디지털 경제 활성화에 도움을 줄 것으로 보인다(WEF Report). 말레이시아 정부의 계획대로라면 디지털 경제는 2020년까지 말레이시아 GDP의 20%를 차지하게 될 것이다.

아시아 전자통신 기업의 선두 주자

악시아타는 텔레콤말레이시아인터내셔널TMI, Telekom Malaysia International이라는 이름으로 1992년 말레이시아에 설립되었다. 이 회사는 텔레콤말레이시아버해드Telekom Malaysia Berhad에 속해 있었다. 하지만 기업 분할을 거쳐 2009년 3월 사명을 악시아타그룹버해드Axiata Group Berhad로 변경했다.

악시아타는 지난 10년간 아시아에서 사업을 확대하기 위한 노력을 기울여왔다. 현재 악시아타는 아시아 내 전자통신 기업의 선두

[표 9-2] 악시아타의 아시아 지역 사업 현황

회사명	국가	설립연도	사업 유형	이용자 수
셀콤	말레이시아	2008	이동통신	1,060만 명
XL악시아타	인도네시아	2005	이동통신, 멀티미디어, 전자통신	4,650만 명
다이얼로그	스리랑카	1995	통신 서비스, 텔레콤, 인프라, 미디어, 디지털	1,180만 명
로비	방글라데시	1996	이동전화 사업자	3,380만 명
스마트	캄보디아	2013	이동통신	810만 명
엔셀	네팔	2016	이동전화 사업자	1,490만 명
아이디어[a]	인도	2008	모바일 서비스	1억 9,210만 명
M1[a]	싱가포르	2005	유무선 전화 서비스	218만 명

a 관계사/계열사
출처: Axiata.com

주자로 알려져 있으며, 10개국에서 3억 2,000만 명이 넘는 이용자를 보유하고 있다(Axiata Annual Report, 2016). 악시아타는 6개의 모바일 통신 회사를 운영하고 있으며, 각 브랜드명은 말레이시아의 '셀콤', 인도네시아의 'XL', 스리랑카의 '다이얼로그Dialogue', 방글라데시의 '로비Robi', 캄보디아의 '스마트Smart', 네팔의 '엔셀Ncell'이다. 인도의 '아이디어Idea'와 싱가포르의 'M1'에도 전략 지분을 가지고 있다. 아시아 전역에서 근무하는 악시아타의 직원은 2만 5,000명이 넘는다. 표 9-2는 악시아타의 아시아 내 주요 사업자와 관계사를 보여준다.

2012년 악시아타는 악시아타디지털Axiata Digital을 설립했다. 빠르게 늘어나는 인터넷 기반 사업체를 겨냥하고 뉴 제너레이션 디지털 챔피언New Generation Digital Champion이 되겠다는 2020비전에 가까이 다가가기

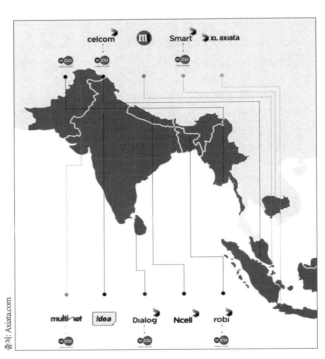

[그림 9-1] 악시아타의 지역 확장

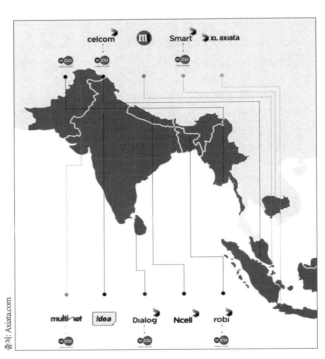

출처: Axiata.com

위해서였다. 악시아타는 모바일 화폐, 모바일 광고, 전자상거래, 엔터테인먼트, 온라인 교육 서비스 등의 디지털 상품을 출시하며 이를 위한 노력에 박차를 가하고 있다. 악시아타는 아시아 최초의 역내 통합 전자통신 기반 시설 서비스 기업인 이닷코edotco를 설립하여 통신 타워 서비스 부문을 대상으로 사업을 펼치고 있다.

악시아타는 아시아 지역에서 여러 이동통신 및 전자통신 자회사를 운영하면서 GSM, GPRS, EDGE, 3G, HSPA+, 와이파이, 4G LTE

부터 LTE어드밴스드에 이르기까지 여러 기술을 보급하고 있다. 악시아타의 자회사 셀콤은 2005년 말레이시아 최초로 3G 서비스를 출시했다. 이용자 수로 보면 악시아타의 최대 시장은 인도네시아(4,650만 명)와 방글라데시(3,380만 명)다. 인도네시아에서는 자회사 XL을 통해 인구의 91%에 3G 서비스를, 53%에 4G 서비스를 제공한다. 한편, 방글라데시에서는 브랜드 로비를 통해 29%의 인구에 3.5G를, 99%에 2G를 제공 중이다.

국내 시장인 말레이시아에서는 셀콤을 통해 인구의 76%가 4G를, 90%가 3G를 이용한다. 다이얼로그의 3G 서비스는 스리랑카 시장에서 잘 자리 잡았으며 인구의 85%를 서비스 대상으로 확보했다. 인수한 지 얼마 되지 않은 엔셀의 경우 약 1,500만 명이 서비스를 이용하고 있으며, 30% 정도가 3G를 사용한다.

국내 디지털 기업으로 거듭날 수 있었던 이유

악시아타가 걸어온 길을 살펴보면 중요한 시기가 두 번 있었다. 이 시기는 1단계(2008~2010)와 2단계(2011~2015)로 나눌 수 있다. 악시아타가 말레이시아에서 독립적인 회사가 되는 데서부터 아시아 지역 챔피언으로 떠오르기까지 변화의 여정이었다. 2016년부터 시작된 3단계는 악시아타 3.0이라고 부르는데, 2020년까지 디지털 챔피언이 되겠다는 악시아타의 궁극적인 비전을 실현하는 시간이다.

[그림 9-2] 악시아타의 여정

2006~2007년	0단계 2007~2008년	1단계 2008~2010년	2단계 2011~2015년	악시아타 3.0 2016~2020년
존재 확립	독립적인 회사로 나아감	뚜렷한 색깔을 지닌 새로운 회사 (기업 정의)	아시아의 지역 챔피언 (그룹 재정의)	뉴 제너레이션 디지털 챔피언 (회사와 산업 재해석)

국가를 넘어선 악시아타의 여정

악시아타는 사업을 아시아 지역 시장으로 확대한 덕분에 지역 내 10개국에 진출하여 수억 명의 고객을 얻었고, 하나의 그룹으로 거듭날 수 있었다. 악시아타의 6% 자회사인 XL은 인도네시아 1위 통신 서비스 제공 업체다. XL은 인도네시아에서 20년 이상 사업을 펼치며 현지 고객의 니즈를 만족시키는 경험을 쌓았다. XL은 2007년 '초당 1루피아(1IDR, 0.08원)'라는 저렴한 요금제를 내놓아 인도네시아 사람 누구나 휴대전화 서비스를 이용할 수 있는 길을 열었다. 인도네시아 소비자의 데이터 수요는 점점 늘어나게 되었고, XL은 변화하는 고객의 휴대전화 사용 습관을 생각하여 경쟁에서 한발 앞설 방법을 찾는다. XL은 4G 서비스 지역을 늘리고, 전통적인 통신 채널 업체들과 협력 관계를 맺어 유통 방식을 현대화하고, 온라인 동영상 콘텐츠와 데이터 광고를 이용하여 4G 보급률을 높이고자 한다.

인도네시아에서 XL은 약 100여 개의 도시에서 4G 서비스를 제공하며, 고객의 스마트폰 이용률은 63%로 업계 최고 수준이다. 2016년 12월 말까지 XL의 스마트폰 이용 고객은 2,900만 명으로 전년 대비 64% 증가율을 보였다(Axiata Annual Report, 2016). XL은 또한 2017년 4월 인도네시아 통신 업체 가운데 최초로 1800MHz대 4.5G 서비스의 상용화를 시작했다. 이 서비스는 자카르타 수도권 지역, 반둥, 수라바야, 덴파사르를 포함하는 주요 대도시에서 제공된다.

악시아타의 자회사 가운데 눈에 띄는 활약을 보이는 또 다른 곳이 다이얼로그다. 다이얼로그는 스리랑카 최대의 외국인 투자 기업으로, 투자 금액은 20억 달러(약 2조 3,340억 원)에 달한다. 스리랑카에서 올해의 통신 회사로 여러 번 선정되기도 했다. 사용자 수 약 1,180만 명을 보유하였으며, 100% 자회사 다이얼로그브로드밴드네트워크DBN와 다이얼로그텔레비전DTV을 통해 스리랑카에서 강력한 입지를 구축하고 있다. 다이얼로그브로드밴드네트워크는 스리랑카 2위의 유선 전화 서비스 제공 업체이며, 다이얼로그텔레비전은 DTHDirect-To-Home 디지털 위성 유료 방송을 제공한다. 다이얼로그텔레비전은 스리랑카 유료 TV 시장의 1위 업체이기도 하다.

다이얼로그는 젊은 애플리케이션 개발자들의 관심을 얻기 위해 자사의 응용 프로그램 인터페이스, 아이디어마트를 운영한다. 아이디어마트는 2015년 세계 최대의 이동통신 산업 전시회인 모바일월드콩그레스Mobile World Congress에서 '기반기술부문최고상'을 받았다. 전문 애플리케이션 개발자나 아마추어 애플리케이션 개발자, 그리고 중소기업이나 기술 스타트업 회사는 아이디어마트가 제공하는 간단한 웹 인터페이스를 사용해 애플리케이션을 개발할 수 있고, 각자가 지닌 혁신적인 아이디어를 스리랑카의 모바일 사용자와 공유한다. 아이디어마트는 스리랑카의 디지털 생태계로 자리 잡았으며, 현재

150만 명의 소비자와 5,000명의 개발자 및 콘텐츠 제공자를 보유하고 있다.

악시아타가 방글라데시에서 운영하는 회사인 로비는 합작회사다. 악시아타가 68.7%의 지배 지분을 보유하고, 바티Bharti가 25%, 일본의 NTT 도코모Docomo가 나머지 6.3%의 지분을 가지고 있다. 로비는 방글라데시 2위의 모바일 사업자이며, 방글라데시에 처음으로 GPRSGeneral Packet Radio System(일반 패킷 무선 서비스. 기존 2세대 주파수 대역을 사용하면서 패킷 방식을 통해 평균 144kbps 정도의 데이터 전송 속도로 원활한 무선 인터넷 서비스를 가능하게 하는 2.5세대 기술-옮긴이)와 3.5G를 선보였다. 로비는 특히 시골이나 준도시 지역에 사업 초점을 맞추고 기반 시설을 확충하는 데 엄청난 투자를 하고 있다. 통신 회사 에어텔Airtel을 합병함에 따라 네트워크 통합뿐 아니라 에어텔의 브랜드가 지닌 강점도 활용하고 있다. 에어텔은 방글라데시의 젊은 층이 선택하는 브랜드이기 때문이다.

스마트악시아타Smart Axiata는 2016년 이래 캄보디아에서 처음으로 4G 서비스를 제공한 업체다. 스마트악시아타는 폭넓은 네트워크를 이용해 방글라데시 인구의 98% 이상에게 서비스를 제공한다. 또한 디지털 라이프 브랜드로 발전한다는 목표를 가지고 있다. 스마트악시아타는 결제용 애플리케이션 스마트페이를 새로 개발 및 출시하여 방글라데시의 애플리케이션 개발자에게 수익화의 기회를 열어주었다. 더욱이 캄보디아 유일의 공식 애플 아이폰 유통 업체라는 점은 브랜드를 강화해주는 요인이다. 스마트악시아타는 캄보디아에서 기업의 사회적 책임 활동을 열심히 하는 것으로도 유명하다. 교육부와 함께 스마트에듀 장학금 제도를 만드는 등 많은 프로그램을 진행하고 있다. 스마트악시아타는 정보통신기술 활용과 디지털 스타트업 분야에서도 여러 프로그램을 진행하고 있다. 2016년에는 전국 정보통신기술 활용 프로그램에 참여한 공로로 '텔레콤 아시아베스트커뮤니티 프로젝트상'을 받았다. 2017년에는 글로벌 시장조사 기관 '프로스트앤드설리번Frost & Sullivan'에서 캄보디아 올해의 모바일 서비스 기업으로 선정되었다.

악시아타는 국가를 넘어선 아시아 지역 기업이자 디지털 기업으로 변신하려 한다. 2016년에는 보다 빠르게 움직이는 조직이 되기 위해, 그룹 산하의 디지털 기업을 더 효율적으로 관리하기 위해, 일부 경영진에도 변화를 주었다. 고속 인터넷 서비스망을 확충하기 위한 투자에도 노력을 기울이고 있다. 고속 인터넷 서비스망을 확충하면 개인 또는 기업 고객이 훨씬 빠른 속도의 데이터 서비스를 이용할 수 있다. 디지털 기업이 되기 위한 악시아타의 노력을 더 자세히 살펴보자.

디지털 고객이 만족하는 서비스를 제공하다

통신 기업들은 고객의 모바일 및 인터넷 경험을 향상하는 일에 많은 관심을 가지지만, 정작 자사 제품과 서비스를 판매하는 시장 안에서 디지털 고객을 표적화하려는 노력은 많이 하지 않는 듯하다. 로만 프리드리히 박사Dr Roman Friedrich 공저의 보고서 〈디지털 통신 기업 되기Becoming a Digital Telecom〉에서는 다음과 같이 이야기한다.

"디지털화의 중추(통신)를 담당하는 기업이 내부 업무를 디지털화하는 속도가 느리다거나 디지털 혁명의 혜택을 보지 못한다는 건 정말 아이러니한 일이다."

아시아를 비롯한 여러 지역의 통신 기업들은 유무선 인터넷 네트워크 기반 시설을 지원하고, 폭발적인 데이터 수요를 감당하기 위해 수십억 달러를 사용하면서 정작 자신이 디지털 기업으로 변신하는 속도는 대체로 느렸다. 이렇게 놓치고 있는 기회를 활용하려면 통신 기업이 변화를 도입하고, 새로운 디지털 능력을 개발하여 새로운 전략을 실행해야 한다. 컨설팅 전문 회사 맥킨지McKinsey가 전 세계 80개의 통신 회사와 함께 진행한 연구 결과에서도 통신 기업이 지닌 디지털 능력의 발전 정도와 이윤 사이에는 강한 상관관계가 나타났다.

통신 기업들은 고객 관리 부문에서 셀프서비스를 도입하는 데 디지털 역량을 점점 더 많이 쏟고 있다. 그래서 이들은 모바일 고객을 위한 셀프케어 애플리케이션을 개발하여 출시하고 있다. 고객은 애플리케이션을 통해 계정을 관리하고, 요금제를 변경하거나 추가 요금을 지불할 수 있고, 대리점을 방문하지 않고 기본 통화 시간이나 브로드밴드 등의 제품 및 서비스를 구매할 수 있다. 고객 관리 애플리케이션은 통신 기업이 사용자 경험을 디지털화할 수 있는 가장 쉬운 방법이다. 그리고 고객의 편의성을 높이고, 그들에게 실질적인 가치를 전달할 수 있다. 아시아 지역에서 영업하는 악시아타의 계열사인 XL, 스마트, 다이얼로그, 로비도 이러한 애플리케이션을 운영하고 있다. 셀프케어 플랫폼은 고객들 사이에 인기가 높고, 디지털 사용자를 만족시킬 수 있을 뿐 아니라 부정적이든 긍정적이든 앱스토어에 대한 고객 평가도 얻을 수 있다. 마케터는 부정적인 평가의 내용에 주목하고, 문제를 즉시 해결해야 한다. 문제에 직접 개입하는 방법이 가장 이상적이다.

XL의 3R 전략

XL은 2015년 이전보다 높은 수익성을 창출하는 지속 가능한 기업이 되기 위해 3R 전략을 채택했다. 이 전략의 초점은 네트워크 서비스 범위를 확대하고Revamp, 품질을 향상함Rise으로써 데이터를 중심으로 하는 기업을 세우는 데 있다Reinvent.

향후 디지털 기업으로 거듭나기 위해 인도네시아의 XL은 프로세스의 3가지 측면에 집중한다. 첫째, 고객에게 필요한 것needs과 고객이 원하는 것wants을 정확하게 결정할 수 있도록 고객 데이터 분석 능력을 최적화한다. 둘째, 복잡한 업무 프로세스를 효율적인 방식으로 바꾼다. 마지막으로 디지털 업무 문화를 기초로 삼아 디지털 서비스 기반 시설을 개발한다. 현지에 특화된 고객의 니즈를 파악하고 공과금 지불 프로세스를 최적화했기 때문에 고객은 XL의 결제 솔루션 XL투나이XL Tunai를 사용하여 건강보험료, 전기세, 신용카드 대금 등을 납부할 수 있다. XL은 협력사와 함께 엑스마트빌리지Xmart Village라는 애플리케이션을 출시했다. 이 애플리케이션은 디지털 기술을 사용해, 특히 관광 산업에 초점을 맞추어 빈곤한 시골 지역을 개발하는 일을 목적으로 한다. 이에 더해 XL은 지역별 사업 계획을 시행하고 있다. 예를 들어 가상현실 기기를 갖춘 공공 도서관을 처음으로 개관했다. 덕분에 마을 아이들이 디지털 미디어를 이용해 책을 읽을 수 있게 되었다.

핀테크에 주목

스리랑카의 주요 통신 회사인 다이얼로그는 진화하는 고객의 요구 사항에 발맞추기 위해 디지털 고객을 위한 브랜드를 여럿 내놓았다. 그중 하나가 이지캐시$_{eZ Cash}$다. 이지캐시는 2012년 설립된 스리랑카 1위의 온라인 결제 서비스 업체로, 스리랑카 모바일 시장에서 거의 50%에 달하는 점유율을 보이고 있으며, 설립 이래 지금까지 사용자 수는 200만 명이 넘는다. 다이얼로그의 여성포털은 '여성을 보호하고, 여성에게 희망과 용기를 주는 것'을 목표로 삼고 있다. 이 밖에도 다이얼로그는 쇼핑 웹사이트 WoW.lk, 디지털헬스$_{Digital Health(Pvt) Ltd.}$가 운영하는 Doc.lk, 헤드스타트$_{Headstart(Pvt) Ltd.}$가 운영하는 스리랑카 최고의 디지털 교육 서비스 사이트 Guru.lk도 가지고 있다. 이제 다이얼로그는 상장 금융 회사 콜롬보트러스트파이낸스$_{CTF, Colombo Trust Finance PLC}$를 인수하여 금융 업계에도 진출했다. 이번 인수로 다이얼로그는 디지털 연결성의 강점과 금융 기술을 결합하여(핀테크) 주류 금융 분야로 진출하게 되었다.

악시아타의 디지털 서비스 부문인 악시아타디지털서비스$_{ADS, Axiata Digital Services Sdn Bhd}$는 2017년 말레이시아의 화폐 서비스 업체 머천트레이드아시아$_{Merchantrade Asia}$와 합작회사를 만들었다.

이 회사는 디지털 금융 서비스와 솔루션을 제공하고 있다.

정보통신기술로 가능해진 농업

방글라데시에서는 악시아타의 그룹사인 로비가 정보통신기술을 핵심 경제 부문인 농업에 적용하고 있다. 로비는 모바일 크리쉬Mobile Krishe라는 애플리케이션을 출시했는데, 이 애플리케이션을 이용하는 농부들은 기상 예보, 수확과 경작 정보, 병충해와 가격 정보, 작황을 높이는 법 등 현대적인 농업 기법을 배울 수 있다. 다만 시골의 농부들은 글을 읽지 못하는 경우가 많기 때문에 기술을 이용하는 데 어려움이 따르고 있다. 로비는 모바일 플랫폼을 통해 정부 보조금을 농부들이 직접 받을 수 있도록 하는 정보통신기술 활용 방안도 마련하고 있다.

로비는 세계이동통신사업자협회GSMA에서 운영하는 모바일여성혁신기금과 협력하여 방글라데시 시골 지역의 소녀들이 이용할 수 있는 모바일 학습 서비스도 만들었다. 이 서비스는 음성과 단문 메시지를 통해 영어 강좌를 전달하는 모바일 플랫폼으로, 사용자들이 영어를 배워 의류 등의 산업에서 수월하게 일자리를 얻을 수 있도록 도와준다. 그 밖에도 로비는 6대의 버스를 이용하여 디지털스마트버스 프로젝트를 펼쳤다. 이 프로젝트를 통해 방글라데시 내 64개 지구에서 24만 명의 젊은 여성들이 정보통신기술 기본 교육을 받았다.

강력한 지역적 기반과 디지털 연결성

아시아는 디지털 혁명이 일어나려는 시점에 있다. 다른 통신 기업들이 디지털 시대에 적용할 핵심 비즈니스 전략의 개발과 실행에 어려움을 겪고 있을 때, 악시아타는 강력한 지역적 기반과 디지털 연결성을 위해 끊임없이 노력을 기울인 덕분에 우세한 위치를 차지할 수 있었다. 악시아타는 여러 나라에서 3대 통신사 가운데 하나로 손꼽히지만 그런 영광에 젖어 있을 때가 아님을 알고 있다. 경쟁은 정말 치열하고, 고객은 인정사정없으며 매우 까다롭다. 고객은 빠른 데이터 처리 속도를 요구하고, 통신 제품을 구매하거나 사용할 때 편리하기를 바란다. 고객별로 특화된 니즈를 맞추기 위해서는 더 세밀한 맞춤형 서비스가 요구된다. 게다가 고객들은 최고의 가성비를 주는 통신사에서 유연하고 개별화된 경험을 얻기를 바란다. 이러한 요구를 만족시키려면 그 핵심에는 혁신이 있어야 한다. 혁신의 형태는 우버와 협력 관계를 맺는 것일 수도 있고(로비의 사례), 동남아시아 최초로 5G 서비스를 제공하는 것일 수도 있다(다이얼로그의 사례).

비록 본국인 말레이시아 시장에서 우월한 지위를 가지고 있기는 하지만 악시아타는 디지나 맥시스와의 경쟁 때문에 제품 혁신에 노력을 기울이게 되었다. 셀콤악시아타버해드의 CEO 마이클 쾨너 Michael Kuehner는 최근 전망을 통해 셀콤은 고객에게 섣부른 제품을 소개하는 것보다 네트워크를 향상하는 일을 더 우선시하고 있다고 말했다. 말레이시아에서 네트워크가 결정하는 고객 경험과 데이터 사용량을 살펴보면 2016년 2분기 3.5GB였던 고객 1인당 사용량이

2017년에는 6.2GB로 늘어났다. 동남아시아의 여러 나라에서 두 자릿수의 성장률을 나타내는 걸 보면 지역 시장에 집중한다는 악시아타의 사업 방향은 좋은 결실을 맺고 있음을 알 수 있다.

참고 자료

- Anand, A, D Begonha and G Caldo (December 2015). *Lessons from Digital Telcos: Five Initiatives to Improve Business Performance*. McKinsey & Company. https://www.mckinsey.com/industries/telecommunications/our-insights/lessons-from-digital-telcos-five-initiatives-to-improve-business-performance [29 November 2018].

- Annual Report (2016). *Axiata.com*. http://axiata.listedcompany.com/misc/ar2016.pdf. [19 September 2017].

- Axiata National Contribution Report 2016. Axiata.com.

- *Cellular News* (4 October 2017). Asiab Best-in-Class Companies Celebrated at the 2017 Frost & Sullivan Asia-Pacific Best Practices Awards.

- Karamjit, S (18 September 2017). Celcom trying to create a startup culture to regain its mojo. *Digital News Asia*. https://www.digitalnewsasia.com/mobility/celcom-trying-create-startup-culture-regain-its-mojo [19 September 2017].

- *The Star* (3 February 2017). *Indonesian unit XL seen as a Drag on Axiata Group Performance*. http://www.thestar.com.my/business/business-news/2017/02/03/analysts-unimpressed-with-xl-results/#seh3cD5GlddPqBpk.99 [27 September 2017].

- Wataru, Y (9 August 2016). Malaysia's Axiata pushing into Asia's telecom frontiers. *Nikkei*. https://asia.nikkei.com/Business/AC/Malaysia-s-Axiata-pushing-into-Asia-s-telecom-frontiers [11 September 2017].

유니버설로비나코퍼레이션
URC, Universal Robina Corporation

유니버설로비나코퍼레이션은 다양한 종류의 식품을 생산하는 필리핀 기업으로, 아시아 내 여러 나라에서 큰 성공을 거두었다. 기업은 필리핀을 제외하고도 8개의 나라에서 전면적인 사업 활동을 벌이고 있으며, 전 세계로 제품을 수출한다. 하지만 식품 시장에서 시장점유율을 높이기 위해 국내 및 아시아 지역 기업들과 치열한 경쟁을 펼치고 있다. 이번 사례에서는 유니버설로비나코퍼레이션이 어떻게 중산층과 밀레니얼 소비자를 확보하여 지역 시장에서 입지를 강화했는지 살펴본다.

필리핀 최초의 다국적기업

유니버설로비나코퍼레이션(이하 URC)은 필리핀 최대의 식품 브랜드로, '필리핀의 첫 다국적기업'이라고 불리며 다양한 브랜드의 스낵, 캔디, 초콜릿, 즉석 음료를 판매한다. 그리고 농산물과 원자재의 생산과 마케팅을 담당하는 사업 그룹도 가지고 있다. 이를 보면 URC가 이미 식품 사업에 도움이 되는 수직적 통합의 장점을 이용하고 있음을 알 수 있다.

URC는 1954년 존 고콩웨이 주니어John Gokongwei, Jr가 필리핀 파시그Pasig에 옥수수 전분을 만드는 공장인 유니버설콘프로덕츠Universal Corn

Products, Inc.를 세우면서 설립되었다. 오늘날 URC는 아세안(태국, 말레이시아, 싱가포르, 인도네시아, 베트남)과 아시아(중국, 홍콩) 시장에서 강력한 입지를 구축하고 있다. 거기서 한 걸음 더 나아가 오세아니아 지역으로 사업을 확대하고 있다. 뉴질랜드에서는 1위 스낵 회사였던 '그리핀스푸드Griffin's Food Limited'를 인수했고, 호주에서는 소금 맛 스낵 부문에서 2위를 달리던 기업 '스낵브랜즈오스트레일리아SBA, Snack Brands Australia'를 인수했다.

오세아니아 지역으로 사업을 확대하고는 있지만 URC에게 여전히 가장 큰 성장 잠재력을 지닌 시장은 아시아이며, 그래서 이 기업은 아시아 지역에서 사업을 확대하기 위해 대담한 행보를 보이고 있다. URC의 대표이자 CEO인 랜스 고콩웨이Lance Gokongwei는 다음과 같이 말했다.

> "URC는 언제나 미래를 보고 있습니다. 그리고 아시아 시장의 주요 기업이 되는 일에도 언제나 주목하고 있습니다. 우리가 뛰어난 성장을 이루기 위해서는 해외 시장으로 진출하는 일이 꼭 필요하다고 생각합니다. 아세안 지역은 중산층 소비자가 늘어나고 있어 큰 시장이 될 수 있습니다. 그래서 아시아 지역 안에서 브랜드를 쌓는 건 URC에게는 엄청난 기회입니다 (Department of Trade and Industry of Philippines, 2015)."

URC가 4개의 시대를 지나며 거둔 성장과 발전 내용은 표 9-3에서 살펴볼 수 있다.

[표 9-3] URC가 지나온 4개의 시대

제조의 시대	1950년 옥수수 전분 제조 업체로 사업 시작(농공업)
브랜드의 시대	1960년 식품 시장으로 진출하여 블렌드45(Blend 45), 치피(Chippy), 포테이토칩스(Potato Chips) 같은 브랜드 출시
국내 확장의 시대	1970년 • 밀가루 제분 사업 시작 • 양돈 사업 시작 1980년 • 설탕 제분과 정제 사업 시작 • 클라우드나인(Cloud 9)과 피아토스(Piattos) 출시
세계화의 시대	2000년 • 스낵류 모브랜드 잭앤질(Jack'n Jill) 출시 • 홍콩, 말레이시아, 싱가포르, 중국, 태국에 이어 인도네시아와 베트남 시장 진출 • 필리핀과 베트남에 C2 브랜드 소개 2010년 • 그레이트테이스트(Great Taste), 화이트(White)와 망주안(Mang Juan) 출시 • 가루비(Calbee), 다논(Danone)과 합작회사 설립. 그리핀스 푸드 인수 • 미얀마에서 URC 공장 가동 시작. 필리핀에서 바이오매스 열병합발전소 가동 시작 • 아시아에서 그리핀스 출시 2016년 스낵브랜즈오스트레일리아 인수 2017년 홍콩 비타소이(Vitasoy)와 음료 합작회사 설립

출처: Universal Robina Corporation(2017a, b).

생산 제품 카테고리를 바탕으로 URC의 사업 포트폴리오를 보면 브랜드 식품 그룹BCFG, Branded Consumer Foods Group, 농공업 그룹AIG, Agro-Industrial Group, 식품 원자재 그룹CFG, Commodity Foods Group 등 크게 3가지 그룹으로 나눌 수 있다(Universal Robina Corporation, 2017a).

브랜드 식품 그룹

URC의 브랜드 식품 그룹을 다시 2개로 나누면 필리핀 국내 시장을 대상으로 하는 BCF필리핀BCF Philippines과 아세안과 오세아니아 시장을 담당하는 100% 자회사 BCF인터내셔널BCF International이 있다. URC의 브랜드 식품 그룹에서는 음료부터 즉석면, 소금 맛 스낵, 베이커리와 사탕 및 과자류에 이르기까지 다양한 식품을 생산한다. 브랜드 식품 그룹은 아세안 시장에서의 전략적 사업 확대, 끊임없는 제품 혁신, 눈길을 끄는 마케팅 캠페인으로 크게 성장했다. 또한 미국의 콘아그라ConAgra, 일본의 닛신 푸드Nissin Foods와 가루비, 프랑스의 다논을 포함한 여러 해외 유명 식품 기업과 전략적 합작회사를 설립하고 제휴를 맺었다.

URC가 키운 주류 브랜드가 있다. 잭앤질, 그레이트테이스트, 그리고 C2이다. URC는 그리핀스푸드(그리핀스와 나이스앤드내츄럴)와 SBA(케틀즈, 썬즈, CC's, 치젤스, 내츄럴)를 인수하거나 콘아그라푸드ConAgra Foods(헌츠), 닛신푸드(닛신과 페이리스), 다논(블루), 가루비(잭앤질가루비) 등과 전략적 합작회사를 세우는 방법으로 제품 포트폴리오에 프리미엄 브랜드를 추가했다(표 9-4 참조).

농공업 그룹

농공업 그룹은 필리핀 가정에 깨끗하고, 안전하며, 품질 좋은 농산품을 제공하는 데 초점을 맞추고 있다. URC는 농공업 그룹을 통해 '토털 농업 솔루션total agri-solutions' 브랜드이자 농장

378

[표 9-4] 브랜드 식품 그룹의 제품 카테고리

주류 브랜드	**잭앤질:** 스낵 제품의 모브랜드로 아세안 내에서 잘 알려져 있음 **그레이트테이스트:** 많은 사람에게 현대적인 커피를 경험하게 해준 인스턴트 커피 브랜드. '크리미' 부문의 최초이자 1위 브랜드 **C2:** 자연의 찻잎을 우려낸 인스턴트 건강 차
프리미엄 브랜드	**그리핀스:** 150년 이상의 전통을 지닌 고품격 스위트 비스킷 **나이스앤드내츄럴(Nice & Natural):** 종류가 매우 다양한 건강용 개별 포장 과자 **씬즈(Thins):** 오리지널 씬컷(thin cut) 칩 **케틀즈(Kettles):** 자연 재료 그대로를 담은 프리미엄 칩의 선구자 **치젤스(Cheezels):** 시장을 지배하고 있는 치즈링 제품 **내츄럴(Natural):** 크링클컷(crinkle cut) 칩의 새로운 도전자 **CCs:** 오리지널 콘칩
합작회사 브랜드	**헌츠(Hunt's):** 즉석 콩 통조림과 쉽게 요리할 수 있는 토마토 통조림 제품 **닛신(Nissin):** 유명한 컵라면과 봉지 라면 **페이리스(Payless):** 가성비 높은 인스턴트 라면 **블루(B'lue):** 고유의 물과 음료 **잭앤질가루비:** 일본 소금 맛 스낵의 혁신적인 제품 라인업

관리의 파트너로 알려지기를 원한다. URC의 농공업 그룹은 동물 사료, 글루코스와 콩 제품, 돼지와 가금류 사육, 동물용 건강식품 사업 등을 벌이고 있다. 로비나팜호그스Robina Farm Hogs는 다양한 원재료를 다루는데, 주로 다루는 상품은 돼지와 같은 수입 종축이다. 여기에 부가가치를 더한 상품도 판매한다(도축육과 신선 정육). URC의 육류 제품은 소비자가 건강하고 안전하게 먹을 수 있도록 '무항생제, 무호르몬'을 보장한다. 정육 제품과 가금류는 소매 유통을 하고 있다. 로비나팜호그스에서 판매하는 계란은 GAHPGood Animals Husbandry Practices와 할랄HALAL 인증을 받았다.

로비나팜호그스는 병아리의 사망률을 최소화하고, 달걀 생산량을 늘리기 위해 적외선 부리끝 제거 기술infrared debeaking technology을 도입했다. URC가 판매하는 동물 사료로는 옥수수, 밀기울, 밀 부산물(영양 사료를 만들기 위한 밀의 제분 과정에서 생기는 부산물. 입자가 굵은 밀기울, 맡분, 밀의 씨눈, 밀가루 따위가 섞여 있음-옮긴이), 콩, 쌀겨, 코프라 밀(야자 열매의 과육을 말려 기름을 짜고 남은 찌꺼기-옮긴이), 어분fish meal 등이 있다.

식품 원자재 그룹

식품 원자재 그룹은 크게 URC설탕과 URC재생에너지로 나누어져 있다. URC설탕은 설탕 제분과 정제 사업을 하며, URC재생에너지는 가솔린 혼합용과 바이오매스 열병합발전용으로 쓰이는 연료용 무수에탄올을 생산한다. URC설탕은 제분 공장 6개와 정제 시설 3개를 운영하고 있으며, URC재생에너지는 에탄올 증류 공장을 가동하고 있다. 이 공장은 동남아시아에서 처음으로 증류 잔여물 소각 보일러를 사용한다. 이 보일러를 사용하면 환경에 안전하고 위험 물질이 없는 방식으로 공장을 가동할 수 있다.

아시아와 글로벌 시장을 향한 적극적인 사업 활동

URC는 식품 시장에서 국내 및 지역 기업들과 치열한 경쟁을 펼치고 있다. URC의 경쟁 업체들은 모든 제품 부문에 걸쳐, 특히 스낵과 커피 부문에서 시장점유율을 높이기 위해 적극적인 사업 활동을 벌인다. 커피 부문에서는 스위스의 네슬레Nestlé와 인도네시아의 마요라인 다PT Mayora Indah가 주요 경쟁 업체이며, 스낵 부문에서는 필리핀의 리 웨이웨이Liwayway Holdings Company Limited와 미국의 몬델레즈Mondelez가 있다 (Venzon, 2016).

오이시이Oishi라는 브랜드로 유명한 리웨이웨이는 필리핀의 스낵 회사다. 이 회사는 1974년 설립되어 일본의 기술을 사용한 첫 번 째 스낵, 오이시이새우크래커와 키레이여미플레이크를 생산했다. 1993년에는 마침내 상하오지아Shanghaojia 브랜드로 중국 시장에 진 출해 해외로 처음 사업을 확장했다(Oishi, 2017). 현재 리웨이웨이는 필리핀, 중국, 베트남, 미얀마, 태국, 인도네시아, 캄보디아, 인도의 8개 국가에 진출해 있다.

몬델레즈필리핀Mondelez Philippines은 스낵 부문에서 URC와 겨루고 있 는 또 다른 경쟁 업체이다. 이 업체는 2012년 10월 크래프트푸드 Kraft Foods Limited가 분할되면서 새로 생긴 몬델레즈인터내셔널Mondelez International 그룹에 속하는 회사다. 몬델레즈필리핀은 아시아 태평양 시 장에서 비스킷과 초콜릿을 포함, 여러 식품 부문에서 2대 브랜드 중 하나의 자리를 차지하는 식품 업계의 강자다. 기업의 제품 포트폴리 오에는 오레오 쿠키와 캐드버리 초콜릿, 홀스캔디, 타이거 에너지 비 스킷과 같은 인기 브랜드가 포함되어 있다. 아시아 태평양 시장은 몬 델레즈필리핀의 매출 가운데 15%를 차지하며, 매출의 75%는 비스 킷, 초콜릿, 껌, 사탕 등의 식품 부문에서 나온다(The Philippines Star, 2013). 기업은 필리핀 시장에서 성장세를 이어가기 위해 여러 신제품 을 내놓았다. 현지인 입맛에 맞춘 에덴마요, 에덴샌드위치스프레드,

오레오코코넛딜라이트와 칼라만시, 달란단, 허니레몬 같이 시트러스
향이 나는 음료 탕Tang 등이다(Remo, 2015).

인스턴트커피 시장의 경쟁도 만만치 않다. 도시에서든 시골에서
든 많은 필리핀인이 커피를 매일 마신다. 사실 필리핀에서 커피는 일
용 소비재FMCG, fast-moving consumer goods 가운데 가장 많이 팔리는 상품이다
(Loresco, 2013). 커피 부문에서 URC와 치열한 경쟁을 펼치고 있는 기
업은 세계적인 유명 브랜드 네슬레와 인도네시아의 식품 기업 마요
라인다이다.

네슬레는 필리핀에서 100년 이상 사업을 지속해오고 있다. 필리
핀 사람들은 이미 1895년부터 네슬레의 제품을 사용하고 있었지만
네슬레가 필리핀에 정식으로 설립된 건 1911년이 되고 나서였다. 네
슬레는 마닐라 비논도Binondo의 칼렌타Calle Renta에 첫 사무실을 열었다.
이후 네슬레의 제품 포트폴리오는 계속 확대되어 현재는 커피, 우유,
음료, 식물성 크림, 음식, 분유, 아이스크림, 냉장 유제품, 아침 식사
용 시리얼, 사탕류와 애완동물용 식품까지 판매하고 있다. 커피 부문
에서는 네스카페Nescafé가 주요 브랜드이다.

한편 마요라인다는 인도네시아 인스턴트 커피 시장의 선두 주자
다. 이 회사는 다양한 맛을 지닌 혁신적인 제품 브랜드로 유명한데,
여기에는 토라비카생강우유, 토라비카듀오풀크림밀크, 토라비카모
카, 토라비카쓰리인원Torabika 3-in-1, 토라비카다이어트, 토라비카카푸치
노 등이 있다. 최근에 출시된 토라비카크리미에는 설탕이 따로 포장
되어 있어 소비자가 설탕량을 조절해 커피에 넣을 수 있다. 이 외에
도 코피코브라운커피, 코피코화이트커피, 코피코화이트모카와 같은

다양한 제품을 가진 커피 브랜드도 있다(Mayora, 2017).

국내 시장을 확실하게 확보한 마요라인다는 아세안과 글로벌 시장을 향해 적극적으로 사업을 확대했다. 마요라인다가 필리핀에 진출한 건 1994년이었다. 2006년에 코피코쓰리인원블랙커피를 출시하면서 주목할 만한 성공을 거두었고, 뒤를 이어 코피코코피치노와 코피코엘에이커피가 출시되었다(The Freeman, 2014).

아시아 소비자의 입맛 사로잡기

URC는 필리핀의 첫 범아세안Pan ASEAN 다국적기업이라는 사실에 자부심을 갖고 있다. URC는 지난 수년간 다양한 종류의 제품을 무기로 아세안 내 여러 시장에서 강력한 입지를 구축하는 데 성공했다. 기업의 강점은 발전된 제조 능력과 넓은 유통 네트워크이며, 이러한 강점을 뒷받침하고 있는 건 혁신을 향한 끊임없는 노력이다. URC는 혁신을 통해 소비자의 입맛과 선호에 맞춘 제품을 내놓고 있다. 또한 현재 필리핀 외에도 8개의 나라에서 전면적인 사업 활동을 펼치고 있으며, 생산 제품은 미국, 유럽, 일본, 한국, 중동과 가나, 나이지리아 등 아프리카까지 전 세계로 수출된다.

2015년 마침내 아세안경제공동체가 시작되면서 URC는 동남아시아 시장에서 입지를 강화하려는 노력에 박차를 가했다. 아세안경제공동체는 추정 소비자층 6억 명에 달하는 아세안 10개국이 하나의 시장, 하나의 생산 기지가 되는 모습을 구상한다. 아세안 시장의 통합으로 수입 관세가 면제되고, 아세안 회원국 간의 기업들은 필연적으로 한층 더 치열하게 경쟁해야 한다. URC는 아세안경제공동체와 그에 따른 지역의 사회경제적 발전을 주의 깊게 지켜보고 있지만, 한편으로 미얀마, 라오스, 캄보디아 등 신흥 시장으로도 사업을 확대하고 있다. 2016년 URC가 미얀마에서 사업을 확대했던 모습을 보면 이 사실을 분명하게 알 수 있다. URC는 미얀마에서 새로운 협력사와 함께 한층 강력한 유통 시스템을 구축했고, 미얀마 전역에 지점 4개가 있다(Universal Robina Corporation, 2017a).

아세안 지역에서 사업을 확대하고 전략적인 투자를 감행했던 URC의 노력은 성과를 보이는 중이다. URC는 현재 태국에서 비스킷과 웨하스 부문 1위 자리를 지키고 있다. URC의 브랜드 C2에서 나오는 인스턴트 차는 베트남 차 시장의 선두 주자다. 또한 아세안 지역에서 통하는 3가지 유명 브랜드인 잭앤질 스낵과 C2 차, 그리고 그레이트테이스트 커피를 만들기도 했다(Department of Trade and Industry of Philippines, 2015).

동남아시아를 넘어 중국과 홍콩도 URC에게 잠재력이 큰 시장이다. URC는 2016년 7억 뉴질랜드달러(약 5,430억 원)에 뉴질랜드 1위 스낵 회사 그리핀푸드를 인수하며 아시아 태평양 시장으로도 사업을 확대했다. 그리핀푸드는 2016년 뉴질랜드에서 전년 대비 저조한 매출을 기록했는데, 이는 프리미엄 가격 정책으로 판매량이 줄어들었기 때문이었다. URC는 아시아 시장에서 입지를 더욱 강화하기 위해 고객 참여를 늘리려 한다. 이를 위해 URC는 국내와 아시아 시장에서 두 주요 고객에 특별한 관심을 기울이기로 했다. 여기에 해당하는 고객 그룹이 중산층 소비자와 밀레니얼 소비자다.

늘어나는 중산층 소비자는 왜 URC에게 중요한 의미가 있는 고객일까? 바로 구매력이 늘어나면 소비자가 보다 좋은 제품을 찾게 되고, 이런 점이 소비에도 반영되기 때문이다. 중산층 소비자들은 결국 프리미엄 제품을 구매하게 될 것이며, 그래서 URC의 프리미엄 브랜드는 중산층 고객을 잠재적 표적 대상으로 삼고 있다.

URC는 스낵과 무알콜 음료 부문에서 새 브랜드를 출시하거나 다루지 않았던 제품 시장에 진출하는 등 끊임없이 혁신을 추구하고 있다. 이러한 혁신에는 프리미엄 제품도 포함되어 있다. URC가 내놓은 프리미엄 제품으로는 그리핀스의 부드러운 초콜릿과 크림 비스킷, SBA와 가루비의 프리미엄 소금 맛 스낵, 베트남에서 출시한 기능성 음료, 그리고 잭앤질이라는 메가 브랜드 아래에서 표적 고객을 대상으로 출시하는 상품들이 있다(Universal Robina Corporation, 2017b).

URC는 국내와 아시아 지역 시장, 양쪽에서 밀레니얼 소비자들을 긴밀하게 살핀다. 동남아시아 시장에서만 약 40%의 소비자가 30세 이하의 밀레니얼 소비자다. 어떤 기업에서 봐도 엄청난 시장이다(Kearney, 2015). 밀레니얼 소비자는 디지털에 강하다는 점에서 남다르다. 세상은 밀레니얼 소비자의 막대한 영향력을 점점 깨닫고 있다. 특히 디지털 기술과 소셜미디어가 확산되면서 밀레니얼 세대는 자신들의 의견을 널리 밝히고 있다.

이에 따라 URC는 마케팅 활동에 다양한 디지털 프로그램을 추가하기 시작했다. 그중의 하나가 필리핀의 잭앤질 고객에게 종합적인 브랜드 경험을 제공하기 위해 마련한 모바일 애플리케이션이다. '언제 어디서나 마법 같은 순간들'이라는 슬로건을 내건 애플리케이션

을 통해 고객들은 URC의 브랜드 엔도서 존 로이드 크루즈John Lloyd Cruz
가 나오는 재미있는 동영상을 보고 즐길 수 있다. 또한 애플리케이션
을 통해서만 이용 가능한 특별 이벤트나 홍보 행사, 신제품 소식을
접할 수 있다. 이 밖에도 애플리케이션에는 매직매치Magic Match나 매직
비트Magic Beats, 매직인어팩Magic in a Pack과 같은 재미있는 게임과 활동이
가득 들어 있다. 밀레니얼 소비자의 숫자와 중요성이 커지고 있다는
점을 생각하면 URC를 비롯한 여러 기업들이 국내 또는 지역 시장에
서 디지털 캠페인을 벌이는 건 흔한 일이 될 것이다.

참고 자료

• Department of Trade and Industry of Philippines (2015). *Business Beyond Borders*. Manila: Department of Trade and Industry of Philippines.

• *The Freeman* (August 2014). Kopiko Launches New Variant, Reveals Four Celebrity Endorsers. *The Philippines Star*. http://www.philstar.com/cebu-business/2014/08/06/1354448/kopiko-launches-new-variant-reveals-four-celebrity-endorsers [last accessed 5 January 5, 2018]. Universal Robina sales muted by tougher competition.

• Kearney, AT (2015). *The ASEAN Digital Revolution*. http://www.southeast-asia.atkearney.com/innovation/asean-innovation/asean-digital-revolution/full-report/-/asset_publisher/VHe1Q1yQRpCb/content/the-asean-digital-revolution/10192 [5 January 2018].

• Loresco, S (September 2013). Top brands targeted by phishing SCAMS: Source: Mcafee Top 10 Brands Filipinos Buy. *Rappler*. https://www.rappler.com/business/features/38191-top-10-brands-filipino-consumers-choose-to-buy [5 January 2018].

• Mayora (2017). *Products*. http://www.mayoraindah.co.id/mayora-products/coffee [5 January 2018].

• Oishi (2017). *About Us*. https://www.oishi.com.ph/about-us/ [5 January 2018].

• *The Philippines Star* (July 2013). Kraft Foods Phl Now Known as Mondelez Phl. *The Philippines Star*. 97 3787. http://www.philstar.com/business/2013/07/03/960867/kraft-foods-phl-now-known-mondelez-phl [last accessed 5 January 5, 2018].

• Remo, AR (March 2015). Mondelez eyes faster sales growth in PH. *Inquirer*. http://business.inquirer.net/188738/mondelez-eyes-faster-sales-growth-in-ph [January 2015].

• Universal Robina Corporation (2017a). *Annual Report 2016*. Quezon City: Universal Robina Corporation.

• Universal Robina Corporation (2017b). *Kantar: Great Taste Is PH's 2nd Most Chosen Beverage Brand*. http://www.urc.com.ph/article/kantar-great-taste-is-ph-apos-s-2nd-most-chosen-beverage-brand [5 January 2018].

• Venzon, C (May 2016). Universal Robina sales muted by tougher competition. *Nikkei Asian Review*. https://asia.nikkei.com/Business/AC/Universal-Robina-sales-muted-by-tougher-competition?page=1 [5 January 2018].

──── 비나밀크_{Vinamilk}

> 어느 기업이 국내 시장을 장악하게 되면 국경을 벗어나 더 넓은
> 시장, 특히 비슷한 성격을 지닌 소비자가 있는 시장으로 사업을
> 확대할 때 사용할 초기 자금을 많이 모으게 된다. 비나밀크는 베
> 트남 유제품 업계의 로컬 챔피언으로 잘 알려져 있지만 베트남을
> 넘어서 아시아 고객의 마음을 얻기 위해 혁신을 거듭하고 있다.

베트남 최대의 유제품 회사

1976년에 설립된 비나밀크는 이전에는 '서던커피데어리컴퍼니
Southern Coffee-Dairy Company'라는 이름으로 불렸으며, 베트남 식품당국Food
General Directorate의 자회사였다. 설립 이후 비나밀크는 우유, 주스, 시리
얼부터 아이스크림과 치즈까지 수십 개의 유제품과 다양한 식음료
제품을 포트폴리오에 담으며 사업 부문을 확대해왔다. 비나밀크의
비전은 식음료 업계에서 세계적인 수준의 브랜드가 되어, 소비자가
믿고 먹을 수 있는 영양 만점의 건강 제품을 생산하는 회사가 되는
것이다.

비나밀크는 2010년 베트남 기업 가운데 최초로 미국 경제전문지
〈포브스〉 선정 '아시아 200대 유망 중소기업Asia's 200 Best Under a Billion'에
이름을 올렸다. 〈포브스〉는 연 매출 10억 달러(약 1조 1,670억 원) 이하
의 중소기업 가운데 가장 높은 성과를 보이는 200개 기업을 선정하

여 발표한다(*Forbes*, August 2010). 2017년에 비나밀크는 베트남 최대의 유제품 회사가 되었고, 베트남의 최고 가치 브랜드 40개 가운데 1위를 차지했다. 이로써 비나밀크는 2년 연속 해당 순위 1위 자리를 차지하게 되었으며, 브랜드 가치는 17억 달러(약 1조 9,893억 원) 이상이다(*Nhan Dan*, July 2017).

비나밀크는 신선 우유, 포장 우유, 분유, 영양 파우더, 요구르트, 연유, 두유, 음료, 그리고 기타 유제품을 가공, 생산, 거래하는 사업을 한다. 젖소 사육도 비나밀크의 주요 사업 가운데 하나인데, 회사가 사육하는 젖소에서 얻는 신선 우유가 유제품 생산의 원재료로 쓰이기 때문이다. 비나밀크가 생산한 제품은 베트남에서 판매될 뿐만 아니라 해외 국가, 특히 아세안 국가들과 미국으로 수출된다(표 9-5 참조).

[표 9-5] 비나밀크 연표

연도	성과
1976	과거 정부 체제에서 운영하던 3곳의 유제품 공장을 바탕으로 비나밀크 설립
1978	밀크커피쿠키즈앤드캔디즈(Milk Coffee Cookies and Candies)로 통합 기업이 됨
1993	베트남데어리컴퍼니(Vietnam Dairy Company)로 사명 변경
1995	하노이의 첫 유제품 공장 가동 시작
2003	호치민 주식시장에서 기업공개를 해 베트남데어리프로덕트합자회사(Vietnam Dairy Products Joint Stock Company)로 사명 변경
2006	뚜옌꽝(Tuyên Quang)에 첫 목장 개설
2010	• 연간 생산량 3만 2,000톤의 생산 설비를 갖춘 뉴질랜드의 전지분유 회사에 투자 • 미국에 투자. 그 외에도 여러 나라에서 공장 개설 • 수출 수입이 총매출의 15%에 도달
2012	미국, 덴마크, 독일, 이탈리아, 네덜란드에서 비롯된 현대적 생산 라인을 갖춘 공장 설립. 다낭공장(Danang Dairy Factory), 램슨공장(Lamson Dairy Factory), 베트남음료공장(Vietnam Beverages Factory)

2013	빈즈엉성(Binh Duong)에 최고 시설을 갖춘 유제품 공장 개설(세계에서 가장 현대화된 공장으로, 6만 평에 달하는 부지 위에 100% 자동화 설비를 갖춤)
2016	• 미얀마, 태국에서 브랜드를 출시했으며, 아세안으로 사업 범위 확대 • 드리프트우드(Drift Wood)라는 브랜드로 미국 시장에 연유 및 커피 크림 출시
2017	<포브스베트남> 선정 베트남 최고 가치 40대 브랜드 1위

출처: *Nhân Dân*(July 2017), Wikipedia(2017).

다양한 제품군과 강력한 유통 채널의 힘

비나밀크가 성공을 거두기까지 장애물이 없었던 건 아니다. 2009년에는 비나밀크를 구준히 지지해왔던 일부 경영진이 퇴사하고 새로운 라이벌 기업 TH밀크TH Milk로 이직하는 일이 있었다. 새로 등장한 이 경쟁사는 큰 야망을 품고 있었고, 재빠른 행보를 보였다. 예를 들어 신선 우유 생산을 위해 2만 8,000마리의 젖소를 베트남에 수입하는 식이었다. 비나밀크는 이에 대응해 1억 2,000만 달러(약 1,400억 원)를 투자하여 대형 유제품 공장을 세웠고, 해외 구매도 확대했다(*Forbes*, September 2010).

이 외에도 비나밀크는 프리슬란트Friesland(네덜란드 최대 유가공 조합-옮긴이) 같은 기업과 계속 경쟁을 펼쳐야 했다. 비나밀크가 젖소 농장과 유제품 공장에 투자하는 금액을 늘리고 적극적인 광고 캠페인에 나서며 지역 시장으로 사업을 확대하자 경쟁은 한층 격화했다. 네슬레나 애보트Abbott, 미드존슨Mead Johnson 같은 글로벌 기업과의 경쟁도 빼놓을 수 없다. 게다가 최근 몇 년 사이에 액상 우유와 요구르트 부문에서는 목쩌우Moc Chau나 바비Ba Vi 같은 업체가 새로 등장하여 경쟁이 한층 거세지고 있다.

비나밀크는 제품군이 아주 다양하다는 경쟁 우위를 살려 시장에서 강자의 지위를 유지하려 한다. 기업은 처음에 단 2가지 부문에서 몇 안 되는 제품으로 사업을 시작했지만 점점 제품 라인업을 늘렸다. 현재는 10개 부문(액상 우유, 요구르트, 분유, 영양 파우더, 오트코코아, 연유, 아이스크림, 치즈, 두유, 음료)의 제품을 판매하고 있으며, 시장의 다양한 수요에 맞추기 위해 250개 이상의 제품을 생산, 관리하고 있다(Vinamilk, 2017).

비나밀크는 여러 가지 제품군을 보유하고 있기 때문에 폭넓은 소비자의 수요를 만족시킬 수 있고, 소비자의 기호와 입맛 변화도 쉽게 파악할 수 있다. 소비자들이 건강 제품을 선호하는 방향으로 라이프 스타일을 바꾸자 비나밀크도 부가가치를 더한 건강 제품을 새로 내놓았다. 콜라겐을 함유한 제품이나 추가 영양 성분이 함유된 분유 같은 제품들이다.

다양한 제품을 보유하고 있다는 점과 별개로 비나밀크 제품이 인기를 끄는 이유는 제품을 손쉽게 구할 수 있기 때문이다. 이 점이 또 다른 경쟁 우위 요소이다. 2015년 12월 기준 비나밀크는 베트남 전국에 걸쳐 243개의 단독 대리점을 보유하고 있으며, 이는 경쟁 업체인 프리슬란트나 네슬레에 비해 훨씬 많다. 대리점은 21만 2,000개의 소매점에 직접 물건을 공급한다. 비나밀크 제품은 1,609개의 크고 작은 슈퍼마켓, 575개 이상의 편의점을 통해 베트남 전역에서 만날 수 있다. 기업은 강력한 유통 채널 네트워크를 보유한 덕분에 신제품을 시장에 빠르고 쉽게 출시할 수 있다(Vinamilk, 2016).

비나밀크가 베트남 유제품 시장을 잘 파악하고 있다는 사실은 2012년부터 2016년까지 주요 제품 부문에서 늘어난 시장점유율을 보면 분명하게 알 수 있다. 주요 대도시 6개 기준 액상 우유의 경우 45.9%에서 54.5%로, 아기 분유는 21.7%에서 25.1%로 시장점유율이 늘어났으며, 2016년 전국 시장점유율은 40.6%였다. 마시는 요구르트는 24.4%에서 33.9%로, 연유의 경우 79.4%에서 79.7%로 늘어났다(Vinamilk, 2017).

고객의 새로운 니즈를 위한 제품 혁신은 필수

비나밀크는 베트남 국내 시장에서 강력한 입지를 차지하고 있음에도 여전히 제품 혁신을 강조한다. 이는 고객의 새로운 니즈를 맞추기 위해서이고, 그렇기 때문에 제품 혁신은 여전히 사업 전략에 포함되어 있다. 비나밀크는 새롭게 떠오르는 기회를 잡기 위해 2011년 완전히 새로운 제품 부문인 과일과 야채 주스 사업에 진출하여 모두를 놀라게 했다. 그 덕분에 비나밀크는 높은 성장 잠재력이 있는 새로운 시장으로 사업을 다각화할 수 있었다. 소비자들이 보다 건강한 라이프스타일을 추구하면서 건강한 식품에 더 많은 비용을 지불하게 되었기 때문이다(Vinamilk, 2012). 신제품을 출시하자마자 시장은 즉각 반응을 보였다. 신제품이 이처럼 빠른 성공을 거둘 수 있었던 건 비나밀크가 기존에 가지고 있던 브랜드 인지도와 폭넓은 유통 네트워크 덕분이었다.

비나밀크는 주스 제품의 성공에 이어 2012년 2월 어린이용 주스를 내놓았다. 베트남에서 어린이용 과일 주스가 출시된 건 처음이었다. 지금까지 개발되지 않았던 이 시장에는 엄청난 잠재력이 있었고, 비나밀크는 이 시장을 효과적으로 개척했다. 하지만 비나밀크의 과일 주스와 야채 주스 사업은 코카콜라의 미닛메이드Minute Maid나 펩시콜라의 트로피카나트위스터Tropicana Twister 같은 글로벌 브랜드와 치열한 경쟁에 직면했다(Fawzi & Sproule, 2012). 비나밀크가 내놓은 신제품이 성공적이었는지 평가하기는 아직 이르겠지만 베트남에서는 이 제품들이 상당한 시장점유율을 차지하고 있다. 이는 비나밀크가 베트남 시장을 잘 알고 있으며, 높은 브랜드 인지도를 지닌 덕분이다.

비나밀크는 꾸준히 제품을 개발할 뿐만 아니라 시장 확대에도 적극적이다. 2013년 4월 비나밀크는 베트남 남부 빈즈엉성에서 현대적인 유제품 공장 2곳을 가동하기 시작했다. 1단계로 첫 번째 공장에서 연 4억리터 이상의 우유를 생산할 예정이며, 2단계에 접어들면 생산량을 2배로 늘일 전망이다. 두 번째 공장에서는 약 5만 4,000톤의 분유를 생산할 계획이며, 이는 이전 생산량의 4배에 달한다(Nikkei Asian Review, 2016).

2014년 1월 비나밀크는 캄보디아에서 앙코르데어리프로덕트Angkor Dairy Products라는 이름의 합작회사를 설립하기 위한 투자 허가서를 받았다. 캄보디아 시장에 공급할 유제품 생산 공장을 짓기 위해서였다(Vinamilk, 2015b). 2014년에는 유럽 시장 진출을 위해 폴란드에 자회사를 설립했다. 2015년 베트남이 유라시아경제연합Eurasian Economic Union(러시아를 주축으로 카자흐스탄, 벨라루스, 키르기스스탄, 아르메니아 등 구소련권 5개국이 서유럽 국가 중심의 유럽연합에 대응하기 위해 결성한 연합체-옮긴

393

이)과 자유무역협정을 맺은 후 2016년 초에는 러시아에 지점을 열어 러시아 및 구소련 지역으로의 사업 확대를 추진했다(Nikkei Asian Review, 2016). 2017년에는 앙코르데어리프로덕트의 지분을 전부 인수했고(Nikkei Asian Review, 2017), 이제는 중국 유제품 시장 진출을 노린다(Vietnam Plus, 2017). 중국은 유제품 시장의 가치가 300억 달러(약 35조 원)에 달하는 거대 시장이며, 비나밀크는 중국 시장에 제품을 공급하기 위한 MOU를 체결했다.

전 세계 디지털 소비자가 즐길 수 있는 콘텐츠의 필요성

베트남은 다른 아시아 신흥국가들과 마찬가지로 모바일과 인터넷 환경에 친화적이다. 그래서 어디에 있든 공공장소에서 아주 쉽게 인터넷을 사용할 수 있다. 베트남에 인터넷 혁명이 시작된 지는 그리 오래되지 않았지만, 베트남은 상대적으로 저렴한 가격에 하드웨어를 구하거나 인터넷을 이용하는 등 후발 주자의 이점을 얻을 수 있었다.

베트남은 인구의 약 36%가 스마트폰을 이용하고 있으며, 모바일 사용률과 인터넷 보급률, 그리고 소셜미디어 이용률이 높은 나라다. 베트남의 젊은 밀레니얼 세대, 특히 전문직 종사자들이나 비즈니스에 몸담은 사람들은 스마트폰을 활발하게 이용하며, 스마트폰을 통해 이메일을 확인하고, 인터넷을 검색하며, 유튜브를 시청하고, 소셜미디어로 인맥을 관리한다. 베트남에서는 스마트폰 이용자의 80%가 주요 활동으로 소셜네트워크 사이트 방문을 꼽았다(Davis, 2016). 디지털화가 부상하면서 판세가 바뀌어 칼자루는 브랜드에서 소비자의 손으로 넘어갔다. 소비자들은 인터넷과 소셜미디어를 활용해 온라인 상에서 제품과 서비스 경험을 수만 명의 사람과 공유한다.

기술 채택과 관련해서 비나밀크는 낙농과 유제품 처리 기술을 생산 시설에 도입하면서 누구보다 앞서나가고 있다. 그리고 최신 기술과 도구를 사용하여 계속 신제품을 개발하고 있다.

디지털 소비자의 등장은 전 산업 분야에서 역학 관계를 크게 바꾸어 놓았다. 새로 등장한 디지털 커뮤니티의 소비자 사이에서 기업의 존재감을 각인시키기 위해서는 온라인 플랫폼에서 고객을 유치하고 관리하는 일이 꼭 필요하다.

비나밀크는 마케팅 활동의 일환으로 이미 소셜미디어를 활용하고 있다. 2018년 1월에는 58만 1,000명 이상의 사람들이 비나밀크의 페이스북 페이지에서 '좋아요'를 눌렀고, 비나밀크 유튜브 채널은 구독자 수가 50만 4,000명에 달한다. 비나밀트는 대체로 국내 시장을 표적으로 삼고 있기 때문에 소셜미디어상 콘텐츠는 여전히 베트남어로만 이용 가능하다.

비나밀크가 아시아의 디지털 소비자 사이에서 브랜드를 강화하고 싶다면 누구나 이용할 수 있는 콘텐츠, 특히 글로벌 공용어인 영어로 콘텐츠를 제공하는 노력을 기울여야 할 것이다. 2016년에는 비나밀크의 제품을 온라인에서 구매할 수 있는 온라인 쇼핑몰을 오픈했다 (VNExpress, 2016). 비나밀크는 전자상거래 웹사이트 giacmosuaviet.com.vn를 오픈함으로써 판매 채널을 추가해 유통망을 확대했다. 이 사이트는 소비자 사이에서 점점 인기를 끌고 있으며, 모바일 애플리케이션으로도 제공되어 전자 결제를 통해 다양한 상품을 구매할 수 있다.

비나밀크는 뉴웨이브 마케팅의 수평화 원칙을 적용하기 위해 발전된 디지털 기술을 활용하고 있다. 비나밀크의 전통적 강점인 제품 혁신도 공동 생산을 통해 한층 더 발전할 수 있다. 공동 생산을 위해서는 제품 개발 과정에 소비자의 참여가 필요하다. 그래서 디지털 플랫폼이 실행에 큰 도움이 된다. 소비자들이 언제 어디서나 제품 개발 아이디어와 개선 사항을 공유할 수 있기 때문이다.

비나밀크의 폭넓은 소비자층도 유통 채널의 대안으로 활용할 수 있다. 커뮤니티 활동을 통해 기존 고객의 충성도를 높이고, 신규 고객을 확보할 수 있기 때문이다, 이상이 비나밀크가 국내 시장에서 입지를 강화하고 아시아 지역 시장에서 사업을 확대하는데 사용할 수 있는 방법들이다.

디지털 기술의 발전은 아시아와 세계 시장을 휩쓸고 있으며, 앞으로 경쟁의 모습을 완전히 바꿔놓을 것이다. 국내와 아시아 지역 시장에서 사업을 확대하고 시장점유율을 높이기 위해 노력하는 동안 비나밀크는 디지털화에 따라 격화된 경쟁 때문에 수많은 어려움에 직면하게 될 것이다. 하지만 비나밀크가 잘 처신한다면 넘어야 할 장애물이 많더라도 기술 적응력과 다양한 제품군을 무기로 사업은 계속 번창할 것이다.

참고 자료

- Davis, B (February 2016). Growing smartphone ownership in Vietnam opens door for mobile marketers. *Forbes*. https://www.forbes.com/sites/davisbrett/2016/02/18/growing-smartphone-ownership-in-vietnam-opens-door-for-mobile-marketers/#4e03a11f34ed [19 January 2018].

- Fawzi, D and K Sproule (2012). *Vinamilk: Fruit Juice for Kids in Vietnam. Case Collection*. Singapore: Singapore Management University.

- Forbes (August 2010). *Asia's 200 Best Under a Billion*. https://www.forbes.com/lists/2010/2/asia-under-billion-10_Vietnam-Dairy-Products-%28Vinamilk%29_TF84.html [18 January 2018].

- Forbes (September 2010). *Udder Success*. https://www.forbes.com/global/2010/0913/best-under-billion-10-vinamilk-vietnam-dairy-udder-success.html#3f1b9e9e7543 [18 January 2018].

- Dan Nhan (July 2017). Vinamilk tops Forbes list of 40 most Valuable Vietnamese brands. http://en.nhandan.com.vn/business/item/5318602-vinamilk-tops-forbes-list-of-40-most-valuable-vietnamese-brands.html [18 January 2018].

- Nikkei Asian Review (February 2016). Vinamilk revenue up 14% in 2015 on strong overseas business. *Nikkei Asian Review*. http://asia.nikkei.com/Business/AC/Vinamilk-revenue-up-14-in-2015-on-strong-overseas-business [18 January 2018].

- *Vietnam Plus* (December 2017). Vietnam's dairy giants export milk to China. *Vietnam Plus*. https://en.vietnamplus.vn/vietnams-dairy-giants-export-milk-to-china/123902.vnp [22 January 2018].

- Vinamilk (2012). *2011 Annual Report*. https://www.vinamilk.com.vn/static/uploads/bc_thuong_nien/1412564524-5a8b33a7ce272c21f33291faf10e78aa4372fb85c3320e4f1f0c891da8b43ac3.pdf [18 January 2018].

- Vinamilk (2015a). *Vinamilk Story*. http://www.vinamilk.com.vn/en/lich-su-phat-trien [18 January 2018].

- Vinamilk (2015b). *2014 Annual Report*. https://www.vinamilk.com.vn/static/uploads/bc_thuong_nien/1426843683-7fd7119f0c2d2e9bd538f170cf960824f6fb16f7e94da5af5361b851a598634a-en.pdf [18 January 2018].

- Vinamilk (2016). *2015 Annual Report*. https://www.vinamilk.com.vn/static/uploads/bc_thuong_nien/1463564750-564913525bcfdc84fcad83da839f2d6dc773b1020ce26bb54f12255adcc9a66e.pdf [18 January 2018].

• Vinamilk (2017). *2016 Annual Report*. https://www.vinamilk.com.vn/static/uploads/bc_thuong_nien/1491555026-8200b97437fc4416662fr4431290995f23e8b83ea13bb8fb4a9fc1498893d1c2.pdf [18 January 2018].

• *VnExpress* (October 2016). Dairy giant Vinamilk launches online shopping site. *VnExpress*. https://e.vnexpress.net/news/business/dairy-giant-vinamilk-launches-online-shopping-site-3478893.html [22 January 2018].

• Wikipedia (2017). Vinamilk. https://en.wikipedia.org/wiki/Vinamilk [18 January 2018].

CHAPTER

10

아시아를 벗어나
글로벌 시장에서 경쟁하라

진짜 글로벌 기업이라고 부를 수 있는 회사는 그리 많지 않다. 대부분의 기업은 어느 특정 지역에서만 강세를 보일 뿐이다. 만일 어떤 지역에서 수익을 올릴 기회가 있다면, 그 지역은 매력적인 시장으로 떠오를 것이다. 하지만 유명한 브랜드, 풍부한 자원, 수십 년의 사업 경험, 세계적인 수준의 경영진으로 무장한 대기업들조차 본국에서 멀리 떨어진 지역의 해외 시장에서 성장하기란 쉽지 않은 일이다.

하지만 일부 아시아 기업은 안전지대를 벗어난 해외 시장에서 날개를 펼치는 도전을 감행했다. 국내 시장과 아시아 시장에서 성공을 거둔 후 아시아를 벗어난 글로벌 시장에 제품과 서비스를 선보이는 위험을 감수하기로 한 것이다. 쉽지 않은 일이었다. 급변하는 글로벌 시장의 역학 관계를 이기지 못한 일부 아시아 기업은 글로벌 시장에서 철수하고 본국으로 돌아오기도 했다. 하지만 소수의 기업은 살아남아 세계적으로 인정받는 글로벌 기업으로 성장했다.

이번 장에서는 글로벌 시장에서 존재감을 키운 아시아 기업들을 살펴본다. 한국의 삼성전자, 인도의 인포시스, 중국의 화웨이, 일본의 카오 등 출신 국가가 서로 다른 4개의 기업을 선정하여, 이 책에서 소개한 개념들을 어떻게 실행했는지 살펴본다. 기업들이 드러내는 가치, 사용하는 전략과 전술을 분석하면 디지털 라이프스타일을 추구하는 글로벌 소비자의 마음을 '글로리컬라이제이션 마인드세트'를 이용해 어떻게 얻는지 알 수 있다.

━━━━━ 삼성전자

삼성전자는 한국의 수원에 본사를 두고 있는 다국적 전자 회사다. 삼성은 자회사 포함 기업 가치가 수십억 달러에 달하며 가전 및 전자 제품 브랜드로 유명하다. 삼성의 일부 제품은 일상적으로 세계에서 가장 높은 시장점유율을 차지하며, 휴대전화는 세계에서 가장 잘 팔리는 제품이다. 삼성이 거둔 이 모든 성과는 지역 수준, 특히 아시아와 아세안 레벨에서 잘 짜여진 전략 덕분에 가능했다. 이러한 전략은 현지에서 각 국가별 맞춤형 전술의 지지를 받는다.

기업의 성장과 글로벌 시장으로 확대

삼성전자는 한국의 수원에 본사를 두고 있는 다국적 전자 회사다. 삼성그룹의 대표 계열사인 삼성전자는 한국 경제의 약 15%를 차지한다. 삼성전자는 1969년 가전제품 제조 업체로 설립되었으며, 인포테인먼트infotainment(정보, 전자통신, 오디오, 비디오) 사업 부문을 이끄는 기업이 되었다. 삼성은 또한 헬스케어, 환경, 에너지 제품도 취급한다. 세계 최대의 스마트폰 제조 업체이기도 하다. 이처럼 삼성이 글로벌 기업의 반열에 오르면서 한국 경제의 모습은 제2차 세계대전 이후 세상에서 가장 가난한 나라에서 번창하는 아시아 국가로 완전히 바뀌게 되었다(Ullah, 2017).

삼성전자의 사업 부문은 CEconsumer Electronics, IMIT & Mobile Communications,

401

DS_{Device Solutions}의 셋으로 나누어져 있다. 그리고 이 3개의 사업 부문을 주축으로 시너지 효과를 내고, 전 세계 소비자에게 비할 데 없는 품질의 제품과 서비스를 제공한다(그림 10-1 참조).

[그림 10-1] 삼성전자 사업 부문

CE 부문	IM 부문	DS 부문
영상 디스플레이 사업부 (Visual Display)	무선 사업부 (Mobile Communications)	메모리 사업부 (Memory Business)
생활가전 사업부 (Digital Appliances Business)	네트워크 사업부 (Network Business)	시스템 LSI 사업부 (System LSI Business)
의료기기 사업부 (Health & Medical Equipment Business)		파운드리 사업부 (Foundry Business)

출처: Samsung Electronics(2017a).

CE 부문은 영상 디스플레이 사업부, 생활가전 사업부, 그리고 의료 기기 사업부로 나누어진다. IM 부문은 무선 사업부와 네트워크 사업부로 이루어져 있고, DS 부문에는 메모리 사업부, 시스템 LSI 사업부, 파운드리 사업부가 있다.

삼성전자는 1988년 한국에서 첫 휴대전화를 선보인 이래 많은 발전을 이루었다. 그리고 글로벌 스마트폰 시장에서 높은 점유율(20.8%)을 기록하며 아성을 쌓았다(Samsung Electronics, 2017a). 하지만 삼성이 쉽게 성공을 거둔 것은 아니었다. 1990년 당시에는 모토로라가 시장을 장악하고 있었던 데 반해 삼성은 그저 신출내기에 불과

했다(Michell, 2010). 1990년대 중반까지도 삼성의 휴대전화 사업부는
제품의 낮은 품질과 경쟁사에 비해 열등한 제품 수준 탓에 시장에서
고전을 면치 못했다.

삼성전자는 1995년에서 2007년까지 짧은 시간 동안은 부품 제조
에 집중하는 쪽으로 방향을 바꾸었지만 결국 다시 소비재 시장으로
돌아왔다. 삼성은 다양한 제품을 시장에 출시하여 폭넓은 소비자의
구미를 맞추었다. 2007년에는 공식적으로 모토로라를 넘어 세계에
서 두 번째로 큰 휴대전화 제조 업체가 되었고, 2012년에는 노키아
를 앞지르며 세계 최대의 휴대전화 제조 업체가 되었다(Ihlwan, 2007).
2012년 1/4분기에 삼성전자가 9,350만 대의 휴대전화를 판매한 데
비해 노키아의 판매량은 8,270만 대에 그쳤다(Lunden, 2012). 그 이후
로 지금까지 거의 10년 동안 삼성전자는 애플과 치열한 라이벌 경쟁
을 펼치고 있으며, 삼성전자의 갤럭시가 애플 아이폰의 직접적인 경
쟁 상대다(IDC, 2018).

2016년을 기준으로 삼성전자는 전 세계 220곳에 사업 중심지를
두고 있으며, 여기에는 15개의 지역 본사, 38개의 생산 기지, 53개의
영업 사무소, 34개의 연구 개발 센터, 7개의 디자인 센터, 73개의 기
타 사무소가 포함되어 있다. 그리고 79개국에서 영업 활동을 펼치고
있으며, 전 세계적으로 30만 8,745명의 직원과 2,468개의 공급 업체
를 보유하고 있다(Samsung Electronics, 2017a).

일관된 글로벌 가치, 혁신과 협업

전 세계에 생산 설비와 유통 시설이 퍼져 있지만, 삼성전자는 그 속에서 한결같이 고유한 특징을 유지하려 노력한다. 삼성전자의 제품 개발 과정을 관통하는 키워드는 혁신과 탁월함이다. 삼성전자는 인공지능, 빅데이터, 5G, 고성능 반도체 등 디지털 솔루션과 신기술 분야에서 혁신하는 리더가 되고 싶어 한다. 이러한 마음가짐이 스마트폰 세계에서 선두를 달리는 삼성의 혁신 역량을 만들었다.

삼성전자는 인재, 탁월함, 공동 번영, 변화, 청렴함이라는 가치를 바탕으로 사업 활동을 펼친다. 그리고 혁신이 가치 사슬 내에서 핵심이라고 믿는다. 삼성전자는 '미래 사회에 대한 영감, 새로운 미래 창조Inspire the World and Create the Future'라는 글로벌 비전을 종교 수준으로 따르며, 건강, 제약, 바이오 부문 등 새로운 비즈니스 영역을 개척하고 있다. 또한 삼성전자는 산업, 파트너, 직원 등 회사의 핵심 네트워크를 위한 새로운 가치를 개발하며 밝은 미래를 만드는 일에도 노력을 기울이고 있다. 이러한 혁신을 통해 더 나은 세상, 모두가 풍부한 경험을 할 수 있는 세상을 만드는 데 기여하려 한다.

삼성전자에는 '혁신'의 역사를 떠받친 3가지 기둥이 있다(Samsung Electronics, 2015).

제품Product

스마트폰이 바꾸어놓은 우리의 삶은 상당 부분 삼성전자가 있었기에 가능했다. 삼성은 휴대전화에 대형화면을 사용하지 않던 시절 처음으로 대형화면 스마트폰을 내놓았다. 삼성이 유행을 선도하는 점을 명확하게 보여주는 사례다. TV 시장에서도 LED TV를 출시하여 전형적인 이미지를 깨뜨렸다. 삼성전자의 프리미엄 냉장고는 작동 방식을 리모델링하여 소비자에게 한층 더 편리하고 기능적인 냉장고를 제공했다. 최근에는 음성 기능을 지원하는 패밀리허브 스마트 냉장고나 애드워시 세탁기, 공기의 흐름이 직접 느껴지지 않는 윈드프리 에어컨 등 혁신적인 제품을 출시했다.

프로세스Process

삼성전자는 프로세스를 통일하여 표준화하는 데 극도의 노력을 기울인다. 여러 나라에서 사업을 하는 글로벌 기업에는 표준화된 프로세스가 꼭 필요하기 때문이다. 삼성전자는 표준화된 작업 시스템을 통해 부품과 제품의 흐름을 효율적으로 관리하고, 가치 사슬 내의 파트너들과 긴밀한 관계를 유지한다.

인재People

삼성전자는 '인재제일'을 핵심 가치 중 하나로 삼아 '사람이 곧 기업A company is its people'이라는 신념을 바탕으로 임직원들이 고유의 역량과 잠재력을 발휘할 수 있도록 격려한다(Samsung Electronics, 2017b). 매년 전문성개발과정EDP, Expertise Development Process을 진행하여 직원들이 자신의 강점을 찾고 이를 개발하는 계획을 세우도록 한다. 또한 임직원들이 리더십과 전문성

405

을 함양할 수 있는 교육을 받고, MBA, 경력 교육, 직무 능력 훈련 등 다양한 인사 개발 프로그램에 지원할 수 있도록 회사 내외부에서 인재 리뷰STaR, Samsung Talent Review session를 실시한다.

삼성전자에 성공을 가져다준 두 번째 공신을 키워드로 표현하면 '협업'이다. 삼성전자는 여러 글로벌 핵심 파트너사와 협업하고 있다. 하나의 예로 구글과 전략적 협업 관계를 맺고 있으며, 대부분의 삼성 스마트폰은 구글에서 개발한 안드로이드 운영체제를 사용한다. 구글과의 협업은 삼성의 현명한 선택이었다. 삼성전자는 2015년 타이젠Tizen이라는 자체 운영체제를 개발했었다. 하지만 주 경쟁 상대인 애플에 대항하기 위해서는(애플도 자체 운영체제가 있으며, 100만 개가 넘는 애플리케이션이 등록되어 있다) 구글과의 협업에 계속 의지할 수밖에 없었다. 그래야 소비자에게 세련되고 다양한 여러 기능과 수만 개의 애플리케이션을 제공할 수 있기 때문이었다(Scolaro, 2015).

지역 전략과 현지 전술은 제품 리더십과 옴니채널

아시아와 아세안 시장에서의 제품 리더십

삼성전자는 빠르게 성장하는 아시아 시장을 눈여겨 봐왔으며, 시장점유율을 높이기 위한 노력의 일환으로 뛰어난 제품을 지속적으로 개발해 최초로 시장에 내놓는 전략을 쓴다. 이 전략을 사용하면 시장의 수요를 충족할 수 있을 뿐 아니라 점점 기술에 능통해지는 아시아 네티즌의 구미를 당길 수 있다. 한 예로 삼성이 2013년 아시아에서 처음으로 선보인 UHDultra-high definition TV인 85S9 TV를 들 수 있다. 이런 제품을 시장에 처음으로 출시하면서 삼성전자는 선발 주자로서의 이점을 누릴 뿐 아니라 고급 신제품을 출시하는 브랜드라는 이미지를 각인시킬 수 있었다.

이에 더해 삼성전자는 특정 지역 시장의 니즈에 맞추기 위해 제품과 서비스를 현지화하는 전략을 사용한다. 그래서 시장별로 현지 정서에 맞는 콘텐츠와 서비스를 적극적으로 개발한다. '아시아를 위한Made for Asia'이라는 표현은 삼성이 아시아 현지 소비자들의 니즈를 맞추기 위해 노력하고 있음을 보여준다. 예를 들어 삼성이 아시아 소비자들을 위해 개발한 RT38냉장고에는 아이스 메이커와 급수기를 넣을 수 있는 맞춤 칸과 약과 화장품을 보관할 수 있는 바구니도 달려 있다.

삼성은 또한 엄청난 잠재성을 지닌 특정 지역, 즉 동남아시아 시장에 특별히 집중하고 있다. 해당 시장을 겨냥한 완전 맞춤형 제품인 애드워시 세탁기를 개발하는 동안, 현지 소비자들의 목소리에 귀를 기울였다. 동남아시아 사람들은 세탁기를 이미 돌리고 난 뒤에 세탁물을 추가하고 싶어 하는 경우가 많았다. 이렇게 탄생한 애드워시 세탁기는 히트 상품이 되었을 뿐 아니라 싱가포르의 프레지던트디자인어워드President's Design Award에서 '올해의디자인상Design of the Year Award'을 받았고, 아시아인간공학회Asian Conference on Ergonomics and Design가 수여하는 '인간공학디자인상Ergonomics Design Award'도 받았다. 삼성전자의 냉장고에는 트윈쿨링시스템Twin Cooling System이 장착되어 있어 냉장고와 냉동고의 냉각 상태를 별도로 조절할 수 있다. 맛이 강한 양념과 톡 쏘는 향기를 지닌 음식을 보관해야 하는 동남아시아 소비자의 니즈를 고려한 기능이다.

동남아시아 국가에서는 1년 내내 에어컨을 사용한다. 그래서 삼성전자는 바람 없는 에어컨을 개발했다. 이 에어컨을 사용하면 공기 흐름을 직접 쐬는 불편함을 느끼지 않으면서 실내를 시원하게 유지할 수 있고, 에너지 효율성도 높일 수 있다(Samsung NewsRoom, November 2017b). 삼성전자가 선보인 '아시아를 위한' 제품은 분명 아시아 소비자만의 고유한 니즈에 맞춘 것이다. 이 제품들은 아시아 고객만의 독특한 선호 사항이나 습관을 고려해서 만들었다(Kotler, Kartajaya and Hooi, 2014).

삼성은 동남아시아 소비자가 가장 선호하는 가전 제품 브랜드로 선정되었다. 이를 보면 소비자들이 삼성이라는 브랜드를 얼마나 사랑하는지 알 수 있다(Samsung Electronics, 2017b).

삼성전자의 채널 현지화 전술

삼성전자는 제품 혁신과 더불어 유통 채널 선정에도 주의를 기울인다. 특히 저가 제품을 겨냥한 유통 채널에 큰 관심을 쏟는다. 비용을 절감하고 중국 경쟁사에 맞서기 위해서 저가 스마트폰의 경우 마케팅 캠페인과 고객 표적화 작업에 영리한 방법을 사용한다. 삼성전자는 인도, 베트남, 중국에서 소비자에게 스마트폰을 직접 판매하는 훌륭한 온라인 판매 채널을

408

이용하고 있다. 온라인 채널을 통하면, 회사는 판매 비용을 크게 줄일 수 있고, 소비자도 보다 저렴한 가격에 제품을 구매할 수 있다(Yoo-chul, 2015).

중국의 스마트폰 제조 업체인 샤오미가 저가의 고급 스마트폰을 내놓으며 빠르게 성장하자 삼성전자는 이에 대응하기 위해 온라인 채널을 전술적으로 활용하게 되었다. 샤오미는 흥미롭게도 공식 웹사이트를 통해 주로 휴대전화를 판매한다. 삼성전자의 경영진은 샤오미가 이 전략을 사용한 덕분에 그토록 짧은 시간 안에 수익을 늘릴 수 있었을 것으로 생각된다.

그렇기는 하지만 삼성전자는 신중하게 마케팅 채널을 선택해야 하며, 선택한 채널은 지역 시장의 수요를 충족시킬 수 있어야 한다. 온라인 채널이 항상 적절한 방식은 아니다. 삼성의 경우 특히 베트남의 시골 지역 같은 외곽 시장을 공략할 때에는 전통적인 유통 채널이나 판촉 활동을 많이 사용한다. 2017년 12월 삼성전자 베트남 법인은 베트남모바일Vietnamobile, FPT 리테일FPT Retail(베트남의 정보통신기술 기업 FPT의 자회사)과 전략적 제휴 관계를 맺었다. 시골 지역에서 삼성의 스마트폰 제품이 중국 브랜드에 대항할 경쟁력을 지닐 수 있도록 하기 위해서였다. 베트남의 시골 지역은 현재 오포Oppo, 샤오미, 화웨이 등의 중국 스마트폰 브랜드로 가득한데, 삼성은 특별히 이 지역 맞춤형으로 제휴 업체들과 함께 적당한 가격대의 휴대전화와 고속 연결 기능을 결합한 상품을 제공하고 있다. 삼성전자는 이 제휴를 통해 자사의 휴대전화를 많은 사람에게 소개하여 매출을 올릴 수 있는 기회로 보고 있다.

삼성은 시골 지역의 시장을 겨냥하여 맞춤형 판촉 활동을 펼칠 계획이다. 가격대가 130~220달러 정도인 값싼 스마트폰을 출시하여 판매를 늘리겠다는 생각이다. 베트남에서는 거의 1억 3,000만대에 달하는 스마트폰 사용자의 95%가 선불 요금제를 사용하고 있다. 대부분 낮은 보증금을 내고 장기간 스마트폰을 사용하는 싱가포르 같은 나라와는 대조적이다.

일부 시장, 특히 시골 지역에서는 오프라인 채널로 접근하는 편이 여전히 효과적이다. 그래서 삼성은 FPT의 매장을 이용해서 오프라인 채널을 유지한다. 하지만 지금의 뉴웨이브 시대에는 시장 상황과 소비자에 부합한다면 기술을 활용하는 편이 더 유용한 방법이다. 삼성 유통 제휴사인 FPT는 베트남 시골 지역 소비자들이 비용을 지불하지 못할 위험성에 대비하기 위해 삼성의 솔루션을 도입하여, 계약 내용을 이행하지 못하는 사용자를 관리한다.

- Grobart, S (March 2013). How Samsung became the world's no. smartphone maker – and its plans to stay on top. *Bloomberg*. http://www.bloomberg.com/news/articles/2013-03-28/how-samsung-became-the-worlds-no-dot1-smartphone-maker#p2 [8 March 2018].

- IDC (February 2018). Apple Passes Samsung to Capture the Top Position in the Worldwide Smartphone Market While Overall Shipments Decline 6.3% in the Fourth Quarter, According to IDC, https://www.idc.com/getdoc.jsp?containerId=prUS43548018 [8 March 2018].

- Ihlwan, M (December 2007). Motorola's pain is Samsung's gain. *Bloomberg*. https://www.bloomberg.com/news/articles/2007-12-26/motorolas-pain-is-samsungs-gainbusinessweek-business-news-stock-market-and-financial-advice [8 March 2018].

- Kotler, P, H Kartajaya and DH Hooi (2014). *Think New ASEAN*, Singapore: McGraw Hills.

- Lunden, I (April 2012). Samsung may have just become the king of mobile handsets, while S&P downgrades Nokia to junk. *Techcrunch*. https://beta.techcrunch.com/2012/04/27/samsung-may-have-just-become-the-king-of-mobile-handsets-while-sp-downgrades-nokia-to-junk/ [8 March 2018].

- Michell, T (2010). *Samsung Electronics: And the Struggle for Leadership of the Electronics Industry*. New York: John Wiley & Sons.

- *Nikkei Asian Review* (December 2017). Samsung Woos rural Vietnamese with affordable smartphone plans. https://asia.nikkei.com/Business/AC/Samsung-woos-rural-Vietnamese-with-affordable-smartphone-plans?page=1 [8 March 2018].

- Samsung Electronics (2015). Samsung electronics CEO BK Yoon shares innovation strategy. *Samsung Newsroom*. https://news.samsung.com/global/samsung-electronics-ceo-bk-yoon-shares-innovation-strategy [8 March 2018].

- Samsung Electronics (2017a). *Samsung Electronics Sustainability Report 2017*. http://images.samsung.com/is/content/samsung/p5/global/ir/docs/Samsung_Electronics_Sustainability_Report_2017.pdf [8 March 2018].

- Samsung Electronics (2017b). How meeting local needs has made Samsung a leader in the Southeast Asian home appliances market. *Samsung Newsroom*. https://news.samsung.com/global/how-meeting-local-needs-has-made-samsung-a-leader-in-the-se-asian-home-appliances-market [8 March 2018].

- Scolaro, CM (January 2015). Samsung makes a big beton its own operating system. *CNBC*. https://www.cnbc.com/2015/01/14/samsung-makes-a-big-bet-on-its-own-operating-system.html [March 2018].

- Ullah, Z (February 2017). How Samsung dominates South Korea's economy. http://money.cnn.com/2017/02/17/technology/samsung-south-korea-daily-life/index.html [8 March 2018].

- Yoo-chul, K (March 2015). Samsung to focus on online marketing. *Korea Times*. http://www.koreatimes.co.kr/www/news/tech/2015/03/133_175675.html [8 March 2018].

인포시스 Infosys Limited

1980년대로 돌아가 보면 인도의 인포시스는 이름이 거의 알려지지 않은 작은 회사로 출발했다. 하지만 현재 인포시스는 정보통신기술과 비즈니스프로세스관리 서비스 부문에서 세계 시장을 선도하는 기업이 되었다. 인포시스는 인도를 소프트웨어 서비스 국가로 자리매김하도록 만들었을 뿐 아니라 글로벌 시장으로 사업을 확대하여 세계적으로 유명한 브랜드를 만들었고, 포춘 500대 기업에 속하는 회사를 고객으로 보유하게 되었다. 인포시스가 글로벌 시장에 진출할 수 있었던 건 전략적 지역 접근법이 잘 뒷받침되었기 때문이다. 인포시스는 인도에서 두 번째로 큰 IT 서비스 기업이 되었고, 미국 나스닥에 상장된 첫 인도 기업이 되었다. 또한 인도 기업 가운데 처음으로 국내와 해외 업무를 위한 CMM 레벨5 인증도 받았다.

인도의 경제 성장을 돕는 IT 산업

IT 산업은 인도의 GDP에서 가장 큰 몫을 차지한다. 인도 최고의 비영리 정보통신기술 및 비즈니스프로세스관리ᴵᵀ-ᴮᴾᴹ 단체인 인도 소프트웨어산업협회ɴᴬꜱꜱᴄᴏᴹ에 따르면, 이 산업은 2017년 1,540억 달러(약 179조 7,180억 원)의 가치가 있는 것으로 추산되며, GDP에서 차지하는 비중은 1998년 1.2%에서 2016년 7.7%로 증가했다(그림 10-2 참조).

413

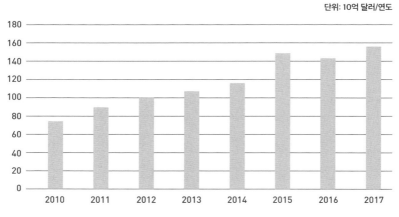

[그림 10-2] 인도 IT 산업 시장 규모

단위: 10억 달러/연도

출처:NASSCOM.

인도의 IT 산업에는 크게 4가지 부문이 있다. IT 서비스, 비즈니스 프로세스관리, 소프트웨어, 그리고 엔지니어링 서비스와 하드웨어다(IBEF, 2018). 인도의 IT 시장은 소프트웨어산업협회와 같은 자국의 대형 IT 기업이 장악하고 있다. 인도 시장의 5대 IT 기업은 타타컨설턴시서비스TCS, Tata Consultancy Services, 코그니전트Cognizant, 위프로Wipro, HCL 테크놀로지스HCL Technologies 그리고 인포시스이다. 이 가운데 코그니전트만이 미국 기업으로 해외 출신이며, 나머지 네 회사는 인도의 자국 기업이다. 인도에서 가장 큰 IT 기업은 선발 주자의 혜택을 누리고 있는 타타컨설턴시서비스(이하 TCS)다.

인도의 IT 서비스는 1960년대 타타그룹의 설립과 함께 시작되었다고 볼 수 있다. 이 회사가 조정을 통해 현재 TCS가 되었다. TCS는 인도 최고의 IT 서비스 회사이자 시가 총액과 이익 기준 세계 2위의

414

IT 서비스 기업이다. TCS는 2016년 3월 31일 연결 회계 기준 매출 165억 달러(약 19조 2,555억 원)를 기록했으며, 인도 주식시장과 봄베이 주식시장에 상장되어 있다(Tata Group, 2018).

지난 20년 동안 인도의 IT 산업이 눈부신 성장을 거듭할 수 있었던 이유는 글로벌 구매 시장의 수요가 치솟았기 때문이다. 인도는 세계 최고의 외주 국가로 글로벌 시장의 55%를 차지한다(IBEF, 2018). 인도의 IT 산업이 성장할 수 있었던 또 다른 이유는 미국에 비해 3~4배 저렴한 서비스 비용 경쟁력이다. 최근 글로벌 기술 기업들이 인도에 이노베이션 센터를 세우면서 인도의 IT 지적 자본이 유명해지고 있다.

인도의 경제 성장에서 IT 산업이 중요한 의미를 지니고 있기 때문에 인도 정부는 GDP 성장과 고용 창출, 경제 디지털화의 목표를 달성하기 위해 해당 산업 발전에 주목하고 있다. 최근 들어 인도의 IT 산업은 디지털 세상의 서비스를 아우르기 위해 빠르게 발전하고 있다. TCS의 경우 회사 전체 매출의 3분의 1이 인공지능, 클라우드, 빅데이터, 사물인터넷, 사이버 보안 등의 디지털 기술에서 나온다고 한다(LiveMint Report, 2017). 인터넷 보급률이 빠르게 늘어나는 현상도 IT 산업의 성장을 부채질한다. 인도인터넷모바일협회Internet and Mobile Association of India와 시장조사 업체 IMRB의 2017년 6월 추산에 따르면 인도에서는 현재 4억 2,000만 명인 인터넷 사용자가 2020년까지 7억 3,000만 명으로 늘어날 것으로 예상된다(IAMAI, 2017).

세계적 수준의 IT 전문 기업을 꿈꾸며

1960년대 인도의 IT 산업은 소프트웨어 수출을 바탕으로 성장했다. 빈곤한 국내 시장에서는 수요가 제한적이었기 때문이다. 기술적으로 자격이 있는 전문가들이 있었기에 수출은 한층 탄력을 받았다. 1991년 인도 경제가 자유화된 후 IT 산업에 투자하는 금액이 크게 늘어났다. 이는 관료들의 형식주의가 줄어든 덕분이기도 했다. 형식주의가 줄어들자 IT 관련 기업을 새로 설립하는 일이 한층 쉬워졌다. 이렇게 설립된 기업 대부분은 사실 미국 실리콘밸리 출신으로 기술력을 지닌 인도 사람이 설립했거나 도움을 준 회사였다. 이들은 본국으로 돌아와 아직 개척되지 않은 시장에서 기회를 찾은 선발 주자들이었다.

인도에서 두 번째로 큰 IT 기업인 인포시스도 그런 기업의 하나로, 7명의 공동 창업자가 서로 도우며 사업 여정을 시작했다. 주 설립자인 나라야나 무르티Narayana Murthy만이 인도로 귀국했고, 공동 창업자 6명은 미국에 남아 과제를 수행했다.

인포시스는 세계적인 수준의 전문 IT 서비스 기업을 만들겠다는 비전을 안고 탄생했다. 인포시스는 1981년 자본금 250달러(약 29만 1,750원)를 가지고 나라야나 무르티와 6명의 엔지니어, 디네시K. Dinesh, 난단 닐레카니Nandan Nilekani, 시부랄S.D. Shibulal, 고팔라크리슈난S. Gopalakrishnan, 라가반N.S. Raghavan, 아쇼크 아로라Ashok Arora가 인도 푸네Pune에서 설립한 회사다. 나라야나 무르티는 당시 어느 컴퓨터 회사에서 일하고 있다가 결국 친구들을 설득하여 회사를 세웠다.

창업자 가운데 한 사람인 난단 닐레카이는 2005년 인도 뉴스 채널

NDTV와의 인터뷰에서 인포시스의 초창기에 어떻게 인도를 결코 표적 시장으로 삼지 않았는지 회상했다. 인포시스는 인도에 근거지를 두고 인도의 폭넓은 인재풀을 이용했지만 언제나 글로벌 기업이 되기를 꿈꿨다. 그 이유는 인도가 1980년대 초에는 표적 시장으로 삼을만한 준비가 되어 있지 않았기 때문이었다. 무르티의 표현에 따르면 당시 인도는 여전히 폐쇄 경제였으며 기업은 마찰을 겪어야 했고, 전화와 컴퓨터도 사치재로 여겨지던 상황이었다. 인포시스의 창업 초기를 떠올리며 무르티는 회사가 컴퓨터 1대를 수입하는 데 2년이 걸렸던 일과 전화 1대를 놓는데도 비슷하게 오래 기다려야 했던 일을 이야기했다. 당시 인포시스의 공동 창업자는 대부분 미국에서 과제를 진행했고, 거기에서 얻은 수익을 다시 인포시스 운영에 사용했다. 한편 나라야나 무르티는 혼자 인도로 돌아와 업무를 처리했고, 인포시스가 황금기에 접어들었을 때 선봉에 섰다. 인포시스의 황금기는 1990년대 인도 경제가 자유화됨에 따라 찾아왔다. 인포시스가 거둔 성과는 표 10-1에 정리되어 있다.

[표 10-1] 인포시스 주요 연표

연도	성과
1981	나라야나 무르티가 자본금 250달러로 인포시스 설립. 첫 고객은 뉴욕의 데이터베이직스코퍼레이션(Data Basics Corporation)
1983	방갈로르로 본사 이전
1987	보스턴에 첫 해외 사무소 개소
1993	기업을 공개하고 ISO9001 인증 획득
1995	영국에 첫 유럽 사무소를 열었으며, 전자 업무 시작

1996	인포시스재단(Infosys Foundation) 설립
1997	CMM 레벨4 평가
1998	기업을 위한 패키지 솔루션 제공 시작
1999	• 매출 1억 달러(약 1,167억 원) 기록하며 나스닥 시장 상장 • 독일, 스웨덴, 벨기에, 오스트리아에 사무실을 열고, 미국에 개발 센터를 지으며 해외 시장으로 사업 확대
2000	피나클(FinacleTM)을 출시하며 일반 뱅킹 솔루션 뱅크스2000 도입
2002	• 매출 5억 달러(약 5,835억 원) 돌파 • 비즈니스 프로세스 외주 서비스 회사 프로지온(Progeon) 설립
2003	중국과 호주 진출
2004	매출 10억 달러(약 1조 1,670억 원) 돌파
2006	설립 25주년. 매출 20억 달러(약 2조 3,340억 원)로 2배 증가. 나라야나 무르티 은퇴
2009	임직원 수 10만 명 초과
2010	매출 50억 달러(약 5조 8,350억 원) 이상 달성
2012	미국 뉴욕 증권거래소 상장. 〈포브스〉 선정 세계에서 가장 혁신적인 기업에 등재
2015	인도의 스타트업을 지원하기 위해 '인도의 혁신(Innovate in India Fund)'이라는 이름으로 2억 5,000만 달러(약 2,917억 5,000만 원) 규모의 펀드 조성 발표

출처: Infosys Limited(2018).

글로벌 시장을 향한 관심

인포시스가 글로벌 시장에 진출하고 성공을 거두게 된 바탕에는 세계적인 수준의 전문 기업이 된다는 비전이 기본 원칙으로 자리하고 있었다. TCS와 함께 인포시스가 인도를 소프트웨어 서비스 시장의 글로벌 종착지로 만들었다고 해도 과언은 아니다. 인포시스는 창립 초기부터 해외 진출을 모색했다. 창업한 지 7년이 채 되지 않았을 때 이미 해외에 첫 사무실을 열었다. 유기적 성장과 몇몇 기업 인수를 바탕으로 한 비유기적 생산을 통해 인포시스는 세계 시장으로 빠르게 사업을 확대했고, 유명한 글로벌 브랜드가 되었다. 인포시스에는 '인포시스혁신기금Infosys Innovation Fund'이 있는데, 이 기금으로 인포시스는 전 세계 스타트업에 투자하여 최신 기술을 얻는다.

인포시스에는 컨설팅 서비스, 비즈니스 서비스, 기술 서비스의 3가지 사업 부문이 있다. 컨설팅 서비스 부문은 14개 산업에 걸쳐 7개의 핵심 서비스를 제공한다(그림 10-3 참조). 비즈니스 서비스와 기술 서비스 부문에서는 다양한 소프트웨어 개발과 유지, 리엔지니어링 서

[그림 10-3] 인포시스의 컨설팅 서비스

전략과 구성	비즈니스 혁신	비즈니스 프로세스	기업 애플리케이션	디지털 전환	분석과 통찰	변화와 학습

- 자동차
- 소비재
- 에너지
- 금융 서비스
- 헬스케어
- 하이테크
- 제조업

- 보험
- 생명과학
- 자원
- 소매 유통
- 서비스 산업
- 통신 서비스
- 공공 서비스

출처: Infosys Limited(2018).

비스를 제공한다(Infosys Limited, 2018). 인포시스는 이외에도 GDMGlobal Delivery Model이라는 솔루션을 제공하는데, 다양한 부문을 통해 얻은 지적 자본을 합하여 고객에게 '지적 작업 분류'를 제공하는 것이다 (Asia's Star Brands, 2006). GDM을 통해 서로 다른 지리적 장소에 위치한 인포시스의 팀이 협력하여 저비용 고품질의 솔루션을 제공한다. 인포시스의 팀은 '작업 분류의 가장 아래 단계'에서, 그리고 서로 다른 여러 시간대 속에서 물샐 틈없는 협력을 펼친다. 여기에 해외 사업 개발팀의 도움이 추가된다(Strategic Information Systems, 2006).

인포시스가 글로벌 시장의 관심을 얻기 위해 노력하기는 하지만 영업팀은 특정 구역으로 나눈 지역 시장에도 초점을 맞추고 있다. 인포시스의 납품 부서는 전략사업단위SBUs, strategic business units로 나누어져 있으며, 보통 지역이나 도메인 특화를 기준으로 삼는다.

인포시스가 미국 증권시장인 나스닥에 상장된 일은 글로벌 시장에 진출하려 애쓴 노력이 성과를 거둔 사례였다. 1990년대 후반 인포시스의 경영진은 글로벌화를 위해서는 글로벌 증권 시장에 상장하는 게 중요하다는 사실을 깨달았다. 인포시스의 여러 고객사가 글로벌2000(《포브스》 선정 세계 2000대 주식 공개 기업 순위-옮긴이)에 속하는 기업이었기 때문이다(Leadership @Infosys, 2010). 고객사들은 국제 기준에 맞추어 공개 관리가 이루어지는 회사와 일하고 싶어 했고, 인포시스가 나스닥에 상장되면서 해외 시장에서 입지를 단단히 할 수 있었다. 인포시스가 미국에 사무실을 세워 글로벌 고객사 가까이에서 일하게 되면서 효과는 더욱 증폭되었다. 당시의 행보를 두고 나라야나 무르티는 이렇게 말했다.

"나스닥에서는 작은 변화일 뿐이었지만 인포시스와 인도의 소프트웨어 업계로서는 엄청난 도약이었다."

마이크로소프트와 글로벌 연합 관계를 맺으면서 세계적인 수준이라는 인포시스의 시장 지위는 한층 더 탄탄해졌다. 2000년에는 마이크로소프트와 인포시스가 공동으로 800만 달러(약 93억 3,600만 원) 규모의 IT 혁신 프로그램을 실시했고, 그 결과 1,200명의 전문가들이 마이크로소프트의 최신 기술을 익힌 뒤, 세계 곳곳에서 고객에게 더 효과적으로 서비스를 제공할 수 있게 되었다.

그동안 인포시스는 글로벌 브랜드가 되었고, 글로벌 인력을 운용하며, 글로벌 기업과 비슷한 가치로 동기를 부여받는 회사가 되었다.

인포시스의 C-라이프 가치

인포시스가 기술을 제공하는 회사에서 정교한 비즈니스 솔루션을 제공하는 회사로 변신했다는 사실은 주목할 만하다(Leadership @ Infosys, 2010). 인포시스는 민첩하게 움직여 빠르게 변화하는 IT 시장의 수요를 충족시킬 수 있는 능력이 있었기 때문에 계속 살아남을 수 있었다. 이러한 회사를 만들기 위해 인포시스의 경영진은 학습과 개발, 청렴함의 문화를 몸소 보여주는 실천적 롤 모델이 되어 회사를 이끌었다. 이러한 문화는 인포시스의 모든 구성원이 떠올리게 될 연상 기호, C-라이프 가치를 탄생시켰다.

[표 10-2] C-라이프 가치

고객 기쁨	고객의 기대 수준을 뛰어넘는 노력
실천적 리더십	기준을 세우고 업계와 직원의 본보기가 되려는 노력
청렴함과 투명성	윤리적이고 진실하며 공개적으로 업무를 처리하려는 노력
공정함	객관적이고 업무 지향적인 자세로 신뢰와 존경을 쌓는 노력
탁월함 추구	최고가 되기 위한 지속적인 노력

출처: Barney(2010).

인도, 더 나아가 세계의 IT 시장을 이끄는 기업으로써 인포시스는 인도의 IT 산업을 발전시키는 데 중요한 역할을 했다. 인포시스의 창업자들이 창업 초기부터 공유한 비전 가운데 하나는 인도에 고소득 일자리를 많이 창출하는 것이었다. 이 비전은 천천히 현실로 이루어졌다. 덕분에 IT 산업이 발전하게 되었을 뿐 아니라 인도의 대학 졸업생 사이에서 IT 분야가 취업 선호 직장으로 자리잡게 되었고, 이에 따라 인재 풀이 확대되었다.

인포시스는 조직 내에서 리더십을 키웠을 때 얻을 수 있는 장점을 일찍부터 깨달았다. 창업자들이 대부분 은퇴 연령대로 접어들자 인포시스는 강력한 리더십 파이프라인을 구축했고 향후 회사에서 가장 높은 자리에 오를 리더 그룹을 마련했다. 이러한 방향성을 가지고 인포시스는 인포시스리더십연구소를 설립했다. 이 연구소는 인도 남부 마이소르Mysore에 위치해 있으며, 세계 최대의 기업 대학이 되어, 약 4만 5,000평의 부지 위에서 400명의 강사가 강의를 진행하고 있다. 이 연구소에서는 언제라도 1만 4,000명이 넘는 직원을 대상으로 교육을 진행할 수 있는 환경이 갖추어져 있다(Infosys Limited, 2018).

422

디지털 기술에 주력하다

지난 5년 간 인포시스는 정보기술 분야에서 발전을 향해 발 빠르게 움직였다. 그래서 수년간 인공지능부터 SaaS, 빅데이터, 클라우드 솔루션, 3D 애셋3D assets 등 디지털 기술을 보유하고 있는 기업 몇 곳을 인수했다(Infosys Limited, 2018).

인포시스는 인포시스디지털Infosys Digital이라는 회사를 설립했다. 이 회사는 디자인에서 이루어지는 실시간 솔루션, 디지털 전환, 클라우드 솔루션, 옴니채널 판매, 데이터와 분석 등에 특화되었다.

전 세계의 IT 기업들은 디지털 시대에 맞는 우수하고 정교한 기술을 공개하여 고객을 얻기 위한 경쟁을 펼치고 있다. 이를 위해 더 이상 기술 제품만을 만들어 파는 게 아니라 이제는 컨설팅과 디자인에 주력하고 있다. 고객을 대하는 방식도 변화했다. 예를 들어 오늘날 IT 기업의 고객은 회사의 연구 개발 허브에 직접 접속하여 회사가 내놓을 솔루션을 미리 살펴볼 수 있다. 고객이 인포시스에 방문하면 회사의 디자인 씽킹 연구실까지 둘러볼 수 있으며, 회사가 디자인 씽킹의 고객 중심 접근법을 사용하여 고객에게 전달하려는 서비스의 장점을 가까이에서 확인할 수 있다. IT 기업들은 축적한 디지털 기술 덕분에 고객에게 회사가 가진 능력을 내보일 수 있다. 이것이 바로 인포시스와 같은 기업이 디지털 시대를 살아가며 현실 비즈니스 문제를 해결하기 위해 고객과 공동 혁신을 이루는 방법이다.

참고 자료

- Barney, M (2010). *Leadership @Infosys*. Published by Penguin Group. ISBN 9780670084951.

- Indian Brand Equity Foundation (June 2018). *IT & ITeS*. https://www.ibef.org/download/IT-ITeS-Report-June-2018.pdf [3 November 2018].

- Infosys Limited (2017). *Infosys Digital*. http://www.infosys.digital/be-more/digital-studio [10 March 2018].

- Infosys Limited (2018). *Platforms*. https://www.infosys.com/products-and-platforms/ [10 March 2018].

- Internet and Mobile Association of India (28 April 2017). Mobile Internet in India 2016 Report. http://www.iamai.in/research/reports_details/4860.

- Miller, RR (2001). Leapfrogging? India's Information Technology Industry and the Internet. http://documents.worldbank.org/curated/en/596841468750845416/Leapfrogging-Indias-information-technology-industry-and-the-Internet

- Temporal, P (January 2006). *Asia's Star Brands*. Wiley. ISBN: 978-0-470-82156-5.

화웨이 Huawei Technologies Co., Ltd.

화웨이는 전화 교환기 유통 업체로 시작했지만, 오늘날 정보통신 분야에서 글로벌 기업의 자리를 다지고 있다. 1987년 창업 이래 불과 30년 만에 화웨이의 제품과 서비스는 각 부문별 세계 순위 3위 안에 들게 되었다. 성공의 비결은 글로벌 시장에서 일관성 있는 가치 전달, 통합된 지역 전략, 맞춤형 현지 활동을 진행할 수 있는 능력에 있다.

세계를 연결하는 혁신의 힘

화웨이는 1987년 중국 선전에서 전화 구내교환기PBX, provate branch exchange 생산 업체의 판매 대리점으로 사업을 시작했다. 1997년 무선 GSM 솔루션을 출시했으며, 엔드투엔드end-to-end 통신 및 기업 네트워크 솔루션, 기기, 클라우드 기반 기술 서비스를 제공하는 글로벌 정보통신기술 솔루션 제공 업체로 부상했다. 현재 170개 이상의 국가와 지역에서 화웨이의 정보통신기술 솔루션과 제품 및 서비스를 이용하고 있으며, 이용자 수는 세계 인구의 3분의 1이 넘는다. 2016년을 기준으로 화웨이의 임직원은 약 18만 명이며, 여기에는 비중국인 직원 4만 명 이상이 포함되어 있다(중국 밖 해외 직원의 75%가 현지에서 채용된다)(Huawei Technologies, 2017; De Cremer & Tao, 2015).

화웨이의 비전은 '완전히 연결된 인텔리전트 세상을 위하여 모든

425

개인, 가정, 기업을 디지털화하는 것'이다. 설립한 지 20년이 되지 않아 화웨이는 세계 3대 모바일 통신 기기 제조 업체가 되었다(Reuters, 2009). 모바일 광대역 서비스나 무선 접속 장비 등 일부 제품과 서비스의 경우 세계 1위와 2위에 올랐다(Huawei Technologies, 2018). 화웨이의 프로젝트, 파트너, 데이터 센터, 연구 개발 시설 등은 현재 전 세계에 퍼져 있다. 화웨이가 중국 기업으로서는 유일하게 국내보다 해외(67%) 매출액 비중이 더 높다는 사실을 보면 화웨이가 글로벌 시장에 관심을 기울이고 있다는 사실을 분명히 알 수 있다(De Cremer & Tao, 2015). 화웨이는 세계를 연결하는 혁신의 힘으로 다국적기업이라는 명성을 확고히 했다. 덕분에 화웨이는 보스톤컨설팅그룹Boston Consulting Group과 같이 업계를 관찰, 분석하는 여러 유명 기관에서 인정을 받고 있다. 화웨이는 보스톤컨설팅그룹이 선정하는 '2014년 50대 혁신 기업Top 50 Most Innovative Companies 2014'에 50위로 이름을 올렸다. 또한 2014년 캐나다의 미디어 그룹 톰슨로이터Thompson Reuters가 선정한 100대 글로벌 혁신기업Top 100 Global Innovators에도 포함되었다. 목록에 이름을 올린 최초이자 유일한 중국 기업이었다(Huawei Technologies, 2018b). 표 10-3은 창립 후 다국적기업이 되기까지 화웨이가 걸어온 길을 보여준다.

[표 10-3] 화웨이 연표

연도	성과
1987	홍콩의 전화 구내교환기 생산 업체의 판매 대리점으로 중국 선전에서 사업 시작
1992	연구 개발을 시작하고 시골 지역의 디지털 변환 솔루션 출시

1997	무선 GSM 솔루션 출시
1999	인도 방갈로르에 연구 개발 센터 설립
2000	• 스웨덴 스톡홀름에 연구 개발 센터 설립 • 해외 시장에서 1억 달러 매출 달성
2001	• 미국에 연구 개발 센터 4곳 설립 • 국제전기통신연합(ITU, International Telecommunications Union) 가입
2004	TD-SCDMA(시분할연동코드분할다중접속) 솔루션을 개발하기 위해 지멘스와 합작 회사 설립
2005	• 처음으로 해외 계약 주문량이 국내 판매량 넘어섬 • 보다폰(vodafone)과 글로벌프레임워크협약(Global Framework Agreement) 체결 후 통신 장비 우선 공급 업체로 선정 • 브리티시텔레콤(BT, British Telecom)이 21세기네트워크(21CN, 21st Century Network) 우선 공급 업체로 선정
2006	UMTS(Universal Mobile Telecommunications System, 유럽 차세대 이동통신-옮긴이) 기술 개발을 위해 모토로라와 합작하여 연구 개발 센터 설립
2007	• 저장 및 보안 장비 개발을 위해 시만텍(Symantec)과 합작회사 설립 • 유럽 최고 업체 전부의 협력사가 됨 • 보다폰이 수여하는 2007 글로벌공급업체상(Global Supplier Award) 수상
2008	• 〈비즈니스위크(BusinessWeek)〉 선정 세계에서 가장 영향력 있는 기업 중 하나 • 글로벌 ICT 연구 기관 인포마(Informa) 선정 모바일 네트워크 장비 부문 세계 시장 점유율 선정 3위 기업 • ABI 선정 모바일 광대역 기기 부문 1위
2009	• 무선 접속 장비 부문 글로벌 시장점유율 2위 • 라우터(네트워크에서 데이터의 전달을 촉진하는 중계 장치-옮긴이)부터 송전 계통 (transmission system, 송전을 위한 전선로 및 관련 설비를 지칭-옮긴이)까지 세계 최초로 엔드투엔드 100G 솔루션 출시
2010	• 영국에 사이버보안평가센터(Cyber Security Evaluation Centre) 설립 • 〈이코노미스트〉가 수여하는 '2010혁신이용 기업상(Corporate Use of Innovation Award)' 수상
2011	• 클라우드 컴퓨팅 데이터 센터 20곳 설립 • 화웨이 스마트케어 서비스 솔루션 출시
2012	• 유럽에 투자 확대 • 33개국의 고객사와 클라우드 컴퓨팅 업무 제휴 체결. 약 7만 명의 직원이 매일 업무에 사용하는 수준에 해당 • 어센드P1(Ascend P1), 어센드D1쿼드(Ascend D1 Quad), 아너(Honor)와 같은 중고가 스마트폰 출시

2013	• 전 세계 상용 LTE 보급의 선두 주자 • 화웨이 휴대폰에 대한 글로벌 브랜드 인식 지수가 연 110% 성장
2014	• 9개국에 5G 기술 연구 개발 센터 설립 • 480개 이상의 데이터 센터 설립
2015	• 140개 이상의 도시로 LTE 네트워크 커버리지 확대 • 세계 최초로 SDN 기반 사물인터넷 솔루션 출시 • 독일의 시장조사 업체 GFK에 따르면 글로벌 스마트폰 시장 3위, 중국 국내 시장 점유율 1위 차지
2016	• 170개 이상의 국가와 지역에서 1,500건 이상의 네트워크 작업 지원. 세계 인구 3분의 1 이상이 화웨이 서비스 이용 • 60개 이상의 4.5G 네트워크를 전 세계에 보급 • 40개국 100개 이상의 도시에서 화웨이스마트시티 솔루션 사용 • 글로벌 스마트폰 시장점유율 11.9%로 상승. 글로벌 3대 스마트폰 업체의 지위를 공고히 함

출처: Huawei Technologies(2018).

보다 연결된 세상을 위한 글로벌 가치 제안

정보통신기술 산업은 빅데이터나 클라우드 컴퓨팅과 같은 많은 디지털 기술로 말미암아 빠른 전환과 발전을 겪고 있다. 이런 이유로 정보기술과 통신기술 사이에 수렴 현상이 나타나고 있다. 이런 현상은 정보통신기술의 발전 방향이 되었고, 소비자들은 자신의 기기를 이용해 다른 사람 또는 다른 기기와 연결할 수 있게 되었다. 이처럼 혁명적인 변화에 대응하기 위해 화웨이는 고객의 니즈를 중심으로 혁신을 지속하고, 선도적인 기술 개발에 주력하고 있다.

여러 나라에 연구 개발 센터를 설립하는 모습을 보면 화웨이가 고객 중심의 원칙에 입각하여 혁신의 노력을 기울이고 있음을 알 수 있다. 화웨이는 2017년에 글로벌 오픈랩 프로그램을 시작했다. 이 프로그램을 통해 클라우드를 기반으로 하는 새 오픈랩 15개가 만들어졌고, 화웨이는 이를 이용해 전 세계 어느 곳의 벤더vendor와도 함께 일하고, 공동 혁신을 수행할 수 있다. 지금까지 70개 이상의 벤더 회사가 글로벌 오픈랩 프로그램 인증을 받아, 화웨이의 네트워크 발전과 업무 변환 작업을 지원하고 있다. 화웨이는 가상현실 오픈랩을 이용해 클라우드 가상현실 업계의 협조와 기술 혁신을 추구하며, 산업 생태계를 조성하려 한다. 화웨이는 앞으로 이 프로그램 관련하여 1,000명 이상의 인력을 전 세계에 투입하고, 총 2억 달러(약 2,334억 원)를 투자할 계획이다(Huawei Technologies, 2017b).

화웨이에는 여러 나라에 걸쳐 직원이 근무하고 있다. 그래서 화웨이는 임직원 사이에 하나의 공통 가치를 공유한다. 그것은 보다 연결된 세상을 만들겠다는 정신이다. 화웨이의 전 직원은 제품이나 서비스를 새로 개발하는 동안 이러한 글로벌 가치 제안을 가이드라인으로 삼는다. 화웨이의 글로벌 가치 제안은 어디서든 사용할 수 있는 광대역, 빠른 혁신, 영감을 주는 경험이라는 3가지 주요 기둥으로 이루어져 있다(Huawei Technologies, 2017).

어디서든 사용할 수 있는 광대역Ubiquitous Broadband

정보통신기술이 널리 보급되면서 소비자들은 언제 어디서든 쉽게 정보를 모으고, 공유할 수 있게 되었다. 인터넷에 접속하여 클릭 몇 번만 하면 어디에 있는 누구와도 연결될 수 있고, 휴대전화나 태블릿에 들어 있는 정교한 애플리케이션을 통해 고급 콘텐츠도 소비할 수 있다. 휴대전화만 있으면 사무실에서 벗어난 곳에서 업무를 처리할 수도 있다. 하지만 이처럼 연결성에 대한 수요와 정보소비량이 늘어나면서 네트워크 안정성, 보안 강화, 넓은 대역폭이 필요해졌다. 화웨이는 더 많은 사람이 보다 널리 연결될 수 있도록 각자의 발전 단계에 맞는 니즈를 반영한 솔루션을 통신 업체에게 제공한다. 간단히 이야기하면 화웨이는 더 많은 사람, 더 많은 가정, 더 많은 기업을 연결하기 위해 노력하고 있다.

빠른 혁신Agile Innovation

어떤 산업에서든 기업은 비즈니스 기회를 빠르게 포착해야 하고, 신제품과 서비스를 더 빨리, 더 효과적으로 출시하기 위해 IT의 잠재성을 활용해야 한다. IT 업계는 지원 체제에서 완전한 운영체제로 빠르게 진화하고 있으며, 그리하여 IT가 경쟁 우위를 가져다주는 주요 수단으로 활용된다. 화웨이는 혁신적인 원스톱 ICT 기반 시설을 만들어 고객들이 새로운 기회를 활용하고, 더 빨리 비즈니스 혁신을 이루도록 적극적인 도움을 준다. 화웨이의 기기, 네트워크, 클라우드 사이에 엄청난 시너지 효과가 있기 때문에 가능한 서비스다.

영감을 주는 경험Inspired Experience

미래에는 스마트, 인텔리전트 기기가 점점 보편화될 것이며, 화웨이는 변화의 선두에 서려 한다. 그래서 스마트 기기가 우리의 일상에서 해줄 수 있는 일이 있다면 소비자의 모든 니즈와 기대를 만족시키고 싶어 한다. 화웨이는 제품 혁신, 모바일 서비스, 채널 전환 사업에 주력하고 있으며, 이를 통해 고객 경험을 향상시키고 스마트홈, 건강 기기, PC 등 모든 종류의 사용자 플랫폼에서 지적 몰입의 경험을 제공한다. 이러한 경험을 전달하는 데 있어 특히 주력하는 대상이 동영상이다. 화웨이는 동영상이 정보를 공유하는 가장 중요한 수단이며, 통신 네트워크를 키우고, 수익화할 수 있는 비결이라고 믿는다. 그래서 고객들이 동영상을 네트워크에 연결할 수 있도록 도와주고, 클라우드 시스템을 이용해 분석 솔루션을 제공한다. 이에 따라 고객은 비즈니스 프로세스를 전환하고, 데이터를 공유하며, 새로운 비즈니스 채널을 활용할 수 있다(Huawei Annual Report, 2017). 또한 전 세계 소비자들이 편리하게 이용할 수 있는 온·오프라인 구매 경험과 서비스를 제공하여, 사용자 경험을 한 단계 끌어올리려 노력한다.

통합된 지역 전략과 맞춤형 현지 전술

지역별 사업 내용을 살펴보면 화웨이는 각 지역이 지닌 저마다 다른 잠재성에 주목하고, 잘 통합된 전략을 사용한다. 예를 들면 2017년 화웨이는 클라우드로 전환하고 있는 아시아 태평양 지역의 기업을 지원하기 위해 기업 서비스 전략을 발표했다. 전략에는 클라우드 혁신, 디지털 플랫폼 형성, 스마트 업무 지원, 비즈니스 실현의 4가지 핵심 영역이 있다. 이 전략의 목표는 고객에 서비스 솔루션을 제안하고, 엔드투엔드 클라우드 전환 방법을 제공하여, 고객이 효율적이고

431

효과적으로 클라우드 플랫폼을 만들어 사용하고, 관리할 수 있도록 하는 것이다(Telecom Asia, 2017).

중국 밖에서 일어나는 화웨이의 총매출 가운데 가장 많은 비중을 차지하는 지역이 유럽, 중동, 아프리카이다(Huawei Annual Report, 2017). 화웨이에게 유럽은 분명 중요한 의미를 지니는 시장이다. 유럽의 기업들이 빠르게 디지털 전환을 이루고 있는데다 스마트폰 보급률도 늘어나고 있기 때문이다. 유럽 시장에서 성장하기 위해 화웨이는 시장을 이끄는 기업들, 그리고 정부와 협업 관계를 맺고, 공동 혁신 전략을 추구하고 있다. 예를 들어 화웨이는 유럽에서 두 번째로 큰 자동차 회사인 PSA그룹과 함께 커넥티드카를 개발하고 있다. PSA그룹은 화웨이의 오션커넥트IoT 플랫폼을 이용하여 커넥티드차량모듈플랫폼cvmp을 개발하고 있다. 유럽의 여러 소매 유통 업체도 화웨이의 스마트 연결 서비스와 데이터 분석 솔루션을 사용한다.

화웨이가 서구 시장에서 성공을 거둘 수 있었던 건 중국 문화의 원칙(지속적인 개선, 혜택과 부담의 공유, 주변부에서 중심으로 나아가며 일하는 방식 등)과 서구의 고객 중심 원칙을 잘 섞어 사용했기 때문이었다. 결과적으로 화웨이는 지역 시장에서 가장 빨리 성장하는 정보통신기술 다국적기업이 되었다. 화웨이는 2017년 IoT월드유럽에서 IoT최고플랫폼 상을 받았다(Hensman, 2017).

한편 각 나라 안에서는 환경과 고객 고유 특징을 고려했다. 국가별로 서로 다른 접근법이 필요하기에 화웨이는 전술을 현지화했다. 예를 들어 대만 화웨이는 2017년 대형 안드로이드 스마트폰인 P10플러스에만 주력하고, 대만 시장에 화면 크기가 작은 스마트폰 모델을 출시하지 않기로 결정했다. 이런 결정을 내린 이유는 2016년 대만에서 판매된 스마트폰의 70% 이상이 이전 모델이었던 5.5인치 스크린 P9 플러스였기 때문이다. 이를 통해 대만 시장이 대형 스크린을 선호한다는 사실이 여실히 드러났다(Li, 2017).

또한 2018년 초에 화웨이는 인도 정부의 '인도 제조Make in India' 전략에 발맞추어 인도 타밀나두Tamil Nadu의 제조 시설에서 중간 가격대의 스마트폰 기기인 아너7XHonor 7X를 생산한다고 발표했다(*The Economic Times*, February 2018). 화웨이가 다른 나라에서는 삼성과 애플을 빠르게 추격하고 있지만, 인도 시장에서는 아직 큰 성공을 거두지 못하고 있다. 하지만 현재 인도가 세계에서 가장 큰 스마트폰 시장이기 때문에 계속해서 인도 시장에 눈독을 들이고 있다. 화웨이는 인도의 중저가 스마트폰 시장을 겨냥해 아너 브랜드를 출시했고, 프리미엄 고객층을 위해서는 화웨이 P20 시리즈를 새로 선보였다(MoneyControl, April 2018). 현재 계속해서 인도 시장을 공략할 새로운 방법을 준비하고 있다(*The Economic Times*, January 2018). 인도에서 중간 가격대의 상품에 집중하는 화웨이의 판매 전술은 고급 모델에 주력하는 대만에서의 전술과 다른 모습이다.

화웨이는 마케팅 전략과 판매 전술을 지역 시장의 상황에 맞춘 덕분에 고객의 니즈에 빠르고 정확하게 응답할 수 있었다. 혁신 또한 고객 중심 철학에 맞추어 진행되며, 이는 화웨이의 글로벌 가치이기도 하다. 이것이 바로 화웨이가 혁신적인 다국적기업으로 자리 잡을 수 있었던 성공 공식이다.

참고 자료

• De Cremer, D and T Tao (September 2015). Huawei: a case study when profit sharing works. *Harvard Business Review*. https://ihbr.org/2015/09/huawei-a-case-study-of-when-profit-sharing-works [9 March 2018].

• Hensman, M (August 2017). Conquering Europe through a joint innovation strategy: how Huawei blends cultural revolution and customer-centric principles. *European Financial Review*. http://www.europeanfinancialreview.com/?p=17425 [9 March 2018].

• Huawei Technologies (2017a). *2016 Annual Report*. http://www-file.huawei.com/-/media/CORPORATE/PDF/annual-report/AnnualReport2016_en.pdf?la=en [9 March 2018].

• Huawei Technologies (2017b). *Huawei Launches Global OpenLab Program to Create an Open Ecosystem*. http://www.huawei.com/en/press-events/news/2017/3/Huawei-Launches-Global-Openlab-Program [9 March 2018].

• Huawei Technologies (2018a). *Milestones*. http://www.huawei.com/en/about-huawei/corporate-information/milestone [9 March 2018].

• Huawei Technologies (2018b). *Who We Are*. https://consumer.huawei.com/en/about-us/ [9 March 2018].

• Li, L (April 2017). Huawei launches P10 plus smartphone in Taiwan. *Taipei Times*. http://www.taipeitimes.com/News/biz/archives/2017/04/12/2003668526 [9 March 2018].

• *Reuters* (July 2009). Timeline: the meteoric rise of China's Huawei. https://www.reuters.com/article/huawei-china/timeline-the-meteoric-rise-of-chinas-huawei-idUSPEK24147220090701 [9 March 2018].

• Telecom Asia (2017). Huawei unveils APAC enterprise cloud strategy. *Telecom Asia* https://www.telecomasia.net/content/huawei-unveils-apac-enterprise-cloud-strategy [9 March 2018].

• *The Economic Times* (January 2018a). Huawei to take India first approach to become world's third largest smartphone. https://economictimes.indiatimes.com/tech/hardware/huawei-to-take-india-first-approach-to-become-worlds-third-largest-smartphone-brand/articleshow/62548365.cms [10 March 2018].

• *The Economic Times* (February 2018b). Huawei begins manufacturing Honor 7X in India. https://telecom.economictimes.indiatimes.com/news/huawei-begins-manufacturing-honor- 7x-in-india/62734143 [10 March 2018].

카오 Kao Corporation

카오는 다국적기업으로 변신에 성공한 일본 기업이다. 1887년 설립되어 1940년에 등록된 카오는 미용, 건강, 위생 부문의 소비재를 생산한다. 이번 사례에서는 카오가 지역 전략과 현지 전술을 바탕으로 일관된 글로벌 가치를 제공함으로써 시장 확대에 성공한 과정을 살펴본다.

'일본인의 삶의 방식을 바꾼' 카오

카오는 일본 도쿄에 본사를 둔 화장품 및 화학 회사다. 이 회사는 나가세 토미로 Nagase Tomiro가 1887년 6월 19일에 설립하였다. 사명인 '카오 Kao'는 첫 제품이었던 고급 세안 비누 '카오세켄 Kao Sekken'에서 비롯되었다. 후에 제품 포트폴리오가 늘어나 샴푸, 스킨케어 화장품, 생리대, 세제도 생산하게 되었다.

카오의 사명은 사람들의 삶을 풍부하고 만족스럽게 하기 위해 노력하는 것이다. 사람들은 카오를 향해 '일본인의 삶의 방식을 바꾼' 제품을 개발해왔다고 말한다. 예를 들어 카오는 1920년대에 카오 샴푸를 출시했다. 이전에는 여성들이 과탄산소다와 백점토로 머리를 감았는데 카오 샴푸 덕분에 머리 감는 일이 수월해졌다. 시간이 흐르면서 카오는 제품군을 확대하여 스킨케어용 화장품, 여성 위생용품, 가정용 청소 제품도 판매하게 되었다.

카오의 사업 부문은 미용 케어, 건강 케어, 섬유와 홈 케어의 3가
지로 나뉜다. 미용 케어 부문에는 화장품과 스킨 및 헤어 관리 제품
이 포함되며, 건강 케어 부문에는 음식, 음료, 위생 용품, 개인용 건강
제품 등이 속한다. 섬유와 홈 케어 부문에는 세제 및 가정용 청소 제
품이 포함된다(Forbes, 2018). 이에 더해 카오에는 화학제품 사업 부문
도 있는데, 여기서는 환경 친화적이면서도 기능성이 높고 여러 산업
에서 사용하는 화학제품을 생산한다. 이 부문은 올레오oleo 화학제품,
기능성 화학제품, 특수 화학제품으로 나누어진다. 그림 10-4는 2017
년 각 부문별 판매량 비중이다.

[그림 10-4] 카오의 사업 부문

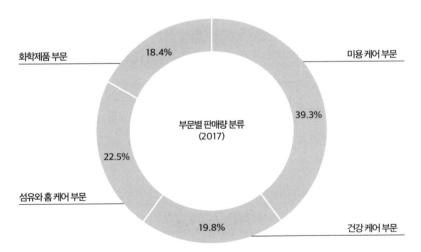

출처: Kao Corporation(2018a).

'카오의 방식'이라는 일관된 글로벌 가치

작은 비누 제조 업체로 시작한 카오는 현재 일상생활에 사용되는 다양한 제품을 생산하는 다국적기업이 되었다. 오늘날 100여 개 나라의 소비자들이 카오의 제품을 사용한다(Kao Corporation, 2018b).

　카오는 1957년 태국으로 페더샴푸Feather Shampoo를 수출하며 해외진출을 시작했다. 1986년 카오 북미 법인을 세울 때까지는 동남아시아 시장에만 국한된 영업을 했다(Sim & Othman, 1995). 이후 카오는 법인을 세우거나, 합작회사를 만들고, 기업을 인수하는 방식으로 해외시장으로 진출했고 그 과정은 표 10-4를 통해 알 수 있다.

[표 10-4] 카오 연표

연도	성과
1887	카오의 창업자 나가세 토미로가 서양 잡화를 취급하던 카오의 전신 '나가세 상점(Nagase Shoten)' 설립
1923	비누 생산을 늘리기 위해 도쿄의 아즈마공장(Azuma Factory, 현재 스미다콤플렉스) 가동 시작
1934	과학 연구 결과를 가정용 제품에 도입하기 위한 연구 시설로 가사과학연구실(Housework Science Laboratory) 설립. 1937년에 연구실 이름을 나가세가사과학연구실로 변경했다가 1954년에는 카오가사과학연구실로 명명
1957	태국에 페더샴푸 첫 수출
1964	• 첫 해외 법인으로 태국카오산업(Kao Industrial (Thailand) Co.,Ltd.) 설립 • 대만카오(Taiwan-Kao Co.,Ltd.) 설립. 1991년 카오대만법인(Kao (Taiwan) Corporation)으로 사명 변경
1965	싱가포르에 말레이시아카오(Malaysia Kao Co.,(Private, Ltd.,) 설립. 1973년 카오싱가포르법인(Kao (Singapore) Private Ltd.)로 사명 변경.
1970	• 카오홍콩법인(Kao (Hong Kong) Ltd.) 설립 • 카오스페인법인(Sinor-Kao S.A. (Spain)) 설립

1971	• 서독의 바이어스도르프(Beiersdorf)와 합작회사 니베아카오(Nivea-Kao Co., Ltd.) 설립 • 카오가사과학연구실의 기능을 확대하기 위해 카오생명과학연구소(Kao Life Science Laboratory) 설립
1973	카오말레이시아법인(Kao (Malaysia) Sdn. Bhd.) 설립
1974	미국 퀘이커오츠컴퍼니(Quaker Oats Company)와 합작회사 카오-퀘이커(Kao-Quaker Co., Ltd.)를 설립하여 퓨란수지 제조 및 판매. 이 회사는 1997년 카오의 100% 자회사로 전환
1975	• 멕시코키미-카오(Quimi-Kao, S.A. de C.V. (Mexico)) 설립 • 태국키트시암(Kitt Siam (Thailand) Co., Ltd.) 설립. 이 회사는 1991년 카오태국법인(Kao Commercial (Thailand) Co. Ltd.)으로 사명 변경
1977	• 필리피나스카오(Philipinas Kao, Incorporated (Philippines)) 설립 • 폴카오인도네시아케미컬(P.T. Pole Kao Indonesia Chemicals) 설립, 1996년 카오화학인도네시아(P.T. Kao Indonesia Chemicals)로 사명 변경
1985	사업 부문이 다각화되면서 사명을 카오비누(Kao Soap Co., Ltd.)에서 카오(Kao Corporation)로 변경
1987	• 미국의 하이포인트케미컬(High Point Chemical Corporation) 인수. 1999년에 카오케미컬아메리카법인(Kao Chemicals Americas Corporation), 하이포인트섬유조제(High Point Textile Auxiliaries LLC), 카오스페셜티아메리카(Kao Specialities Americas LLC)로 재조직 • 시노르카오(Sinor-Kao S.A.)와 몰린스카오(Molins-Kao S.A.)가 합병되어 카오스페인 설립
1988	미국 앤드류저겐컴퍼니(Andrew Jergens Company) 인수, 2004년 카오브랜드컴퍼니(Kao Brands Company)로 사명 변경
1992~1999	• 오스트레일리아카오마케팅(Kao (Austrailia) Marketing Pty., Ltd.) 설립 • 카오상하이(Kao Corporation Shanghai) 설립 • 기업 철학으로 카오 경영 원칙(Kao Management Principles) 채택 • 카오베트남(Kao Vietnam Co., Ltd.) 설립
2000	태국에 카오컨슈머프로덕트(Kao Consumer Products (Southeast Asia) Co., Ltd.) 설립
2004	카오 경영 원칙이 수정되어 카오의 기업 철학을 나타내는 성명서 '카오의 방식' 채택
2005~2009	• 미국 몰튼브라운(Molton Brown Ltd.) 인수 • 가네보화장품(Kanebo Cosmetics Inc.) 인수 • 카오 환경 성명서(Kao Environmental Statement)를 발표하고 새로운 기업 정체성 공개
2013	스칸디나비아의 미용 케어 부문을 강화하기 위해 기업을 인수하여 카오스웨덴(Kao Sweden AB)으로 사명 변경

2014	카오 인도네시아에 두 번째 소비재 공장 완공
2015	상하이 카오케미컬에 신규 공장 완공
2016	미국 콜린스잉크젯(Collins Inkjet Corporation) 인수하여 카오콜린스(Kao Collins Inc.)로 사명 변경

출처: Kao Corporation(2018c), Sim & Othman(1995).

이처럼 다양한 지역으로 사업을 확대하는 일은 카오에게 어려움의 연속이었다. 130년 이상의 역사를 지닌 카오는 현재 전 세계에서 3만 3,560명의 직원을 고용하고 있으며, 24개가 넘는 브랜드를 지니고 있다. 이런 규모의 회사를 유지하기 위해 카오는 반드시 하나의 정체성을 유지해야 한다. 다양한 지역과 배경을 가진 직원 사이에 동일한 고유의 정신과 목적을 심기 위해서는 하나로 통합된 정체성이 불가결하다. 그렇지 않으면 아시아, 유럽, 미국으로 퍼져 있는 다양한 기업과 사업 부문을 묶어 '하나의 대가족'으로 연결할 수 없다.

이러한 목적으로 카오의 경영진은 '카오의 방식Kao's Way'이라고 부르는 내부 가이드라인을 만들었다. 이 가이드라인의 목적은 전 지역에서 일관된 글로벌 가치를 만들어내기 위한 것이다. '카오의 방식'은 카오가 수행하는 모든 비즈니스 활동의 기본 원칙을 담은 기업 철학의 전형이다. 이를 통해 카오가 수행하는 모든 활동에 일관성을 부여하며, 중장기 사업 계획을 마련하고, 경영 이사회가 매일 중요한 결정을 내릴 때 기준으로 삼는다.

'카오의 방식'은 우리 인생의 만족감과 풍부함을 중심에 두고 있으며, 카오의 전 직원이 업무상 기본 원칙으로 삼고 있다. 덕분에 직원들이 함께 마음을 모으고 공동의 주인의식이 생겨나며, 그 결과 회사와 직원이 함께 성장하는 동력이 된다. 그래서 하는 일에서 더욱 보람을 느끼고, 마음속에 목적의식이 생긴다.

카오그룹 구성원은 업무 매뉴얼이나 규칙으로 '카오의 방식'을 공유하는 게 아니라 업무의 가치 그리고 자신이 직면한 어려움을 판단하는 기준으로 삼고 있다(Kao Corporation, 2018d).

'카오의 방식'에 실려 있는 핵심 원칙 가운데 하나는 '요키 모노즈쿠리Yoki Monozukuri'이다. 일본어로 '요키'는 '잘, 훌륭한'이라는 뜻이며, '모노즈쿠리'는 '제품을 개발하거나 생산하는 일'을 뜻한다. 카오는 '요키 모노즈쿠리'를 '회사의 모든 구성원이 고객 만족을 위해 뛰어난 가치를 지닌 제품과 브랜드를 제공하려는 헌신적인 노력'으로 정의한다.

'요키 모노즈쿠리' 정신은 카오의 여러 팀 사이에 종합적인 시너지가 나면서 실현된다. 카오의 직원들은 혁신에 주력하고, 최고의 고객 만족을 제공할 수 있는 제품과 브랜드를 개발하기 위해 마음을 모으고 있다. 요키 모노즈쿠리 정신에 기반한 프로세스를 거친 상품을 판매해서 얻은 수익은 더 뛰어난 가치를 지닌 상품과 브랜드 개발에 다시 사용된다. 이처럼 혁신을 기반으로 한 탁월한 제품이 지속적으로 출시되면서 소비자, 직원, 비즈니스 파트너, 지역 사회, 주주 등 모든 이해관계자의 신뢰와 존경을 얻을 수 있으며, 회사는 수익을 얻어 성장하게 된다.

회사의 핵심과 '카오의 방식'이라는 기업 철학을 종교적인 수준으로 동화시키면서 카오는 내부에서 개발한 제품이나 브랜드가 아니라 기업 인수를 통해 얻은 제품이나 브랜드까지 포함하여 일관된 글로벌 가치를 만들어낼 수 있다. 카오와 함께하게 되는 새 회사나 브랜드는 천천히 '카오의 방식'이라는 우산 아래에서 동일한 정체성과 삶의 방식을 얻게 된다. 다국적기업 가운데 이 정도 수준으로 일관성을 유지할 수 있는 기업은 매우 드물다. 이 점이 세계 여러 나라에서 카오가 성공을 거둘 수 있었던 핵심 비결이다.

통합된 지역 전략과 맞춤형 현지 전술

카오와 같은 다국적기업이 지닌 일관된 글로벌 가치의 아래에는 통합된 지역 전략과 맞춤형 현지 전술이 있다. 글로벌을 기준으로 만들어진 가치는 현지 시장에 맞는 활동을 통해 전달되어야 한다. 각 지역과 나라마다 고객의 고유한 특징이 있으므로, 기업은 여러 접근법을 사용하여 다양한 고객의 특성에 맞춘 판매 전술을 이용해야 한다.

이러한 관점에서 카오는 아시아, 미국, 유럽에서 연구 개발 활동을 활발히 진행하고 있다. 소비재 제조 업체로서 카오는 다양한 지역의 소비자가 나타내는 변화하는 취향과 선호 사항을 완벽하게 연구한다. 예를 들어 카오의 소비자들은 다양한 인종으로 구성되어 있으며, 서로 요구하는 내용도 다르다. 이에 따라 카오는 진화하는 소비자의 라이프스타일과 니즈를 깊이 있게 이해하고, 여기에 제품 개발 노하우와 연구를 통해 얻은 결과물을 합하여 다양한 지역의 시장 수요에 맞추어 제품을 출시한다.

아시아에서 카오의 통합된 지역 전략은 특히 중국과 아세안 시장을 겨냥하고 있다. 일본과 중국어권(중국, 홍콩, 대만) 사이에 인적, 물적, 정보의 교류가 늘어나고, 일본산 제품에 대한 신뢰와 필요성이 커지면서 카오는 거대한 중국 본토 시장을 개발하기 위해 적극적인 전략을 펼치고 있다(Kao Corporation, 2017). 이뿐 아니라 카오는 아세안 시장의 성장에도 주목한다. 그래서 인도네시아와 베트남 같은 아세안 시장에서 특히 중산층 소비자를 위한 제품의 종류를 늘리고 있다(Kao Corporation, 2018e).

그렇지만 카오는 시장별로 맞춤형 전술을 이용해 근본적인 고객 니즈를 파악해야 한다는 점도 알고 있다. 이를 위해 일반적인 지역 전략을 바탕으로 보다 구체적인 현지 판매 계획을 세운다. 이는 시장별 구체적 니즈에 맞춘 제품을 개발하는 방식으로 이루어진다. 하나의 예로 카오에서 개발한 세탁 세제, 어택재즈1Attack Jaz 1이 있다. 이 제품은 카오가 인도네시아에서 출시한 상품으로, 인도네시아는 중국을 제외한 아시아에서 카오의 주요 시장이다. 카오의 연구 개발팀은 인도네시아에서는 경수hard water가 흔하고, 이 때문에 빨래의 얼룩이 잘 지워지지 않는다는 사실을 파악했다. 그래서 어택재즈1에는 얼룩 성분을 분해하는 기술을 담았다. 이 세제를 사용하면 경수로 빨래를 하더라도 뛰어난 세척력 덕분에 세탁 과정이 간단해진다. 이 세제는 현지 소비자들의 큰 사랑을 받았다.

뉴웨이브 시대를 맞이하여 카오도 온라인과 오프라인을 결합한 옴니채널 접근법을 효과적으로 사용하고 있다. 새로 진출한 나라에서 시장 참여를 확대하기 위해 카오는 기존의 글로벌 또는 일본의 소매 유통 업체들과 함께 현지 유통 업체와 온라인 쇼핑 창구도 이용한다(Kao Corporation, 2017).

카오는 특히 중국 시장에서 온라인 판매를 늘리는데 주력한다. 중국에서는 카오 제품의 전체 판매량 대비 온라인 판매량의 비율이 시장 평균보다 높기 때문이다. 중국의 젊은 소비자들은 점점 온라인 쇼핑을 많이 하기 때문에 전자상거래 업체들은 늘어나는 수요에 맞추어 대형 유통 네트워크를 구축하려 혈안이 되어 있다. 정확한 수치를 알기는 어렵지만 대개 중국에서는 소비재의 10~15% 정도가 온라인에서 판매된다고 한다. 이 때문에 카오는 알리바바를 포함한 중국 국내 전자상거래 업체와의 관계를 강화하여 온라인에서 제품을 판매하고 전자상거래 비중을 늘리고 있다. 카오는 이미 5~6개의 전자상거래 업체와 제휴 관계를 맺고 있다. 전자상거래 업체마다 위생 용품 또는 화장품처럼 서로 다른 분야에서 서로 다른 강점을 가지고 있으므로, 카오는 제품 카테고리별로 다른 플랫폼을 선택한다. 이러한 계획과 더불어 카오는 진출한 모든 시장에서 지속적인 혁신과 고객 만족을 향한 변함없는 노력을 지속하여 입지를 강화하고 있다.

- Forbes (2018). *Kao Corp*. https://www.forbes.com/companies/kao-corp/ [8 March 2018].

- Kao Corporation (2017). *Kao Integrated Report*. http://www.kao.com/content/dam/sites/kao/www-kao-com/global/en/investor-relations/pdf/reports_ fy2017e_all.pdf [8 March 2018].

- Kao Corporation (2018a). *Business Fields*. http://www.kao.com/global/en/who-we-are/business-fields/ [8 March 2018].

- Kao Corporation (2018b). *Kao by the Numbers*. http://www.kao.com/global/en/who-we-are/data/ [8 March 2018].

- Kao Corporation (2018c). *Corporate History*. http://www.kao.com/global/en/about/outline/history/company-history/ [8 March 2018].

- Kao Corporation (2018d). *The Kao Way*. http://www.kao.com/global/en/about/policies/kaoway/ [8 March 2018].

- Kao Corporation (2018e). *Global Network: Contributing to People and Diverse Industries around the World*. http://www.kao.com/global/en/research-development/basic-concepts/network/ [8 March 2018].

- *Nikkei Asian Review* (July 2017). Kao focuses on expanding online sales in China. https://asia.nikkei.com/Business/Companies/Kao-focuses-on-expanding-online-sales-in-China [8 March 2018].

- Sim, OF and MD Othman (1995). Innovation: the way to competitiveness. *Journal Ekonomi Malaysia*, 29, 37-77.

감사의 글

마크플러스Markplus의 모든 구성원이 가치를 헤아릴 수 없는 도움을 주었습니다. 깊이 감사합니다. 마크플러스의 CEO 마이클 허마원, 부회장 재키 무스리 박사Dr Jacky Mussry, 부경영자 이완 세티아완Iwan Setiawan, 최고관리책임자 헨드라 와르시타Hendra Warsita, 지명위원회위원 스테파니 허마원Stephanie Hermawan, 그리고 이번 프로젝트에 깊이 관여하여 일해준 아르디 리드완샤Ardhi Ridwansyah와 프리얀카 셰카와트Priyanka Shekhawat에게 특히 고마움을 전합니다. 아르디는 이 책에 엄청난 노력을 쏟았습니다.

 아시아마케팅연합Asia Marketing Federation의 회장 로한Rohan과 전 회장인 고토Goto와 그웬Gwen이 보내준 지지에도 감사를 표합니다. 아시아마케팅연합재단Asia Marketing Federation Foundation의 회장 팍 주나디Pak Junardy, 아시아마케팅연합 회원으로 소속된 16개국의 모든 동료에게 감사합니다. 다음은 아시아마케팅연합에 속한 단체입니다.

대만마케팅학회Taiwan Institute of Marketing Science

말레이시아마케팅협회Institute of Marketing Malaysia

몽골마케팅협회Mongolian Marketing Association

미얀마마케팅소사이어티Myanmar Marketing Society

방글라데시마케팅소사이어티Marketing Society of Bangladesh

베트남마케팅협회Vietnam Marketing Association

스리랑카마케팅협회Sri Lanka Institute of Marketing

싱가포르마케팅연구원Marketing Institute of Singapore

인도네시아마케팅협회Indonesia Marketing Association

일본마케팅협회Japan Marketing Association

중국 국제무역촉진위원회 상업소위원회CCPIT Commercial Sub-Council

태국마케팅협회Marketing Association of Thailand

필리핀마케팅협회Philippine Marketing Association

캄보디아마케팅협회Marketing Association of Cambodia

한국마케팅소사이어티Marketing Society of Korea

홍콩마케팅연구원Hong Kong Institute of Marketing

사랑하는 이들이 보내준 지지와 격려에 늘 감사하고 있습니다. 앞
서 감사를 표현한 분이나 단체와 비교해 그 마음이 결코 작지 않음
을 알아주셨으면 합니다.

KI신서 8981

아시아 마켓 4.0

1판 1쇄 인쇄 2020년 3월 6일
1판 1쇄 발행 2020년 3월 12일

지은이 필립 코틀러·허마원 카타자야·후이 덴 후안
옮긴이 도지영
펴낸이 김영곤 **펴낸곳** (주)북이십일 21세기북스

정보개발본부장 최연순
정보개발1팀 윤예영 지다나 이아림 **책임편집** 지다나
해외기획팀 박성아 장수연 이윤경 **마케팅팀** 한경화 박화인
영업본부 이사 안형태 **영업본부장** 한충희 **출판영업팀** 오서영 윤승환
제작팀 이영민 권경민
표지디자인 어나더페이퍼 이희영 **본문디자인** 박선향

출판등록 2000년 5월 6일 제406-2003-061호
주소 (우 10881) 경기도 파주시 회동길 201 (문발동)
대표전화 031-955-2100 **팩스** 031-955-2151 **이메일** book21@book21.co.kr

(주)북이십일 경계를 허무는 콘텐츠 리더

21세기북스 채널에서 도서 정보와 다양한 영상자료, 이벤트를 만나세요!
페이스북 facebook.com/jiinpill21   포스트 post.naver.com/21c_editors
인스타그램 instagram.com/jiinpill21   홈페이지 www.book21.com
유튜브 www.youtube.com/book21pub
서울대 가지 않아도 들을 수 있는 명강의! 〈서가명강〉
유튜브, 네이버, 팟빵, 팟캐스트에서 '서가명강'을 검색해보세요!

ISBN 978-89-5098-663-6 03320